프렌즈 시리즈 13

프렌즈
하와이

이미정 지음

Hawaii

중앙books

Prologue
저자의 말

하와이에 살면 무엇이 가장 좋은가요?

지인들이 간혹 제게 이런 질문을 합니다. 두근거리는 가슴을 안고 오는 여행자들의 밝은 표정을 보는 것도 즐겁고, 사시사철 뜨거운 태양과 시원한 바람이 공존하는 적당한 날씨도 좋고, 클랙슨 한 번 울리지 않고 양보 운전이 습관화된 하와이안의 따뜻한 마음씨 역시 언제나 감동입니다. 하지만 가장 좋은 것은 바로 하늘입니다. 매일 다른 표정으로, 그러나 그때마다 어쩜 이렇게 아름다울 수 있을까 감탄이 쏟아져 나오는 하와이의 하늘은 하루하루를 바쁘게 살며 여유라고는 찾아볼 수 없었던 저에겐 선물과 같습니다.

서른 살을 맞이하던 해 잡지사 기자를 때려치우고 런던으로 떠난 적이 있었습니다. 당시 저에게 주어진 시간은 단 일 년. 그 일 년 동안 혼자 치열하게 놀고, 공부하면서 남긴 기록들을 모아 〈런던 프리 London Free〉라는 한 권의 책을 출간했습니다. 그리고 정확히 5년 만에 하와이 가이드북에 도전하게 되었습니다. 출장으로 오게 된 하와이에서 운명적인 남자를 만나 하와이에서 함께 살게 되지 않았다면 아마도 불가능했을 일이지요. 하와이에 살게된 지도 10년 남짓. 거짓말처럼 매달 하와이를 방문해준 지인들 덕분에 함께 즐길 거리를 찾으면서 자연스럽게 좋은 여행 정보들이 모이기 시작했습니다.

하와이 여행을 계획하는 독자분들께 이곳에 사는 사람으로서 도움말을 드리자면, 팁을 하나의 문화로 생각해 스트레스 안 받았으면 좋겠고, 과속은 금물이며, 교통법규는 언제나 꼭 지켜야 하는 필수 항목이라는 점을 기억했으면 합니다. 길을 잃었을 때는 주변의 하와이안에게 "알로하 Aloha"라는 인사와 함께 손을 내밀면 아마도 따뜻한 도움을 받을 수 있을 거예요. 마지막으로 하와이 여행에서 빼놓을 수 없는 것은 바로 시간을 즐기는 여유입니다. 온 김에 다 보겠다는 생각에 빡빡하게 일정을 잡아 피곤에 지쳐 잠드는 건 하와이를 제대로 즐기지 못하는 거예요. 하와이의 태양, 바람, 바다를 온몸으로 즐기며 자연의 일부가 되어보세요. 독자분들 모두 하와이의 시간을 마음껏 즐길 수 있길 바랍니다.

Thanks To

저를 〈프렌즈 하와이〉의 저자가 될 수 있도록 추천해준 이미종 님과 처음 호흡을 맞춰가며 서로의 의견을 조율했던 조서연 님, 바통을 이어받아 제 책의 편집을 맡아주신 박근혜, 김민경, 문주미, 허진 편집자님께 진심으로 감사의 말을 전합니다. 나를 이 아름다운 세상에 태어나게 해주신 사랑하는 아버지 이재철과 어머니 이광희, 마음 가득 안아드리고 싶은 시어머니 정제춘, 하와이로 나를 이끌어준, 하와이에서 알콩달콩 살자며 용감하게 프러포즈를 해준 남편 김종호와 하와이에서 시누이가 아닌 큰언니와 친정엄마 역할을 마다않고 해주신 형님 김종애, 그리고 사랑하는 이민경과 제부 김동언을 비롯해 모든 식구들, 늘 이모가 최고라고 말해주는 우리 지유, 빅 아일랜드에서 일주일 동안 취재를 함께 해준 내 인생의 멘토 문영애 팀장님과 권기호 사장님, 선배 여행작가로서의 조언을 아끼지 않는 백주희, 오아후에 맛있는 집이 생길 때마다 나의 취재를 위해 늘 동행해준 Shelly 언니, 희정이와 새롬이 모두 진심으로 감사합니다. 항상 나를 하늘에서 지켜봐주고 계신 그 누구보다 사랑하는 우리 외할머니 임입분 여사님에게도 감사와 사랑의 말을 전합니다. 나의 딸 유나에게도.

Special Thanks To

메리어트 계열의 리조트 취재를 협조해주신 데비 이사님과 언제나 반가운 얼굴로 인사해주시고 많은 도움을 주시는 쉐라톤 와이키키 김정훈 부총지배인님, 이웃 섬 취재를 진행하면서 가장 큰 도움이 되었던 익스피디아 그룹 정경륜 상무님, 그리고 호텔스닷컴 관계자분들에게도 감사드립니다. 하와이에서 가장 맛있는 리얼 텍사스 바비큐를 선보이는 선셋 스모크하우스의 제임스 킴, 알라 모아나 센터와 포시즌스 리조트 라나이, 루스 크리스 스테이크 하우스를 비롯해 하와이의 무수히 많은 곳의 홍보를 담당하고 있는 팩림의 제니에게도 감사의 메시지를 보냅니다. 또한 방대한 양의 정보를 정리·취합하는 도중 부족한 빅 아일랜드 취재에 큰 도움을 준 강지유 씨와 송상헌 선생님 가족, 그리고 소중한 개인 사진을 제공해준 윤건웅 선생님께도 고마움이 전달되기를 바랍니다.

이 책을 집필하는 중에도 이전에 제작된 〈프렌즈 하와이〉를 들고 하와이를 찾아온 여행자들을 쉽게 만날 수 있었습니다. 다른 책에 비해 꼼꼼해서 좋다고, 여행을 가게 되면 프렌즈 시리즈만 들고 간다는 마니아 분들도 계셨습니다. 그런 분들에게 실망을 끼쳐드리지 않으려고 노력했으나 아마도 시시각각 물가가 변하는 탓에 가격이나 기타 작은 오차가 있다면 너그럽게 이해해주시길 부탁드립니다.

How to Use
일러두기

하와이 소개는 이렇게
〈프렌즈 하와이〉는 여행자들이 하와이를 지역적으로 잘 파악해 가고 싶은 목적지를 찾아갈 수 있도록, 크게 5개의 섬을 지리적으로 구분해 소개한다. 여행자들이 가장 많이 방문하는 오아후 섬과 빅 아일랜드부터 마우이, 카우아이, 라나이 등 함께 가면 좋을 작은 섬까지 총 5개 섬의 여행 정보를 총망라했다. 그동안 찾기 어려웠던 이웃 섬들에 대한 정보가 풍부하다.

추천 여행 일정은 이렇게
'하와이 추천 여행 플랜'에서는 오아후를 베이스캠프로 잡고, 이웃 섬을 잠깐 다녀오는 여행 트렌드를 반영했다. 한국인이 가장 많이 잡는 일주일 일정을 기준으로, 오아후 4박 6일이나 추가로 이웃 섬 2박 3일 일정을 추천한다. 섬별 세부 일정은 '나만의 여행 코스'를 테마별로 참고하면 된다. 추천 일정을 참고해 개인의 일정, 예산, 취향에 맞춰 스케줄을 짜보자.

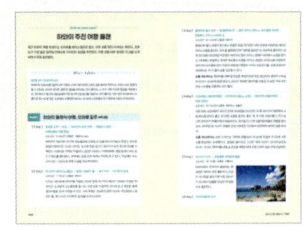

섬별로 이렇게 보세요
하와이는 섬별로 색다른 매력을 가졌다. 크게 5개의 섬에 대한 개요와 함께 베스트 테마·쇼핑 아이템·추천 코스·여행 노하우·대중교통 이용법·숙박을 친절하게 제안한다. 섬에서 다시 세부 지역으로 나누어 공항에서 가는 방법·볼거리·해변·즐길 거리·레스토랑·쇼핑 등을 소개한다.

 Sightseeing 볼거리 : 주요 명소의 주소·가는 방법·전화번호·홈페이지·운영 시간·요금 등 여행 정보를 꼼꼼히 소개한다.

 Beach 해변 : 하와이에서 빠질 수 없는 해변은 별도로 소개한다. 기본 여행 정보와 적합한 해양 스포츠도 추천한다.

 **Activity 즐길 거리** : 하와이에는 흥미진진한 액티비티들이 즐비하다. 지역별로 유명한 액티비티 정보를 소개한다.

 **Restaurant 레스토랑** : 여행의 성패를 좌우할 수도 있는 맛집을 입맛, 시간대, 분위기를 고려해 다양하게 소개한다.

 Shopping 쇼핑 : 하와이가 아니면 살 수 없는 아이템을 취급하는 상점부터 유명 대형 쇼핑몰까지 쇼핑 정보를 소개한다.

Accommodation 숙박 : 숙소 정보는 섬별로 마지막에 소개한다. 위치와 예산 등을 고려해 선택할 수 있도록 돕는다.

* 스폿마다 붙은 ★★★★★ 표시에 주목하세요. 여행작가가 강력 추천하는 곳이랍니다.

세심한 팁 정보도 놓치지 마세요

알아두세요 : 놓치지 말아야 할 정보나 상식을 추가로 제공.
Travel Plus : 추가로 여행하면 좋을 곳, 여행 노선 등 여행과 관련된 플러스 정보.
Mia's Advice : 현지에 거주하는 작가가 알려주는 야무진 여행 노하우.

찾아가는 방법 이해하기

〈프렌즈 하와이〉는 목적지까지 시간을 절약하고 편하게 갈 수 있는 교통편과 길을 안내한다. 오아후의 경우는 와이키키를 중심으로 도보 혹은 버스를 이용해 목적지까지 가는 방법을 소개한다. 이웃 섬의 경우는 공항을 중심으로 렌터카를 이용해 이동하는 방법을 소개한다. 간혹 몇몇 해변은 주소가 명확하지 않아 내비게이션이 인식하지 못하는 경우가 있다. 그럴 경우를 감안해 스폿마다 근처 다른 관광지의 주소로 찾거나 스트리트 번지수를 1로 하고, 스트리트 이름을 입력해 출발하다 보면 찾을 수 있게 했다.

상세 지도로 위치 파악하기

주요 지역의 지도 이외에도 타운별 지도가 필요한 경우 간략하게 지도를 추가로 첨부했다.

지도에 사용한 기호 및 약물

R 레스토랑	A 액티비티	G 골프	S 스파	D 디저트	H 숙박	P 펍
C 카페	S 쇼핑센터	비치	학교	BK 은행	공항	전망대
박물관·전시관	동상	92 도로명	H-1 하이웨이	Hwy. 하이웨이 (Highway)	Pwy. 파크웨이 (Parkway)	Blvd. 블러바드 (Boulevard)
Ave. 애비뉴(Avenue)	St. 스트리트(Street)	Rd. 로드(Road)	Pl. 플레이스(Place)			

주의 사항

하나. 이 책에 실린 정보는 2025년 7월까지 수집한 정보를 바탕으로 하고 있습니다. 현지 물가와 볼거리의 개관 시간, 입장료, 호텔·레스토랑의 요금, 교통비 등은 수시로 변경되므로 현지에서 발생할 만약의 상황을 위해서 출발 전이나 현지에서 여행 정보를 재확인하는 것이 바람직합니다. 이 점을 감안하여 여행 계획을 세워주세요.
의견 및 변동사항 제보 : redfox0812@naver.com

둘. 이 책에 소개된 음식과 액티비티 비용, 숙박료 등 모든 가격은 하와이 주세(6.4%)가 불포함된 가격입니다.

셋. 〈프렌즈 하와이〉의 글과 사진은 저작권법에 따라 보호받는 저작물입니다. 비영리적인 개인 블로그일지라도 일부 내용을 인용하는 경우 반드시 출처(〈프렌즈 하와이〉, 중앙북스)를 밝혀주세요. 그 외의 경우 법적인 책임을 물을 수 있음을 알립니다.

Contents
하와이

작가의 말 002
〈프렌즈 하와이〉 일러두기 004

하와이 베스트 오브 베스트 010
하와이 레포츠의 모든 것 012
하와이 캠핑의 매력 016
하와이 트레킹 코스 018
하와이 베스트 드라이브 코스 020
하와이 대표 먹거리 022
하와이 맛집 키워드 024
2025 하와이 잇 트렌드 026
하와이 로맨틱 여행법 028
하와이 베스트 비치 030
축제의 섬, 하와이 페스티벌 032

하와이 여행 계획하기
Plan your trip to Hawaii

하와이를 소개합니다 036
하와이는 바로 이런 곳! 038
하와이 추천 여행 플랜 044
호놀룰루 국제공항에 대한 모든 것 051
호놀룰루 국제공항에서 와이키키까지 054
마우이 섬 카훌루이 국제공항에서 리조트까지 056
빅 아일랜드 코나·힐로 국제공항에서 리조트까지 057
카우아이 섬 리후에 국제공항에서 리조트까지 059

알로하 영혼이 숨 쉬는 태평양의 파라다이스,
오아후 섬 *Oahu Island*

오아후 섬 기본 정보 064
오아후 섬에서 꼭 즐겨야 할 BEST 11 070
오아후 섬 쇼핑 아이템 074
나만의 여행 코스 076
오아후 섬을 즐기는 노하우 079
오아후 섬 대중교통 A to Z 080

와이키키
Waikiki 088

알라 모아나
Ala Moana 128

다운타운
Down Town 144

카할라~카이무키
Kahala~Kaimuki 158

마노아~마키키
Manoa~Makiki 163

하와이 카이
Hawaii Kai 168

카일루아~카네오헤
Kailua~Kaneohe 175

노스 쇼어
North Shore 183

리워드
Leeward 189

진주만
Pearl Harbor 192

오아후 섬의 숙박 196
이웃 섬 떠나기 전 알면 도움되는 여행백서 206

자연이 선사하는 신비한 모험이 가득한 곳,
빅 아일랜드 *Big Island*

빅 아일랜드 기본 정보 210
빅 아일랜드에서 꼭 즐겨야 할 BEST 5 214
빅 아일랜드 오리지널 아이템 216
나만의 여행 코스 217
빅 아일랜드 대중교통 A to Z 219

🌴 **와이메아~하마쿠아 코스트**
Waimea~Hamakua Coast 222

🌴 **코할라 코스트~노스 코할라**
Kohala Coast~North Kohala 232

🌴 **와이콜로아**
Waikoloa 237

🌴 **카일루아-코나**
Kailua-Kona 243

🌴 **코나 코스트**
Kona Coast 253

🌴 **사우스 코나**
South Kona 261

🌴 **카우**
Kau 272

🌴 **하와이 화산 국립공원**
Hawaii Volcanoes National Park 274

🌴 **푸나~파호아**
Puna~Pahoa 279

🌴 **힐로**
Hilo 282

🌴 **마우나 케아**
Mauna Kea 292

빅 아일랜드의 숙박 295

한 단계 레벨 업 여행지,
마우이 *Maui*

무조건 들러야 하는 마우이 필수 코스 302
자유 여행자, 이곳으로 향하라!
업그레이드 마우이 306
오감 만족, 가성비 좋은 마우이 맛집 310
유명 쇼핑몰 VS 로컬 숍, 취향대로 쇼핑하기 314
취향 따라, 예산 따라 선택하는 마우이 호텔 316

백패커들의 천국,
카우아이 *Kauai*

1박 2일 일정으로 즐기는 카우아이 로드 맵 320

한 단계 레벨 업 여행지,
라나이 *Lanai*

라나이에서 꼭 경험해야 할 6가지 326

하와이 여행의 기술
Ready to go Hawaii

하와이 여행의 Q & A 332
여행 전 준비해야 하는 서류 334
항공권 & 숙박 예약하기 337
환전 & 신용카드 사용의 달인 되기 341
여행자 보험에 대한 모든 것 343
면세점 쇼핑하기 345
출발 전 짐 꾸리기 346
인천국제공항 가이드 347
하와이 여행의 Key, 렌터카 정복하기 350
S.O.S.! 사건·사고 대처 요령 356
위급 시 필요한 영어 한 마디 358
하와이어로 인사하기 359

인덱스 360

+++ TRAVEL PLUS +++

트롤리 라인별로 분류되는
주요 관광지 081

인터넷을 이용한 버스 활용법 085

요즘 와이키키에서 뜨고 있는,
프라이빗 원데이 투어 100

없는 게 없는 와이키키 슈퍼마켓!
ABC 스토어 완전 정복 123

워드 빌리지 Ward Village 126

오아후 대표 쇼핑센터,
알라 모아나 센터 Ala Moana Center 140

폴리네시안 문화 센터
Polynesian Cultural Center 178

돌 플랜테이션 Dole Plantation 186

오아후 대표 올드 타운,
할레이바 Haleiwa 187

진주만의 전시관들 194

빅 아일랜드,
놓치기 아쉬운 농장 투어 220

영화 '하와이언 레시피'의 배경,
호노카아 Honokaa 231

빅 아일랜드의 역사적인 장소,
히키아우 헤이아우 265

사우스 코나의 커피 투어 269

하와이 호텔 예약 노하우
완전 정복 339

Hawaii Best of Best

하와이 베스트 오브 베스트

하와이에서 꼭 봐야 하는 곳, 반드시 먹어야 하는 음식, 그리고 커플이라면 놓치지 말아야 할 테마 여행지와 하와이 오리지널 브랜드까지. 여행 전 이 페이지만 읽어도 당신은 하와이 여행 빠꼼이가 될 수 있다.

꼭 도전해봐야 할 해양 액티비티!

하나우마 베이(P.171)는 화산 폭발로 인해 자연스럽게 생긴 만으로, 바다거북과 열대어 등이 서식한다. 매주 화요일은 지정 휴무일로 정해놓을 만큼 생태계 보호가 잘 이뤄져 있어 주변 환경이 깨끗한 것은 물론이고 간단한 스노클링 장비만 있으면 쉽게 바다 생물을 만날 수 있다. 방문 이틀 전 홈페이지에서 티켓을 예약해야 하니 계획을 짤 때 유의하자.

꼭 먹어봐야 할 음식!

하와이 전통 음식을 딱 꼽을 수는 없지만 하와이에서 꼭 먹어봐야 하는 먹거리는 많다. 레스토랑 메뉴에 대부분 있는 아히 포케(참치 샐러드)와 오랜 시간 줄 서서 기다리는 수고쯤은 감수해야 하는 포르투갈 전통 도넛 말라사다. 건강 디저트인 아사이 볼과 와이키키 이야스메 무수비에서 판매하는 스팸 무수비는 꼭 먹어보자.

신혼부부라면 꼭 해야 하는, 허니문 스냅

최근 하와이를 찾는 신혼부부들이라면 와이키키 거리에서의 스냅 촬영은 '필수'일 만큼 입소문이 나 있다. 반나절 촬영은 하와이 여행 일정에 다소 부담스러울 수 있다. 하와이 대표 스냅업체인 하와이 슈팅 스타(@hawaii_shooting_star)와 함께 와이키키 거리에서 한 시간 정도면 충분! 둘만의 특별한 기념 촬영을 놓치지 말자.

커플들이라면 이것은 꼭!

연인들에게 더할 나위 없는 로맨틱한 섬 하와이. 잊지 못할 여행의 추억을 간직하고 싶은 커플이라면 스타 오브 호놀룰루의 크루즈 투어(P.152)는 필수! 저녁식사와 함께 훌라 쇼를 감상해보자. 모험심이 넘치는 커플이라면 하와이의 전경을 감상할 수 있는 헬기 투어도 강력 추천.

하와이에서만 접할 수 있는 그것!

하와이에서 빼놓을 수 없는 즐거움 쇼핑. 한국으로 돌아가도 여전히 하와이의 느낌을 간직하고 싶다면 세계 3대 커피 중 하나인 100% 코나 커피, 천연 소재로 아기에게도 사용할 수 있는 쿠쿠이오일, 하와이 로컬에서 직접 만든 꿀도 좋다. 그 밖에도 음악에 관심이 있다면 인터넷을 통해 손쉽게 배울 수 있는 우쿨렐레 악기에 도전해보자.

All About Hawaii Reports

하와이 레포츠의 모든 것

하와이는 레포츠의 천국이다. 하와이의 아름다운 풍경을 다른 시각으로 감상할 수 있는 레포츠들이 다양하다. 여행 계획 단계에서 미리 알아보고 익사이팅한 하와이 여행을 만끽하자.

커플추천

하늘 위에서 벌어지는 레포츠 Sky Activity

헬기 투어는 짧은 시간에 하와이의 전경을 감상할 수 있다는 장점이 있다. 특히 빅 아일랜드의 화산 국립공원은 헬기 투어로 보는 게 가장 효율적. 그 밖에도 오아후에서는 무동력 글라이더, 스카이다이빙, 패러세일링 등이 스릴 만점 액티비티로 손꼽힌다.

거북이 스노클링
Turtle Snorkeling

커플추천

와이키키 앞바다에서 야생 거북이와 함께 수영할 수 있다면? 하와이 여행이 보다 특별할 것이다. 수족관에 갇혀 있거나, 모래사장에서 낮잠 자고 있는 거북이가 아닌 눈앞에서 헤엄치는 야생 거북이와 함께 즐거운 한때를 보낼 수 있다.

목장 투어 Kualoa Ranch

꾸미지 않은 대자연의 하와이를 느끼고 싶다면 쿠알로아 목장 Kualoa Ranch이 정답! UTV 랩터 투어(다용도 지상 차량), 승마 투어 등 와일드한 액티비티는 물론, 아이들과 함께 즐길 수 있는 투어 버스(Movie Sites & Ranch Tour)를 타고 거대한 산과 들판을 오가며 가슴까지 시원해지는 영화 배경을 직접 느껴볼 수 있다.

폴리네시안 문화 센터 Polynesian Cultural Center

하와이에서는 훌라를 배우고, 통가에서는 드럼 공연을 관람하며, 타히티에서는 코코넛 브레드를 맛보고, 피지에서는 코코넛 오일 만드는 법을 배우는 등 다양한 섬나라 문화를 체험할 수 있다.

집라인 Zipline

스릴 만점인 집라인은 양쪽 나무나 지주대 사이에 와이어를 설치한 뒤, 그 와이어를 몸에 연결해 빠른 속도로 반대편으로 이동하는 액티비티다. 그야말로 공중을 나는 것과 같은 비행 체험이 가능해 스릴과 스피드를 동시에 경험할 수 있다.

바디보딩 Bodyboarding

보드 위에 올라서서 파도를 타는 게 서핑이라면, 바디보딩은 비교적 작고 가벼운 보드 위에 엎드린 상태로 파도를 타는 레포츠다. 1970년 하와이에서 휴가를 지내던 톰 모리가 고안한 것으로, 서핑이 부담스러운 여행자라면 바디보딩에 도전해보는 것도 좋을 듯. 보드는 와이키키 ABC 스토어에서 판매할 정도로 누구나 쉽게 도전할 수 있다.

서핑 Surfing

보드 위에 몸을 싣고 파도 속을 재빠르게 빠져나가는 레포츠. 서프보드 위에 올라서서 몸의 균형을 잡는 것이 포인트다. 와이키키와 할레이바에서 대규모 서핑대회가 열릴 만큼 하와이에서는 대표 레포츠다. 초보자들도 2시간 정도 수업을 받으면 충분히 즐길 수 있다.

ⓒ 하와이 관광청

웨일 워칭(고래 관찰하기) Whale Watching
하와이에선 겨울에 꼭 즐겨야 할 액티비티다. 크루즈를 타고 바다 한가운데로 나가 고래를 감상하는 것으로, 특히 마우이에서 많은 고래를 만날 수 있다. 수면 위로 튀어 오르는 돌고래 무리를 감상하다 보면 저절로 환호가 터져 나온다.

골프 Golf
하와이에서 놓치기 아까운 액티비티가 있다면 바로 골프다. 드라마틱한 뷰가 펼쳐지는 하와이에서의 골프는 레저 그 이상이다. 그중에서도 라나이의 마넬레 골프 코스는 잭 니클라우스가 디자인한 곳으로, 18홀 모두 태평양을 배경으로 즐길 수 있으며 세계 골퍼들의 성지로 유명하다. 특히 잭 니클라우스의 '시그니처 홀'인 12번 홀은 46m의 바다 위 절벽에서 장타를 쳐야 한다. 이곳은 1994년 빌 게이츠의 비밀 결혼식이 이뤄지며 유명해진 곳이기도 하다.

The Ultimate Guide to Camping in Hawaii

하와이 캠핑의 매력

남들과 다른 특별한 하와이 여행을 원한다면 여행 중 캠핑을 빼놓을 수 없다. 하와이의 캠핑은 시설은 다소 아쉬울 수 있지만 자연이 주는 감동을 고스란히 느낄 수 있다는 장점이 있다. 산과 바다, 어디에서든 캠핑을 즐길 수 있으며 예약만 성공하면 저렴한 가격으로 주말 숙박도 가능하다. 물론 텐트와 간단한 캠핑 도구가 있어야 하지만 웬만한 것들은 하와이에서도 준비가 가능하다. 남들과 똑같은 패턴의 하와이 여행을 피하고 싶다면 하와이 캠핑 플랜을 짜보자.

호오말루히아 보태니컬 가든

① 예약하기

오아후의 대표 캠핑 예약 사이트는 두 곳이다. camping.honolulu.gov와 camping.ehawaii.gov. 두 곳 모두 가입을 해야 예약이 가능하다. camping.honolulu.gov의 경우 금~일요일에만 캠핑이 가능하며 방문 2주 전 금요일 17:00부터 예약이 가능하다. 예약금은 $32~53. 캠핑 자리를 예약하는 비용으로 1박을 하든, 2박을 하든 지불하는 금액은 같다. 호오말루히아 보태니컬 가든이나 벨로스 비치가 인기가 높다.

호오말루히아 보태니컬 가든의 경우 15:00 이전에 입장해야 하며, 다음 날 09:00가 넘어야 외출이 가능하다. 입구에서 직원이 지키고 있어 안전하다. 다만 여기에 주차하고 캠핑할 예정이라면 예약 시 입력한 자동차 번호판을 체크한다는 단점

벨로스 비치

이 있으니, 15:00 이전에 택시로 이동해서 들어가는 방법을 생각해볼 수 있다. 대부분의 장소는 자동차 번호판을 체크하는 경우가 드물다. 벨로스 비치는 오아후에서 가장 아름다운 비치 중 하나로 와이마날로 비치와 같은 선상에 있는데, 근처에 군부대가 있어 안전하다.
camping.ehawaii.gov에서는 평일에도 캠핑이 가능한 곳들을 예약할 수 있다. 예약금은 1박에 $30~50로 캠핑뿐 아니라 캐빈도 예약이 가능하다. 자동차도 몇 대가 주차할 예정인지만 표시하면 되기 때문에 더 편리하다.

② 캠핑 준비하기

월마트나 롱스 드럭스 또는 돈키호테와 같은 슈퍼마켓에서 손쉽게 캠핑 장비를 구매할 수 있다. 운이 좋으면 로스 Ross에서도 저렴하게 장비를 구매할 수 있다. 캠핑하려면 텐트와 캠핑 의자와 침낭, 차콜과 그릴, 밤에 필요한 손전등, 자그마한 사이즈의 아이스박스와 각종 식료품 정도가 필요하다. 호오말루히아처럼 캠핑 장소에 야외 테이블과 의자가 있는 경우도 있으니 장소를 정할 때 미리 알아 두면 편리하다. 또한 캠핑 예약 후 홈페이지에 뜨는 캠핑 허가서를 함께 프린트해서 캠핑 시 주차한 차 대시 보드 위에 올려두어야 한다는 점도 잊지 말자.

③ 캠핑 떠나기

아이러니하게도 하와이 캠핑의 매력은 불편한 데 있다. 특이한 것은 한 번 이 불편한 매력에 빠지면 헤어 나올 수 없다는 것. 하와이 대부분의 캠핑장 근처에는 마트가 없다. 따라서 꼭 필요한 아이템들은 반드시 챙기되 그 외의 물건들은 없으면 없는 대로 즐겨보자. 캠핑장에 따라 샤워 시설을 갖춘 곳도 있지만 온수는 나오지 않는다. 한국의 캠핑장을 생각하면 낙후된 시설이라고 볼 수 있지만 자연환경만큼은 어디에도 뒤지지 않는다.

Mia's Advice

캠핑의 매력, 스모어 맛보기
미국 캠핑에서는 절대 빼놓을 수 없는 캠핑 간식이 바로 스모어입니다. 마시멜로를 불에 살짝 구운 뒤 크래커 안에 초콜릿과 함께 넣어 샌드위치처럼 만들어 먹는 것으로, 캠핑 필수 스낵이라 할 수 있어요.

Top Trails and Hikes in Hawaii

하와이 트레킹 코스

하와이 하면 '비치'를 떠올리기 쉽지만 곳곳의 트레킹 코스를 걷다 보면 하와이의 새로운 매력에 빠지게 된다. 가벼운 마음으로 반나절 정도 하와이 숲길을 걸어보자. 걷다 보면 파노라마 오션뷰가 눈앞에 펼쳐지기도 하고 숲속에서 색다른 뷰 포인트를 만나기도 한다. 시원한 물과 간단한 스낵을 준비해 하와이의 진짜 자연을 마주해보자.

여행 마니아들이 사랑하는, 라니카이 필박스 Lanikai Pillbox

여행 마니아들 사이에서 필수 여행 코스로 통하며 아름다운 비치로 유명한 카일루아에 있다. 미드 퍼시픽 컨트리 클럽 Mid-Pacific Country Club 골프장 건너편에 있는데 입구가 작다. 총 거리는 1.8마일, 트레킹 난이도는 쉬운 정도다. 아이들도 함께 갈 수 있지만 코스 곳곳이 미끄러울 수 있으므로 주의해야 한다. 총 세 개의 벙커가 있으며, 벙커와 벙커 사이에 간격이 있어 세 개의 벙커를 모두 통과하고 돌아올 경우 2시간 30분가량 소요된다. 시원한 바람과 더불어 파노라마 오션뷰를 만끽할 수 있는 코스다.

주소 265 Kaelepulu Dr. Kailua

온 가족이 함께 도전하기 좋은, 아이에아 루프 트레일헤드 Aiea Loop Trailhead

하와이 주립공원에 위치한 트레킹 코스. 울창한 나무 사이를 거닐다 보면 곳곳에 야생화를 발견하는 기쁨까지 누릴 수 있다. 아이들도 즐길 수 있는 무난한 난이도의 트레킹 코스다. 특히 주말에는 가족 단위로 트레킹을 즐기러 온 이들이 많다. 출발점과 도착점이 다르기 때문에 주차 시 도착하는 곳에 미리 주차를 한 뒤, 출발점에서 트레킹을 시작하는 것이 편리하다. 중간에 H3고속도로가 보이는 허니 크리퍼 뷰 포인트 Honey Creeper View Point는 SNS에서 '아이에아 루프 트레일'을 검색하면 가장 많이 등장하는 곳으로 인기 포토 스폿이다. 한 바퀴를 도는 코스로 총 길이 7.7km, 소요 시간은 2시간 30분이다.

주소 99-1849 Aiea Heights Dr. Aiea

로컬들이 아끼고 사랑하는, 호오말루히아 보태니컬 가든
Hoomaluhia Botanical Garden

하와이 현지인들이 전통의상을 입고 기념 촬영을 가장 많이 하는 곳 중 하나다. 비지터 센터 근처 거대한 잉어들이 살고 있는 와오켈레 연못, 곳곳에 위치한 캠핑 사이트는 물론이고 카후아 레후아 Kahua Lehua, 카후아 쿠쿠이 Kahua Kukui 등 하이킹 코스도 유명하다. 식물원 입구는 소셜 미디어 인기 포토 스폿이기도 하다. 경비원이 지키고 있고, 안전을 이유로 입구에 주정차 금지는 물론이고 사진 촬영도 금지되어 있지만, 차량 진입이 금지된 15:00 이후에 도전해 보아도 좋다.

주소 45-675 Luluku Rd, Kaneohe(근처)

코코 크레이터 보태니컬 가든 Koko Crater Botanical Garden

이곳을 찾는 이들은 보태니컬 가든 내 윌스 선인장 정원을 둘러보기 위함이 크다. 입구에서 20~30분 정도만 걷다 보면 대형 선인장을 마주할 수 있다. 한국에서 보기 힘든 선인장을 마주하고 있으면 웅장함이 절로 느껴진다. 사진 촬영 후에는 3.2km의 루프 트레일도 함께 즐겨보자.

주소 7491 Kokonani St, Honolulu

Hawaii One Day Drive Guide

하와이 베스트 드라이브 코스

오아후를 여행하는 이들이라면 하루 정도 렌터카에 몸을 싣고 동부 해안도로를 달려보자. 가슴까지 시원한 기분을 만끽할 수 있다.

Course 1 하나우마 베이 Hanauma Bay

하와이 통틀어 스노클링으로 가장 유명한 곳. 화산으로 인해 생겨난 독특한 지형 덕분에 특별한 뷰를 선사한다. 하와이 내 유일하게 입장료($25)가 있는 비치이면서, 매주 월, 화요일을 휴무일로 지정할 정도로 생태계를 잘 보호하고 있다. 물론 이 아름다운 곳을 둘러보기 위해서는 이틀 전 공식 홈페이지를 통해 예약에 성공해야 한다.

Course 2 라나이 전망대 Lanai Lookout

신혼부부들의 특별한 스냅 촬영지로 빠지지 않는 곳. 어디서도 볼 수 없는 바다 절벽의 뷰를 감상할 수 있다. 날씨가 화창하면 이곳에서 라나이뿐 아니라 몰로카이와 마우이 등도 볼 수 있다. 하나우마 베이에서 동부 해안을 따라 5~7분 정도 운전하다 우측의 Scenic Point라는 표지판을 따라 진입하면 된다.

Course 3 샌디 비치 Sandy Beach

하와이에서 바디보딩을 즐길 수 있는 해변으로 손꼽히는 곳이다. 관광객들에게는 그저 보는 것만으로 족해야 할 만큼 파도가 높아 다소 위험할 수 있다.
모래사장이 부드럽고, 비치가 아름다워 이곳에 누워 여유롭게 태닝을 즐기는 이들도 많고, 주말이면 강아지를 산책시키는 이들을 흔하게 볼 수 있다.

 Course 4
마카푸우 포인트 Makapuu Point
하와이의 동부 해안을 한눈에 감상할 수 있는 곳. 특히 11월에서 5월 사이에는 산란기를 맞아 새끼를 낳기 위해 따뜻한 해류를 찾아오는 혹등고래 떼도 발견할 수 있다. 이곳에서는 하늘 위를 날며 패러글라이딩을 즐기는 이들도 큰 볼거리 중 하나다.

Course 5
쿠알로아 리저널 파크 Kualoa Regional Park & 차이나맨스 햇 Chinaman's Hat
카네오헤 지역에 위치하며, 왼쪽에는 쿠알로아 목장이, 오른쪽에는 쿠알로아 리저널 파크가 있다. 조용하게 해변을 즐기고 싶다면 이곳이 적당하다. 바다 사이에 덩그러니 있는 섬은 중국 모자와 비슷하다고 하여 차이나맨스 햇이라고 불린다.

Course 6
선셋 비치(노스 쇼어) Sunset Beach
하와이에서 가장 아름다운 석양을 바라볼 수 있는 곳. 바다와 육지 사이로 해가 사라지는 명장면을 볼 수 있다. 여름에는 주로 18:00에서 18:30 사이, 겨울에는 오후 17:30에서 18:00 사이 선셋을 감상할 수 있다. 북쪽에서 가장 아름다운 해변으로 그래서 노스 쇼어의 대표 비치로 불린다.

Mia's Advice
선셋 비치를 오른쪽에 두고 차로 10분 정도를 달리면 거북이 비치라는 별명을 가진 라니케아 비치 Lanikea Beach가 나와요. 운이 좋으면 낮 시간대에 일광욕을 하기 위해 모래사장으로 나온 거북이도 만날 수 있어요. 물론 야생동물 보호단체의 엄격한 보호 아래 거북이를 만지는 것은 금물이지만, 바닷속에서 거북이와 함께 수영은 가능해요.
주소 61-635 Kamehameha Hwy, Haleiwa

Hawaii Local Food

하와이 대표 먹거리

여행지의 음식이 입맛에 맞지 않는다면 그것만큼 괴로운 것도 없다. 다행히 하와이는 다인종이 사는 곳이라 음식 역시 종류가 많고, 대부분 한국인의 입맛에도 잘 맞는다. 오리지널 전통 메뉴보다는 오히려 퓨전 메뉴가 사랑을 많이 받는다.

아히 포케 Ahi Poke
아히는 하와이어로 참치, 포케는 무침이라는 뜻. 한국식 참치회 무침 정도. 참치회를 깍두기 모양으로 썰어 하와이산 해조류와 함께 소금, 간장, 참기름, 레몬즙 등으로 간을 맞췄다.

갈릭 슈림프 Garlic Shrimp
노스 쇼어의 새우 양식장 덕분에 발달하게 된 메뉴. 버터에 마늘을 넣고 새우를 함께 볶아 고소하면서도 담백하다. 칠리소스를 더한 스파이시 갈릭 슈림프는 한국의 양념통닭 맛과 비슷하다.

옥스테일 수프 Oxtail Soup
푹 우려낸 소꼬리 수프로 우리나라의 꼬리곰탕과 비슷하다. 하와이 대표 패밀리 레스토랑인 지피스 Zippy's가 유명하다. 런던 스피탈필즈에서 발명된 것이 시초다.

로코모코 Locomoco
밥 위에 햄버거스테이크와 달걀프라이를 얹은 뒤 그레이비 소스를 뿌린 요리. 1949년 빅 아일랜드 힐로의 한 레스토랑에서 10대 손님들의 요청으로 만들어진 것. 그중 한 명의 닉네임이 로코여서 이름이 로코모코가 되었다.

스팸 무수비 Spam Musubi
얇게 썬 스팸을 간장 소스를 발라 구운 뒤 초밥 위에 얹어 김으로 싼 것. 편의점에서 볼 수 있으며, 버락 오바마 전 미국 대통령도 좋아한다는 메뉴. 달걀프라이를 얹는 등의 옵션도 가능.

말라사다 Malasada
겉은 바삭하고 속은 촉촉한 도넛. 포르투갈어로 '덜 익혀진'이란 뜻이다. 베이직, 커스터드, 코코넛, 구아바, 초코 등의 크림을 선택할 수 있다. 쫄깃한 식감이 매력이며, 레오나즈 베이커리의 말라사다가 유명하다.

셰이브 아이스 Shave Ice
얼음을 갈아 만든 빙수의 일종. 40여 가지 시럽 중에 골라 뿌려 먹으며, 떡이나 팥을 추가할 수도 있다. 레인보 셰이브 아이스가 가장 인기가 좋고, 오아후 할레이바 지역 마츠모토 셰이브 아이스가 가장 유명하다.

마카다미아 너트 Macadamia Nut
땅콩과 아몬드보다 부드러우면서 고소한 맛이 매력적인 견과류. 전 세계 마카다미아 중 90%가 하와이에서 생산된다. 빅 아일랜드 힐로 지역에 유명 브랜드 마우나 로아 공장이 있다.

마이타이 Maitai
럼에 갖가지 열대과일 주스를 믹스한 트로피컬 칵테일. 열대꽃과 파인애플이 함께 세팅되어 나오며 미국인들이 가장 좋아하는 칵테일이자 하와이 대표 칵테일 중 하나다. 타히티어로 '좋다'는 뜻.

아사이 볼 Acai Bowl
항산화 기능과 함께 콜레스테롤 수치를 조절하는 데 효과적이라는 아사이 베리. 아사이 볼은 아사이 베리 스무디 위에 그래놀라와 갖가지 과일을 올린 뒤 꿀을 뿌려 먹는 요리. 식사 대용으로도 가능하다.

바나나 브레드 Banana Bread
바나나를 주재료로 한 빵. 자그마한 파운드케이크 모양으로, 한 입 물으면 바나나 향이 입안 가득 퍼진다. 빅 아일랜드 '하나로 가는 길'의 바나나 브레드가 가장 유명하다.

사이민 Saimin
마른 새우로 국물을 낸 뒤 간장으로 간을 맞춘 하와이 스타일의 라면. 일본의 라멘, 중국의 중화면, 필리핀의 빤싯에서 좀 더 발전된 형태다. 맥도날드에서도 판매된다.

하와이 전통 음식으로 **칼루아 피그** Kalua Pig가 있다. 칼루아는 하와이 전통 요리법으로 땅속 오븐에서 서서히 익히는 요리법. 땅을 파서 화산석을 쌓아두고 일정 온도가 될 때까지 불을 지핀 뒤 끄고 그 속에 주먹만 한 돼지고기를 타로 잎으로 여러 겹 싼 뒤 열대 차나무 잎사귀에 다시 감싸 4시간가량 훈제시키는 요리다. 하와이 원주민의 전통 음식으로, 루아우 축제 때 등장한다. 비슷한 요리로, **라우라우** Laulau는 불에 달군 화산석에 바나나 잎을 깔고 고기를 얹은 뒤 바나나 잎으로 덮고 화산석을 올리고는 6시간가량 쪄낸 음식이다. 하와이 전통 음식을 맛볼 수 있는 레스토랑으로 **다 오노 하와이안 푸드** Da Ono Hawaiian Food가 유명하다.

A Foodie's Guide to Hawaii

하와이 맛집 키워드

미식가라면 하와이 여행이 더없이 반가울 것이다. 하와이는 전 세계 여행자들이 찾는 곳인 만큼 디저트부터 해산물, 스테이크 등 다양한 맛집이 고루 분포된 곳이기 때문이다. 하와이 미식 여행을 즐기기 전 알아두면 좋은 키워드를 소개한다.

해피 아워 Happy Hour

하와이에서 진짜 해피 아워의 즐거움을 만끽하고 싶다면 고급 스테이크 레스토랑을 공략하는 것이 좋다. 오후 시간대(대략 16:30~18:30)에 스테이크나 시푸드 등의 메인 요리를 50% 할인된 가격으로 먹을 수 있기 때문이다. 분위기 좋은 곳에서 고급 요리를 더욱 저렴한 가격에 먹어보고 싶다면 시그니처 프라임 스테이크 & 시푸드 Signature Prime Steak & Seafood의 해피 아워를 놓치지 말자. 와이키키의 유명 스테이크 맛집인 울프강 스테이크하우스 Wolfgang's Stakehouse 역시 부담스러운 가격 때문에 해피 아워 시간대(월~금 15:00~18:00)에 방문하는 사람들이 많다. 마이 타이 칵테일은 $8, 시푸드 콤보는 $26, 아히 타르타르는 $28이며, 스테이크 슬라이더는 $24에 즐길 수 있다. 단, 고급 레스토랑은 해피 아워라 하더라도 복장을 갖춰야 하니 되도록 슬리퍼와 반바지 차림은 피하도록 하자.

로컬 Local

하와이에서 인기 있는 로컬 음식의 특징은 뚜렷하다. 맛있으면서 가격도 저렴하거나 양이 많거나. 그중에서도 하와이 대표 음식인 포케의 맛집을 꼽는다면 알라 모아나 센터 내 푸드랜드 Food Land를 들 수 있다. 참치나 연어를 간장이나 마요네즈 또는 스파이시 소스에 버무려서 내놓는데 술안주로도, 한 끼 식사로도 손색이 없다. 무엇보다 한국인 입맛에도 잘 맞아 적극 추천하는 음식이다.

로컬 플래터 Local Platter

하와이 맥도날드에만 판매되는 로컬 음식이 있다는 것을 아는 이는 많지 않다. 로컬 플래터로 밥과 스팸, 스크램블을 함께 판매하는데 업그레이드된 디럭스 메뉴에는 포르투기(포르투갈) 소시지가 곁들여져 나온다. 재미있는 것은 이 세트에 알로하 간장이 함께 들어있다는 것. 하와이에서는 밥에 간장을 뿌려 먹는 문화가 엿보이는 대목이다. 로컬 플래터는 대략 05:00~11:00(매장에 따라 10:30)에 주문 가능하다.

디저트 Desert

하와이 대표 디저트를 추천한다면 단연 셰이브 아이스다. 노스 쇼어의 마츠모토 셰이브 아이스가 유명하지만, 더욱 화려하고 다양한 맛을 자랑하는 셰이브 아이스가 와이키키에도 있다. 바로 아일랜드 빈티지 셰이브 아이스 Island Vintage Shave Ice로 로열 하와이안 쇼핑센터의 토리버치 매장 앞 키오스크에서 판매하고 있다. 줄을 서서 기다려야 주문할 수 있을 정도로 인기가 높다. 최근에는 와이키키 비치 메리어트 리조트 & 스파 1층에도 매장을 오픈해 편리하게 매장 내에서도 셰이브 아이스를 맛볼 수 있다.

선셋 Sunset

와이키키에서 아름다운 석양을 배경으로 칵테일 한 잔을 즐기기 좋은 선셋 맛집이 두 곳이 있다. 차가 있다면 발레파킹이 가능한 로열 하와이안 리조트 1층 마이 타이 바 Mai Tai Bar, 자동차 없이 대중교통을 이용한다면 모아나 서프라이더 리조트 1층 비치 바 Beach Bar를 추천한다. 하와이에 도착한 첫날 여행자의 기분을 가득 안고 이곳을 찾는다면 와이키키 비치 중심에서 인생 선셋을 마주할 수 있을 것이다. 와이키키 비치에 모인 여행자들이 하나같이 카메라나 휴대폰을 들고 선셋을 촬영하는 진풍경은 또 하나의 볼거리다.

@Island Vintage Shave

What's New

2025 하와이 잇 트렌드

시간이 흘러도 자연 그대로의 아름다움을 간직한 섬. 동시에 색다른 액티비티와 쇼핑과 먹는 즐거움으로 쉼 없이 변화하며 여행자들을 유혹하는 하와이. 최근 오픈한 숍과 액티비티 등의 뉴스를 담았다.

와이키키에 등장한 대형 마트,
타깃 Target

이전에는 여행에 필요한 모든 아이템은 ABC Stores를 통해야 했다. 그러나 와이키키 중심에 대형 마트인 타깃이 2024년 10월 오픈하면서 여행자들이 보다 쉽게 생필품을 구입할 수 있게 되었다. 식료품과 잡화, 아기 용품뿐 아니라 수영복 등 여행에 필요한 모든 아이템을 구입할 수 있다. 월마트가 가성비 높은 마트라면 타깃은 디자인적 요소가 가미되어 예쁘면서 실용적인 아이템들을 만날 수 있는 곳.

태양의 서커스 아우아나 Auana, 드디어 와이키키에 상륙!

태양의 서커스는 전 세계적으로 유명한 공연 브랜드. 짐나스틱과 발레, 수영 등 다양한 종목을 접목시켜 한 단계 업그레이드된 공연 문화를 선보이는 것으로 유명하다. 2024년 겨울, 태양의 서커스가 와이키키에 론칭해 하와이만의 스타일로 재해석했다. 좌석에 따라 금액이 조금씩 다르긴 하나 공연을 감상하는 데 있어 좌석의 위치는 크게 상관이 없다. 공연은 보통 하루에 두 번, 17:30과 20:00에 진행되며 공연 시간은 대략 휴식 시간 없이 80분 정도 진행된다. 와이키키 비치 콤버 바이 아웃리거 호텔 내에 극장이 있다.

홈페이지 www.cirquedusoleil.com/auana 가격 $89~200

ⓒ Cirque de soleil

웰컴! NEW 호텔

2025년 새롭게 오픈한 호텔이 눈에 띈다. 알라 모아나 센터 근처에 오픈해 지리적으로 쇼핑하기 좋은 르네상스 호놀룰루 호텔 & 스파 Renaissance Honolulu Hotel & Spa로, 알라 모아나 센터와 와이키키 간 무료 셔틀버스 운영, 와이키키 최초 사우나 시설 운영(유료) 등 기존의 호텔과는 다른 차별점을 두어 여행객의 마음을 사로잡고 있다. 뿐만 아니라 골프 마니아나 여행객들이 즐겨 찾는 노스 쇼어 쪽에도 더 리츠 칼튼 오아후 터틀베이 The Ritz-Calton O'ahu, Turtle Bay가 새롭게 오픈해 환영받고 있다.

더 리츠 칼튼 오아후 터틀베이

지금 뜨고 있는 패션 브랜드, 알로하 컬렉션 Aloha Collection

친구이자 룸메이트였던 두 명의 여성이 만든 브랜드. 최근 들어 하와이 로컬들에게 입소문을 얻어 상승세를 타고 있다. 방수 처리된 소재를 사용하는 비치백을 포함하여 이곳에서 판매되는 모든 아이템은 가벼운 나일론 소재를 택하여 여행자들에게 예쁘면서 실용적인 가방을 선사한다. 와이키키 모아나 서프라이더 호텔과 알라 모아나 센터에 매장이 있다.

하와이 웨딩의 모든 것, 예그리나 하와이 Yegrina Hawaii

하와이 대표 웨딩 컴퍼니 예그리나가 드디어 와이키키에 사무실을 오픈했다. 셀프 웨딩에 필요한 드레스 대여부터 웨딩에 필요한 모든 것을 논스톱으로 진행하는 전문 웨딩 플래너 컴퍼니. 소비자들의 만족도가 높아 최근 웨딩 프로 어워드까지 받았다. 상담을 받는 순간부터 예식이 끝나는 순간까지 최고의 퀄리티를 보장한다.

주소 2222 Kalakaua Ave, unit 708, Honolulu 전화 808-892-0720 홈페이지 www.yegrinahawaiiwedding.com

The Best Romantic Getaways in Hawaii

하와이 로맨틱 여행법

하와이는 인기 신혼여행지로 손꼽힌다. 신혼부부라면 더욱 여행사에서 맞춰 준 흔한 코스가 아닌 둘만을 위한 특별한 여행 코스를 원할 터. 신혼부부, 연인을 위한 로맨틱 여행법을 소개한다.

소중한 순간을 기록하는 하와이 스냅

최근 한국 여행객들 사이에서 스냅 촬영이 붐이다. 와이키키, 카할라 비치 1시간은 물론이고 동부 해안가를 돌며 반나절을 할애해 스냅 촬영에 올인하기도 한다. 허니무너들을 위한 여행사 중에서는 포함 상품으로 스냅이 들어 있기도 하다. 여행사 스냅의 경우 단독 진행이 아닌, 여러 커플과 함께 진행하니 이 점을 미리 알아두면 좋다. 부담스럽지 않은 가격에 개인 맞춤 스냅 촬영을 원한다면 하와이 슈팅스타 Hawaii Shooting Star를 추천한다. 맞춤형으로 진행하는 1인 스냅 회사로 와이키키나 카할라 1시간 스냅을 메인으로 하고 있다. 무엇보다 하와이 슈팅스타의 장점은 계약금이 없다는 것. 카카오톡 오픈 채팅으로 주말, 휴일 상관없이 실시간 상담이 가능하고 중간에 1회 의상을 갈아 입을 수 있어 다양한 스타일의 사진을 남길 수 있다. 원본 150~200장에 정밀 수정본을 50장까지 제공하고 있어 다른 업체에 비해 제공되는 컷 수가 많은 편이다. 와이키키 1시간 $300.

인스타그램 @hawaii_shooting_star(카카오톡 오픈 채팅 '하와이슈팅스타') 홈페이지 www.hawaiishootingstar.co.kr

로컬도 방문하기 힘든 샹그리 라 Shangri-La

매주 목~토요일에만 운영되며 방문하기 2~3주 전에 예약해야만 갈 수 있는 샹그리 라를 주목해보자. 인원 제약이 있어 현지인들도 가기 어려울 정도이지만 그만큼 가치가 있는 곳이다. 뉴욕 도리스 듀크 재단이 설립한 샹그리 라는 다이아몬드 헤드에 위치한 저택으로 이슬람 예술품의 집합체다. 인테리어나 이슬람 양식에 관심이 많거나 외부와 단절된, 조용한 휴식처를 찾는 여행자라면 이곳이 제격이다. 총 2,400여 점의 다양한 이슬람 작품들은 보는 이로 하여금 감탄을 자아낸다. 오스만 제국, 무굴 제국, 사파위 왕조, 카자르 왕조의 예술을 감상할 수 있다. 그 밖에도 인도의 타지마할에 영향을 받은 미니어처 정원과 23m의 해수풀도 감탄을 자아낸다. 둘만의 특별한 기념 사진도 찍을 수 있다. 호놀룰루 뮤지엄에서 셔틀버스를 타고 단체로 이동해 둘러보고 오는 코스로, 샹그리 라 입장권 소유자는 호놀룰루 뮤지엄 무료 입장이 가능하다.

입장료 $25 홈페이지 www.shangrilahawaii.org

커플들에게 매우 특별한 레스토랑, 와이키키 레이아 Waikiki Leia

2022년 오픈한 레스토랑. 다이아몬드 헤드 주택가에 자리 잡은 이곳은 웨딩홀과 아일랜드 스타일의 퓨전 프렌치 레스토랑을 함께 운영하고 있다. 셀카에 능숙한 커플이라면 정원에서 둘만의 특별한 순간을 사진으로 남길 수 있다. 단, 레스토랑 영업시간이 매우 짧아 가기 전 예약이 필수다. 특히 디너의 경우 24시간 전에 예약해야만 식사가 가능하다. 대부분 오가닉 재료를 사용한 건강한 요리들이 많다. 레스토랑의 최근 소식이 궁금하다면 인스타그램(@waikikileia)을 참고하자.

주소 3050 Monsarrat Ave 전화 808-735-5400 홈페이지 www.waikikileia.com 영업 브런치 토~일 9:30~14:30, 디너 17:30~20:30(24시간 전 예약 필수)

Best Beaches in Hawaii
하와이 베스트 비치

하와이의 바다가 아름다운 이유는 바다가 보여줄 수 있는 가장 아름다운 색을 지니고 있기 때문. 걷기 좋은 백사장과 시원한 파도까지 어우러지면 감탄사가 절로 나온다. 남들은 모르는 프라이빗한 비치부터 스노클링하기 좋은 비치까지. 하와이 최고의 비치들을 소개한다.

프라이빗하게 즐기는 카할라 비치 Kahala Beach
카할라 비치의 가장 큰 장점은 사람이 많이 없다는 것. 한산한 분위기를 가지고 있다 보니 여기서 스몰 웨딩을 하거나 신혼부부들의 단골 스냅 장소로 사용되고 있다. 간혹 낚시를 즐기거나, 일광욕을 즐기는 이들도 찾아볼 수 있다. 조용한 곳에서 오롯이 자연의 소리에 귀 기울이고 싶다면 카할라 비치로 향해보자. 물놀이를 즐긴 후에는 근처 카할라 리조트의 돌고래를 만나보는 것도 좋다. 투숙객이 아니어도 자유롭게 카할라 리조트에서 돌고래를 구경할 수 있다.

드넓은 백사장이 인상적인
와이마날로 비치 Waimanalo Beach
부기보드 하나만 있으면 재미있게 즐길 수 있는 비치다. 적당한 파도와 바람이 있어 바다에서 제대로 액티비티를 즐기고 싶다면 이곳 와이마날로 비치가 안성맞춤이다. 오아후에서 가장 긴 백사장을 가진 비치로도 유명하다. 도로에서 비치까지 가는 길에는 숲이 우거져 있어 하와이의 자연을 온몸으로 만끽할 수 있는 곳이기도 하다. 근처에 식당이 맥도날드와 로컬 식당 한두 곳밖에 없어 도시락을 준비해 가도 좋다.

누구에게나 사랑받는 카일루아 비치 Kailua Beach

아이가 있는 여행자라면 꼭 가봐야 하는 비치. 파도의 높이가 얕고 백사장이 아름답다. 라니카이 비치가 더 아름답다고 소문났지만 렌터카를 이용해 이동한다면 편리한 주차장이 있는 카일루아 비치가 훨씬 편리하다(라니카이 주변에는 길거리 주차가 불법이라 견인되기 쉽다). 카약을 타고 무인도를 왕복하는 액티비티도 있어 온종일 놀아도 부족함이 없다. 사진 촬영 시 가장 예쁘게 나오는 비치이기도 하다.

서핑하기 좋은 샌디 비치 Sandy Beach

이름대로 백사장이 아름다운 곳이다. 높은 파도가 특징인 곳이라 바디보딩과 서핑의 명소로도 인기가 많은 곳이다. 샌디 비치는 지리적으로도 관광하기 좋은 곳에 위치한다. 여행자들에게 베스트 드라이브 코스로 알려진 72번 해안 도로를 끼고 있기 때문. 근처에 할로나 블로우 홀, 시라이프 파크 등의 관광 명소가 있다. 2014년 호놀룰루 시의회에서 샌디 비치 이름을 하와이가 고향인 버락 오바마 전 미국 대통령의 이름을 따 '버락 오바마 샌디 비치 파크'로 바꿀 것을 제안하기도 했다.

스노클링 명소, 푸푸케아 비치 파크-샥스 코브
Pupukea Beach Park-Shark's Cove

하와이 대표 스노클링 장소인 하나우마 베이 예약에 실패한 이들이 대안으로 찾는 북쪽 해변이다. 수심이 낮고 물고기가 다양해 여행자들의 발목을 붙잡는 곳이다. 산호가 많아 위험하니 래시가드와 아쿠아 슈즈는 필히 챙길 것. 아침 시간이 덜 붐비며, 길가에 주차를 할 수 있으나 워낙 방문객이 많은 곳이라 근처 푸드랜드 주차장에 주차 후 도보 이동을 추천한다.

주소 59-690 Kamehameha Hwy, Pupukea

Hawaii Festival

축제의 섬, 하와이 페스티벌

하와이는 365일 축제의 도시다. 축제가 열리면 와이키키의 메인 도로인 칼라카우아 애비뉴 Kalakaua Ave.의 교통이 통제되며, 개성 넘치는 퍼레이드가 펼쳐지기도 하고 레스토랑마다 작은 부스를 설치해 맛있는 요리를 판매하며 먹거리 장터를 이룬다.

4월
스팸 잼 페스티벌
Spam Jam Festival

스팸 무수비가 하와이 대표 음식이듯이, 하와이는 미국 내 스팸 소비량이 가장 높은 도시다. 페스티벌 기간에는 칼라카우아 애비뉴에 스팸 모양의 인형이나, 도시락 케이스 혹은 가방 등 다양한 팬시 아이템을 판매하고, 각 레스토랑에서는 스팸을 이용한 각종 메뉴들을 선보인다.

10월
프라이드 페스티벌
Pride Festival

전 세계 곳곳에서 행해지는 게이, 레즈비언, 트랜스젠더 등 성소수자들의 인권 향상을 위한 날이다. 주로 10월 주말에 열린다. 이날 오전에는 칼라카우아 애비뉴에서 빨간 스포츠카에 신랑, 신부 코스프레를 하고 행진하거나, 대형 차량에서 여러 명이 음악을 크게 틀어놓고 춤을 추는 등 그야말로 한 편의 버라이어티 쇼를 보는 것 같은 착각마저 든다.

7월

프린스 랏 훌라 페스티벌 Prince Lot Hula Festival

하와이 최대 비경연 훌라 페스티벌로 아이부터 성인에 이르기까지 다양한 훌라 공연은 물론, 하와이 수공예품과 전통 문화를 선보인다. 하와이 문화를 제대로 경험할 수 있는 축제인 셈. 참고로 하와이에서 가장 큰 훌라 경연 대회는 빅 아일랜드에서 열리는 메리 모나크 페스티벌 Merrie Monarch Festival로 4월 중에 열린다.

9월

알로하 페스티벌 Aloha Festival

오프닝 세리머니와 함께 훌라쇼, 퍼레이드 등이 열린다. 와이키키 한복판에는 여러 레스토랑이 다양한 음식을 저렴하게 판매하고, 이동식 무대에서 공연이 펼쳐지는 등 볼거리와 즐길 거리가 풍성한 축제. 뿐만 아니라 로열 하와이안 센터 마당에서는 디제이 부스가 만들어져 여행자와 현지인이 어울려 댄스를 즐기기도 한다.

10월

할로윈 Halloween

10월 31일 저녁, 칼라카우아 애비뉴에서 즐거운 할로윈 파티가 시작된다. 다양한 코스프레를 한 주민들과 여행자들이 거리에 나와 서로 기념사진을 찍으며 돌아다닌다. 한국의 홍대나 강남의 할로윈과는 달리 술에 취한 사람은 거의 찾아보기 힘들다. 슈퍼마리오부터 디즈니 캐릭터 등의 다양한 코스프레가 시선을 잡는다.

하와이 여행 계획하기
Plan your trip to Hawaii

하와이를 소개합니다 | 하와이는 바로 이런 곳!
하와이 추천 여행 플랜
호놀룰루 국제공항에 대한 모든 것
호놀룰루 국제공항에서 와이키키까지
마우이 섬 카훌루이 국제공항에서 리조트까지
빅 아일랜드 코나·힐로 국제공항에서 리조트까지
카우아이 섬 리후에 국제공항에서 리조트까지

하와이를 소개합니다

하와이는 천혜의 자연경관을 자랑하며, 오감을 자극하는 액티비티가 있다. 뿐만 아니라 전 세계인들의 최고 휴양지답게 다양한 먹거리도 이곳만의 자랑이다. 140여 개의 화산섬 가운데 여행이 가능한 곳은 단 여섯 곳뿐이라는 것이 안타까울 정도. 하와이는 와이키키 비치가 있는 오아후 섬을 메인으로, 그 밖의 섬들을 '이웃 섬'이라고 통칭한다.

카우아이 섬
Kauai

'정원의 섬'이라고 불리는 곳. 에메랄드빛의 와이메아 캐니언(P.320)과 깎아지르듯 솟아오른 나 팔리 코스트 절벽, 포이푸 비치 파크에서 하날레이 베이까지 80km에 달하는 아름다운 해변까지. 상상 이상의 자연경관을 자랑한다.
자연이 주는 선물 이외에도 와일루아 강에서의 카약, 포이푸 비치의 스노클링, 코케에 주립공원의 트레킹 등 다양한 어드벤처도 즐길 수 있다.

오아후 섬
Oahu

하와이 전체 인구의 80%가 사는 오아후는 '모임의 장소'라는 의미를 가지고 있다. 자연과 도시가 조화를 이룬 이곳은 와이키키 비치 이외에도 화산활동으로 생긴 해안가로 스노클링 대표 장소인 하나우마 베이(P.171), 서핑의 고수들이 즐비한 노스 쇼어(P.183) 등과 이올라니 궁전(P.149), 보물이 소장되어 있는 비숍 박물관(P.150) 등 역사적인 장소도 모여 있으며, 22:00까지 영업하는 와이키키 쇼핑 센터들이 여행 만족도를 높인다.

라나이 섬
Lanai

빌 게이츠가 결혼식을 올린 섬. 마우이로부터 14km 떨어진 곳으로, 두 이미지가 공존한다. 하나는 세계 정상급 호텔 시설과 챔피언십 수준의 골프 코스이며, 다른 하나는 4륜구동을 타고 케아히아카웰로(신들의 정원)과 폴리후아 비치 등을 배경으로 달릴 수 있는 자연. 실제로 이곳의 포장도로는 총 48km에 지나지 않는다.

몰로카이 섬
Molokai

훌라의 발생지. 코코넛 나무보다 더 높은 건물은 물론이고 신호등조차 찾아볼 수 없는, 옛 하와이의 모습을 가장 잘 느낄 수 있는 섬이다. 길이 61km, 폭 16km의 작은 섬으로, 북동쪽에는 세계에서 제일 높은 해안 절벽이, 남쪽 해안에는 하와이에서 가장 긴 산호지대(45km)가 있다. 도보, 자전거, 4륜 구동 등을 즐기며 섬을 돌아보면 마치 시간이 멈춘 것 같은 착각마저 드는 곳.

마우이 섬
Maui

15년 이상 '콘데 나스트 트래블러' 독자가 최고의 섬으로 손꼽은 곳. 그림 같은 풍경을 선사하는 카아나팔리 비치(P.304)와 해돋이 감상 포인트인 할레아칼라 국립공원(P.302), 겨울에 등장하는 수천 마리의 혹등고래 등 감탄이 쏟아지는 자연경관. 게다가 180도 굽어진 길을 따라 장관을 연출하는 폭포를 만날 수 있는 하나(P.306)까지. 하와이에서 두 번째로 큰 섬인 마우이는 생각보다 인구가 많지 않아 여행자들에게 힐링의 장소가 되어줄 것이다.

빅 아일랜드(하와이 섬)
Big Island

하와이 제도의 다른 섬들을 전부 합친 것보다 거의 2배가량 커 하와이 섬이라고도 부르나, 현재 하와이 주의 이름과 혼동하지 않기 위해 대부분 빅 아일랜드로 부르는 편이다. 전 세계에서 가장 활발히 활동하는 화산을 마주할 수 있는 하와이 화산 국립공원(P.274), 해저부터의 높이가 1만 580m가 넘어 세계에서 가장 높은 산 마우나 케아(P.292) 등이 있으며, 카메하메하 대왕 탄생지(P.235), 카일루아 유적 마을의 하와이 최초 교회(P.245) 등이 있다.

Hawaii Basic Information

하와이는 바로 이런 곳!

역사 HISTORY

하와이는 약 2,800년 전 화산 폭발로 인해 8개의 큰 섬을 포함, 140여 개의 크고 작은 섬과 산호초로 이뤄졌다. 1778년 1월 영국 탐험가 제임스 쿡 선장이 우연히 하와이를 발견하면서 하와이의 역사는 바뀌게 되었다. 당시 하와이는 건장한 사람들이 각각의 섬을 지키며 서로 패권을 다투는 시기였다. 그때 빅 아일랜드에는 사람들의 신망을 얻으며 세력을 넓혀가던 왕족 출신 청년이 있었는데, 바로 하와이를 하나로 통일시킨 카메하메하 대왕이다. 그는 백인 선원들을 수하에 두고 서양의 새로운 무기를 흡수해 하와이 왕국의 발전을 도모했다. 결국 빅 아일랜드를 중심으로 마우이, 몰로카이를 거쳐 오아후의 누우아누 팔리에서 벌어진 전투까지 승리로 이끌면서 통일의 기초를 확립했다. 하지만 그가 죽고 이후 하와이에는 혼란과 평화의 시대가 반복되었으며 제8대 여왕인 릴리우오칼라니에 이르러 백인 기득권층이 왕권 포기 서명을 받아냄으로써 하와이 왕조시대는 막을 내리고 백인 주류의 하와이 공화국(1894~1898년)이 탄생했다.

인구 및 인종 PEOPLE

현재 하와이 거주 인구는 144만 6,146명(2024년 기준, Hawaii.gov 참고)이다. 현재 아시아계가 37.3%, 백인은 24.15%, 하와이 원주민이 10.3%, 혼혈이 24.6% 등을 차지한다. 미국령이지만 여러 인종이 사이 좋게 어울려 사는 곳이 바로 하와이다.

하와이 주 ISLAND

하와이의 정식 명칭은 State of Hawaii, 1959년 미국의 50번째 주가 되었다. 주도 州都는 정치, 경제, 문화가 밀집된 오아후 섬의 호놀룰루다. 하와이 하면 떠올리는 와이키키 해변이 있는 곳으로, 하와이 여행을 계획한 이들이 가장 많이 몰리는 곳이기도 하다. 140여 개의 화산섬으로 이루어져 있지만 그 가운데 오로지 여섯 개의 섬(오아후, 카우아이, 몰로카이, 라나이, 마우이, 빅 아일랜드) 만이 관광객의 입장을 허락한다.

미국 전자여행 허가제 ESTA

미국 방문 목적이 여행이며 체류 기간이 90일 이내일 경우, 대한민국 전자여권을 소지하고 있는 국민이라면 누구나 비자 면제 프로그램을 신청할 수 있다. 이 프로그램은 인터넷상으로 간단하게 생년월일과 여권번호 등을 기입해 비자 없이 미국 여행 허가를 받는 것으로 기록 후 신용카드로 $21를 계산하면 쉽게 신청할 수 있다. 포털사이트에 ESTA를 검색하면 공식 사이트 이외에도 추가 수수료를 받고 진행하는 대행업체 사이트가 있으나 개인 신상을 입력해야 하는 만큼 만약의 위험을 대비해 반드시 공식 사이트를 통해 신청하자. 공식 사이트는 https://esta.cbp.dhs.gov/이며 홈페이지 상단에 한국어로 언어를 선택할 수 있어 불편함이 없다. 유효기간은 2년이며, 홈페이지상으로는 미국 출발 72시간 전에 신청할 것을 권유하고 있으나 만일에 대비해 미국 여행 15일 전에 신청을 완료하는 것이 좋다(자세한 내용은 P.335 참고).

시차 TIME DIFFERENCE

한국과의 시차는 19시간. 하와이가 한국보다 19시간 느리다. 즉 하와이에서 한국의 시간을 계산하려면 현재 시간에서 5시간을 뺀 다음 하루를 더 하면 된다. 반대로 한국에서 하와이의 시간을 알고 싶다면 19시간을 더하거나 5시간을 더한 뒤 하루를 빼면 된다. 하와이는 미국 본토와 달리 서머타임을 적용하지 않는다.

비행 시간 FLIGHT TIME

인천-호놀룰루 직항의 경우, 인천에서 출발 시 대략 8~9시간, 호놀룰루에서 출발 시 10~11시간 정도 소요된다. 현재 직항은 대한항공, 아시아나항공, 하와이안 항공, 에어 프레미아에서 운항 중이다.

언어 LANGUAGE

하와이어가 있긴 하지만 영어를 공통어로 사용한다. 호텔에 따라 일본어가 능숙한 담당자들도 있다. 하와이어로 '알로하 Aloha'는 '안녕하세요, 반갑습니다, 사랑합니다' 등 환대와 애정 등이 담겨있다. 하와이어로 '마할로 Mahalo'는 주로 '감사합니다'의 의미로 사용된다.

전압 VOLTAGE

하와이의 전압은 110V로, 주파수는 60Hz. 전기 플러그는 구멍이 2개 혹은 3개인 것을 이용한다. 한국의 220V 제품을 이용하려면 휴대용 변압기나 멀티 플러그를 가져가는 것이 좋다.

의류 CLOTHING

1년 사계절 따뜻하지만 긴팔 카디건이나 얇은 점퍼 한 벌 챙기는 것을 잊지 말자. 아침, 저녁으로 기온 차가 있으며 기내에서나 레스토랑 방문 시 필요하다. 또한 고급 레스토랑의 경우 반바지, 슬리퍼 등의 복장은 입구에서 거절당할 수 있다.

교통 TRAFFIC

오아후 섬에서 많이 이용되는 대중교통 수단은 더 버스 The Bus로, 탑승 요금은 현금 기준 1회 $3다. 호놀룰루와 와이키키를 포함해 대부분 버스로 연결되지만 06:00~09:00, 16:00~18:00에는 교통정체가 심하다. 여행자들을 위해 유명 쇼핑센터와 유적지 등을 순회하는 와이키키 트롤리 Waikiki Trolli가 있으며 렌터카를 이용하는 여행자들도 많다. 그 밖에도 자전거나 오토바이를 개조한 모페드 등의 대여가 가능하다. 이웃 섬에도 버스가 있긴 하나 짧은 여정으로 여행할 경우에는 렌터카를 추천한다.

화폐와 환전 MONEY

미국 달러($)를 사용한다. 지폐는 $1, $5, $10, $20, $50, $100 총 6종류가 있고, 동전은 €25(쿼터), €10(다임), €5(니켈), €1(페니) 4종류가 있다. 대부분의 레스토랑과 쇼핑센터에서 신용카드를 이용할 수 있다. 현금인출기도 곳곳에 비치되어 있으며 오아후에서 급하게 한화를 달러로 환전을 하고 싶다면 DFS 와이키키 주변 환전소를 이용하는 것이 좋다.

쿼터 / 다임 / 니켈 / 페니

인터넷 INTERNET

대부분 리조트와 호텔 로비에서 무료로 인터넷 사용이 가능하며, 투숙객의 경우 객실에서도 무료로 이용할 수 있는 곳이 많다(리조트 요금에 인터넷 사용료가 포함된 경우도 있지만, 간혹 리조트 요금이 없는 경우 따로 지불해야 한다).

하와이에서 인터넷을 자유롭게 사용하는 방법으로는 출발 전 휴대폰 통신사를 통한 로밍 서비스 또는 인천공항에서 대여하는 포켓 와이파이와 유심칩(airportusim.com), 그리고 온라인에서 다운 받을 수 있는 E심 칩이 있다. 포켓 와이파이의 경우 와이파이 도시락(www.wifidosirak.com)에서 대여 시 1일 약 5,000원이다. 유심 칩과 E심의 경우 1일 기준 약 1만 5,000원이며, 날짜가 추가될수록 할인율이 높아진다.

통화 TELEPHONE

하와이 주의 지역번호는 808. 하와이에서 사용되는 휴대폰 앞 번호와도 동일하다. 편의점에서 국제 전화 카드를 구입해 사용할 수 있으나 호텔에서 이를 사용할 경우에는 아무리 국제 전화 카드를 이용한다 하더라도 추가 요금이 발생된다. 따라서 한국에서 가져온 휴대폰을 이용하는 편이 보다 저렴하다.

현지에서 한국으로 전화할 땐, 011(국제전화코드)+82(한국 국가번호)를 누른 뒤에 앞자리 0을 제외한 번호를 누른다. 서울에 전화할 경우 역시 0을 뺀 2부터 번호를 누르면 된다.
예) 휴대폰 010-123-4567 경우, 011-82-10-123-4567
서울 02-123-4567 경우, 011-82-2-123-4567

날씨 WEATHER

하와이는 사시사철, 연중 방문해도 좋다. 다만

4~11월의 기온이 다소 높고(평균 23~31℃), 12~3월의 겨울은 약간 선선하다(평균 20~27℃). 고래를 관찰할 수 있는 웨일 워칭 Whale Watching 투어는 하와이 전역을 통틀어 12월 말~5월 초까지 계속된다. 11~2월에는 오아후 노스 쇼어의 서핑 시즌이다. 11~4월 우기가 있긴 하나 잠깐 비가 지나가는 정도라 크게 걱정하지 않아도 된다.

흡연 SMOKING

하와이는 강력한 '금연법'에 따라 공공장소에서의 흡연이 전면 금지다. 호텔을 비롯해 택시, 레스토랑, 쇼핑센터 등 공공장소에서 흡연하면 벌금이 부과된다.

면세 FREE

하와이 입국 시 술은 750ml 이하 1병, 향수는 150ml 이하 1병, 종이담배는 200개비, 토산품 $100까지 면세 혜택을 받고 판매를 목적으로 하지 않는 화장품이나 귀금속류 등이 면세 범위에 해당된다. 단, 과일이나 식물, 육류, 동식물은 반입 금지다.

팁 TIP

하와이는 관광 도시인 만큼 본토 못지않게 팁 문화가 발달되어 있다. 한국인들에게는 다소 낯설지만 이 또한 서비스에 대한 비용이라고 이해할 필요가 있다. 레스토랑은 요금의 18~25%, 택시는 요금의 10~15%, 발레파킹은 $2~5, 호텔에서 직원에게 서비스를 요청하거나 셔틀버스 역시 $1~2, 호텔 벨보이에게는 짐 한 개당 $1씩 지불하면 된다.
단 레스토랑에서 테이크아웃을 하거나, 패스트푸드점은 별도의 팁을 지불하지 않아도 된다. 레스토랑에서는 신용카드로도 팁을 지불할 수 있는데 신용카드로 팁을 지불하려면 명세서의 팁 기입란에 총 금액의 18%를 적고 팁과 식사 금액을 합한 총금액을 적어 제출하면 된다. 간혹 와이키키의 경우 영수증에 이미 팁을 더하기도 한다. 실수로 팁을 두 번 지불하지 않도록 잘 체크하자.

영수증에 팁이 제시되어 있기도 하다.

축제 FESTIVAL

1월 차이니스 뉴 이어 Chinese New Year
하와이 소니 오픈 The Sony Open in Hawaii www.sonyopeninhawaii.com

2월 마우이 고래 축제 Maui Whale Festival www.mauiwhalefestival.org
그레이트 알로하 런 Great Aloha Run www.greataloharun.com

3월 호놀룰루 페스티벌 Honolulu Festival www.honolulufestival.com
코나 맥주 축제 Kona Brewer's Festival www.konabrewersfestival.com
더 그레이트 하와이안 러버 더키 레이스(3월 마지막 주) The Great Hawaiian Rubber Duckie Race

4월 스팸 잼 페스티벌 Spam Jam Festival www.spamjamhawaii.com
메리 모나크 축제 Merrie Monarch Festival www.merriemonarch.com
하와이 인터내셔널 필름 페스티벌 Hawaii International Film Festival www.hiff.org

5월 레이 데이 Lay Day
호놀룰루 트라이애슬론 Honolulu Triathlon www.honolulutriathlon.com

6월 카메하메하 대왕 데이 King Kamehameha Day www.kamehamehafestival.org
환태평양 페스티벌 Pan-Pacific Festival www.pan-pacific-festival.com

7월 프린스 랏 훌라 페스티벌 Prince Lot Hula Festival www.moanaluagardensfoundation.org
우쿨렐레 페스티벌 Ukulele Festival www.ukulelefestivalhawaii.org

8월 메이드 인 하와이 페스티벌 Made in Hawaii Festival www.madeinhawaiifestival.com
듀크스 오션페스트 Duke's Oceanfest www.dukesoceanfest.com

9월 알로하 페스티벌 Aloha Festival www.alohafestival.com

10월 하와이 푸드 & 와인 페스티벌 Hawaii Food & Wine Festival www.hawaiifoodandwinefestival.com
할로윈 Halloween 10월 31일
프라이드 페스티벌 Pride Festival www.honolulupff.com

11월 트리플 크라운 오브 서핑 Triple Crown of Surfing www.vanstriplecrownofsurfing.com
코나 커피 컬처럴 페스티벌 Kona Coffee Cultural Festival www.konacoffeefest.com
추수감사절 Thanksgiving Day
블랙 프라이데이 Black Friday 11월 추수감사절 다음 날

12월 호놀룰루 마라톤 Honolulu Marathon www.honolulumarathon.org
징글벨 런 Jingle Bell Run
호놀룰루 시티라이트 퍼레이드 Honolulu Citylight Parade honolulucitylights.org

공휴일(2025~2026년) HOLIDAY

2025년 4월 18일 성금요일 Good Friday, 2025년 4월 20일 부활절 Easter, 2025년 5월 26일 현충일 Memorial Day, 2025년 6월 11일 카메하메하 대왕 1세 기념일 King Kamehameha Day, 2025년 7월 4일 독립기념일 Independence Day, 2025년 9월 1일 노동자의 날 Labor Day, 2025년 10월 13일 콜럼버스 데이 Columbus Day, 2025년 11월 11일 상이용사의 날 Veterance Day, 2025년 11월 27일 추수감사절 Thanksgiving Day, 2026년 1월 19일 마틴 루터 킹 목사의 날 Martin Luther King Dr. Day, 2026년 2월 16일 대통령의 날 President's Day, 2026년 3월 17일 성 패트릭의 날 St.Patrick's Day, 2026년 3월 26일 쿠히오 왕자의 날 Prince Kuhio Day

Mia's Advice

❶ 현지 일정은 여유 있게! 일정이 너무 빡빡하면 여행 내내 스트레스를 받을 수 있어요. 뿐만 아니라 차가 막히거나, 예기치 못한 문제로 시간을 낭비하는 일도 생긴답니다. 욕심이 앞선 계획보다 전체적으로 여유 있는 스케줄로 하와이를 즐기세요.

❷ 하와이에서 시차 적응은 아주 중요해요 하와이는 한국보다 19시간이 늦어요. 여행 첫날 시차 적응을 제대로 하지 않으면 일정 내내 고생할 수 있죠. 첫날은 여유 있게 일정을 잡고, 저녁 늦게 잠드는 것이 좋아요.

❸ 하와이 해변은 24시간 운영이 아닙니다 한국과는 달리 하와이의 해변은 24시간 오픈되어 있지 않아요. 심지어 음주는 엄격히 금하고 있죠(공원에서도 음주는 불법이에요). 해변 운영 시간이 명시되어 있지 않더라도 일몰 후에는 머물지 않는 것이 좋아요.

❹ 렌터카를 탈 땐 도난을 조심하세요 렌터카 여행 시 차 안의 지도나 가이드북, 혹은 내비게이션은 소매치기의 표적이 될 수 있어요. 차에서 내리기 전 카메라 등 귀중품과 내비게이션, 지도 등은 눈에 띄지 않는 곳에 넣어두거나 휴대하는 게 좋아요.

❺ 술을 주문할 때 신분증이 필요해요 편의점에서 알코올을 구입할 때도, 바에서 칵테일 한 잔을 주문하더라도 신분증은 반드시 필요해요. 여행 시 신분증은 꼭 지참하세요.

❻ 하와이에서 자외선 차단제는 필수! 와이키키 곳곳에 위치한 ABC 스토어에서는 자외선 차단제의 SPF 지수가 100인 제품도 있을 정도랍니다. 이동 시 자외선 차단제를 꼼꼼히 바르는 게 좋고, 특히 서핑이나 트레킹 등 액티비티

를 즐길 예정이라면 더욱더 자주 발라주는 게 좋아요. 단, 하와이에서는 산호초 보호를 위해 옥시벤존과 옥티녹세이트 함유 자외선 차단제 사용을 금하고 있으니 성분을 꼭 확인해주세요.

❼ 유명 레스토랑은 해피 아워를 공략! 와이키키 내 울프강 스테이크하우스나 야드 하우스, 헤링본 와이키키 등 레스토랑에서는 해피 아워 Happy Hour에 칵테일이나 맥주, 스테이크를 할인된 가격에 제공합니다. 해피 아워를 공략해 맛 좋은 메뉴를 좀 더 저렴하게 즐겨 보세요.

Shall we make a plan?

하와이 추천 여행 플랜

최근 하와이 여행 트렌드는 오아후를 베이스캠프로 잡고, 이웃 섬을 잠깐 다녀오는 루트다. 선호도가 가장 높은 일주일 안팎으로 다녀오는 일정을 추천한다. 이웃 섬별 세부 일정은 각 섬을 소개하면서 따로 정리했다.

Mia's Advice

일정을 짜기 전 알아두세요!

하와이의 전체 여행 일정이 4박 6일이나 5박 7일이라면, 2개의 섬을 둘러보기엔 다소 부담스러운 일정이 될 수 있어요. 차라리 오아후 섬에 전 일정을 투자하는 것이 좋아요. 그 외 6~9박 이상의 일정을 계획한다면, 오아후의 기본 4박 6일 일정에 이웃 섬 2박 3일 정도를 덧붙이는 것이 좋아요. 이웃 섬은 오아후에서 비행기로 40~50분 정도 소요되며, 비행편은 05:00~21:00에 시간대별로 있기 때문에 이동이 자유로워요.

PLAN 1 하와이 클래식 여행, 오아후 일주 4박 6일

[1 day] 오아후 도착 → 숙소 → 와이키키 비치 산책 → 이올라니 궁전 → 카메하메하 대왕 동상

소요시간 : 5~6시간 | 교통편 : 셔틀버스, 버스

대부분의 항공편이 오전에 호놀룰루에 도착해 12:00쯤 와이키키에 도착한다. 오아후 호텔의 체크인은 15:00~16:00. 숙소에 짐을 맡기고 와이키키 비치 파크(P.99)를 산책한다. 다운타운 지역의 이올라니 궁전(P.149)이나 카메하메하 대왕 동상(P.149) 등 인기 명소를 돌아보자. 저녁에는 호텔 근처 바에서 칵테일 한 잔 한다. 첫날에는 숙소 근처 ABC 스토어 등 주변 시설을 미리 파악하자.

[2 day] 하나우마 베이(스노클링) → 할로나 블로우 홀 → 샌디 비치 → 마카푸우 등대

소요시간 : 7~8시간 | 교통편 : 렌터카

07:00~08:00에 렌터카를 픽업해 오아후 동쪽 하나우마 베이(P.171)에서 진정한 하와이안 스타일의 스노클링을 즐기자. 자연 보호가 엄격한 곳이라 맑고 깨끗한 물에 열대어들을 쉽게 마주할 수 있다. 샤워 후에는 오아후의 동부 코스트 라인(할로나 블로우 홀, 샌디 비치, 마카푸우 등대)을 드라이브하자.

[3 day] 할레이바 올드 타운 → 돌 플랜테이션 → 알라 모아나 센터 or 와이켈레 아웃렛 → 탄탈루스 언덕 or 나이트 쇼

소요시간 : 10~12시간 | 교통편 : 렌터카

할레이바 올드 타운(P.187)에서 유명한 대표 먹거리인 새우 트럭과 디저트로 셰이브 아이스크림을 즐긴다. 근처 돌 플랜테이션(P.186)을 둘러본 뒤, 오아후로 들어오는 길에 와이켈레 프리미엄 아웃렛(P.195)이나 알라 모아나 센터(P.140)에서 쇼핑을 즐기자. 저녁에는 탄탈루스 언덕(P.164)에서 야경을 보거나 다양한 나이트쇼를 관람하자. 와이키키 비치콤버 바이 아웃리거에서는 태양의 서커스 아우아나를, 로열 하와이안 센터에서는 락 어 훌라 쇼를 감상할 수 있다.

교통 어드바이스 렌터카를 셋째 날 반납할 예정이라면 무인 반납하자. 렌터카 사무실이 15:00~16:00에 문을 닫는다. 따라서 최대한 렌터카를 이용한 뒤 늦은 저녁 무인 반납 시스템을 이용하는 것이 좋다.

[4 day] 다이아몬드 헤드(트레킹) → 와이키키(서핑 or 쇼핑) → 와이키키 트롤리 투어 → 선셋 크루즈

소요시간 : 10~12시간 | 교통편 : 렌터카 or 트롤리

이른 아침 다이아몬드 헤드(P.97)로 트레킹을 다녀오자. 그 후 와이키키 해변에서 서핑 레슨을 받아도 좋고, 못 다한 쇼핑을 즐겨도 좋다. 혹, 또 다른 하와이를 느끼고 싶다면 와이키키 트롤리에서 마음에 드는 라인을 타고 반나절가량 트롤리 여행을 즐겨보자. 마지막으로 식사가 포함된 선셋 크루즈(P.152)에서 로맨틱한 마지막 밤을 보내자.

교통 어드바이스 선셋 크루즈는 대부분 호텔에서 16:30에 픽업해 17:30에 크루즈를 탑승하는 스케줄이다. 호텔로 돌아오는 시간은 대략 19:30~20:00(금요일 20:30~21:00). 렌터카를 넷째 날 반납할 예정이라면 선셋 크루즈 탑승 전에 반납하자.

[5 day] 와이키키 비치 → 호놀룰루 국제공항 출발

소요시간 : 30~50분 | 교통편 : 셔틀버스

하와이에서 한국으로 출발하는 항공편은 대부분 오전 출발이다. 조금만 부지런을 떨어 이른 아침 와이키키 비치에서 일출을 감상한 뒤 공항으로 출발한다.

[6 day] 인천국제공항 도착

PLAN 2 다양한 쇼핑 여행, 오아후 5박 7일

[1~4 day] 하와이 클래식 여행 코스(P.044)

[5 day] 노드스트롬 랙 → 티제이 맥스 → 사우스 쇼어 마켓 or 워드 빌리지 산책

소요시간 : 6~7시간 | 교통편 : 버스

알라 모아나 근처에는 저렴하게 쇼핑할 수 있는 매장들이 모여 있다. 특히 노드스트롬 랙(P.138)과 티제이 맥스(P.137)는 운이 좋다면 명품 브랜드를 저렴하게 구입할 수 있다. 키즈 제품도 다수 비치되어 있다. 쇼핑몰 근처의 팡야 비스트로(P.125)나 스크래치 키친 & 미터리(P.125)에서 간단히 식사를 즐겨도 좋다. 시간이 남는다면 사우스 쇼어 마켓이나 요즘 새롭게 뜨고 있는 워드 빌리지 지역을 산책하는 것도 좋다.

[6 day] 와이키키 비치 → 호놀룰루 국제공항 출발

소요시간 : 30~50분 | 교통편 : 셔틀버스

하와이에서 한국으로 출발하는 항공편은 대부분 오전에 출발한다. 조금만 부지런을 떨어 이른 아침 와이키키 비치의 일출을 감상해보자. 쇼핑에 아쉬움이 남는다면 가까운 마트나 ABC 스토어를 방문해 마지막 쇼핑을 즐기자. 단 비행 시간을 염두해 여유롭게 공항으로 출발한다.

[7 day] 인천국제공항 도착

Mia's Advice

① 워드 빌리지 지역은 최근에 새로운 콘도들이 들어서 쇼핑과 맛집 투어를 하기 좋은 지역이에요. 하와이 로컬의 삶을 느껴보고 싶다면 이곳에서 반나절 정도 시간을 보내는 것도 좋아요. 커피뿐만 아니라 앞치마와 가방 등 다양한 굿즈의 인기도 많은 딘 앤 델루카 Dean and Deluca, 고급 한국 식당인 온기 Onkee, 모던 퓨전 이탈리안 레스토랑인 치노 Cino 등 다양한 먹거리가 여행자들을 반겨줄 거예요. 기타 워드 빌리지의 다양한 이벤트와 소식이 궁금하다면 www.wardvillage.com을 참고하세요.

② 일정을 계획할 때 아침과 낮에는 액티비티 위주로, 저녁에는 쇼핑과 맛집 투어 위주로 하면 시간을 보다 효율적으로 이용할 수 있답니다.

PLAN 3 아이가 있는 가족 여행, 오아후 5박 7일

[1~4 day] 하와이 클래식 여행 코스(P.044)

[5 day] 라니카이 비치 or 카할라 리조트(카할라 비치) or 시 라이프 파크 →
티제이 맥스 or 노드스트롬 랙
소요시간 : 5~6시간 | 교통편 : 버스 or 렌터카

하와이에서 가장 아름다운 라니카이 비치를 방문해보자. 아이가 돌고래 체험 프로그램에 관심이 많다면 카할라 리조트의 돌핀 퀘스트(P.159)나 동부 해안 시 라이프 파크의 돌고래 체험 프로그램을 신청할 것. 액티비티가 끝난 뒤 유아용품을 구입하고 싶다면 티제이 맥스(P.137)나 노드스트롬 랙(P.138)에 들르자.

[6 day] 와이키키 비치 → 호놀룰루 국제공항 출발
소요시간 : 30~50분 | 교통편 : 셔틀버스

하와이에서 한국으로 출발하는 항공편은 대부분 오전에 출발한다. 조금만 부지런을 떨어 이른 아침 와이키키 비치의 일출을 감상하고 공항으로 출발할 수 있다.

[7 day] 인천국제공항 도착

PLAN 4 역사와 문화 여행, 오아후 5박 7일

[1~4 day] 하와이 클래식 여행 코스(P.044)

[5 day] 진주만 or 폴리네시안 문화 센터 or 비숍 박물관
소요시간 : 5~6시간 | 교통편 : 버스 or 폴리네시안 문화 센터 픽업 셔틀

공항 근처에 위치한 2차 세계대전의 상처를 엿볼 수 있는 진주만(P.193)이나 하와이 토속 문화를 경험할 수 있는 폴리네시안 문화 센터(P.178)를 둘러보자. 두 곳 모두 반나절 이상 넉넉하게 시간을 준비하는 편이 좋다. 교통편이 자유롭지 못하다면 와이키키 근처인 비숍 박물관(P.150)에서 하와이의 문화를 느껴보는 것도 좋다.

[6 day] 와이키키 비치 → 호놀룰루 국제공항 출발

[7 day] 인천국제공항 도착

PLAN 5 바다와 자연을 마음껏 즐기는 오아후+마우이 7박 9일

[1~4 day] 하와이 클래식 여행 코스(P.044)

[5 day] 마우이 도착 → 이아오 밸리 → 홀푸드 마켓 → 숙소

소요시간 : 6~7시간 | 교통편 : 비행기, 렌터카

마우이의 호텔 체크인은 15:00~16:00. 따라서 마우이로 향하는 비행기를 대략 12:00 전후로 잡으면 편리하다. 공항에서 렌터카를 픽업한 뒤 자연 경관이 아름다운 이아오 밸리를 방문한다. 그리고 홀푸드 마켓에서 간단히 장을 본 후 체크인을 한다.

[6 day] 할레아칼라 국립공원 → 알리 쿨라 라벤더 → 마카와오 or 파이아 → 하나 드라이브 코스

소요시간 : 10시간 | 교통편 : 렌터카

새벽에 할레아칼라 국립공원(P.302)의 일출(홈페이지에서 미리 예약)을 감상한 뒤 쿨라 지역의 알리 쿨라 라벤더 농장(P.302)과 카우보이들의 마을이었으나 예술가의 마을로 재탄생한 마카와오(P.308)를 둘러보자. 새벽 기상에 자신 없다면 윈드서핑의 메카인 파이아(P.308)에서 식사한 뒤 마우이 대표 어드벤처 드라이브 코스인 하나 지역(P.306)을 탐험해보자.

[7 day] 카아나팔리(웨일러스 빌리지 쇼핑 센터 → 블랙 록 → 카아나팔리 비치)

소요시간 : 10시간 | 교통편 : 렌터카

액티비티와 쇼핑을 동시에 만족시킬 수 있는 카아나팔리에서 남은 여정을 마무리한다. 웨일러스 빌리지 쇼핑센터(P.314)는 물론이고 선셋 무렵 블랙 록에서의 다이내믹한 다이빙도 구경할 수 있다. 마우이 대표 비치인 카아나팔리 비치(P.304)에서도 시간을 보내자.

[8 day] 마우이 출발 → 오아후 도착 → 호놀룰루 국제공항 출발

소요시간 : 40분~1시간 | 교통편 : 비행기

비행 시간은 대략 30분. 마우이 공항은 다른 이웃 섬에 비해 항상 사람이 많아 2시간 이상 소요된다. 게다가 호놀룰루 국제공항에선 적어도 2시간 전부터 수속 준비를 하는 것이 좋으니 한국행 비행기 시간을 잘 체크해 마우이에서 일찍 출발하자.

[9 day] 인천국제공항 도착

| PLAN 6 | **화산과 별자리 찾아 떠나는, 오아후+빅 아일랜드** 7박 9일 |

[1~4 day] 하와이 클래식 여행 코스(P.044)

[5 day] 빅 아일랜드 도착 → 카일루아-코나로 이동 → 훌리헤에 궁전 →
모쿠아이카우아 교회 → 로스 or 타깃 → 숙소

소요시간 : 7~8시간 | 교통편 : 비행기, 렌터카

빅 아일랜드의 호텔 체크인은 15:00~16:00. 따라서 빅 아일랜드행 비행기는 대략 12:00 전후로 잡는 것이 좋다. 공항에서 렌터카 픽업 후 카일루아 항구(P.246)를 끼고 있는 카일루아-코나 지역으로 이동한다. 해 질 무렵 분위기가 좋아 첫날 가볍게 둘러보기 좋다. 훌리헤에 궁전(P.244)과 모쿠아이카우아 교회(P.245) 등을 둘러보며 산책하자. 저녁에는 근처에 로스나 타깃 등 쇼핑몰을 방문하는 것도 좋다.

[6 day] 사우스 코나 → 푸우호누아 오 호나우나우 국립 역사공원 → 마우나 케아

소요시간 : 10시간 | 교통편 : 렌터카

오전에 사우스 코나 지역(P.269)에서 커피 농장 투어를 경험해보자. 시간이 넉넉하다면 푸우호누아 오 호나우나우 국립 역사공원(P.262)까지 둘러보면 좋다. 오후에는 별자리를 관측할 수 있는 마우나 케아(P.292)로 향하자. 마우나 케아의 액티비티 투어를 참가하는 것이 좋지만 무리라면 비지터 센터에서도 충분히 별자리를 감상할 수 있다.

[7 day] 화산 국립공원 or 힐로 파머스 마켓

소요시간 : 4~5시간 | 교통편 : 헬리콥터, 렌터카

절경이 한눈에 보이는 헬기 투어(P.278)로 하와이 화산 국립공원을 돌아보거나 현지 식재료를 한눈에 볼 수 있는 힐로의 파머스 마켓 투어(P.284)를 떠나보자.

[8 day] 빅 아일랜드 출발 → 오아후 도착 → 호놀룰루 국제공항 출발

소요시간 : 1시간 | 교통편 : 비행기

빅 아일랜드에서 오아후까지의 비행 시간은 대략 50분. 호놀룰루 국제공항에선 적어도 2시간 전부터 수속 준비를 하는 것이 좋으니 한국으로 향하는 비행 시간을 잘 체크해 적어도 빅 아일랜드에서 4~5시간 전에 출발하자.

[9 day] 인천국제공항 도착

PLAN 7 하와이의 옛 멋을 즐기는 오아후+카우아이 7박 9일

[1~4 day] 하와이 클래식 여행 코스(P.044)

[5 day] 카우아이 도착 → 하나페페 올드 타운 → 숙소

소요시간 : 5~6시간 | 교통편 : 비행기, 렌터카

카우아이의 호텔 체크인은 15:00~16:00. 따라서 카우아이행 비행기를 대략 12:00 전후로 잡으면 편리하다. 카우아이의 공항에서 렌터카 픽업 후 하나페페 올드 타운(P.320)으로 향한다. 꼭 뭔가를 하지 않아도 곳곳의 오래된 건축과 상점들을 둘러보는 것 자체가 독특한 경험이 될 수 있다.

[6 day] 와이메아 캐니언 → 고사리 동굴 투어 → 카우아이 커피 컴퍼니 → 포트 알렌 하버

소요시간 : 5~6시간 | 교통편 : 비행기, 렌터카

카우아이의 명소 와이메아 캐니언(P.320)을 둘러보고 고사리 동굴 투어에 참여해보자. 보트를 타고 와일루아 강가를 지나며 현지인들의 춤과 음악을 라이브로 감상할 수 있다. 시간이 남는다면 카우아이 커피 컴퍼니를 둘러보아도 좋다. 피곤한 하루 일정은 포트 알렌 하버의 카우아이 아일랜드 브루어리 & 그릴에서 맥주 한 잔과 함께 마무리하자.

[7 day] 올드 콜로아 타운 → 킬라우에아 등대 → 하날레이 베이

소요시간 : 8시간 | 교통편 : 렌터카

아름다운 드라이브 코스를 만끽할 수 있는 올드 콜로아 타운(P.321)을 둘러본 뒤 킬라우에아 등대를 거쳐 소설가 무라카미 하루키가 좋아한다는 하날레이 베이에서 일정을 마무리하자.

[8 day] 카우아이 출발 → 오아후 도착 → 호놀룰루 국제공항 출발

소요시간 : 1시간 | 교통편 : 비행기

카우아이에서 오아후까지의 비행 시간은 대략 40분. 호놀룰루 국제공항에선 적어도 2시간 전부터 수속 준비를 하는 것이 좋으니 한국으로 향하는 비행 시간을 잘 체크해 적어도 카우아이에서 3~4시간 전에 출발하자.

[9 day] 인천국제공항 도착

하와이 여행 실전

호놀룰루 국제공항에 대한 모든 것

호놀룰루 국제공항의 정식 명칭은 Daniel K. Inouye International Airport다. 이곳은 총 3개의 터미널로 나뉘는데, 국제선이 다니는 오버시 터미널 Oversea Terminal과 주내선이 다니는 인터아일랜드 터미널 Interisland Terminal, 코뮤터 터미널 Commuter Terminal로 나뉜다. 공항이 전체적으로 크지 않고, 복잡하지 않아 이정표만 잘 보면 무사히 이동하고 도착할 수 있다.

① 호놀룰루 공항에 도착

비행기 착륙 → 입국심사대 → 수화물 찾기 → 세관 신고 → 게이트(그룹/개인)로 나가기

입국 심사

국제선을 타고 호놀룰루 국제공항에 도착하면 제일 먼저 입국심사를 받는다. 미국 비자가 있다면 입/출국 기록서(I-94 Form)와 세관 신고서(U.S. Customs and Border Protection)를 함께 작성해야 하고, 비자 면제 프로그램 ESTA으로 미국을 방문한다면 세관 신고서만 작성하면 된다. 세관 신고서는 기내에서 승무원들이 미리 나눠주므로 착륙 전에 작성해두자.
입국심사대에 도착하면 왼쪽에는 여행자, 오른쪽에는 미국 시민권을 가진 이들을 위한 입국심사대로 나뉘어 있다. 왼쪽으로 가서 줄을 서서 차례를 기다렸다가 비행기에서 승무원들에게 건네받은 세관 신고서와 함께 여권을 내민다. 체류 목적, 체류 장소 등 간단한 질문에 답한 후 세관 신고서를 돌려받으면 OK!

수화물 찾기

입국심사대를 통과하면 바로 계단이 보인다. 와이키키 해변 사진 아래 'Welcome to the United States'라는 문구가 보이고, 그 계단으로 한 층 아래 내려가면 바로 짐을 찾을 수 있다. 입국 심사를 마치고 나면 수하물이 이미 나와 있는 경우가 다반사. 자신의 항공사가 어느 레일에 수하물을 놓았는지 확인 후, 그곳에서 수하물을 찾으면 된다.

입국 심사가 끝나고 한 층 내려오면 수하물을 찾을 수 있다.

세관 신고

입국심사대에서 다시 건네받은 세관 신고서를 공항 직원에게 건네고 게이트를 통과하면 하와이 땅

을 밟을 수 있다. 개인 여행을 위해 하와이를 찾았다면 EXIT 2로 나가야 하고, 여행사를 통해 가이드와 미팅하기로 되어 있다면 EXIT 1으로 나가야 한다.

Mia's Advice

1. 배기지 클레임 근처에 수화물 카트가 있다면 그걸 이용해도 좋고, 짐이 너무 많다면 짐을 운반해주는 포터 Porter에게 부탁해도 돼요. 짐 1개당 $2~3 정도의 팁을 지불하면 된답니다.

2. 세관을 통과할 때 라면, 과일, 육류 등은 반입 금지이거나 검역 대상이니 각별히 주의하는 것이 좋아요. 하지만 말린 제품 Dried Food은 세관 통과가 가능하니 세관 신고서 항목을 꼼꼼히 살펴보고 작성하세요.

3. 수화물이 도착하지 않았을 경우에는 탑승한 항공사 안내 데스크에 수화물표를 제시하고 지정된 서식에 내용물, 가방의 상표, 외관상의 특징과 연락처 등을 작성하는 게 좋아요. 수화물 지연은 21일 이내에, 수화물 파손 또는 내용품 분실은 7일 이내 항공사에 신고해야 해요.

❷ 오아후에서 바로 이웃 섬으로 환승하기

오아후 도착하자마자, 바로 이웃 섬으로 향하는 비행기에 탑승할 예정이라면 짐을 찾고 우선 그룹 게이트나 개인 게이트를 통과해 공항 밖으로 나온다. 이웃 섬으로 향하는 비행기가 하와이안 항공인 경우에는 인터아일랜드 터미널 Interisland Terminal을, 그 외 저가 항공사인 경우에는 코뮤터 터미널 Commuter Terminal 표지판이 가리키는 방향으로 향하면 된다. 표지판에 '이웃 섬 비행기'라고 한국말이 적혀 있기도 하고, 이웃 섬 티켓을 보여주면 공항 직원들이 친절하게 터미널 위치를 알려주기도 한다.

인터아일랜드 터미널 Interisland Termina (하와이안항공으로 환승)

오아후에서 이웃 섬으로 가기 위해선 인터 아일랜드 터미널의 하와이안 항공 데스크에서 발권 및 티케팅을 새로 해야 한다. 이때에는 수화물 개수당 추가 비용이 있다. 단, 하와이안항공의 경우 국제선 이용 승객은 1인당 23kg짜리 1개까지 맡길 수 있으며 그 경우를 제외하고는 수화물의 개수에 따라 비용을 지불해야 한다. 오아후에서 이웃 섬을 오가는 다른 저가 항공사도 수화물의 개수에 따라 비용을 지불하기는 마찬가지. 수화물을 맡길 경우 캐리어 한 개당 가격은 $30.

한국어 안내 표지판을 쉽게 찾아볼 수 있다.

인터아일랜드 터미널로 나가는 표지판

코뮤터 터미널 Commuter Terminal
(사우스 웨스트 항공사로 환승)

사우스 웨스트 항공을 이용해 이웃 섬으로 이동하는 경우에는 코뮤터 터미널로 이동해 다시 체크인을 하고 수하물을 보내야 한다는 번거로움이 있다. 첫 번째 수화물은 $35, 두 번째 수화물은 $45다.

코뮤터 터미널은 저가 항공사 탑승 터미널

❸ 오아후 여행 후, 이웃 섬으로 넘어 가기

와이키키에서 택시나 셔틀버스를 이용해 호놀룰루 국제공항으로 향한다. 하와이안 항공 이용자는 터미널 1, 사우스 웨스트 항공사는 터미널 2로 향한다. 해당 항공사 카운터에서 e티켓(전자 티켓)과 여권을 제시한 뒤 짐을 부치고 비행기에 탑승하면 된다. 이웃 섬의 경우 비행기의 연착, 지연뿐 아니라 게이트가 바뀌기도 한다. 만일의 경우에 대비해 탑승 시간보다 2시간 정도 미리 공항에 나가는 것이 좋으며, 탑승 전까지 게이트 확인을 잊지 말자.

Mia's Advice

❶ 호놀룰루 국제공항에서 마우이의 카훌루이 국제공항이나 카우아이의 리후에 국제공항까지 소요되는 시간은 약 30분 남짓. 빅 아일랜드의 코나 국제공항이나 힐로 국제공항까지는 40~50분가량 소요된답니다. 이웃 섬행 비행기를 놓친다면 해당 항공 데스크에서 다음 비행기로 티켓 교환을 요청해 보는 것도 방법입니다.

❷ 저렴한 비행기 티켓을 찾고 싶다면 아래 사이트를 참고하세요.
　카약 www.kayak.com
　전 세계 여행자들이 항공권을 예약하는 사이트. 다양한 시간대와 가격대를 한 번에 비교 분석할 수 있어요. 항공권뿐 아니라 호텔, 렌터카 등 다양한 상품도 구매 가능. 다만 대표 저가 항공사인 사우스 웨스트 항공(www.southwest.com) 등은 검색에서 제외되니 따로 가격을 비교해야 해요.
　스카이스캐너 www.skyscanner.kr
　저가 항공사 가격까지 저렴한 티켓을 가장 빨리 알아볼 수 있는 사이트. 검색 후 항공사의 홈페이지로 바로 연결되며, 해당 홈페이지에서 결제하면 돼요. 한국어 서비스도 제공된답니다.

❸ 크루즈 회사인 NCL(www.ncl.com)에서는 오아후에서 출발해 마우이, 빅 아일랜드, 카우아이를 모두 둘러볼 수 있는 6박 7일 크루즈 여행 프로그램이 있어요. 가격은 $3,000~1만 4,000의이며, 크루즈에는 객실과 레스토랑뿐 아니라 수영장과 자쿠지, 피트니스와 극장 등이 있어 특별한 하와이 여행을 계획할 수 있답니다.

하와이 여행 실전

호놀룰루 국제공항에서 와이키키까지

공항에서 와이키키 시내로 이동하기 위해선 택시나 공항 셔틀버스, 렌터카 등을 이용할 수 있다. 그중 가장 많이 이용하는 수단이 바로 택시와 셔틀버스. 택시를 이용할 경우 20~30분 내외로 와이키키에 진입할 수 있다.

① 셔틀 Shuttle

스피디 셔틀(www.speedishuttle.com)이나 로버츠 하와이(www.robertshawaii.com)를 인터넷으로 예약하면, 공항에서 셔틀버스를 탑승해 와이키키까지 이동할 수 있다. 스피디 셔틀은 편도 $24.54, 로버츠 하와이는 편도 $27.50이며, 각각 수하물 2개까지 무료다. 추가 수하물은 개당 $10~11다.

로버츠 하와이

Mia's Advice

호놀룰루 국제공항에도 와이키키 시내로 들어오는 더 버스 The Bus가 있어요. $3의 비용으로 시내까지 들어올 수 있어서 매력적이긴 하나, 캐리어 등의 짐을 싣고 탑승할 수 없으니 조심하세요.

② 택시 Taxi

가장 쉽게 이용할 수 있는 교통수단. 공항 개인 게이트 Individual Gate로 나와 건너편에 택시 승강장이 있다. 기사에게 목적지를 보여주거나 호텔 이름만 말하면 알아서 목적지까지 데려다준다. 기본 요금은 $3.5로, 대략 공항에서 와이키키까지 $40~50 내외. 택시 요금의 10~15% 정도를 팁으로 지불하면 된다. 잔돈이 없더라도 걱정하지 말 것. 팁까지 포함한 금액을 말하고 잔돈을 거슬러 받으면 된다. 신용카드 결제가 불가할 수 있으니 현금을 준비하자. 다른 여행지에서 바가지요금이나 주행거리 사기 경험이 있을지라도 하와이에서는 안심해도 좋다. 만약 영어가 불편하다면 한인 택시를 이용해보자. 팁을 받지 않는 노팁택시(808-945-7777)가 가장 인기가 많다. 이 밖에도 포니택시(808-944-8282), 코아택시(808-944-0000), 하나택시(808-479-0000) 등이 있다.

③ 렌터카 Rent a Car

공항 밖으로 나와 'Rental Car Shuttle'이라는 이정표를 따라가면 정류장에 도착한다. 이곳에서 셔틀버스를 타고 영업점으로 이동해 차량을 픽업하면 된다. 모든 렌터카 업체가 모여있기 때문에 예약한 회사의 카운터를 찾아가면 된다. 하와이에서 렌터카 차량 픽업 시 여권과 한국운전면허증, 신용카드가 필요하며, 반납은 픽업한 장소와 같다. 렌터카 반납 후 셔틀버스를 타고 공항으로 이동할 수 있다. 자세한 내용은 P.350 참고.

오아후 주요 렌터카 업체

달러 렌터카 Dollar Rent a Car
www.dollarrentacar.kr
808-831-2331(호놀룰루 국제공항)

알라모 렌터카 Alamo Rent a Car
www.alamo.co.kr
808-833-4585(호놀룰루 국제공항)

허츠 렌터카 Hertz Rent a Car
www.hertz.co.kr
808-529-6800(호놀룰루 국제공항)
808-971-3535(하얏트 리젠시 와이키키)

버짓 렌터카 Budget Rent a Car
www.budget.com
808-836-1700(호놀룰루 국제공항)
808-672-2368(인터내셔널 마켓플레이스)

엔터프라이즈 렌터카 Enterprise Rent a Car
www.enterprise.com
844-913-0737(호놀룰루 국제공항)
808-979-2600(디스커버리 베이 센터)

칩 렌터카 Cheap Rent a Car
crchawaii.com
808-596-8828(알라모아나)

④ 차량 공유 서비스 Uber, Lyft

렌터카나 택시 못지않게 공항에서 와이키키로 편리하게 진입할 수 있는 또 하나의 편리한 방법. 휴대폰으로 우버 Uber 또는 리프트 Lyft 애플리케이션을 다운받아 신용카드 등 개인정보를 입력하자. 그런 뒤 호놀룰루 공항의 픽업 장소에서 호출 후 해당 차량을 기다리면 된다.

픽업 장소는 터미널 1, 터미널 2 모두 2층(출발층)에 위치해 있다. 따라서 공항 도착 후 엘리베이터를 이용해 2층으로 이동, 터미널 1은 출국층 로비 2 맞은편, 터미널 2는 출국층 로비 8, 로비 5/6 맞은편에 있다. 곳곳에 'Ride App Pick Up'이라는 표지판이 있어 어렵지 않게 찾을 수 있다. 단, 동시간대 승객이 몰리는 공항 픽업의 특수성 때문에 평소보다 가격대가 높을 수 있으니 우버와 리프트 모두 가격을 비교해보는 것도 방법.

하와이 여행 실전

마우이 섬 카훌루이 국제공항에서 리조트까지

마우이의 카훌루이 공항은 국제공항이긴 하나 규모가 작아서 초행길이라도 누구나 헤매지 않고 이용할 수 있다. 공항에서 직접 픽업해 바로 주행할 수 있는 렌터카 이외에도 스피디 셔틀이나 택시로 원하는 리조트까지 이동할 수 있다.

① 셔틀 Shuttle

스피디 셔틀(www.speedishuttle.com)에서 운영하는 이 서비스는 차량과 리조트에 따라 가격이 상이하다. 7인이 탑승할 수 있는 미니밴이 가장 저렴하고, 리조트에 따라 대략 1인 $50~90이며 1인이 추가될 때마다 $7~12가량씩 더해진다. 리조트에 따라 공항 셔틀을 운행하는 곳도 있으니, 예약 전 호텔에 문의하는 것도 방법.

② 택시 Taxi

렌터카 없이 여행할 때 택시는 가장 편리하게 리조트까지 이동할 수 있는 교통수단이다. 다만 하와이에서는 택시비가 워낙 비싼 편인 게 단점. 마우이 정부에서 제시하는 적정 가격은 공항에서 카아나팔리까지 $87, 카팔루아까지 $105, 라하이나까지는 $78, 와일레아까지 $570이다. 팁은 택시 금액의 15%를 더해야 한다. 마우이 공항에서도 차량 공유 서비스인 우버와 리프트 픽업이 가능하니, 애플리케이션으로 가격을 미리 비교해보는 것도 좋은 방법. 픽업 장소는 차량의 유형에 따라 달라질 수 있어 앱으로 장소를 확인해야 한다.
위치 공항에서 나오면 배기지 클레임 Baggage Claim 표지판이 보인다. 짐을 찾고 직진해서 도로 쪽으로 나가면 택시 탑승장이다.
문의 CB Taxi Maui 808-243-8294
Maui Airport Taxi Shuttle 808-877-2002

③ 렌터카 Rent a Car

공항에서 짐을 찾고 나와 트레인에 탑승하면 1~2분 이내로 공항 인근의 렌터카 건물로 이동한다. 그곳에서 예약한 업체를 찾아 운전면허증과 보증금, 여행사에서 받은 바우처를 제시하고 차를 인도받으면 된다. 미리 예약하지 않았다면 해당 렌터카 카운터에서 이용 가능한 차량이 있는지 문의하면 된다. 하지만 여행지에서 렌터카를 예약하는 데 시간을 허비할 수 없는 일. 게다가 미국 휴일인 경우 당일 렌터카 예약은 쉽지 않으므로 국내에서 미리 예약하자. 렌터카 건물은 트레인 대신 도보로도 이동이 가능하며 3~5분 소요된다. 자세한 렌터카 이용 방법은 P.350 참고.

위치 공항 배기지 클레임 Baggage Claim에서 나오면 바로 길 건너편에 트레인 승차장이 보인다.

마우이 섬의 주요 렌터카 업체

달러 렌터카 Dollar Rent a Car
위치 946 Mokuea Pl, Kahului
문의 866-434-2226, www.dollar.com

알라모 렌터카 Alamo Rent a Car
위치 905 W Mokuea Pl, Kahului
문의 844-913-0747, www.alamo.com

하와이 여행 실전

빅 아일랜드 코나·힐로 국제공항에서 리조트까지

빅 아일랜드는 다른 이웃 섬과 달리 국제공항이 2개다. 코나와 힐로 두 지역에 있으며, 두 지역의 거리가 차량으로 편도 3시간가량 걸리기 때문에 공항을 헷갈리지 않도록 주의하자.

① 셔틀 Shuttle

스피디 셔틀(www.speedishuttle.com)에서 코나 공항만 운영하며 차량과 리조트에 따라 가격이 상이하다. 7인이 탑승할 수 있는 미니밴이 가장 저렴하며 리조트에 따라 대략 1인 $70~100. 1인이 추가될 때마다 대략 $8~12가량씩 더해진다. 수화물은 1인 2개까지 무료이며 추가 시 개당 $11. 리조트에 따라 공항 셔틀을 운행하는 곳도 있으니, 예약 전 호텔에 문의하는 것도 방법.

Mia's Advice

힐로 국제공항에는 셔틀버스가 별도로 운행되지 않아요. 힐로 국제공항에서 리조트로 이동할 때는 택시와 렌터카만 이용이 가능해요.

② 택시 Taxi

코나 국제공항에서 택시를 탑승할 때 대략적인 비용은 코나에서 카일루아 코나 타운까지 $25, 힐튼 와이콜로아 빌리지까지 $50, 킹스 숍스까지 $50이다. 힐로에는 총 17개의 택시 업체가 있으며 공항에서 하와이 화산 국립공원까지 $300이다. 모두 팁은 금액의 15%를 추가해야 한다.

위치 코나 국제공항의 경우 배기지 클레임 A와 B 맞은편에서 택시 승차가 가능하며, 힐로 국제공항 역시 배기지 클레임 맞은편에서 택시 승차가 가능하다. 힐로 국제공항 역시 배기지 클레임 맞은편 도로에서 택시 승차가 가능하다.
문의 Kona Taxicab LLC 808-324-4444
Taxi Joe's Kona 808-329-9090
AA Marxhsll's Taxi 808-936-2654

③ 렌터카 Rent a Car

공항 밖으로 나오면 주요 렌터카 업체 카운터가 있다. 미리 예약했다면 이곳에서 해당 렌터카 업체를 찾아 체크인과 서류 작업을 한 뒤 해당 업체의 셔틀버스를 탄다. 근처 렌터카 업체 사무실로 이동해 운전면허증과 보증금, 여행사에서 받은 바우처를 제시하고 차를 인도받는다. 미리 예약하지 않았다면 렌터카 카운터에서 이용 가능한 차량이 있는지 문의하면 된다. 하지만 여행지에서 렌터카를 예약하는 데 시간을 허비할 수는 없는 일, 국내에서 미리 예약하는 것이 훨씬 편리하다. 다만 힐로 국제공항의 경우에는 직접 공항 건너편의 렌터카 부스에서 픽업과 반납이 가능하다. 자세한 렌터카 이용 방법은 P.350 참고.

위치 코나 국제공항에서 나오면 바로 도로 건너편에 Car rental이라는 표지판이 보인다. 그 표지판을 따라 길을 건너면 바로 렌터카 셔틀버스 정류장이 보인다. 그곳에서 예약한 렌터카 업체의 셔틀버스를 탑승, 근처 렌터카 회사 사

무실로 이동해 운전면허증과 보증금 Deposit, 여행사에서 받은 바우처를 제시하고 차를 인도받는다. 힐로 국제공항은 터미널 건너편에 바로 렌터카 부스가 보인다.

빅 아일랜드 주요 렌터카 업체

허츠 렌트 어 카 Hertz Rent a Car
위치 400 E Kawili St, Hilo(힐로)
운영 월~금 07:00~17:00(토~일요일 휴무)
문의 808-934-0302

알라모 렌터카 Alamo Rent a Car
위치 73-193 Aulepe St, Keahole-kona Airport Kailua Kona(코나), 131 Kekuanaoa St, Hilo(힐로)
운영 05:30~22:30(코나), 05:30~21:00(힐로)
문의 808-329-8896(코나), 808-961-3343(힐로), www.alamo.com

엔터프라이즈 렌터카 Enterprise Rent a Car
위치 74-5583 Luhia St, Kailua-Kona(코나)
운영 월~금 7:30~17:00, 토 9:00~12:00(일요일 휴무)
문의 808-331-2509(코나), www.enterprise.com

내셔널 렌터카 National Rent a Car
위치 73-109 Aulepe St, Kailua-Kona(코나), 2350 Kekuanaoa St, Hilo(힐로)
운영 05:00~23:00(코나), 06:30~22:00(힐로)
문의 888-826-6890(코나), 844-913-0732(힐로), www.nationalcar.com

에비스 렌터카 Avis Rent a Car
위치 73-361 Kupipi St, Kailua-Kona(코나), 1 General Lyman Field, Hilo(힐로)
운영 05:00~23:00(코나), 06:00~22:00(힐로)
문의 808-327-3000(코나), 808-935-1298(힐로), www.avis.com

버짓 렌터카 Buget Rent a Car
위치 73-361 Kupipi St, Kailua-Kona(코나), 2355 Kekuanaoa St(힐로)
운영 05:00~23:00(코나), 06:00~22:00(힐로)
문의 808-329-8511(코나), 808-935-6878(힐로), www.budget.com

Mia's Advice

하와이에서 보다 저렴하게 렌터카를 이용하고 싶다면 또 다른 차량 공유 서비스인 투로 Turo를 이용하는 것도 방법이에요. 투로는 개인의 차량을 렌트하는 형식으로 휴대폰에 해당 애플리케이션을 다운받은 뒤 대여를 원하는 날짜와 픽업 위치 등을 선정하면 조건에 맞는 차량들을 검색할 수 있어요. 결제 시 세금과 보험료가 추가되며, 보험의 경우 운전자가 원하는 것으로 선택할 수 있어요. 투로의 가장 큰 장점은 렌터카 카운터에서 기다리는 일 없이 바로 차량 픽업이 가능하다는 것이죠. 결제 후 차량 주인과 직접 소통하여 차량 위치와 차 키가 있는 장소 등을 안내 받을 수 있어요. 차량 탑승 24시간 전까지 추가 요금 없이 취소할 수 있다는 장점도 있고요. 다만 국제운전면허증이 필수로 있어야 하며, 픽업 전 운전자가 자신의 신분증을 들고 인증샷을 업로드해야 픽업이 가능해요. 차량 반납 시 차량 내부와 외부의 사진을 찍어 업로드해야 하는 것도 잊지 마세요. 차량을 깨끗이 사용하지 않으면 세차 비용이 청구될 수 있답니다.

하와이 여행 실전

카우아이 섬 리후에 국제공항에서 리조트까지

카우아이의 리후에 공항은 규모가 작아서 초행길이라도 헤매지 않고 이용할 수 있다. 공항에서 직접 픽업해 바로 주행할 수 있는 렌터카 이외에도 스피디 셔틀이나 택시로 원하는 리조트까지 이동할 수 있다.

① 셔틀 Shuttle

스피디 셔틀(www.speedishuttle.com)에서 운영하며 차량과 리조트에 따라 가격이 상이하다. 7인이 탑승할 수 있는 미니밴이 가장 저렴하며 리조트에 따라 대략 1인 $30~116. 1인이 추가될 때마다 $2~ 가량씩 더해진다. 수화물은 1인 2개까지 무료이며 추가 시 개당 $11~. 리조트에 따라 공항 셔틀을 운행하는 곳도 있으니, 예약 전 호텔에 문의하는 것도 방법.

② 택시 Taxi

카우아이 리후에 공항에서 포이푸까지 $42~52.50, 리후에 쿠쿠이 그루브까지 $9~12.75, 프린스빌까지는 $88.50~118.50 정도다. 팁으로 요금의 15%를 추가해야 한다.

위치 리후에 공항의 배기지 클레임 근처, 공항 전화기를 이용해 택시 회사에 픽업을 요청한다.
문의 Aloha ride and tours 808-278-3947
Pono Taxi and Kauai Tours 808-634-4744
Kauai Taxi Company 808-246-9554

③ 렌터카 Rent a Car

공항 밖으로 나오면 주요 렌터카 업체 카운터가 있다. 미리 예약했다면 해당 렌터카 업체의 셔틀버스를 탄다. 근처 사무실로 이동해 운전면허증과 보증금, 여행사에서 받은 바우처를 제시하고 차를 인도받는다. 미리 예약하지 않았다면 렌터카 카운터에서 이용 가능한 차량이 있는지 문의하면 된다. 자세한 렌터카 이용 방법은 P.350 참고.
위치 공항에서 나오면 바로 'Car rental'이라는 표지판이 보인다. 그 표지판을 따라 직진하면 'Welcome to Kauai'가 보인다(우측에는 인포메이션 센터 위치). 그곳을 통과해 길을 건너면 바로 렌터카 셔틀버스 정류장이 있다.

빅 아일랜드 주요 렌터카 업체
달러 렌터카 Dollar Rent a Car
주소 3273 Hoolimalima Pl, Lihue
운영 05:00~23:00
문의 866-434-2226, www.dollar.com

알라모 렌터카 Alamo Rent a Car
주소 3276 Hoolimalima Pl, Lihue
운영 05:15~22:45
문의 808-246-0645, www.alamo.com

Mia's Advice

라나이 섬 관광객은 대부분 포시즌스에 투숙해요. 포시즌스 투숙객들은 미리 요청하면 셔틀버스로 리조트까지 이동할 수 있어요. 렌터카는 라나이 칩 지프(lanaicheapjeeps.com, 808-563-0630)를 통해 예약 가능하며, 가격은 1일 기준 $285~295입니다.

OAHU
- 오아후 섬 -

알로하 영혼이 숨 쉬는 태평양의 파라다이스

하와이의 상징이자 하와이를 찾는 여행자들이 제일 많이 들르는 오아후. 그만큼 여행 산업이 잘 발달되어 있는 곳이기도 하다. 습하지 않으면서 따뜻한 온도와 가끔씩 불어오는 시원한 바람, 그리고 섬 곳곳에 숨어 있는 보물 같은 여행지를 발견하다보면 어느새 오아후의 여행이 짧게만 느껴질 것이다. 하와이의 상징과도 같은 와이키키, 대형 쇼핑센터와 로컬들이 사랑하는 비치파크가 있는 알라 모아나, 최근 새로운 콘도가 들어서면서 맛집과 트렌디한 숍들이 가득한 카카아코, 역사적으로 가치 있는 곳들이 모여 있는 다운타운, 오아후의 명소인 하나우마 베이와 대형 테마파크인 시라이프 파크가 있는 하와이 카이, 관광객들에게는 다소 덜 알려져 있지만 보석같은 비치가 숨어 있는 카일루아, 전 세계 서퍼들이 모이는 서핑의 메카 노스 쇼어, 새우트럭과 셰이브 아이스크림의 먹거리를 빼놓을 수 없는 올드 타운인 할레이바, 2차 세계대전의 잔해가 남아 있는 진주만 등 손에 꼽기가 벅찰 정도로 볼거리, 즐길 거리가 많다. 하와이 여행이 처음이라면 너무 욕심내지 말고 와이키키 주변에서 이틀 정도 시간을 보내고, 나머지 일정은 외곽으로 나가는 방향으로 잡는 것이 좋다. 운전에 자신 있다면 렌터카를 이용하는 편이 시간을 절약할 수 있고, 느긋하게 흐르는 시간을 온몸으로 느끼고 싶다면 용기내서 현지인처럼 버스를 타도 좋다. It's up to you!

오아후 섬
기본 정보

'알로하 아일랜드 Aloha Island' 혹은 '더 개더링 플레이스 The Gathering Place'라고 불리는 오아후는 하와이 여행의 중심이다. 24시간 관광객이 깨어 있는 와이키키를 비롯해, 화산 활동으로 생긴 천혜의 자연을 감상할 수 있는 하나우마 베이, 전 세계 유명인사들이 찾는 최고급 리조트가 있는 카할라, 오아후 북단의 할레이바 지역으로 더 유명해진 노스 쇼어까지 오감만족 여행을 즐겨보자.

알아두세요 | 오아후의 역사

하와이 왕조 시대였던 1845년, 마우이 섬 라하이나를 대신해 정치·경제의 중심지가 된 곳이 바로 호놀룰루예요. 1893년 백인들이 일으킨 쿠데타로 릴리우오칼라니 여왕이 미국 내 유일한 궁전인 이올라니 궁전에 유배된 다음 해에 여왕이 항복을 하면서 하와이 왕조는 그 역사의 막을 내리게 되었죠. 그 뒤 1959년 하와이가 아메리카 합중국의 50번째 주(州)로 인정됨과 동시에 호놀룰루는 하와이의 주도(州都)가 되어 현재에 이르고 있답니다.

지형 마스터하기

오아후는 쉽게 동서남북으로 나누어 설명할 수 있다. 남쪽에는 와이키키, 다운타운, 차이나타운, 팔리, 알라 모아나가 있고 북쪽에는 노스 쇼어, 터틀 베이, 할레이바, 모쿨레이아가 있다. 또 북동쪽에는 윈드 워드, 동쪽에는 하나우마 베이, 와이마날로, 하와이 카이가 있으며, 서쪽에는 펄 하버(진주만), 와이켈레, 코 올리나 등이 있다.

날씨

하와이의 여름은 5~10월로 평균 29℃를 웃도는 반면, 겨울인 11~4월에는 평균 온도가 25.6℃이다. 밤 평균 기온은 대체적으로 5~6℃ 낮다. 겨울 가운데에서도 11~3월 사이에는 특히 비가 많이 내리는데 강수량이 60~80㎜ 정도로 꽤 높은 편이다. 하지만 세차게 비가 내리다가도 언제 비가 내렸냐는 듯 금방 맑게 개는 날씨 때문에 무지개를 흔하게 볼 수 있다.
계절에 상관없이 수온은 연평균 22~24℃로 언제나 바다 수영이 가능한 환경이어서 연중무휴로 오아후를 즐길 수 있다.

공항

오아후에는 호놀룰루 국제공항(정식 명칭 다니엘 K. 이노우에 국제공항) HNL이 있다. 대부분의 여행자들이 하와이를 방문할 때 오아후의 호놀룰루 국제공항을 통해 입국한다. 이웃 섬을 가기 위해 주내선으로 갈아타는 곳 역시 호놀룰루 국제공항이다(P.57 참고).

공항에서 주변까지 소요시간

편도로 시간을 체크한다면 호놀룰루 공항에서 와이키키까지 차로 20~30분이면 도착한다. 대부분 관광을 와이키키에서 시작한다고 가정한다면, 렌터카를 이용해 와이키키에서 다이아몬드 헤드까지 10분, 하나우마 베이까지는 20분 정도 소요되고, 와이켈레 프리미엄 아웃렛의 경우 30분, 유명한 새우 트럭과 원조 셰이브 아이스크림 가게가 있는 할레이바까지는 50분, 폴리네시안 문화 센터까지는 1시간 남짓 소요된다. 단, 위의 시간은 교통이 막히지 않는 경우를 가정한 것이며 오아후에서 출퇴근 시간의 경우 고속도로의 교통체증이 심한 편이라 만약의 경우를 대비해서 계획을 짜는 것이 좋다.

누구와 함께라면 즐거울까

이웃 섬의 경우 각 섬마다 개성이 달라 여행자의 성격이나 취향에 따라 호불호가 확실하게 구분되는 반면, 오아후의 경우는 신혼부부뿐 아니라 아이가 함께 하는 가족여행, 부모님과 함께 떠난 힐링 여행이나 친구와 함께 떠나는 액티비티 여행 등 갖가지 테마를 가지고 입맛대로 즐길 수 있다는 장점이 있다.

여행 시 챙겨야 하는 필수품

물놀이를 할 예정이라면 스노클링 장비와 아쿠아 슈즈, 비닐 방수팩 등이 필요하고 하이킹을 할 예정이라면 운동화를 준비하자. 하와이는 110V이기 때문에 여행용 멀티탭 또한 꼭 챙겨야한다.

오아후 섬 1일 예산

- 숙박비(2인) $300~600
- 교통비(소형 렌터카) $100
- 식사(1인 3식)
  브렉퍼스트 $25, 런치 $25 디너 $60
- 액티비티(1인) $150~

- 예상 1인 총 경비(쇼핑 예산 제외)
  약 $660(약 90만 1,428원, 2025년 7월 기준)

오아후 섬에서 꼭 즐겨야 할
BEST 11

오아후에서는 하와이 특유의 문화를 다양하게 즐길 수 있다. 놓치면 후회하는 것들, 여행 계획을 세우기 전에 미리 알아두면 좋을 것들만 모아봤다.

BEST 1

재미있는 악기, 우쿨렐레

가만히 연주를 듣다 보면 어느새 마음까지 편안해지는 묘한 악기가 있다. 하와이의 상징과도 같은 우쿨렐레는 19세기 후반 포르투갈계 이민자들이 가져 온 '브라기냐'라는 4현의 작은 기타에서 변형된 악기다. 한국에도 이미 다수의 마니아층이 있다.

하와이의 자연과 정신을 담은 훌라

BEST 2

훌라는 성스러운 춤으로 고대 하와이에서 제사나 의식을 거행할 때 신에게 기도를 드리기 위해 추던 춤이다. 또한 문자가 없었던 하와이 사람들이 역사와 민족의 기록을 전승하기 위해 사용하기도 했다. 훌라의 동작 하나하나가 모두 의미를 담고 있으며 신께 바치는 노래인 '멜레 mele'의 뜻을 정확히 이해하지 못하면 춤을 출 수 없다고 한다.

하와이 스타일의 바비큐, 루아우

BEST 3

'루아우 Luau'란 하와이식 파티를 일컫는다. 하와이 여행에서 빼놓을 수 없는 문화로 호화로운 음식과 화려한 볼거리가 곁들여지는데, 이 파티의 묘미는 뭐니 뭐니 해도 음식이다. 전통 화덕에서 요리한 돼지고기인 칼루아 포크와 타로 잎으로 싼 각종 육류 또는 생선 라우 라우, 타로 가루로 만든 폴리네시안 주식 포이 등이 준비된다. 음식을 맛보면서 하와이 전통 음악과 노래, 훌라 댄서들의 공연을 즐겨보자.

알로하 정신을 담은 레이

BEST 4

하와이의 모든 행사에서 빠지지 않는 레이 Lei. 훌라 댄서들이 착용하는 레이는 장식품이 아니라 자연의 마나(영력)를 몸에 불어넣고자 하는 바람을 담은 것이다. 현재 레이는 애정과 감사, 축복 등의 마음을 담은 선물로 생일이나 졸업식 등 하와이의 일상생활에 스며들어 있다. 매년 5월 1일 와이키키 근처 카피올라니 공원에서 레이 축제가 열리고 이날만큼은 수백 가지의 레이를 구경할 수 있다.

하루 만에 서핑 정복

BEST 5

하와이를 대표하는 스포츠를 꼽자면 바로 서핑이다. 하와이는 서퍼들의 천국이라고 불릴 만큼 전 세계 서퍼들이 즐겨 찾는 곳이다. 와이키키에서는 수준 높은 서핑 강습을 들을 수 있는데 처음 시도해보는 사람이라도 2시간의 초급 코스를 이수하고 나면 어느 정도 감각을 익힐 수 있다.

오아후 섬 **071**

BEST 6

영화 촬영지를 따라서!

하와이를 배경으로 한 영화들을 보고 나면 어쩐지 하와이가 한걸음 더 가까이 있는 것처럼 느껴진다. 그중에서도 쿠알로아 목장은 '쥬라기 공원', '고질라', '킹콩', '진주만', '첫 키스만 50번 째' 등이 촬영되었던 곳으로 영화 촬영지를 둘러보는 무비 사이트 액티비티 프로그램이 따로 있을 정도.

재미있는 먹거리 투어

하와이는 멀티 컬처라고 해도 좋을 만큼 전 세계 음식들을 만날 수 있다. 남녀노소 누구나 좋아하는 갈릭 새우, 술안주나 밥반찬으로도 훌륭한 포케(참치), 건강하면서도 맛있는 디저트인 아사이 볼, 갓 튀겨 훌륭한 식감을 자랑하는 말라사다 도넛, 더울 때 시원하게 맛볼 수 있는 셰이브 아이스 등을 놓치지 말자.

BEST 7

ⓒ 하와이 관광청

BEST 8

천혜의 자연에서 즐기는 스노클링

산호초가 살아 숨 쉬는 하나우마 베이는 바다에서 멀리 나가지 않아도 손쉽게 스노클링을 할 수 있는 곳이다. 하와이어로 하나우마는 '만으로 이뤄진 은신처'를 뜻하는데 이 지역이 특별한 것은 1967년부터 법에 의해 해양생물 보호구역으로 지정되었기 때문. 그런 까닭에 해양생물들이 더 증가해 스노클러들을 즐겁게 하고 있다. 하나우마 베이에 사람들이 많이 모여있는 곳이 있다면 바로 그곳이 물고기가 많은 지역이다.

BEST 10

스카이다이빙부터 웨일 워칭까지, 액티비티가 가득

오아후에서 와이키키 앞 바다만 즐기고 가기에는 너무 아쉬운 것들이 많다. 다이내믹한 성격이라면 오아후를 하늘 위에서 감상하는 스카이다이빙이나 시 라이프 파크에서 돌고래의 등지느러미를 붙잡고 헤엄치는 돌핀 로열 스윔을, 액티비티가 다소 부담스럽다면 크루즈에서 혹등고래를 관찰하는 웨일 워칭 Whale Watching이나 일몰을 감상하는 디너 크루즈를 즐겨도 좋다.

BEST 9

쇼핑 인 더 오아후

미국은 주마다 조금씩 세금이 다른데 하와이는 다른 주에 비해 주세가 4.5%대로 낮다. 그래서인지 하와이에는 미국 전역에서도 손가락 안에 꼽히는 대형 쇼핑몰인 알라 모아나 센터를 비롯해 와이켈레 프리미엄 아웃렛 Waikele Premium Outlet과 노드스트롬 랙 Nordstrom Rack 등의 아웃렛이 있다. 그보다 더 저렴한 쇼핑몰인 티제이 맥스 T.J.maxx와 로스 Ross 등 의류와 액세서리, 지인들의 선물을 구입할 수 있는 루트가 다양하다.

BEST 11

1년 365일, 페스티벌 천국!

하와이는 한 달에 1회 이상 페스티벌이 열린다. 와이키키 앞 칼라카우아 애비뉴에 들어서면 언제나 북적거리며 살아 있는 느낌을 받는다. 대표 축제로는 4월에 열리는 스팸 잼 페스티벌이, 9월에는 하와이의 문화를 대표하는 알로하 페스티벌 등이 있다. 축제 기간에는 와이키키 메인 거리의 교통을 통제하고 퍼레이드를 진행하거나, 유명 레스토랑에서 부스를 설치해 먹거리를 판매한다.

BEST ITEM

오아후 섬 쇼핑 아이템

지인들을 위한 선물로 실패 확률이 작으면서 여행의 만족도를 높여주는 쇼핑 목록을 소개한다. 하와이에서 놓치면 한국에 돌아가 후회할 것들 중에 내 입맛에 맞는 아이템을 미리 체크해보는 것도 좋다.

유니클로 로컬 티셔츠
유명한 하와이 로컬 브랜드의 로고를 이용해 가성비 좋은 기념품을 만들었다. 레오나즈 베이커리, 마츠모토 셰이브 아이스, 하와이안 선(음료수) 등 오직 하와이에서만 구입할 수 있는 아이템. $24.90.

마카다미아 너트 Macadamia Nut
마우나 로아 브랜드의 마카다미아가 가장 유명하다. 마우나 로아 공장은 빅 아일랜드 힐로 지역에 위치해 있다. 용량에 따라 가격이 다르며 돈키호테나 ABC 스토어, 월마트에서 판매된다. 12OZ 24개 $24.98.

호놀룰루 쿠키 Honolulu Cookie
초코와 마카다미아 등 다양한 종류의 맛을 가지고 있으며, 낱개 포장되어 있어 고급스럽다. 매장에서 샘플을 맛볼 수 있으며, 운이 좋으면 코스트코에서보다 저렴하게 구입할 수 있다. 16개 세트 $20.95.

아사이베리 Acai Berry
슈퍼 푸드 중 하나로 디저트로 만들어 먹거나 영양제 혹은 주스 형태로 유통되고 있다. 항산화 작용을 하며, 다이어트용으로도 이용되고 있다. 선물용으로는 분말이나 알약 크기로 판매되는 것이 좋다. 용량과 브랜드에 따라 가격이 다르다. 아사이베리 파우더는 돈키호테에서, 아사이베리 주스는 코스트코에서 구입할 수 있다.

코나 커피 Kona Coffee
빅 아일랜드 코나 지역에서 나고 자란 커피콩을 이용해 만든 것으로 코나 커피 함유량에 따라 가격이 다르다. 포장 겉면에 10~100%까지 코나 커피 함유량이 알기 쉽게 적혀 있다. 코나 커피 함유량에 따라 가격이 다르며, ABC 스토어, 돈키호테, 월마트에서 구입할 수 있다. 100%의 경우 대략 198.5g $22.98.

노니 Noni
신의 열매라고도 불리는 노니는 열대지방에서 나는 열매다. 하와이를 포함한 남태평양 지역에서 만병통치약으로 통하며, 주로 체내 면역력을 높여주고 항암에 탁월한 효과를 보인다고 전해진다. 마트나 비타민 숍에서 알약 크기나 주스 형태로 판매되고 있다. 용량과 브랜드에 따라 가격이 천차만별.

하와이안 호스트 초콜릿
Hawaiian Host
초콜릿 속에 마카다미아 너트가 들어있어 훨씬 고소하고 씹는 즐거움이 느껴진다. 돈키호테나 ABC 스토어, 월마트에서 판매되며 한 상자에 $6~7.

파인애플 젤리
Pineapple Jelly
파인애플 모양의 젤리는 맛도 좋고, 낱개 포장되어 있어 먹기에도 편리하다. 가격 부담 없는 것도 장점. 월마트에서 판매한다. $7.24.

스타벅스 파인애플 텀블러
하와이를 상징하는 과일 중 대표적인 것이 바로 파인애플. 그 파인애플 모양의 텀블러로 하와이에서만 판매된다. $21.95

BEST ITEM

나만의 여행 코스

예산과 취향에 맞게 오아후의 곳곳을 즐겨보자. 4박 6일을 기준으로 정리한 추천 코스를 토대로, 내 입맛에 맞게 프로그램을 직접 구성해도 좋겠다.
(여행 코스에서 제시된 예상 비용은 2025년 7월 기준으로 다소 변동이 있을 수 있으며, 렌터카는 보험이 불포함된 가격입니다.)

연인, 친구와 함께 다이내믹 투어

1 Day 와이키키 해변 → 호놀룰루 디너 크루즈 → 훌라쇼 감상

와이키키 해변에서 시간을 보낸 뒤 오후에는 스타 오브 호놀룰루의 디너 크루즈에 탑승한다. 첫날 늦게 잠들지 않으면 다음 날 시차 적응 하는 데 무리가 있다. 다소 힘들더라도 첫날은 일찍 쉬기보다 선상 위에서 일몰을 감상하며 훌라 쇼를 즐겨보자.
예상 비용(1인) : 스타 오브 호놀룰루 디너 크루즈 $118.68~178.95(와이키키에서 셔틀버스로 픽업 & 드롭 $19.10 추가)

2 Day 하나우마 베이 → 스노클링 → 쿠알로아 목장(UTV · 승마 · 무비투어 액티비티) → 드라이브(마카푸우 포인트－할로나 블로우 홀－누우아누 팔리 전망대) → 탄탈루스 언덕

아침 일찍 하나우마 베이로 향한다. 하나우마 베이에서 스노클링으로 시간을 보낸 뒤 쿠알로아 목장에서 간단히 식사를 한 뒤 UTV나 승마투어 혹은 무비투어 액티비티를 한다. 그런 다음 돌아오는 길에 마카푸우 포인트, 할로나 블로우 홀을 지나 누우아누 팔리 전망대 등을 돌아보며 드라이브를 즐긴다. 해질 무렵에는 탄탈루스 언덕에서 야경을 감상하는 것도 좋다.
예상 비용(1인) : 렌터카 $100(소형차 보험 & 내비게이션 포함), 하나우마 베이 입장료 $25, 쿠알로아 목장 액티비티 $54.95~149.95

3 Day 와이키키 해변(서핑) → 폴리네시안 문화 센터

오전에 와이키키 해변에서 2시간의 서핑 수업을 한 뒤 12:00경, 호텔 근처에서 셔틀버스에 탑승해 폴리네시안 문화 센터로 향한다. 오후 입장권과 루아우 쇼가 패키지로 되어 있는 티켓을 구입하자. 하와이 이외에도 다양한 섬 문화의 다양한 공연을 감상할 수 있다. 입구에서 카누를 탑승, 전체를 둘러보는 경험도 놓치지 말자.
예상 비용(1인) : 서핑 강습비 $95~120(그룹 레슨일 경우), 폴리네시안 문화 센터 입장료 + 쇼 $124.95~294.95(와이키키에서 셔틀버스로 픽업 & 드롭 $28 추가, 쇼 관람 없이 입장만 할 경우 $94.95)

4 Day 다이아몬드 헤드(트레킹) → KCC 파머스 마켓

오전 일찍 다이아몬드 헤드를 방문해 트레킹을 즐겨보자. 근처 KCC에서는 토요일 07:30~11:00 파머스 마켓이 열리니 일정이 가능하다면 KCC 파머스 마켓을 들러 끼니를 때워도 좋다.
예상 비용(1인) : 버스 편도 $3, 다이아몬드 헤드 입장료 $5

5~6 Day 호놀룰루 출발~인천 도착

여자들끼리 쇼핑 투어

1 Day 칼라카우아 거리 산책 → DFS 와이키키·Ross 쇼핑
첫날이니만큼 무리하지 않게 일정을 잡을 것. 와이키키 주변 Kalakaua Ave.를 산책하며 면세점인 DFS 와이키키와 로스 Ross 등을 둘러보고 와이키키에서 저녁 식사를 해결한다.

2 Day 와이켈레 프리미엄 아웃렛
아침 일찍 일어나 호텔에 픽업 온 와이켈레 프리미엄 아웃렛 셔틀버스를 탑승한다. waikelexpressshuttle.com에서 미리 티켓을 예약해야 하며 호텔 픽업은 08:30~13:30 한 시간마다 있으며, 와이켈레에서 와이키키로 돌아오는 버스 탑승은 14:00와 16:30에 있다.
예상 비용(1인) : 셔틀버스 왕복 $20

3 Day 사우스 쇼어 마켓 → 노드스트롬 랙 → 티제이 맥스
개성 강한 하와이 디자이너들의 작품을 만날 수 있는 사우스 쇼어 마켓, 백화점 아웃렛인 노드스트롬 랙과 티제이 맥스 T.J.maxx는 최근 오아후에서 떠오르는 쇼핑 스폿이다. 한국인들이 좋아하는 브랜드가 많으며 두 쇼핑몰이 이웃해 있어 편리하다. 사우스 쇼어 마켓 내 브런치 레스토랑인 스크래치 키친 앤 미터리 Scratch Kitchen & Meatery에서 간단하게 식사를 해결해도 좋다.
예상 비용(1인) : 택시 왕복 $25~30

4 Day 알라 모아나 센터
와이키키에서 핑크 트롤리를 타고 알라 모아나 센터로 향해 쇼핑과 식사를 해결한다. 백화점 네 곳과 단독 매장들이 모두 연결되어 있어 하루 종일 둘러봐도 부족한 느낌이 든다.
예상 비용(1인) : 핑크 트롤리 왕복 $6

5~6 Day 호놀룰루 출발~인천 도착

아이와 함께 패밀리 투어

1 Day 와이키키 해변
첫날에는 와이키키 해변에서 간단한 수영과 물놀이를 즐긴다.

2 Day 하나우마 베이(스노클링) → 시 라이프 파크(돌핀 코브 쇼 등 관람)
오전에는 하나우마 베이에서 스노클링을 즐기며, 오후에는 시 라이프 파크로 이동해 돌핀 코브 쇼나 코로헤 카이 시 라이온 쇼를 관람한다.
예상 비용(1인) : 렌터카 $100(소형차 보험 & 내비게이션 포함), 하나우마 베이 입장료 $25(어른, 12세 미만 무료), 시 라이프 파크 입장료 $49.99(어른), $39.99(3~12세)

3 Day 노스 쇼어 → 라니아 케아 비치 → 할레이바 새우 트럭 → 마츠모토 글로서리 스토어 → 돌 플랜테이션 → 와이켈레 프리미엄 아웃렛
렌터카를 이용해 노스 쇼어의 명소들을 둘러보자. 선셋 비치와 거북이 비치로 알려진 라니아 케아 비치를 지나 할레이바 새우 트럭에서 점심을 먹은 뒤 근처 마츠모토 그로서리 스토어에서 셰이브 아이스크림을 디저트로 먹는다. 돌 플랜테이션을 둘러보고 와이켈레 프리미엄 아웃렛을 들렀다 저녁에 숙소로 돌아온다.
예상 비용(1인) : 렌터카 $100(소형차 보험 & 내비게이션 포함)

4 Day 진주만(보트 투어, USS 애리조나 기념관)
하루 일정을 진주만에 투자해도 전혀 부족함이 없다. 아이들에게 역사적인 유적지를 감상할 수 있는 좋은 기회가 되기 때문. 입장 후 인포메이션 데스크에서 USS 애리조나 기념관으로 향하는 보트 투어의 티켓을 받자. 티켓에는 보트 탑승 시간이 적혀져 있으니 그 시간을 지키도록 한다. 진주만 입장료뿐 아니라 보트 투어 역시 무료다.
예상 비용(1인) : 버스 편도 $3 또는 택시 왕복 약 $100~140

5~6 Day 호놀룰루 출발~인천 도착

오아후 섬을
즐기는 노하우

HOW TO ENJOY OAHU

① 대중교통을 이용할 예정이라면 구글 맵을 이용할 것

시간이 여유롭다면 오아후를 버스로 돌아다녀보는 것도 좋다. 단, 워낙 버스가 다양하고 같은 번호여도 행선지가 달라 조금 복잡한 것이 사실. 이때에는 구글 홈페이지(www.google.com)에 들어가 검색 창에 목적지의 지명이나 주소를 입력한 뒤 지도가 나오면 '경로(Direction)'를 클릭해 지금 나의 위치에서 버스로 어떻게 가는지, 혹은 걸어서 어떻게 가는지 도움을 받으면 훨씬 편리하다. 정류장에 버스 도착 예정 시간까지 표시되어 있어 계획을 세우기 좋다.

② 오픈 테이블 사이트를 활용할 것

와이키키에는 유명한 셰프들의 이름을 내건 맛집이 가득하다. 미식가들의 오감을 충족시켜주기 충분하지만, 워낙 유명 관광지인 까닭에 미리 예약하지 않으면 대기 시간이 길다. 필히 예약하는 것이 좋은데 영어로 예약하기 불편하다면 오픈 테이블 홈페이지(www.opentable.com)에서 예약하자. 유명 레스토랑은 대부분 이곳에서 예약이 가능하다.

③ 호텔 조식만 고집하지 말 것

아이가 있거나 몸이 불편한 상황이 아니라면 꼭 호텔 조식만 고집할 필요는 없다. 와이키키에는 에그스 앤 씽스(P.105)나 치즈버거 인 파라다이스(P.113), 아일랜드 빈티지 커피(P.111) 등 조식이 가능한 곳이 많다. 뿐만 아니라 맥도날드, 버거킹 등 패스트푸드점에서도 오전에는 밥과 스팸이 포함된 메뉴가 있다.

④ ABC 스토어를 잘 활용할 것

와이키키에는 한 집 건너 ABC 스토어가 있을 정도로 매장이 많다. 간단한 먹거리와 기념품, 구급약, 물놀이 관련 제품들, 휴대폰 충전기, 우쿨렐레 CD 등 그야말로 없는 게 없는 만물상으로, 대형 마트의 축소판이라고 생각해도 좋다. 원하는 것이 있다면 숙소 근처 ABC 스토어에서 그 해답을 얻을 수 있다.

EASY & SIMPLE TRANSPORTATION

오아후 섬 대중교통 A to Z

하와이 여행의 꽃이라고 할 수 있는 오아후는 렌터카 혹은 가이드와 함께 움직여야 하는 다른 섬에 비해 교통수단이 다양하고 이용하기 쉽다. 다른 여행지에 비해 비교적 쉽고 간편한 노선도를 가지고 있는 더 버스, 여행자들을 위한 오아후만의 교통수단 와이키키 트롤리, 자전거 대여 시스템인 비키, 오토바이를 개조한 모페드도 렌트가 가능하고 또 워낙 한국인 여행자가 많아 한국인 콜택시도 쉽게 이용할 수 있다.

와이키키 트롤리 Waikiki Trolley

오아후 내 쇼핑센터와 주요 관광 명소만을 골라 정차하는 트롤리는 여행자들에게 편리한 손과 발이 되어주고 있다. 와이키키 트롤리는 역사적인 관광지를 도는 레드 라인, 다이아몬드 헤드 쪽을 둘러보는 그린 라인, 하와이 남동쪽 해안가를 오가는 블루 라인, 거대한 쇼핑센터인 알라 모아나 센터와 와이키키를 오가는 핑크 라인이 있다. 렌터카 없이 하와이를 여행하고 싶다면 와이키키 트롤리의 1일 혹은 4일 자유승차권을 구입해 며칠에 나눠서 하와이를 둘러보는 것도 좋은 방법이다.

위치 와이키키 쇼핑 플라자 메인 로비(2250 Kalakaua Ave.)
문의 808-465-5543, waikikitrolley.com

▶ **요금**
핑크 라인은 알라 모아나 센터에서 와이키키를 오가는 트롤리로 1일 자유승차권으로 판매되며 가격은 $6이다. 그 외 라인별 티켓 가격은 성인 $20~34, 3~11세 $14~22이며, 하루 종일 어떤 트롤리든 이용할 수 있는 1일 자유승차권의 경우 성인 $62, 3~11세 $34이다.
4일 자유승차권은 성인 $74, 3~11세는 $45, 7일 자유승차권은 성인 $86, 3~11세는 $56로 홈페이지에서 판매되고 있다. 와이키키 쇼핑 플라자 로비 메인 데스크에서 현장 구매도 가능하다.

▶ **이용 방법**
라인별 트롤리가 출발을 시작하는 곳은 와이키키 쇼핑 플라자가 있는 곳이다. 각 트롤리는 탑승객이 원하는 정류장에 내려 관광한 뒤, 다시 탑승을 이어갈 수 있다.

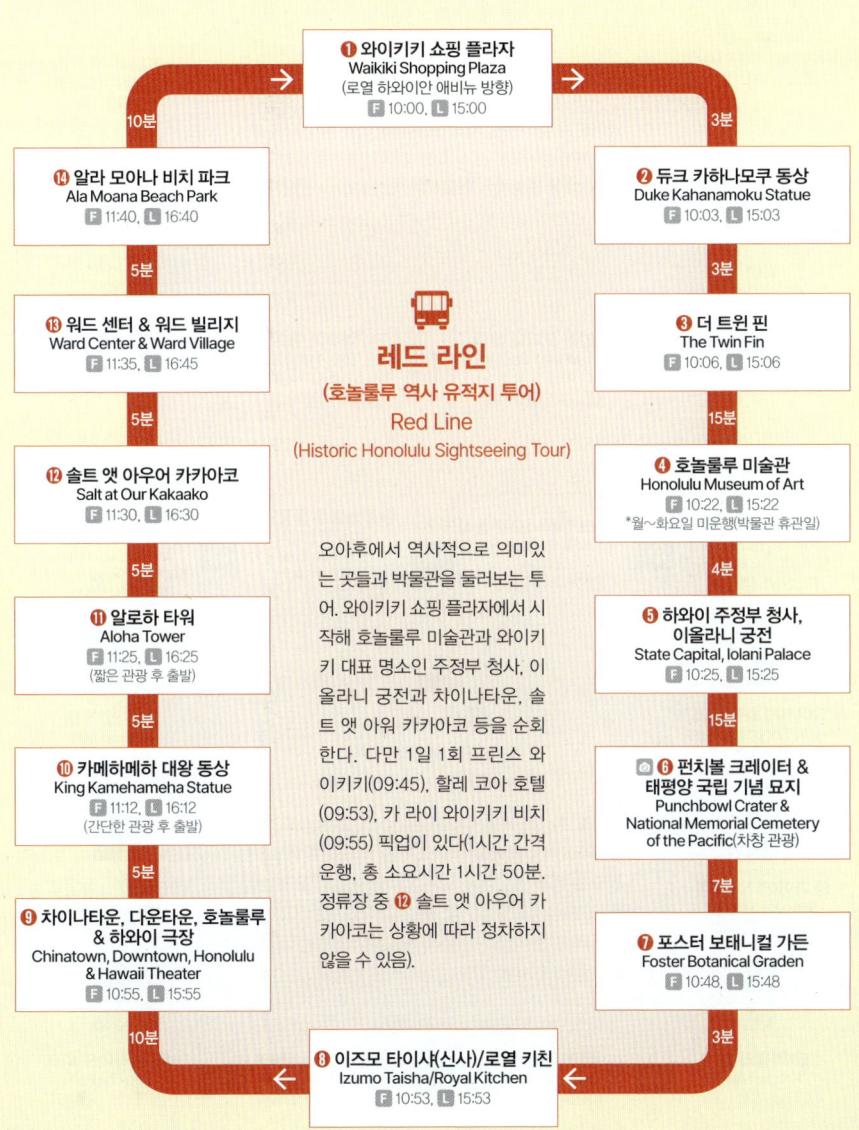

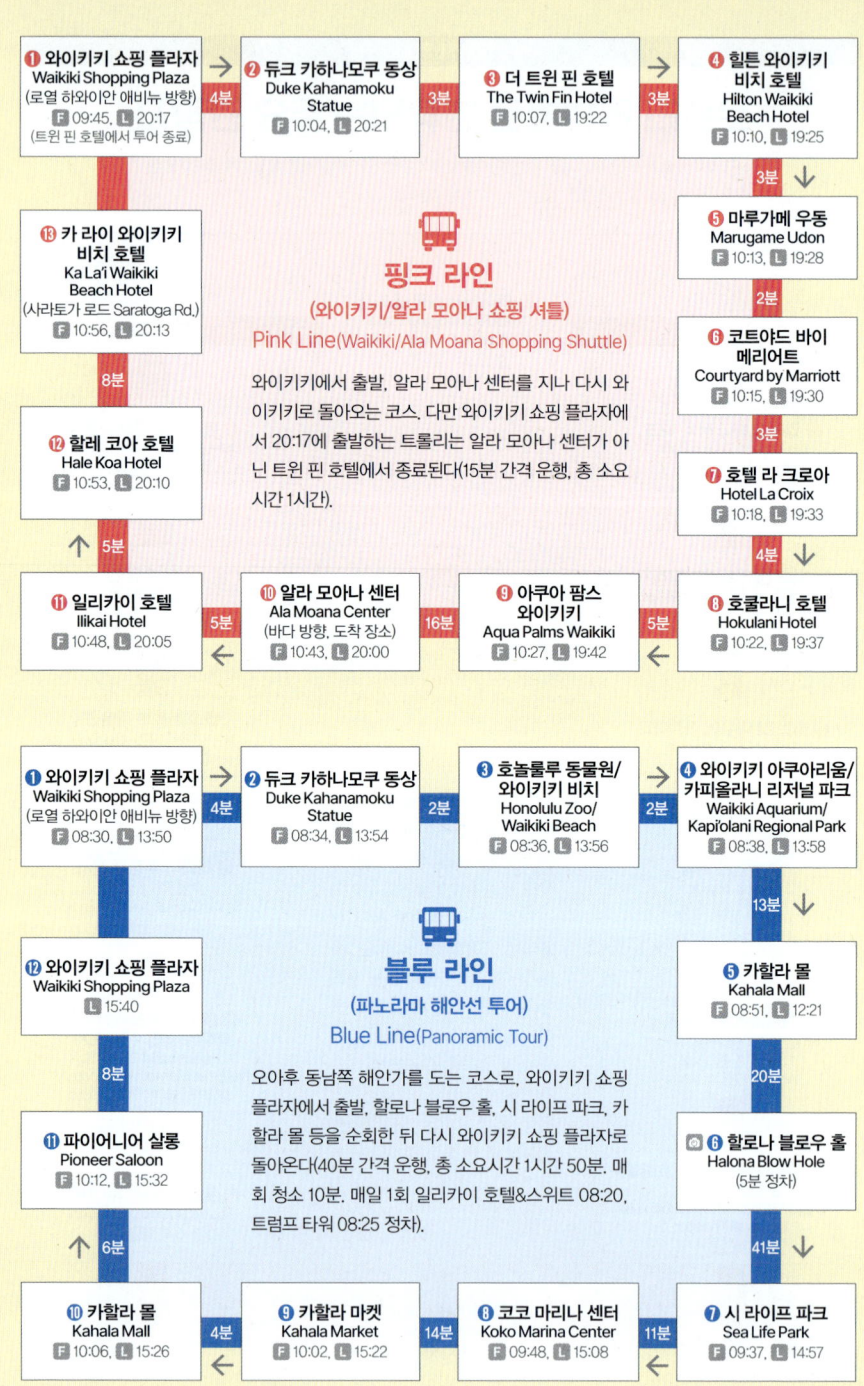

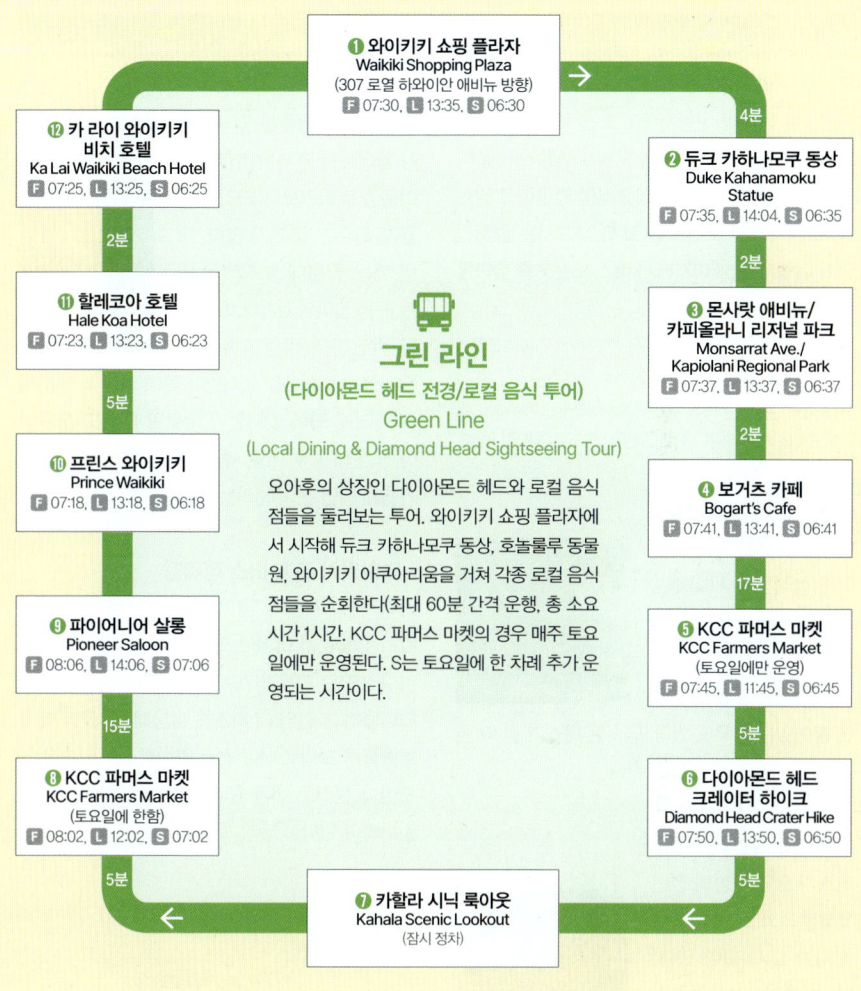

Mia's Advice

① 일본 여행사에서 자체 운영하는 트롤리도 있어 헷갈릴 수 있어요. 가장 많이 탑승하는 핑크 트롤리는 차량 앞에 핑크 깃발이 있거나 차량에 핑크 라인 표시가 있습니다. 블루 라인, 레드 라인은 와이키키 쇼핑 플라자 앞의 탑승 정류장을 이용하는 게 좋아요.

② 캐리어는 들고 탈 수 없으며 무릎 위에 올려놓을 수 있을 정도의 짐만 가능합니다.

③ 탑승 시 음료수 등은 손에 들고 탑승할 수 없답니다.

더 버스 The Bus

오아후 구석구석을 운행하는 오아후의 버스는 현지인들뿐 아니라 여행자들도 노선 체크만 잘하면 저렴한 가격으로 관광지를 오갈 수 있다. 사실 더 버스는 오아후 전체를 거미줄처럼 연결하고 있는데, 초행자라면 노선도를 보지 않고서는 좀처럼 알기 어렵다. 홈페이지에서 버스 노선도를 찾아볼 수 있다.

전화 808-848-5555 **홈페이지** www.thebus.org(한국어 지원) **운행시간** 05:30~22:00(노선에 따라 약간씩 차이가 있다) **요금** 1회 $3, 1일 $7.50(운전사가 거스름돈을 따로 준비하지 않으며, 1일권은 Holo 카드 사용자만 가능)

▶ 버스 정류장의 위치

버스가 그려져 있는 간판이 인상적인데 시내에는 지붕이 있는 버스정류장도 있다. 하지만 교외에서는 표지판이 전신주 등에 붙어있는 경우도 있다. 타려는 버스가 올 때 손을 들어 의사 표시를 해야 한다.

▶ 목적지 확인

버스가 오면 차량의 정면 윗부분에 버스 번호와 목적지가 표시 되어 있다. 단, 번호가 같은 버스라도 운행 노선이나 목적지가 다른 경우도 있으니 반드시 체크해야 한다.

▶ 버스 요금

요금은 1회 $3, 1일 $7.50(Holo 버스 카드 이용 시에만 적용되며, Holo 버스 카드는 ABC 스토어에서 판매된다). 버스 카드가 없다면 승차할 때마다 $3를 지불해야 하며, 운전자가 따로 거스름돈을 준비하지 않는다.

▶ 버스 하차

정류장을 알려주는 안내방송을 들어보면 근처 유명한 지역 이름을 말하기보다 거리 이름을 말해주는 경우가 많다. 내릴 때는 창문에 부착되어 있는 끈을 잡아당기거나 버스 뒷문 손잡이의 버튼을 누르면 'Stop Requested' 표지판에 불이 켜진다. 뒷문으로 내리게 되어 있지만 앞문으로 내려도 상관없다. 뒷문의 경우 내릴 사람이 직접 문에 달린 바를 가볍게 밀면 문이 열리는 수동식이다.

▶ 와이키키 근처 버스 정류장

와이키키에서는 두 블록마다 버스정류장이 있는 Kuhio Ave.가 더 버스의 기점이다. 또한 알라 모아나 센터는 모든 버스가 모이는 호놀룰루 최대의 터미널이다. 만약 더 버스를 이용해 와이키키에서 호놀룰루 교외로 나갈 경우 8번 버스를 타고 알라 모아나 센터로 이동 후 그곳에서 다른 노선으로 갈아타야 한다.

Mia's Advice

1 스마트폰 무제한 데이터 요금을 신청하고 왔다면 구글 맵을 100% 활용해 보세요. 목적지를 구글 창에 입력하고, Get Direction을 클릭! 현재 위치를 입력하면 자동차, 버스, 도보 등의 경우 각각 소요시간과 정류장 위치, 혹은 버스 도착시간까지 알 수 있어요.

2 'Dabus'라는 애플리케이션을 다운받아두면 편리해요. 근처 버스 정류장의 위치와 버스 스케줄 등을 알 수 있기 때문이죠.

+++ TRAVEL PLUS +++

인터넷을 이용한 버스 활용법

오아후의 버스는 같은 번호라고 하더라도 최종 목적지가 조금씩 다르고 시간대에 따라 운행하는 버스의 번호도 다른 경우가 있어요. 인터넷을 통해 미리 내가 이동하는 시간대의 버스 번호를 한 번 더 정확하게 체크하는 것이 좋아요.

버스 노선 찾기

① 구글(www.google.com) 메인 화면에서 내가 원하는 목적지의 이름이나 주소를 입력한 뒤 검색 버튼을 누른다.
② 검색 결과의 경로 버튼을 누른다.
③ 출발지에 현재 위치의 주소나 근처 건물명을 입력한다(현재 위치 정보를 승인한 뒤 출발지에 '내 위치' 버튼을 클릭해도 된다). 그런 뒤 이동 수단에 자동차와 버스, 도보와 자전거 중 버스를 클릭한다.
④ 총 소요 시간과 걷는 시간 등을 비교해 나에게 맞는 루트를 선택한다.
⑤ 현재 나의 위치에서 목적지까지 자세히 길 안내가 되어 있다. 도보를 포함한 총 소요 시간은 물론, 버스 내부 혼잡 정도, 정류장 개수 등의 정보를 참고할 것.

Da Bus로 정류장 찾는 법

① 스마트폰 애플리케이션 마켓에서 Da Bus를 다운받는다.
② 근처 정류장을 원한다면 'Find Nearby Bus Stops'를 클릭해 내가 서 있는 곳 주변 정류장을 클릭한다. 정류장 표시를 누르면 정류장 ID와 스트리트 이름이 적혀 있다.

Google 검색을 통해 내가 탑승해야 하는 정류장의 ID를 체크한 뒤, Da Bus 애플리케이션을 통해 보다 자세히 정류장 위치를 알아낼 수 있다.

구글로 버스 정류장 찾기

▶ **오아후를 버스로 돌아보기**

볼거리

목적지	버스 노선
하와이 칠드런스 디스커버리 센터 Hawaii Children's Discovery Center	20, 42
쿠알로아 목장 Kualoa Ranch	13번 버스 탑승 후 알라 모아나 센터에서 60, 88A번으로 환승
시 라이프 파크 Sea Life Park	23(다이아몬드 헤드를 지남)
와이메아 밸리 Waimea Valley	13번 버스 탑승 후 알라 모아나 센터에서 60, 88A번으로 환승
와이키키 아쿠아리움 Waikiki Aquarium	E

해변

목적지	버스 노선
알라 모아나 비치 파크/매직 아일랜드 Ala Moana Beach Park/Magic Island	2, 8, 13, 20, 42
벨로스 비치 Bellows Beach 와이마날로 비치 파크 Waimanalo Beach Park	2, 13번 버스 탑승 후 알라 모아나 센터에서 67번으로 환승
하나우마 베이 Hanauma bay	2, 13번 탑승 후 알라 모아나 센터에서 1L (하나우마 베이 월·화요일 휴무)
할레이바 Haleiwa	2, 13번 버스 탑승 후 알라 모아나 센터에서 55번으로 환승
샌디 비치/마카푸우 비치 Sandy Beach/Makapuu Beach	2, 13번 버스 탑승 후 알라 모아나 센터에서 23번으로 환승

해변

목적지	버스 노선
비숍 박물관 Bishop Museum	2L
호놀룰루 미술관 Honolulu Museum of Arts	2

문화 즐기기

목적지	버스 노선
다운타운 Downtown	2, 13
이올라니 궁전 Iolani Palace	2, 13
폴리네시안 문화 센터 Polynesian Cultural Center	13번 버스 탑승 후 알라 모아나 센터에서 60번으로 환승 (수·일요일 휴무)
엠마 여왕의 여름 별장 Queen Emma Summer Place	13번 버스 탑승 후 알라 모아나 센터에서 121번으로 환승 (일~화요일 휴무)

쇼핑센터

목적지	버스 노선
알라 모아나 센터 Ala Moana Center	2, 8, 13, 20
알로하 스타디움 & 스왑 미트 Aloha Stadium & Swap Meet	2, 13번 탑승 후 알라 모아나 센터에서 42번으로 환승 (수·토·일요일 운영)
알로하 타워 마켓플레이스 Aloha Tower Marketplace	2L, 3, 13, 20, 42
카할라 몰 Kahala Mall	2
워드 빌리지 Ward Village	8, 13
와이켈레 프리미엄 아웃렛 Waikele Premium Outlets	E

::::::: **Mia's Advice** :::::::

더 버스 이용할 때 주의할 점

❶ 무릎에 올려놓을 수 없는 서핑보드나 여행 가방, 골프백 등은 가지고 탈 수 없어요. 단, 유모차의 경우는 접이식만 가능합니다.

❷ 버스 앞쪽의 'Courtesy Seating'은 장애인을 위한 자리니 비워두도록 해요.

택시 Taxi

더 버스나 와이키키 트롤리로 가기 힘든 장소나 저녁에 외출할 때에는 편리하고 안심할 수 있는 택시를 이용하자. 요금 시스템이 잘 되어 있어 불미스러운 일이 생길 염려가 적다.

▶ 이용 방법
택시는 전화로 픽업 요청을 하거나 택시 승강장에서만 탑승이 가능하다.
영어가 부담스럽다면 본인의 휴대폰을 이용해 한국인 콜택시를 불러도 좋다. 금액은 비슷하다.
문의 포니택시(한국인 콜택시) 808-944-8282
노트택시(한국인 콜택시, 팁 없음) 808-945-7777
더 캡(하와이 현지 택시) 808-422-2222

▶ 요금
요금을 낼 때는 소액 지폐를 준비하는 것이 좋다. 팁은 일반적으로 요금의 15%를 준다. 트렁크에 짐을 실을 경우 트렁크 1개당 $1를 더 낸다. 기본 요금은 $3.10이며, 1km당 $2.25씩 추가된다. 호놀룰루 공항에서 와이키키까지는 약 $40 정도이며, 와이키키에서 알라 모아나 센터까지는 약 $35, 와이키키에서 카할라 리조트까지는 약 $25, 와이키키에서 와이켈레 프리미엄 아웃렛까지는 $60 정도 된다. 택시 요금을 낼 때 15%의 추가 팁을 함께 지불해야 한다. 대부분 신용카드 결제가 불가능하니 현찰을 준비하자.

렌터카 Rent a Car

렌터카를 이용하면 시간을 효율적으로 사용할 수 있어 짧은 기간에도 오아후 전역을 누빌 수 있다. 공항의 대형 렌터카 영업소에서 빌리거나 반납할 수 있고, 와이키키 내에도 업체가 있어 여행 일정 중 일부만 이용이 가능하다(렌터카에 대한 자세한 내용은 P.350 참고).

▶ 요금
요금은 업체에 따라 조금씩 다르나 대부분 24시간 기준으로 대략 $100 내외를 웃돈다. 다만, 보험과 차량의 규모에 따라 가격이 다르며, 픽업 & 반납 시 24시간 기준으로 가격이 정해진다.

Mia's Advice

① 최근에는 우버(Uber)나 리프트(Lyft)를 이용해 여행하는 경우도 많아요. 미리 요금을 알 수 있다는 점과 휴대폰으로 간단하게 픽업 장소 등 운전자와 채팅이 가능해 편리하죠. 다만 이용자가 몰리는 피크 타임에는 일반 택시보다 가격이 더 높을 수 있어요.

② 하와이에서는 최근 렌터카 가격이 상승함에 따라 자동차 공유 서비스 중 하나인 투로(www.turo.com)나 서브코 퍼시픽과 도요타가 공동 서비스로 운영하는 후이(www.drivehui.com)의 이용이 높아지고 있어요. 다만 픽업하는 곳까지 직접 이동해야 하며, 후이의 경우 반납 시 주유의 25% 이상 채워야 하거나 정해진 시간을 넘어갈 경우 150% 금액이 추가되는 등(투로의 경우 늦은 반납 시 100% 금액 추가)의 유의사항이 있답니다.

③ 자전거 셰어 프로그램인 비키(Biki)로 와이키키 한 바퀴 자전거로 산책할 수 있어요. 자전거는 30분, 300분, 24시간 중 선택할 수 있으며 가격은 $5~55예요. 자전거 보관소에 함께 설치된 기계에 신용카드 정보를 넣고 원하는 시간을 입력해서 사용할 수 있으며, 자전거 탑승이 끝나면 근처 비키 보관소에 무인으로 반납하면 된답니다. 더 자세한 정보를 원한다면 gobiki.org를 참고하세요.

하와이 여행의 중심
와이키키 Waikiki

오아후의 중심, 호놀룰루 시에서도 가장 유명하며 전 세계의 여행객들이 모이는 와이키키는 1901년, 하와이 최초의 호텔인 모아나 서프라이더가 해변에 들어서면서 사람들에게 알려졌다. 하와이 언어로 '용솟음 치는 물'이라는 뜻을 가지고 있는 와이키키 해변은 로큰롤 스타인 엘비스 프레슬리가 사랑했던 곳으로도 유명하다. 각종 유명한 레스토랑과 쇼핑몰이 밀집되어 있는 관광지로, 이른 아침부터 22:00까지 사람들의 발걸음이 끊이지 않는다. 와이키키 대표 교통수단인 트롤리나 지역 주민들의 든든한 두 발 역할을 해주는 버스를 활용해 관광에 나서보는 것도 좋다. 와이키키 비치 앞의 메인 도로

공항에서 가는 방법

공항에서 스피디 셔틀이나 로버츠 하와이의 셔틀버스를 이용해 와이키키까지 진입하면 대략 30~50분가량 소요되며, 택시를 이용하거나 렌터카를 이용하면 20~30분가량 소요된다.

와이키키의 교통 정보

Kalakaua Ave. 초입과 Kuhio Ave. 등지에 버스 정류장이 밀집되어 있다. 트롤리는 DFS 와이키키 앞과 와이키키 주요 호텔(일리카이 호텔 & 럭셔리 스위트, 모아나 서프라이더 웨스틴 리조트 & 스파, 더 트윈 핀 호텔, 코트야드 바이 메리어트 등) 앞에 정차하며 그 밖에도 와이키키 해변의 중심인 듀크 카하나모쿠 동상 앞에서도 정차한다.

와이키키에서 볼 만한 곳

와이키키 비치, 듀크 카하나모쿠 동상, 호놀룰루 동물원, 로열 하와이안 쇼핑 센터

Mia's Advice

와이키키 곳곳에는 형광색 티셔츠를 입은 도우미들이 서 있어요. 길을 잃었을 때나 원하는 정보가 있을 때 그들에게 말을 걸면 친절히 답변해 준답니다!

인 칼라카우아 애비뉴 Kalakaua Ave.는 일방통행으로, 초입에 힐튼 하와이안 빌리지, 알라 모아나 호텔, 일리카이 호텔 & 럭셔리 스위트 등이 모여 있고 와이키키 끝 쪽에는 메리어트 리조트 & 스파와 파크 쇼어가 있다. Kalakaua Ave. 뒤쪽으로는 쌍방향으로 통행하는 쿠히오 애비뉴 Kuhio Ave.가 있으며 그 도로에 버스 정류장들이 밀집해 있다. 와이키키 내에는 렌터카 업체(달러 렌터카, 엔터프라이즈 렌터카)가 여럿 있어 하루이틀 정도 렌터카를 대여해 보다 알차게 오아후의 구석구석을 돌아다니는 것도 좋다.

오아후 섬 089

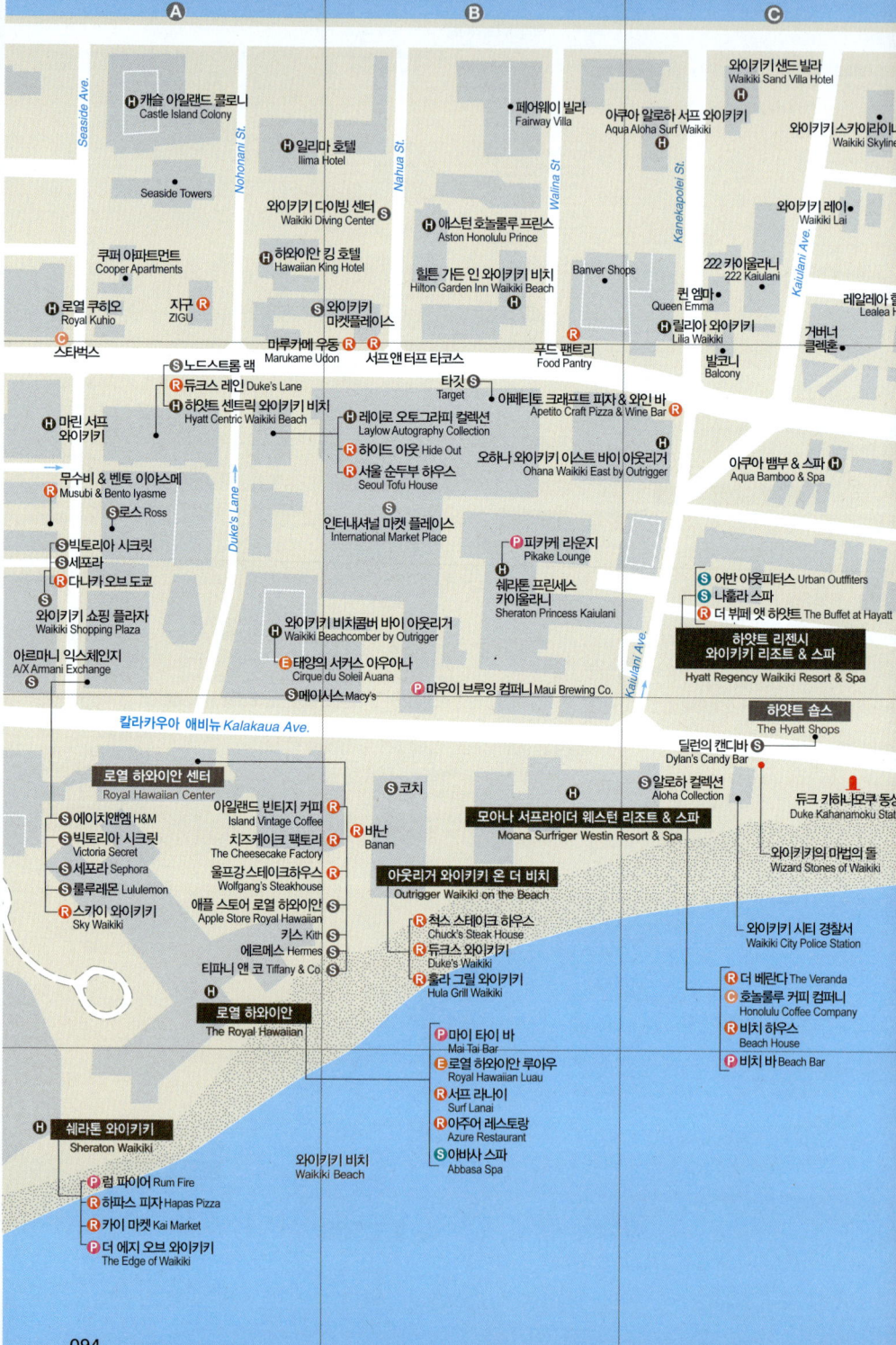

Sightseeing

와이키키의 볼거리

해변과 공원이 주를 이루는 와이키키는 '자연' 그 자체가 가장 좋은 감상의 대상이 된다. 전 세계에서 모인 관광객들과 함께 꾸밈없는 와이키키를 느껴보자.

호놀룰루 동물원 Honolulu Zoo

하와이 주의 새인 네네 Nene와 현재 멸종 위기에 처해 있는 아파파네 등 진기한 새들을 볼 수 있고 아프리카 사파리관에는 코끼리와 사자, 땅거북, 얼룩말도 있다. 어린이들을 위한 동물원인 Keiki Zoo관에서는 가까이에서 양과 말 등을 마주할 수 있어 아이들 교육용으로도 좋다. 총 900여 종에 이르는 다양한 동물이 있다. 동물원 안에는 가든도 있어 하와이에 서식하는 꽃과 식물들을 학습하기에 좋으며, 미리 예약하면 생일 파티 등을 열 수도 있다. 뿐만 아니라 어린이들을 위한 캠프(데이 투어 일정이며, 영어로 의사소통이 가능해야 함)도 진행한다.

Map P.091-E3 | **주소** 151 Kapahulu Ave, Honolulu | **전화** 808-926-3171 | **홈페이지** www.honoluluzoo.org | **운영** 10:00~16:00(마지막 입장 15:00) | **요금** 성인 $21, 3~12세 $13 | **주차** 유료(1시간 $1.50) | **가는 방법** Kalakaua Ave에서 직진, Kapahulu Ave를 끼고 좌회전. 오른쪽에 위치. Park Shore Waikiki 건너편.

와이키키 아쿠아리움 Waikiki Aquarium

마히마히 Mahimahi 등 하와이 근해에 사는 물고기와 열대어, 산호초가 가득한 곳. 카피올라니 공원 Kapiolani Park 내에 위치한 이곳은 규모가 크진 않아도 1904년에 지어져 역사가 깊은 수족관이다. 태평양 몽크 바다표범도 있어 먹이 주는 것을 눈앞에서 볼 수 있으며, 총 400여 종의 해양 생물이 모여 있다. 하와이 주를 대표하는 물고기인 후무후무누쿠누쿠아푸아아 Humuhumunukunukuapuaa도 만날 수 있다. 그 밖에도 아이들을 위한 이벤트가 수시로 열리니 홈페이지를 검색 후 방문하자.

Map P.091-E4 | **주소** 2777 Kalakaua Ave, Honolulu | **전화** 808-923-9741 | **홈페이지** www.waikikiaquarium.org | **운영** 09:00~17:00 | **요금** 성인 $12, 4~12세 $5 | **주차** 무료(2시간), 인근 유료 주차 가능 | **가는 방법** Kalakaua Ave에서 직진, 오른쪽에 위치. Kapiolani Park 건너편.

ⓒ 하와이 관광청

다이아몬드 헤드 Diamond Head

10만 년 전 화산 폭발로 생겨난 곳. 1825년 이 섬을 발견한 쿡 선장이 멀리 분화구 정상에서 반짝거리는 암석을 보고 다이아몬드로 착각해 다이아몬드 헤드라는 이름이 지어졌다는 에피소드를 가지고 있다. 용암 동굴과 오래전 전쟁 때 요새로 사용한 벙커 등을 지나 정상에 오르면 와이키키의 바다와 거리가 내려다보이는 360도 파노라마 뷰를 감상할 수 있다. 차로 등산로 입구 부분까지 갈 수 있다. 해발 232m 높이로 가파른 코스는 아니지만 슬리퍼보다 운동화를 챙기는 것이 좋다. 용암 동굴과 계단을 통과해 정상에 도달하며, 1시간 30분~2시간가량 소요된다. 홈페이지(gostateparks.hawaii.gov)를 통해 미리 예약해야만 입장이 가능하다.

Map P.069-E4 | **주소** 4200 Diamond Head Rd, Honolulu | **전화** 808-587-0300 | **홈페이지** www.hawaiistateparks.org | **운영** 06:00~18:00(마지막 입장 16:00, 추수감사절·크리스마스·새해 휴무) | **요금** 성인 각 $5 | **주차** 유료($10) | **가는 방법** Kalakaua Ave에서 직진하다 Monsarrat Ave 방향으로 약간 좌회전해 다시 직진. Diamond Head로 진입해 직진. 오른쪽에 위치.

카피올라니 공원 Kapiolani Park

칼라카우아 대왕이 아내의 이름을 따 카피올라니 공원이라 정했다. 주말이면 가족 단위로 피크닉을 즐기는 사람이 많고 파머스 마켓이나 소소한 공연 등이 열린다. 매주 일요일에는(공연 시간은 홈페이지 캘린더 참고) 카피올라니 밴드 스탠드에서 로열 하와이안 밴드의 무료 라이브 공연이 열리기도 하고, 셋째 주 주말(우기 시즌에는 제외)마다 지역 예술가들의 핸드메이드 제품을 판매하는 아트 페스토도 볼 만하다.

Map P.091-E3 | **주소** 2805 Monsarrat Ave, Honolulu | **전화** 808-768-4626 | **운영** 05:00~24:00 | **요금** 무료 | **주차** 무료(호놀룰루 동물원에 유료 주차 가능, 1시간 $1.50) | **가는 방법** Kalakaua Ave에서 직진, 호놀룰루 동물원 Honolulu Zoo를 지나 와이키키 비치를 마주 보고 왼쪽에 위치.

듀크 카하나모쿠 동상
Duke Kahanamoku Statue

와이키키 비치 근처에는 1890년 태어나 두 번의 올림픽에서 자유형 금메달을 획득해 하와이의 영웅이 된 듀크 카하나모쿠의 동상이 있다. 할리우드 영화에도 출연하면서 전 세계에 하와이와 서핑을 알린 하와이의 위대한 영웅을 기리는 동상 뒤로는 서핑 보드가 있고, 양손에는 하와이안 꽃목걸이인 레이가 걸려 있다. 매년 8월에는 듀크를 기념하기 위한 Duke's Oceanfest 가 열린다.

Map P.094-C3 | **주소** 2425 Kalakaua Ave, Honolulu(주소 불분명, 근처 와이키키 경찰서 주소) | **주차** 불가 | **가는 방법** Kalakaua Ave에서 호놀룰루 동물원 Honolulu Zoo 방향으로 직진. 와이키키 경찰서 옆 쿠히오 비치 Kuhio Beach 내 위치.

Mia's Advice

하와이에서 보다 특별한 볼거리를 찾는다면 U.S. 하와이 육군 박물관 U.S. Army Museum of Hawaii을 추천해요. 하와이에서 일어난 전쟁뿐 아니라 베트남전과 한국전에 참여한 영웅들에 대한 스토리를 들을 수 있답니다. 화~토요일 10:00~17:00에 전시관을 둘러볼 수 있으며 입장료는 따로 없지만 약간의 기부금을 받고 있어요.

Map P.093-D4 | **문의** 808-438-2821, www.hiarmymuseumsoc.org | **주차** $3.50(1시간 기준, 이후 시간당 $2씩 추가)

Beach
와이키키의 해변

와이키키의 해변은 오아후 관광의 최대 거점 지역이다. 특히 넓은 백사장에는 1년 365일 여행자들의 발걸음이 끊이지 않는다. 대형 축제가 열린 것 같은 착각마저 든다.

★★★★★
와이키키 비치 Waikiki Beach

와이키키에는 해변가를 중심으로 호텔과 레스토랑, 쇼핑몰이 모여 있다. 힐튼 하와이안 빌리지부터 카피올라니 공원까지 3㎞가량 이어진 10개의 해변을 통틀어 '와이키키 비치'라고 부른다. 해변에는 각종 렌털 숍도 많아 서핑, 부기보딩 등의 해양 스포츠를 언제든지 즐길 수 있다.

그중에서도 힐튼 하와이안 빌리지 앞의 해변은 카하나모쿠 비치 Kahanamoku Beach로 불리는데, 파도가 잔잔해 아이들과 함께 물놀이하기 좋고, 매주 금요일 19:45~20:00(계절에 따라 조금씩 시간이 바뀜) 불꽃놀이가 진행되어 인기가 많다. 로열 하와이안 호텔에서 모아나 서프라이더 호텔 앞까지 펼쳐진 해변은 센트럴 와이키키 비치 Central Waikiki Beach로 사람들이 가장 많이 붐비는 곳이다. 파도를 따라 서핑이나 바디보딩을 즐기는 사람들이 많은 것이 특징. 애스턴 와이키키 비치 호텔에서 파크 쇼어 호텔 앞까지의 해변 거리는 쿠히오 비치 파크 Kuhio Beach Park로 방파제가 파도를 인공적으로 막아 아이들이 놀기 적당하다. 이곳에서는 '쿠히오 토치 & 훌라 쇼'가 매달 첫째 주, 셋째 주 화요일 18:30~19:30에 열린다. 공연 후에는 함께 훌라를 배워보는 시간도 있어 유익하다. 쿠히오 비치 파크 시작점 부근에는 프린스 쿠히오 동상이 세워져 있어 찾기 쉽다.

Map P.094-C3 | 주소 Kalakaua Ave, Honolulu | 운영 05:00~다음 날 02:00 | 주차 불가 | 가는 방법 Kalakaua Ave에서 호놀룰루 동물원 Honolulu Zoo 방향으로 직진. 하얏트 리젠시 건너편에 있는 와이키키 파출소를 마주 보고 왼쪽으로 걷다 보면 해변으로 진입할 수 있다.

듀크 카하나모쿠 라군
Duke Kahanamoku Lagoon

인공적으로 만든 해변으로, 수심이 얕고 파도가 없어 보드 위에 서서 타는 스탠드 업 서핑보드와 수중 자전거 등을 즐길 수 있으며 서핑 레슨도 가능하다(모두 유료). 바다에서 유입된 물고기 떼들이 있어 아이들이 스노클링하기에도 적당하다. 스노클링 클래스는 따로 없지만, 근처 ABC 스토어나 월마트에서 $20~30에 스노클링 장비를 구입할 수 있다.

Map P.092-A4 | **주소** Holomoana St, Honolulu | **운영** 특별히 명시되진 않았지만 이른 오전과 늦은 저녁은 피하는 것이 좋다. | **주차** 모던 호놀룰루와 패밀리 레스토랑인 레드 랍스터 사이, Hobron Lane 사잇길로 들어오면 라군을 끼고 왼쪽 주차장 무료(오른쪽 공영 주차장 1시간 $2) | **가는 방법** Kalakaua Ave에서 알라 모아나 센터 방향의 Ala Moana Blvd로 진입, Kalia Rd 방향으로 좌회전 후 첫 번째 Rainbow Dr 골목으로 우회전. 힐튼 하와이안 빌리지 와이키키 비치 리조트 & 스파 Hilton Hawaiian Village Waikiki Beach Resort & Spa 레인보 타워 뒤편에 위치.

+++ **TRAVEL PLUS** +++

요즘 와이키키에서 뜨고 있는, 프라이빗 원데이 투어

최근 와이키키에서는 개인의 취향에 맞게 원하는 스케줄로 투어를 진행하는 것이 인기다. 현지인들에게만 알려진 로컬 맛집 투어, 천국의 비치인 라니카이에서 오전을 보낸 뒤 와이켈레에서 쇼핑하는 일정, 동부의 아름다운 비치 투어와 함께 로컬 마카다미아 농장 혹은 커피 농장을 둘러 보는 일정 등 여행자의 입맛에 맞는 스케줄로 동선을 짜 가이드와 투어를 진행하는 것. 렌터카 운전이 부담스럽거나 현지인의 라이프스타일을 가깝게 접하고 싶다면 하루 정도 개인 투어를 이용해보는 것도 좋을 듯. 여행 전 카카오톡으로 상담하는 것을 추천한다. 08:00부터 16:00까지 대략 8시간 동안 남들과는 다른 나만의 하와이를 체험해 보자.

문의 카카오톡 오픈 채팅(알로하브라더스), 인스타그램(@808alohabrothers) | **홈페이지** https://808alohabrothers.wixsite.com/aloha-brothers | **요금** 2인 $370(가이드 & 식사 포함), 추가 1인 $50

Activity

와이키키의 즐길 거리

와이키키 비치에서는 서핑, 스탠드 업 패들, 바디보딩, 스노클링 등 액티비티가 연중 펼쳐지고 있다. 특히 서핑은 짧은 시간 내에 배울 수 있어 누구나 시도해 볼 수 있다.

한스 히드만 서프 스쿨
Hans Hedemann Surf School
★★★★★

한스 히드만은 하와이에서 태어난 서핑 선수로, 하와이뿐 아니라 호주, 남아프리카 공화국 등지에서 유명세를 떨치다가 1995년 서프 스쿨을 론칭했다. 수영에 능숙하지 않아도 2시간 동안 충분히 서핑을 배울 수 있으며, 그룹 레슨과 세미 프라이빗 레슨, 프라이빗 레슨으로 나뉘어 있다. 서핑 이외에도 바디보딩, 스탠드 업 패들, 카누와 피싱 투어 등이 있다. 현재 와이키키 앞뿐만 아니라 노스 쇼어에서도 운영 중이다. 수영복, 타월, 자외선 차단제는 필수(래시가드는 레슨 시 무료 대여).

Map P.095-F3 | 주소 150 Kapahulu Ave | 전화 808-924-7778 | 홈페이지 www.hhsurf.com | 운영 레슨 08:00, 11:00, 14:00 | 요금 그룹 레슨(2시간) $95, 프라이빗 레슨(2시간) $175 | 주차 불가 | 가는 방법 Kalakaua Ave 끝, 쿠히오 비치 파크 Kuhio Beach Park를 지나 스타벅스 끼고 좌회전, 퀸 카피올라니 호텔 Queen Kapiolani Hotel 1층에 위치.

마이타이 카타마란
Maitai Catamaran

카타마란이란 2개의 선체를 가진 배로 와이키키에서 출발, 바다 한가운데에서 신나는 음악과 함께 오션뷰를 감상하는 액티비티다. 탑승 시간은 75~90분가량 되며 칵테일과 맥주, 샴페인과 와인, 주스 등을 판매한다. 그중에서도 특히 17:00에 출발하는 선셋 프로그램은(Sunset Mai Tai Sail) 배 위에서 태평양의 일몰을 감상하는 것은 물론이고 알코올 포함 음료가 무료로 제공된다. 매주 금요일 선셋 프로그램은 불꽃놀이도 함께 감상할 수 있어 일찍 매진된다. 홈페이지에서 예약 시 할인된다.

Map P.093-F4 | 주소 2199 Kalia Rd, Honolulu (Halekulani), 2255 Kalakaua Ave, Honolulu (Sheraton Waikiki) | 전화 808-922-5665 | 홈페이지 www.maitaicatamaran.com | 운영 토~목 09:00~17:30, 금 09:00~19:30 | 요금 $50~80 | 주차 유료(로열 하와이안 쇼핑 센터 내 주차 가능, 1시간에 $6) | 가는 방법 할레쿨라니 호텔 Halekulani Hotel, 쉐라톤 와이키키 Sheraton Waikiki 앞의 와이키키 비치에서 카타마란 탑승.

퍼시픽 스카이다이빙 호놀룰루
Pacific Skydiving Honolulu

멋진 하와이의 절경을 하늘에서 감상할 수 있는 익스트림 액티비티. 단, 24시간 전 스쿠버다이빙을 해선 안 되고, 근처 매점이 없는 관계로 간단하게 음료와 스낵을 챙겨 가는 것이 좋다. 탑승 시 여권이 필요하며, 기상 악화로 비행이 취소될 경우에는 환불이 가능하다.

Map P.066-B2 | **주소** 68-760 Farrington Hwy, Waialua | **전화** 808-637-7472 | **홈페이지** www.pacificskydivinghonolulu.com | **운영** 07:00~22:00 | **요금** $199~249 (팁 별도) | **주차** 무료 | **가는 방법** 버스를 타고 가기엔 무리다. 렌터카를 이용하는 것을 추천한다. 48시간 전에 취소하거나 약속 장소에 나타나지 않는 경우 $100가 부과된다.

호놀룰루 소링(무동력 글라이더)
Honolulu Soaring

글라이더는 오아후의 지상 위를 누비는 가장 와일드한 액티비티. 그 가운데에서 가장 유명한 업체로, 1970년부터 시작해 역사가 깊다. 특히 이 액티비티가 MBC 예능 프로그램 '무한도전'에 등장한 이후로 부쩍 찾는 이들이 많아졌다. 동력 없이 하늘 위를 나는 아찔함을 느끼기 위해 필요한 것은 용기뿐인 듯. 에어로바틱이 가장 인기가 좋으며, 와이키키에서 업체 셔틀버스를 이용하면 $45가 추가된다.

Map P.066-B2 | **주소** 69-132 Farrington Hwy, Waialua | **전화** 808-637-0207 | **홈페이지** www.honolulusoaring.com | **운영** 화~토 10:00~17:30(일~월요일 휴무) | **요금** 시간에 따라, 기종에 따라 가격이 천차만별. 대략 $95~310(1인 기준) | **주차** 무료 | **가는 방법** 이곳까지 가는 버스 노선이 없다. 업체의 픽업 셔틀버스를 이용하거나 렌터카로 직접 방문해야 한다.

Mia's Advice

최근 인기가 높아지고 있는 액티비티라면 단연코 거북이 스노클링을 꼽을 수 있다. 와이키키 앞바다에서 야생 거북이와 함께 수영하며, 특별한 순간을 가슴에 담을 수 있다. 호텔 앞 픽업 및 드롭 서비스가 제공되며 스노클링 외에도 시스쿠터, 스탠드 업 패들 보드(선착순 사용 가능) 등을 즐길 수 있다. 뿐만 아니라 하와이 대표 음식인 무스비와 컵라면, 음료와 스낵 등 선상 먹거리도 이용료에 포함되어 있다. 단, 뱃멀미가 있는 사람이라면 멀미약을 준비하는 것이 좋다. 총 소요 시간은 4시간이며, 프로그램은 오전에만 이뤄진다.

문의 카카오톡 오픈 채팅(알로하브라더스), 인스타그램(@808alohabrothers) | **홈페이지** https://808alohabrothers.wixsite.com/aloha-brothers | **요금** 예약금 3만 원+현장 지불 $90

Restaurant

와이키키의 먹거리

모두 들르기 어려울 정도로 와이키키에는 소문난 맛집과 분위기 좋은 레스토랑이 모두 모여 있다. 인기 있는 곳은 줄서서 기다려야 하니 붐비는 시간대는 피해 가자.

더 크림 팟 The Cream Pot
★★★★★

프로방스 스타일의 레스토랑으로 일식과 프렌치 퓨전 요리를 선보이는 곳이다. 브런치 카페로도 유명한 이곳은 프랑스에서 수입한 카카오, 마우이에서 재배한 신선한 딸기 등 재료 선택에 신중하다. 오믈렛, 베네딕트, 와플, 팬케이크 등의 메뉴가 메인이다. 그중에서도 오토로 에그 베네딕트, 크랜베리&레몬 커스터드 수플레 팬케이트 등이 유명하다. 야외에도 테이블이 놓여 있어 하와이 속의 프랑스를 마주한 듯한 착각마저 든다.

Map P.092-A1 | **주소** 444 Niu St, Honolulu | **전화** 808-429-0945 | **영업** 08:00~14:00(화·수요일 휴무) | **가격** $15.50~32.50(프렌치토스트 $29.50) | **주차** 유료(호텔 내 주차, 1시간 $3.5) | **예약** 필요 | **가는 방법** Kalakaua Ave에서 Niu St 방향으로 진입하면 도로 끝 하와이안 모나크 호텔 Hawaiian Monarch Hotel 1층에 위치.

딘 앤 델루카 Dean And Deluca

와이키키 지역의 럭셔리 리조트인 리츠 칼튼 레지던스, 와이키키 비치 호텔에 위치한 카페. 1층에서는 식재료와 디저트, 음료를 판매하고 2층에서는 주말 10:00~14:00에만 브런치를 판매한다. 메뉴는 비프 와규 로코모코, 아히 타르트 위드 카루가 캐비아, 하와이안 허니 와플 등 다섯 가지. 메뉴가 적어도 고급스러운 분위기를 즐기는 데 부족함이 없다. 또한 이곳에서 메시 소재의 딘 앤 델루카 하와이 토트백은 인기 상품 중 하나다.

Map P.093-D2 | **주소** 383 Kalanimoku St, Honolulu | **전화** 808-729-9720 | **홈페이지** www.deandeluca-hawaii.com | **영업** 07:00~17:00 | **가격** $20~28(브런치·하와이안 허니 와플 $25) | **주차** 무료(호텔 내 발레파킹 가능, 레스토랑 결제 시 주차 티켓 제시) | **예약** 필요 | **가는 방법** Kalakaua Ave 초입의 왼쪽 샤넬 매장을 지나기 전 좌회전, 오른쪽에 위치.

레드 랍스터 Red Lobster

1968년에 오픈해 전 세계에 698개의 매장을 두고 있는 프랜차이즈 패밀리 레스토랑. 시푸드를 메인으로 하고 있다. 특히 크랩과 랍스터, 연어를 재료로 한 메뉴가 많은 편이다. 연어의 경우 훈제로 구워 식욕을 높였으며, 크랩과 랍스터는 마늘을 넣고 굽거나 버터를 이용해 쪄내 해산물 특유의 비린내를 없애며 풍미를 더했다. 수프 혹은 샐러드와 메인 요리가 세트인 3 From the sea와 랍스터 러버스 등이 인기가 많다.

Map P.131-E3 | **주소** 1765 Ala Moana Blvd, Honolulu | **전화** 808-955-5656 | **홈페이지** www.redlobster.com | **영업** 일~목 11:00~21:00, 금~토 11:00~22:00(해피 아워 월~금 15:00~18:00) | **가격** $4.99~134.99(랍스터 러버스 $48.99) | **주차** 유료(4시간 $5, 레스토랑 결제 시 주차 티켓 제시) | **예약** 필요 | **가는 방법** Kalakaua Ave에서 Ala Moana Blvd 방향으로 진입, 일리카이 호텔 앤 럭셔리 스위트 Ilikai Hotel & Luxury Suites에 위치.

차터 하우스 와이키키 Charter House Waikiki

와이키키의 오래된 레스토랑으로 알라 모아나 해변을 바라보고 있어 운치가 좋다. 관광객 못지않게 현지인들에게도 입소문이 자자한 곳. 스테이크와 해산물, 볶음밥과 버펄로 윙 등 다양한 메뉴가 있어 선택의 폭이 자유롭다. 토·일요일 09:00~14:00 사이에는 오믈렛, 와플, 팬케이크

와 로코모코 등 브런치 메뉴를 주문할 수 있다.

Map P.131-E3 | **주소** 1765 Ala Moana Blvd, Honolulu | **전화** 808-941-6669 | **홈페이지** https://charthousewaikiki.com | **영업** 15:30~24:00(해피 아워 15:30~18:00) | **가격** $6~57(찹스테이크 $13, 프레시 슈크드 오이스터 6PC $29) | **주차** 유료(4시간 $5, 레스토랑 결제 시 주차 티켓 제시) | **가는 방법** Kalakaua Ave에서 Ala Moana Blvd 방향으로 진입, 일리카이 호텔 앤 럭셔리 스위트 Ilikai Hotel & Luxury Suites에 위치.

서울 순두부 하우스 Seoul Tofu House

와이키키 지역 최초의 순두부 전문점이다. 고기, 해산물, 채소 등 선택할 수 있는 순두부 메뉴만 총 여덟 가지. 뿐만 아니라 LA 갈비, 오징어볶음, 해물파전, 돼지고기 김치전, 돈가스 등도 있어 선택의 즐거움이 있다.

Map P.094-A2 | **주소** 2299 Kuhio Ave, Space C, Honolulu | **전화** 808-376-0018 | **영업** 11:00~21:30 | **가격** $11.99~27.99(섞어순두부 $14.99) | **주차** 불가 | **가는 방법** 인터내셔널 마켓플레이스 후문에 위치, 레이로 Laylow 호텔 1층.

에그스 앤 씽스 Eggs'n Things
★★★★★

오믈렛과 팬케이크 등 달걀을 이용한 요리가 유명한 레스토랑. 달걀 3개를 넣어 만든 오믈렛이 대표 메뉴로 시금치와 베이컨, 치즈, 버섯 등을 취향에 따라 곁들여 먹을 수 있다. 하와이 현지식인 로코모코도 맛볼 수 있으며 대부분의 메뉴가 양이 많은 편이다. 1974년에 오픈해 지금까지 호놀룰루에 총 3개의 지점을 두고 있으며 사라토가 로드에 있는 곳이 오리지널 매장이다. 아침부터 저녁까지 길게 줄이 늘어서 있다.

Map P.095-D3 | **주소** 343 Saratoga Rd, Honolulu | **전화** 808-923-3447 | **홈페이지** www.eggsnthings.com | **영업** 07:00~14:00 | **가격** $10.95~25.95(시그니처 레인보 팬케이크 $20.95) | **주차** 불가 | **예약** 불가 | **가는 방법** Kalakaua Ave 초입에서 Saratoga Rd 방향으로 직진. 왼쪽에 위치.

하드 록 카페 Hard Rock Cafe

1층은 하드 록 로고가 새겨진 티셔츠부터 컵 등 각종 기념품들을 판매하며, 천장의 수많은 기타 장식이 인상적인 2층으로 올라가면 비로소 하드 록 카페를 만날 수 있다. 샌드위치나 핫 윙 등 핑거 푸드와 함께 시각적인 즐거움이 가득한 칵테일 메뉴를 주문할 수 있으며 운이 좋으면 18:00~21:00에 라이브 공연을 감상할 수 있다(홈페이지 이벤트 참고). 유명 가수들의 소장품들을 전시해놓아 보는 즐거움을 더한다. 금~토요일 저녁에는 예약 필수! 와플, 에그 베네딕트, 오믈렛 등 아침 메뉴도 인기가 높다.

Map P.093-D3 | **주소** 280 Beachwalk Honolulu | **전화** 808-955-7343 | **홈페이지** www.hardrock.com | **영업** 월~목 12:00~22:00, 금~일 12:00~23:00(해피아워 15:00~18:00) | **가격** $14.99~41.99(레전더리 나초 $18.99) | **주차** 맞은편 뱅크 오브 하와이 건물. 유료(4시간 $7) | **예약** 필요 | **가는 방법** Kalakaua Ave 초입의 포트 드루시 비치 파크 Fort Derussy Beach Park 지나 뱅크 오브 하와이 Bank of Hawaii 지나기 전, 오른쪽 Beachwalk 골목으로 우회전하면 바로 오른쪽에 위치.

긴자 바이린 돈카츠 & 요쇼쿠비스트로
Ginza Bairin Tonkatsu & Yoshoku Bistro

두툼한 두께에 육즙이 살아있는 돈카츠를 맛볼 수 있는 곳. 본점은 일본에 있으며 한국에도 이미 지점을 오픈한 체인점이다. 질 좋은 흑돼지를 사용, 25개 접시만 판매하는 포크 로인 카츠가 유명하며 그 외에도 덮밥이나 튀김류 등의 메뉴가 있다. 디저트로 녹차 아이스크림 등을 곁들이면 좋다. 고기는 물론이고 밥, 샐러드에 사용되는 양배추, 소스 등 모두 1등급만 사용해 다소 가격이 높은 편이다.

Map P.093-E3 | 주소 255 Beachwalk Honolulu | 전화 808-926-8282 | 홈페이지 www.ginzabairin hawaii.com | 영업 11:00~13:45, 16:00~20:45 | 가격 $6~36(포크 텐더로인 카츠 $24 | 주차 불가 | 가는 방법 Kalakaua Ave 초입의 포트 드루시 비치 파크 Fort Derussy Beach Park 지나 뱅크 오브 하와이 Bank of Hawaii 지나기 전, 오른쪽 Beachwalk 골목으로 우회전. 리젠시 온 비치워크 와이키키 바이 아웃리거 Regency on Beachwalk Waikiki by Outrigger 건물 1층에 위치.

아이홉 IHOP

부드럽고 두툼한 팬케이크로 인기를 끌고 있는 레스토랑이다. 초코 칩, 딸기 & 바나나 등 내용물을 달리해 각자 취향에 맞게 팬케이크를 즐길 수 있으며 오믈렛과 스테이크 역시 양이 많아 여러 명이 나눠먹기 좋다. 특히 월드 페이머스 팬케이크 콤보 세트가 유명한데, 팬케이크에 베이컨과 소시지 등을 곁들일 수 있다. 브렉퍼스트 메뉴로는 팬케이크와 함께 해시 브라운, 베이컨, 소시지, 햄이 곁들여진 브렉퍼스트 샘플러가 유명하다.

Map P.093-E2 | 주소 2211 Kuhio Ave, Honolulu | 전화 808-921-2400 | 홈페이지 www.ihop.com | 영업 07:00~21:00 | 가격 $7.55~31.79(오리지널 버터밀크 팬케이크 $18.83, 브렉퍼스트 샘플러 $23.87) | 주차 유료(4시간 발레파킹 $6, 레스토랑 결제 시 주차 티켓 제시) | 가는 방법 DFS 와이키키 뒤쪽 Kuhio Ave에 위치한 와이키키 말리아 호텔 Waikiki Malia 1층에 위치.

라멘 나카무라 Ramen Nakamura

와이키키 초입에 위치한 이곳은 늘 관광객이 줄서서 기다리는 진풍경을 자아내는 곳이다. 와이키키에서 좀처럼 보기 드물게 가격대가 저렴하다. 라면과 볶음밥이 함께 제공되는 콤보 세트, 한국인들의 취향을 저격한 김치볶음밥 등 여행 중 간단하게 한 끼 해결하고 싶다면 이곳으로 향하자.

Map P.093-D2 | 주소 2141 Kalakaua Ave #1, Honolulu | 전화 808-922-7960 | 영업 11:00~23:15 | 가격 $8~38 (스파이시 라멘 $20) | 주차 없음 | 예약 불가 | 가는 방법 Kalakaua Ave 초입의 포트 드루시 비치 파크 Fort Derussy Beach Park 지나 뱅크 오브 하와이 Bank of Hawaii 지나기 전, 오른쪽 Beachwalk 골목 초입에 위치.

울프강 스테이크하우스
Wolfgang's Steakhouse

뉴욕 3대 스테이크하우스에 꼽히는 피터 루거에서 40여 년간 헤드 웨이터로 근무한 울프강 즈위너가 새로 오픈한 레스토랑. 이곳의 소고기는 특별하다. 미국 상위 3%에 해당하는 최고급 USDA 프라임 등급의 블랙 앵거스 품종 소고기만을 사용하며, 28일 동안 드라이 에이징을 거쳐 테이블에 올려진다. 워낙 양이 많아 사이드 메뉴는 최소한만 주문하는 것이 좋다. 런치(해피 아워) 메뉴가 좀 더 저렴하나, 예약을 잡기 어렵기로 유명하다.

Map P.093-F3 | **주소** 2301 Kalakaua Ave, Honolulu | **전화** 808-922-3600 | **홈페이지** www.wolfgangssteakhouse.net | **영업** 11:00~23:00(해피 아워 15:00~18:00) | **가격** 런치 $8.95~83.95(뉴욕 서로인 스테이크 샌드위치 $32.95), 디너 $6.95~205.95(스테이크 2인용 $208) | **주차** 로열 하와이안 센터 내 유료($25 이상 결제 시 첫 1시간 무료, 이후 3시간까지 시간당 $3, 이후 시간당 $8) | **예약** 필요 | **가는 방법** Kalakaua Ave 중심에 위치한 로열 하와이안 센터 Royal Hawaiian Center C빌딩 3층에 위치.

야드 하우스 Yard House

전 세계의 다양한 생맥주를 판매해 항상 여행자들로 북적거리는 펍. 하와이 맥주인 마우이 브로잉 비키니 블론드는 맛보자. 함께 곁들이는 메뉴로는 맥앤치즈 Mac & Cheese가 대표적이다. 피자와 샐

러드, 수프 등 간단한 런치 메뉴는 물론이고 해피 아워의 칵테일과 맥주, 피자와 애피타이저 등 대부분의 메뉴를 $10의 가격으로 즐길 수 있다.

Map P.093-E3 | **주소** 226 Lewers St, Honolulu | **전화** 808-923-9273 | **홈페이지** www.yardhouse.com | **영업** 일~목 11:00~01:00, 금~토 11:00~01:20(해피 아워 14:00~17:30) | **가격** 푸드 $7.29~53.99(어니언 링 타워 $15.99, 치킨 레터스 랩 $18.99) | **주차** 4시간 $8(호텔 셀프 주차, 결제 시 주차 도장 Parking Validation 요청) | **예약** 필요 | **가는 방법** Kalakaua Ave 초입의 버거 킹 매장 건너편 Beach Walk 골목으로 우회전. 엠버시 스위트 바이 힐튼 와이키키 비치 워크 Embassy Suites by Hilton Waikiki Beach Walk 1층에 위치.

루스 크리스 스테이크 하우스
Ruth's Chris Steak House

하와이 대표 스테이크 레스토랑 중 하나. 뉴욕 스트립 스테이크, 필렛, 립아이 등 다양한 종류의 스테이크를 만날 수 있는 곳. 토마호크와 함께 스테이크 하우스 샐러드와 갈릭 매시드 포테이토, 크

림드 스피니치와 초콜릿 케이크가 서빙되는 토마호크 디너 스페셜 메뉴(2인용)가 추천 메뉴. 랍스터테일이나 그릴스 슈림프 등 해산물 요리도 훌륭하다. 생일인 경우 특별한 케이크도 서비스로 받을 수 있으니 예약 시 미리 말해두면 좋다.

Map P.093-E3 | **주소** 226 Lewers St, Honolulu | **전화** 808-440-7910 | **홈페이지** www.ruthschris.com | **영업** 월~목 16:00~22:00, 금~토 16:00~22:30, 일 16:00~21:00 (해피 아워 16:00~19:00) | **가격** $16~161(뉴욕 스트립 스테이크 $68) | **주차** 4시간 $8(호텔 셀프 주차, 결제 시 주차 도장 Parking Validation 요청) | **예약** 필요 | **가는 방법** Kalakaua Ave 초입의 버거킹 매장 건너편 Beach Walk 골목으로 우회전. 엠버시 스위트 바이 힐튼 와이키키 비치 워크 Embassy suites by Hilton Waikiki Beach Walk 2층에 위치.

피에프 창스 P.F.Chang's

미국 전역에 체인을 두고 있는 모던 스타일의 차이니스 레스토랑. 광둥 지방과 상하이 등 중국 5대 도시의 요리를 다양하게 접목시킨 퓨전 요리를 맛볼 수 있는 곳이다. 아몬드 캐슈넛 치킨 요리와 칸톤 스타일의 오리 요리, 페퍼 스테이크와 몽골리안 비프 등이 있다. 야외 테라스와 실내로 좌석이 나누어져 있으며, 입구에서 원하는 좌석을 요청할 수 있다.

Map P.093-E3 | **주소** 2201 Kalakaua Ave, Honolulu | **전화** 808-628-6760 | **홈페이지** www.pfchangshawaii.com | **영업** 일~목 11:00~22:00, 금~토 11:00~23:00 (해피 아워 월~금 13:00~17:00) | **가격** $12.90~173.94 (몽골리안 비프 $30.29) | **주차** 로열 하와이안 센터 내 유료($25 이상 결제 시 첫 1시간 무료, 이후 3시간까지 시간당 $3, 이후 시간당 $8) | **예약** 필요 | **가는 방법** Kalakaua Ave 초입의 로열 하와이안 센터 A빌딩 1층에 위치(막스마라 Maxmara 매장 건너편 Lewer St. 골목으로 우회전. 펜디 건물 옆에 위치).

스카이 와이키키 Sky Waikiki

와이키키의 야경을 한눈에 보고 싶다면 단연코 최근 새로 오픈한 이곳이 진리다. 와이키키 중심에 위치한 루프톱으로, 해가 질 무렵 삼삼오오 스타일리시한 사람들이 모이는 곳이다. 칵테일 한 잔 즐기며 와이키키의 밤을 만끽하자. 신선한 오이스터와 초밥 메뉴도 훌륭하다.

Map P.093-F2 | **주소** 2270 Kalakaua Ave, Honolulu | **전화** 808-979-7590 | **홈페이지** skywaikiki.com | **영업** 일~목 16:00~22:00, 금~토 16:00~02:00 | **가격** $6~120(수모 쿠마모토 오이스터 1개 $6, 캘리포니아 롤 $20) | **주차** 옆 건물 와이키키 쇼핑 플라자 주차(레스토랑 결제 시 주차 티켓 제시, 무료 이용) | **예약** 필요 | **가는 방법** Kalakaua Ave 중심에 위치한 로열 하와이안 센터 Royal Hawaiian Center 건너편. 와이키키 쇼핑 플라자 Waikiki Shopping Plaza 19층에 위치.

치즈케이크 팩토리
Cheesecake Factory
★★★★★

메뉴를 결정하는 것만 해도 오랜 시간이 걸릴 정도로 여러 스타일의 요리를 맛볼 수 있는 레스토랑. 미국 전역에 체인점이 있는 레스토랑으로, 파스타와 스테이크 등 기본 메뉴 이외에도 토르티야에 고기를 넣고 매운 소스를 뿌린 멕시코 요리인 치킨 엔칠라다, 송아지를 이용한 이탈리안 스타일의 치킨 피카타, 오븐에 구운 모로칸 치킨 등 전 세계 각국의 요리들을 모두 만날 수 있다. 그 밖에도 다양한 종류의 아이스크림과 유명한 치즈케이크 등 디저트의 가짓수만 해도 엄청나다. 와이키키 중심에 위치한 랜드 마크이기도 하다.

Map P.093-F3 | 주소 2301 Kalakaua Ave, Honolulu | 전화 808-924-5001 | 홈페이지 www.thecheesecakefactory.com | 영업 월~금 11:00~23:00, 토~일 10:00~23:00(해피 아워 15:00~17:00) | 가격 $6.95~77.95(타이 레터스 랩 $22.95) | 주차 로열 하와이안 센터 내 유료($25 이상 결제 시 첫 1시간 무료, 이후 3시간까지 시간당 $3, 이후 시간당 $8) | 예약 불가 | 가는 방법 Kalakaua Ave 중심에 위치한 로열 하와이안 센터 Royal Hawaiian Center C빌딩 1층에 위치. 아웃리거 와이키키 온 더 비치 Outrigger Waikiki On the Beach와 포에버 21 Forever21 사이.

팀 호 완 Tim Ho Wan

와이키키에서 딤섬이 맛있기로 소문난 곳. 그중에서도 새우와 부추를 가득 넣은 만두 요리인 스팀드 덤플링 위드 슈림프 앤 차이브와 스팀드 숏 립 위드 블랙 페퍼 등이 인기가 높다. 딤섬 이외에도 누들과 디저트도 맛볼 수 있어 한 끼 즐겁게 식사하는 데 부족함이 없다. 와이키키 이외에도 뉴욕, 어바인, 라스베이거스, 휴스턴 등에도 매장이 있다.

Map P.093-F3 | 주소 2233 Kalakaua Ave, Honolulu | 전화 808-888-6088 | 홈페이지 www.timhowanusa.com | 영업 11:00~21:00 | 가격 $5.95~35.95(스팀드 덤플링 위드 슈림프 앤 차이브 $8.95) | 주차 로열 하와이안 센터 내 유료($25 이상 결제 시 첫 1시간 무료, 이후 3시간까지 시간당 $3, 이후 시간당 $8) | 예약 불가 | 가는 방법 Kalakaua Ave 중심에 위치한 로열 하와이안 센터 Royal Hawaiian Center A 빌딩 내 3층에 위치.

원헌드레드 세일즈 100 Sails

현지인들에게 소문난 맛집. 오션뷰를 바라보며 탁 트인 곳에서 하와이의 여유를 만끽해보자. 디너 뷔페에서는 스노 크랩, 프라임 립 등의 메뉴를 맛볼 수 있다. 일요일 브런치 뷔페가 인기가 좋은 편.

Map P.131-E3 | 주소 100 Holomoana St, Honolulu | 전화 808-944-4494 | 홈페이지 www.princewaikiki.com/eat-and-drink/100-sails | 영업 월~일 브렉퍼스트 06:30~09:00, 월~토 런치 11:00~13:30, 일 브런

치 09:30~12:15, 월~일 디너 17:00~21:00 | **가격** 브렉퍼스트 뷔페 성인 $34, 어린이(6~10세) $17, 선데이 브런치 성인 $89, 어린이(6~10세) $44.50, 디너 성인 $87, 어린이(6~10세) $43 | **주차** 무료 | **예약** 필요 | **가는 방법** Kalakaua Ave에서 Ala Moana Blvd 방향으로 진입, 하와이 프린스 호텔 Hawaii Prince Hotel 내 3층에 위치.

서프 앤 터프 타코스 Surf N Turf Tacos

멕시칸 대표 메뉴인 타코 전문점. 하와이에서 가장 많이 잡히는 참치로 참치회 타코를 만들어 관광객들의 입맛을 사로잡았다. 메뉴가 심플하면서도 가볍게 먹을 수 있다는 장점 때문에 매장의 규모는 작아도 늘 사람들로 붐빈다.

Map P.094-B1 | **주소** 2310 Kuhio Ave, Honolulu | **전화** 808-922-8226 | **영업** 09:30~22:00 | **가격** $13.75~18.50 | **주차** 없음 | **예약** 불가 | **가는 방법** Kuhio Ave에 위치, 오하나 와이키키 웨스트 Ohana Waikiki West를 등지고 오른쪽에 있다.

마루카메 우동 Marukame Udon
★★★★★

와이키키에서 점심과 저녁 시간 때 가장 긴 줄이 서 있는 곳으로, 저렴한 가격이 매력적인 우동집이다. 물론 맛은 말할 것도 없다. 기계를 이용해 뽑아내는 면발을 눈앞에서 볼 수 있는 즐거움도 있고, 우동 이외에도 스팸무수비, 유부초밥, 튀김 등이 있어 한국인들도 즐겨 찾는 곳 중 하나다. 우동이 짠 편이기 때문에 평소 싱겁게 먹는 사람이라면 반숙 달걀 토핑을 추가해서 먹는 것을 추천한다.

Map P.094-B1 | **주소** 2310 Kuhio Ave #124, Honolulu | **전화** 808-931-6000 | **영업** 10:00~21:30 | **가격** $2~14.15(키츠네 우동 $8.35) | **주차** 불가 | **예약** 불가 | **가는 방법** Kuhio Ave에 위치, 힐튼 가든 인 와이키키 비치 Hilton Inn Waikiki Beach를 등지고 오른쪽에 있다.

듀크스 와이키키 Duke's Waikiki

유명 서퍼의 이름을 딴 레스토랑으로 신선한 생선 요리와 스테이크, 립 등이 있다. 특히 오전에는 에그 스크램블, 에그 베네딕트, 프렌치토스트 등이

있는 브렉퍼스트 뷔페가, 목요일 디너에는 시그니처 프라임 립, 훌리훌리 치킨, 라비올리 등이 제공되는 프라임 립 뷔페를 스페셜로 선보인다. 타코를 좋아한다면 생맥주와 와인이 저렴하게 판매되는 화요일 타코 튜즈데이를 놓치지 말자.

Map P.094-B3 | **주소** 2335 Kalakaua Ave #116, Honolulu | **전화** 808-922-2268 | **홈페이지** www.dukeswaikiki.com | **영업** 07:00~24:00 | **가격** 브렉퍼스트 뷔페 성인 $29, 12세 미만 $17, 런치 $14~31, 디너 $14~74 | **주차** 30분당 $4(호텔 내 발레파킹, 오하나 이스트 호텔에 영수증 제출 시 4시간 $6) | **가는 방법** Kalakaua Ave 중심에 위치한 로열 하와이안 센터 Royal Hawaiian Center를 지나 오른쪽 아웃리거 와이키키 호텔 Outrigger Waikiki Hotel 내 위치.

아일랜드 빈티지 커피
Island Vintage Coffee

카페이긴 하나 커피보다 아사이 볼 디저트가 더 유명한 곳. 브렉퍼스트 역시 놓치기 아깝다. 커다란 새우를 마늘에 볶은 갈릭 슈림프, 김치볶음밥, 포케 등 다양한 종류의 식사 메뉴가 있으니 호텔 조식 대신 이곳에서 아침식사를 즐겨보자.

Map P.093-F3 | **주소** 2301 Kalakaua Ave, Honolullu | **전화** 808-923-3193 | **홈페이지** www.islandvintagecoffee.com | **영업** 06:00~22:00 | **가격** 푸드 $18.95~39.95(김치 프라이드 라이스 $21.95), 음료 & 디저트 $3.95~15.95(아사이 볼 $15.95) | **주차** 로열 하와이안 센터 내 유료($25 이상 결제 시 첫 1시간 무료, 이후 3시간까지 시간당 $3, 이후 시간당 $8) | **예약** 불가 | **가는 방법** Kalakaua Ave 중심에 위치한 로열 하와이안 센터 Royal Hawaiian Center C빌딩 2층에 위치.

더 베란다
The Veranda

여행객들에게는 애프터눈 티로 더 유명하다. 비주얼부터 화려한 애프터눈 티는 마카롱, 스콘, 컵케이크, 타르트 등의 디저트 등으로 구성되어 있다. 와이키키 해변을 바라보며 연인과 분위기 있는 시간을 보내고 싶다면 이곳을 추천한다. 단, 애프터눈 티는 주말에만 운영되니 시간 체크를 잘할 것.

Map P.094-B3 | **주소** 2365 Kalakaua Ave, Honolulu | **전화** 808-922-4601 | **홈페이지** www.moana-surfrider.com/dining/veranda/ | **영업** 월~일 06:00~10:30, 토~일 11:30~14:30 | **가격** 브렉퍼스트 뷔페 성인 $48, 어린이(12세 미만) $26, 토~일 애프터눈 티 성인 $73~137, 어린이(12세 미만) $37~73 | **주차** 발레파킹(4시간 무료) | **예약** 필요 | **가는 방법** Kalakaua Ave 중심에 위치한 로열 하와이안 센터 Royal Hawaiian Center를 지나 모아나 서프라이더 웨스틴 리조트&스파 Moana Surfrider A Westin Resort & Spa 1층에 위치.

더 뷔페 앳 하얏트
The Buffet at Hyatt

와이키키에서 보기 힘든 한국 스타일 뷔페. 갈비는 물론이고 떡볶이와 생굴, 스노 랩, 사시미 등 다양한 먹거리를 한 곳에 모아 놓았다. 규모가 크지 않아도 한국인들이 좋아하는 메뉴들로 구성되어 있다. 해 질 무렵 야외 테라스에 앉아서 식사하면 맛과 분위기, 두 마리 토끼를 모두 잡을 수 있다.

Map P.094-C2 | **주소** 2424 Kalakaua Ave, Honolulu HI 96815 | **전화** 808-923-1234 | **영업** 17:00~21:00 | **가격** 성인 $69.95, 12세 미만 $19.95 | **주차** 유료(하얏트 리젠시 와이키키 비치 리조트 & 스파 발레파킹, 4시간 $15) | **예약** 필요 | **가는 방법** 와이키키 경찰서 건너편의 하얏트 리젠시 와이키키 비치 리조트 & 스파 다이아몬드 헤드 타워 3층.

마이 타이 바 Mai Tai Bar
★★★★★

하와이 풍의 라이브 뮤직과 함께 와이키키 비치를 앞에 두고 분위기를 내기 좋은 펍. 로열 마이타이와 로열 마가리타가 유명하며, 아사이 볼도 강력 추천!

Map P.094-A3 | **주소** 2259 Kalakaua Ave, Honolulu | **전화** 808-923-7311 | **영업** 11:00~23:00 | **가격** 푸드 $17~54(아사이 볼 $18) | **주차** 무료(발레파킹, 결제 시 주차 티켓 제시) | **가는 방법** Kalakaua Ave 초입에서 포트 드루시 비치 파크 Fort Derussy Beach Park를 지나 오른쪽 로열 하와이안 Royal Hawaiian 1층, 와이키키 비치 쪽에 위치.

아란치노 디 마레 Arancino di Mare

이탈리안 패밀리 스타일의 다이닝으로 화덕에서 구운 피자와 스파게티를 맛보면 마치 나폴리에 와 있는 기분이 들 정도. 특히 파스타의 종류가 많은데 그중에서도 토마토 크림 소스에 성게가 들어간 스파게티 아이 리치 디마레나 날치알과 오징어를 재료로 한 스파게티 콘 토비코 에 칼라마리가 인상적이다.

Map P.095-E3 | **주소** 2552 Kalakaua Ave, Honolulu | **전화** 808-931-6273 | **홈페이지** arancini.com | **영업** 17:00~21:30 | **가격** $18~49(아이 리치 디마레 $40) | **주차** 무료(3시간, 와이키키 비치 메리어트 리조트 & 스파 Waikiki Beach Marriott Resort & Spa 내 셀프 주차) | **가는 방법** Kalakaua Ave 초입에서 쿠히오 비치 파크 Kuhio Beach Park 지나면 왼쪽에 위치.

무수비 카페 이야스메
Musubi Cafe Iyasume
★★★★★

하와이에서 꼭 먹어봐야 하는 무수비. 스팸을 위에 올려놓은 초밥

스타일로 쉽고 간편하게 먹을 수 있는 데다 맛도 좋아 하와이에서 또 다른 식문화를 만들어 낸 아이템. 그중에서도 이야스메 무수비는 워낙 마니아가 많아 무수비 대표 브랜드로 자리 잡았다. 와이키키 중심 Ross 매장 근처에도 이야스메 무수비 분점이 있다. 오전에는 주문 후 기다리는 사람들이 많아 서두르는 것이 좋다.

Map P.095-D2 | **주소** 2427 Kuhio Ave, Honolulu | **전화** 808-921-0168 | **영업** 07:00~20:00 | **가격** $2.28~10(아보카도 베이컨 에그 스팸 무수비 $3.48) | **주차** 불가 | **예약** 불가 | **가는 방법** Kuhio Ave에 위치. 아쿠아 퍼시픽 모나크 호텔 Aqua Pacific Monarch 1층에 위치.

치즈버거 인 파라다이스
Cheeseburger in Paradise

치즈버거를 메인으로 하는 레스토랑. 홈메이드 스타일의 두툼한 패티가 인상적인 곳으로 한 끼 식사로도 충분하다. 다른 레스토랑과 달리 점심과 저녁식사의 가격대가 동일한 것이 특징. 창가에 앉아 와이키키 해변을 바라보며 먹는 햄버거와 칵테일의 맛은 잊을 수 없을 것이다. 하루종일 활기가 넘쳐 흐르는 점원들도 한몫!

Map P.095-E3 | **주소** 2500 Kalakaua Ave, Honolulu | **전화** 808-923-3711 | **홈페이지** www.cheeseburgerland.com | **영업** 07:00~22:00 | **가격** 브렉퍼스트 $10~20, 런치&디너 $15~25(치즈버거 인 파라다이스 $19.50) | **주차** 불가 | **예약** 필요 | **가는 방법** Kalakaua Ave 초입에서 쿠히오 비치 파크 Kuhio Beach Park 가기 전에 왼쪽.

맥 24/7 바 & 레스토랑
Mac 24/7 Bar + Restaurant

브렉퍼스트부터 디너까지 식사가 가능한 올 데이 레스토랑. 이곳의 포인트는 무엇보다도 거대한 크기의 팬케이크다. MBC 예능 프로그램 '무한도전'에서 출연진들이 도전한 바 있다. 대형 팬케이크인 M.A.C. 대디 팬케이크 챌린지 메뉴는 한 사람이 도전해 제한 시간(90분) 안에 먹으면 무료로 제공되며, 티셔츠와 함께 레스토랑의 포토존과 웹사이트에 사진을 올리게 된다. 특히 팬케이크, 달걀프라이, 감자와 베이컨, 소시지가 함께 나오는 M.A.C. 어택 메뉴의 인기가 높다.

Map P.095-E2 | **주소** 2500 Kuhio Ave, Waikiki Beach Honolulu | **전화** 808-921-5564 | **홈페이지** mac247waikiki.com | **영업** 06:00~22:00(해피 아워 14:00~17:00) | **가격** $10~42(M.A.C. 어택 $22, M.A.C. 대디 팬케이크 챌린지 $42) | **주차** 호텔 내 발레파킹 3시간 무료 | **예약** 필요 | **가는 방법** Kalakaua Ave 끝쪽의 퍼시픽 비치 뒤쪽 Kuhio Ave에 위치. 힐튼 와이키키 비치 호텔 Hilton Waikiki Beach 1층.

하이스 스테이크 Hy's steak

와이키키에서 스테이크 전문점으로 전통과 명성이 높은 곳. '자갓 ZAGAT', '호놀룰루 매거진' 등에서도 높은 점수를 받았다. 신선한 고기를 구워내 육즙이 풍부한 스테이크도 일품이지만 이곳에서 빼놓을 수 없는 것이 있다면 서버가 눈앞에서 직접 조리하는 디저트. 간이 가스레인지 위에 팬을 올린 뒤 다크 럼을 첨가해 팬을 달구고 바나나를 익혀 아이스크림과 함께 내놓는 바나나 포스터가 압도적으로 평판이 좋다. 슬리퍼에 반바지, 티셔츠 차림이면 입장이 거절된다. 커버드 슈즈, 컬러 있는 셔츠는 필수!

Map P.095-D1 | 주소 2440 Kuhio Ave, Honolulu | 전화 808-922-5555 | 홈페이지 www.hyshawaii.com | 영업 17:00~21:00(해피 아워 17:00~18:00) | 가격 $21~199(필레 미뇽 $85, 바나나 포스터 $25) | 주차 무료(발레파킹 팁 $2~3) | 예약 필요 | 가는 방법 Kuhio Ave에 위치. 아쿠아 퍼시픽 모나크 호텔 Aqua Pacific Monarch Hotel 도로 건너편에 있다.

마우이 브루잉 컴퍼니 Maui Brewing Co.

하와이만큼 다양한 맥주 맛을 자랑하는 곳도 없을 것이다. 하와이 현지에서 직접 만든 수제 맥주의 깊은 맛을 느껴보자. 가장 인기있는 맥주는 목넘김이 부드러운 비키니 블론드다. 여러 종류의 맥주를 각각 작은 잔에 담아주는 샘플러로 주문도 가능하다.

Map P.094-B2 | 주소 2300 Kalakaua Ave | 전화 808-843-2739 | 영업 11:00~23:00(해피 아워 15:30~16:30) | 가격 $6~36(로컬 캐치 바자 피시 타코 $27,50) | 가는 방법 Kalakaua Ave 중심의 인터내셔널 마켓 플레이스 바로 옆에 위치.

터커 앤 베비 Tucker & Bevvy

전체적으로 화이트 톤의 심플한 인테리어가 매력적인 카페. 샌드위치와 파니니 등 피크닉 푸드 전문점으로 베이컨과 에그 & 체다 치즈를 재료로 한 브렉퍼스트 파니니와 세 가지 치즈를 혼합한 런치 파니니 등으로 메뉴가 나누어져 있다. 또 오픈 냉장고에는 샌드위치가 전시되어 있어 마음에 드는 메뉴를 선택하기 편리하다. 이곳에서 테이크아웃해 가까운 와이키키 비치를 향해도 좋을 듯. 하얏트 리젠시 와이키키 호텔 내에도 매장이 있다.

Map P.095-F3 | 주소 2586 Kalakaua Ave, Honolulu | 전화 808-922-0099 | 홈페이지 tuckerandbevvy.com | 영업 월~금 06:30~15:00, 토~일 06:30~17:00 | 가격 $5,99~12,99(터키 크랜베리 샌드위치 $9.99) | 주차 건너편 호놀룰루 동물원에 유료(1시간 $1,50) | 가는 방법 Kalakaua Ave 끝의 쿠히오 비치 파크 Kuhio Beach Park를 지나 스타벅스를 끼고 좌회전. 파크 쇼어 Park Shore 호텔 내 위치.

테디스 비거 버거스
Teddy's Bigger Burgers

오너인 테드와 리치가 패스트 푸드 레스토랑에서도 퀄리티가 좋은 홈메이드 버거를 먹고 싶었다. 1950년대 버거가 처음 등장했던 그 시기를 공부해 오리지널 버거, 프라이, 셰이크만 판매하는 햄버거 전문점을 오픈한 것이 시초다. 퀄리티 높은 고기를 사용하고, 데리야키 소스를 만들기 시작하는 등의 노력 끝에 하와이에만 12개의 버거 가게를 오픈했다. 육즙이 풍부한 햄버거 패티는 원하는 정도로 익힐 수 있어 더욱 매력적이다. 특히 매콤한 할라페뇨가 매력적인 볼케이노 버거는 한국인의 취향을 제대로 저격했다.

Map P.095-F3 | 주소 134 Kapahulu Ave, Honolulu | 전화 808-926-3444 | 홈페이지 www.teddysbb.com | 영업 10:00~23:00 | 가격 $7.49~59.99(볼케이노 버거 $16.48) | 주차 건너편 호놀룰루 동물원에 유료(1시간 $1.50) | 가는 방법 Kalakaua Ave 끝의 쿠히오 비치 파크 Kuhio Beach Park를 지나 스타벅스를 끼고 좌회전. 와이키키 그랜드 호텔 Waikiki Grand Hotel 1층에 위치.

바난
Banan

와이키키 중심의, 서프보드가 보관되어 있는 골목 초입은 와이키키 비치로 가는 샛길이다. 그 길 한가운데 디저트 숍 바난이 있다. 여러 과일을 믹스해 얼린 부드러운 맛의 아이스크림을 맛볼 수 있어 와이키키 비치를 오가는 사람들의 발길을 붙잡는다. 바나나를 기본으로 아사이, 릴리코이, 마카다미아 너트 등 재료에 따라 맛이 달라진다. 혹은 토핑을 선택할 수도 있다. 크기, 재료 등 입맛에 맞게 골라먹어 보자.

Map P.094-B3 | 주소 2301 Kalakaua Ave, Honolulu | 전화 800-200-1640 | 홈페이지 bananbowls.com | 영업 월~목 09:00~20:00, 금 09:00~20:30, 토~일 08:00~20:00 | 가격 $3~18 | 주차 불가 | 가는 방법 로열 하와이안 센터 Royal Hawaiian Center와 아웃리거 리프 와이키키 비치 리조트 Outrigger Reef Waikiki Beach Resort 샛길에 위치.

사우스 쇼어 그릴
South Shore Grill

피시 타코와 BBQ 치킨, 부리토, 샌드위치와 홈메이드 버거를 만날 수 있는 곳. 그릴드 케이준 오노 피시 타코는 기본적으로 많이 주문하는 메뉴이며, 그 외에도 갈비와 BBQ 치킨, 피시 타코가 함께 세팅되어 나오는 SSG 믹스 플레이트가 인기가 많다.

Map P.091-F2 | 주소 3114 Monsarrat Ave, Honolulu | 전화 808-734-0229 | 홈페이지 www.southshoregrillhawaii.com | 영업 월~화·목~토 11:00~20:30, 수·일 12:00~20:30 | 가격 $5.05~23(그릴드 케이준 오노 피시 위드 아이올리 타코 $16.50) | 주차 불가 | 가는 방법 Kalakaua Ave에서 호놀룰루 동물원 Honolulu Zoo을 끼고 Monsarrat Ave 방향으로 진입. 왼쪽에 위치.

헤븐리 아일랜드 라이프스타일
Heavenly Island Lifestyle

도쿄의 멋스러운 카페를 그대로 옮겨놓은 듯한 레스토랑. 에그 베네딕트, 프렌치토스트, 오믈렛, 로코모코 등 어떤 메인 메뉴를 주문해도 후회하지 않을 정도로 맛있다. 하와이 대표 디저트인 아사이 볼도 놓치지 말 것. 로컬 스타일의 베트남 쌀국수(포 누들)도 맛볼 수 있다.

Map P.093-F2 | 주소 342 Seaside Ave, Honolulu | 전화 808-923-1100 | 홈페이지 www.heavenly-waikiki.com | 영업 07:00~20:00 | 가격 브렉퍼스트&런치 $17~25(로코모코 $25), 디너 $7.5~45(유주 미소 아히 포케 위드 브라운 아이스 앤 베지터블 $38) | 주차 불가 | 예약 필요 | 가는 방법 Kalakaua Ave에서 호놀룰루 동물원 Honolulu Zoo 방향으로 걷다가 와이키키 쇼핑 플라자 Waikiki Shopping Plaza를 끼고 좌회전한다. Seaside Ave 방향으로 걷다 보면 왼쪽에 위치. 로스 Ross 맞은편.

카페 모레이 | Cafe Morey

다이아몬드 헤드 지역에 자리한 브런치 맛집. 볶음밥과 와플, 팬케이크, 스크램블드 에그, 치아바타 샌드위치, 에그 베네딕트, 프렌치토스트 등이 있다. 이 집의 시그니처 메뉴는 볶음밥. 김치볶음밥과 비건을 위한 볶음밥도 있다. 볶음밥과 에그, 갈릭 슈림프와 참치 타다키가 함께 나오는 마키 스페셜은 꼭 주문해보자.

Map P.091-F2 | 주소 3106 Monsarrat Ave, Honolulu | 전화 808-200-1995 | 홈페이지 cafe-moreys.com | 영업 08:00~14:00 | 가격 $8.75~25(마키 스페셜 $25) | 주차 무료 | 가는 방법 Kalakaua Ave에서 호놀룰루 동물원 Honolulu Zoo을 끼고 Mansarrat Ave 방향으로 진입. 왼쪽에 위치.

보거츠 카페 | Bogart's Cafe

오믈렛, 베네딕트, 와플 & 팬케이크 등 브런치 메뉴 위주로 판매하고 있는 카페. 하지만 이곳이 유명한 이유는 푸짐한 아사이 볼 때문이다. 하와이에서 꼭 한 번 먹어봐야 하는 디저트로 신선한 블루베리와 딸기, 바나나와 꿀이 가득 들어 있는 건강식인데, 하와이 사람들이 아사이 볼을 먹고 싶을 때 이곳을 찾는다. 그 밖에도 홈메이드 하우피아 소스가 곁들여진 하와이안 와플, 햄 베네딕트가 유명하다.

Map P.091-F2 | **주소** 3045 Monsarrat Ave, Honolulu | **전화** 808-739-0999 | **홈페이지** http://www.bogartscafe.webs.com | **영업** 07:00~15:00 | **가격** $4~29(아사이 볼 $14.50, 마마스 프라이드 라이스 $15.50) | **주차** 건물 앞 무료 | **가는 방법** Kalakaua Ave에서 호놀룰루 동물원 Honolulu Zoo을 끼고 Monsarrat Ave 방향으로 진입. 파니어니어 살롱 Pioneer Saloon 건너편에 위치.

리고 Rigo

스페인과 이탈리아 요리를 한자리에서 맛볼 수 있는 곳. 스페인의 새우 요리 감바스 알 아히요 Gambas al Ajillo, 이탈리아 식전 요리로 구운 빵 위에 프로슈토와 과일, 꿀 등이 얹힌 크로스티노, 우리나라로 치면 조개로 만든 죽인 클램 칼도소 Clam Caldoso 등의 메뉴를 맛볼 수 있다. 가격대가 저렴하고, 요리에 곁들여 먹으면 좋을 와인도 다양하게 갖추고 있어 인기가 많다.

Map P.069-E3 | **주소** 885 Kapahulu Ave, Honolulu | **전화** 808-735-9760 | **홈페이지** rigohawaii.com | **영업** 월~화 16:30~21:30, 수~일 11:30~14:00, 16:30~21:30 | **가격** $8~52(크로스티노 $8, 클램 칼도소 $37) | **주차** 무료 | **예약** 필요 | **가는 방법** 와이키키에서 13번 버스 탑승 후 Kapahulu Ave+Olu St에서 하차. 도보 2분.

레오나즈 베이커리 Leonard's Bakery

포르투갈 스타일의 도넛인 말라사다 전문점. 오리지널 말라사다는 주문 즉시 기름에 튀긴 뒤 설탕을 입힌 도넛으로 겉은 바삭하고 속은 촉촉한 것이 특징. 그 밖에도 말라사다 안에 커스터드, 초콜릿과 구아바 크림 등이 가미된 메뉴도 있으며, 도넛 이외에도 커피 케이크, 파이 등이 있고, 스위트 브레드인 LG PAO DOCE 등도 유명하다. 테이크아웃만 가능해 매장 앞에 서서 먹는 이들이 더 많다.

Map P.069-E3 | **주소** 933 Kapahulu Ave, Honolulu | **전화** 808-737-5591 | **홈페이지** http://www.leonardshawaii.com | **영업** 05:30~19:00 | **가격** $1.85~50.85(오리지널 말라사다 $1.85) | **주차** 무료(공간 협소) | **가는 방법** 와이키키 초입 Kalakaua Ave에서 Pau St 골목으로 진입. Ala Wai Blvd를 끼고 좌회전 후, McCully St 방향으로 우회전, 다시 Kapiolani Blvd를 끼고 우회전 후, Kaimuki Ave를 끼고 우회전해 Kapahulu Ave 방향으로 우회전.

Mia's Advice

레스토랑에서 주문 시 알아두면 편리한 단어

간혹 레스토랑에서 발견되는 하와이어 때문에 주문하기 어려울 때가 있어요. 그중에서도 가장 자주 볼 수 있는 단어는 '케이키 메뉴 keiki menu'인데 이 뜻은 '어린이 메뉴'란 뜻이에요. '푸푸스 Pupus'도 자주 보이는데요. '애피타이저'란 뜻입니다. 간단하게 핑거 푸드나 혹은 식전 메뉴를 주문하고 싶다면 푸푸스를 이용해보세요.

Shopping

와이키키의 쇼핑

오아후에서 가장 큰 쇼핑 골목을 꼽으라면 단연코 와이키키다. 게다가 로컬의 분위기를 느낄 수 있는 프리마켓과 파머스 마켓도 열려 색다른 쇼핑의 재미를 느낄 수 있다.

스투시 Stussy

Map P.093-F3 | 주소 2233 Kalakaua Ave, Honolulu | 전화 808-744-3880 | 홈페이지 www.stussy.com/blogs/chapters/stussy-honolulu | 영업 10:00~22:00 | 가는 방법 로열 하와이안 센터 내 위치.

마히나 Mahina

마우이에서 시작해 오아후 와이키키와 할레이바에도 분점이 생길 정도로 인기가 많은 하와이안 스타일 의류 숍. 편안하면서도 멋스러운 비치웨어가 위주며, 스타일리시한 신발이나 가방, 액세서리 등도 판매하고 있다. 안쪽 코너에는 이월상품을 저렴하게 판매하고 있으니 눈여겨보자. 저렴한 가격으로 '득템' 할 수 있다.

Map P.093-E4 | 주소 226 Lewers St #136, Honolulu | 전화 808-924-5500 | 홈페이지 shop.mahina.com | 영업 10:00~22:00 | 주차 불가 | 가는 방법 Kalakaua Ave 초입에서 Lewers St 방향으로 진입. 오른쪽 엠버시 스위트 와이키키 비치 워크 Embassy Suites Waikiki Beach Walk 1층에 위치.

오픈 2시간 전부터 줄 서 있는 이들로 또 다른 볼거리를 만들어 내는 곳. 대부분은 호놀룰루가 새겨진 한정판 티셔츠를 구입하기 위해 이곳을 찾는다. 호놀룰루 에디션은 1인당 세 벌씩 구매 가능하며, 그 밖의 일반 티셔츠나 소품 등은 제한 없이 구매할 수 있다.

노드스트롬 랙 Nordstorm Rack

2016년에 와이키키 중심에 새롭게 오픈한 아웃렛. 노드스트롬 랙은 노드스트롬 백화점의 아웃렛으로, 명품을 보다 저렴하게 구입할 수 있다. 신발과 가방, 의류 등 다양한 품목이 비치되어 있으며 운이 좋으면 고가의 명품도 부담 없는 가격으로 '득템'할 수 있다.

Map P.094-A2 | 주소 2255 Kuhio Ave, Honolulu | 전화 808-275-2555 | 영업 10:00~21:00 주차 무료(매장에서 상품 구매 시 2시간 무료, 결제 시 주차 티켓 제시) | 가는 방법 Kalakaua Ave에서 호놀룰루 동물원 Honolulu Zoo 방향으로 가다가 와이키키 쇼핑 플라자 Waikiki Shopping Plaza를 끼고 좌회전한다. Seaside Ave 방향으로 가다가 골목 끝에서 우회전하면 오른쪽에 위치.

인터내셔널 마켓 플레이스 International Market Place

와이키키에서 알라 모아나 센터로 이동이 번거롭다면 이곳에서 쇼핑과 식사를 한 번에 해결하는 것도 방법이다. 와이키키 중심에 있어 접근성이 좋다. 1~2층에는 롤렉스와 버버리, 3.1 필립 림 등

명품 브랜드와 아베크롬비, 홀리스터, 앤트로폴로지, 프리피플 등 여성들이 좋아하는 의류 브랜드, 조 말론, 이솝 등 화장품 브랜드 등이 모여 있다. 3층에는 지중해 스타일의 레스토랑 헤링본, 브릭 오븐 피자 레스토랑인 플라워 앤 벌리 등이 있다. 뿐만 아니라 푸드코트인 더 스트리트, 일본식 도시락이나 신선한 초밥이 맛있는 일본 슈퍼마켓 미츠와, 커피와 크루아상이 유명한 코나 커피 카페가 있다. 매주 일, 화, 목, 토요일 17:00에 1층 정원에서 저녁식사와 훌라쇼를 함께하는 퀸스 루아우(Queen's Luau) 프로그램도 있다.

Map P.094-B2 | 주소 2330 Kalakaua Ave, Honolulu | 전화 808-921-0536 | 홈페이지 www.shopinternationalmarketplace.com | 영업 11:00~20:00 | 주차 매장에서 상품 구매 시 1시간 무료(결제 시 주차 티켓 제시, 시간당 $2, 4시간 이후 30분 $4) | 가는 방법 Kalakaua Ave 중심에 위치. 쉐라톤 프린세스 카이울라니 리조트 옆.

Mia's Advice

① 와이키키 유일한 면세점 DFS 와이키키
버버리, 구찌, 생로랑 등 명품 브랜드와 각종 뷰티 브랜드는 물론이고 초콜릿, 주류 등 지인 선물로 좋은 아이템들이 모여 있는 곳. 코로나 19 이전보다 입점 매장이 축소되기는 했으나 여전히 와이키키 내 유일한 면세점으로 자리하고 있다.

② 와이키키에서 명품 쇼핑하기!
미국은 주마다 세금(Tax)이 다른데 하와이는 4%로 비교적 저렴한 편입니다. 하지만 한국 입국 시 1인당 $600까지만 면세가 적용되기 때문에 그 외 금액은 추가로 세금을 지불해야 해요. 자진 신고를 하면 최대 15만 원의 범위 내에서 세액의 30%를 감면받을 수도 있습니다. 따라서 명품 가방이나 시계 등 명품 구매 시 세관 신고 금액까지 계산해보는 것이 좋아요. 인천공항에서 내는 세금이 궁금하면 홈페이지(https://www.customs.go.kr)에 구매한 아이템과 금액을 입력해 납부 예상 세금을 알아볼 수 있어요.

키스 Kith

한국에서는 직구로만 구매할 수 있었던 개성 있는 편집 숍으로 뉴발란스, 나이키, 코카콜라 등 유명 브랜드와의 컬래버레이션으로도 유명하다. 특히 매장 밖의 키스 트리츠 Kith Treats 코너에서 디저트를 맛보는 것도 색다른 경험이 될 것이다. 하와이에서만 한정 판매하는 신발과 티셔츠도 있으니 눈여겨볼 것.

Map P.093-F3 | **주소** 2301 Kalakaua Ave, Honolulu | **홈페이지** kith.com | **영업** 10:00~22:00 | **주차** 로열 하와이안 센터 내 유료($25 이상 결제 시 첫 1시간 무료, 이후 3시간까지 시간당 $3, 이후 시간당 $8) | **가는 방법** Kalakaua Ave 중심에 위치한 로열 하와이안 센터 Royal Hawaiian Center C빌딩 1층에 위치.

에이치 앤 엠 H&M

급하게 휴양지 의상이 필요하다면 이곳으로 향하자. 규모가 넓어 비교적 다양한 아이템을 구비해놓은 것이 특징. 1층에는 여성복은 물론이고 언더웨어와 수영복 이외에도 액세서리를, 2층은 남성복 중심으로 진열했다. 쇼핑 시간을 절약하고 싶다면 원하는 카테고리 위주로 둘러보는 것이 좋다.

Map P.093-F2 | **주소** 2270 Kalakaua Ave, Honolulu | **전화** 855-466-7467 | **영업** 10:00~21:00 | **주차** 불가

| **가는 방법** Kalakaua Ave 중심에 위치. 로열 하와이안 센터 Royal Hawaiian Center 건너편.

로스 Ross

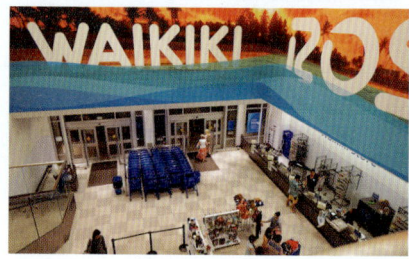

캐주얼 브랜드의 이월상품을 제일 저렴한 가격에 구입할 수 있는 곳. 2층으로 되어 있어 매장 규모도 크고 DFS 와이키키 면세점 근처라 찾기도 쉽다. 단, 워낙 상품구성이 다양하고 많아 제품을 천천히 제대로 살펴보려는 노력이 필요하다. 인내심을 가지고 살펴보면 띠어리 Theory, 마이클 코어스, DKNY, 캘빈클라인, 7 Jeans 등의 브랜드를 만날 수 있다. 신발과 액세서리, 화장품과 주방용품 등이 모여 있으며 최대 90%까지 할인받을 수 있다.

Map P.093-F2 | **주소** 333 Seaside Ave, Honolulu | **전화** 808-922-2984 | **홈페이지** www.rossstores.com | **영업** 월~목 08:00~23:00, 금~일 08:00~22:00 | **주차** 로스에서 제품 구매 시 2시간 무료, 이후 30분 $3 | **가는 방법** Kalakaua Ave에서 호놀룰루 동물원 Honolulu Zoo 방향으로 걷다, 와이키키 쇼핑 플라자 Waikiki Shopping Plaza 끼고 좌회전. Seaside Ave 방향으로 걷다 오른쪽에 위치.

로열 하와이안 센터
Royal Hawaiian Center

에르메스, 페라가모, 펜디, 지미추 등 명품관과 애플 매장, 하와이안 기프트 숍들이 모여 있는 대형 쇼핑센터. 쇼핑과 식사, 엔터테인먼트를 한 곳에서 즐길 수 있다. 야외무대에서는 훌라와 우쿨렐레, 하와이안 밴드 공연은 물론이고, 그 밖에도 퀼트와 레이를 만드는 강좌 등이 진행 중에 있다. 매달 스케줄이 바뀌기 때문에 자세한 레슨 강좌는 홈페이지의 'EVENTS' 칼럼을 참조할 것.

Map P.093-F3 | 주소 2201 Kalakaua Ave, Honolulu | 전화 808-922-2299 | 홈페이지 www.royalhawaiian center.com | 영업 10:00~21:00 | 주차 유료($25 이상 결제 시 첫 1시간 무료, 이후 3시간까지 시간당 $3, 이후 시간당 $8) | 가는 방법 Kalakaua Ave에서 까르띠에 Cartier 매장부터 치즈케이크 팩토리 The Cheesecake Factory까지가 로열 하와이안 센터.

와이키키 쇼핑 플라자
Waikiki Shopping Plaza

세포라와 빅토리아 시크릿, 룰루레몬, H&M 등 쇼핑 매장이 모여 있으며 빅 아일랜드 버거, 멕시칸 레스토랑인 부호 코치나 와이 칸티나, 다나카 오브 도쿄 등의 레스토랑도 있다. 무엇보다 아시안 푸드코트인 스틱스 아시아를 방문해보자. 다양한 일본 음식뿐 아니라 떡볶이와 치킨 등을 맛볼 수 있는 K 스트리트 푸드라는 한국 분식점도 입점해있다.

Map P.093-F2 | 주소 2250 Kalakaua Ave, Honolulu | 전화 808-923-1191 | 홈페이지 waikikishopping plaza.com | 영업 09:30~22:00 | 주차 유료(30분당 $3, $70 이상 결제 시 2시간 무료, 영수증 지참 후 안내데스크 방문) | 가는 방법 Kalakaua Ave 중심에 위치, T 갤러리아 옆 빅토리아 시크릿부터 아르마니 익스체인지 매장까지가 와이키키 쇼핑 플라자 건물.

빅토리아 시크릿 Victoria Secret

우리나라 20~30대 여성들 사이에서 이미 두터운 마니아층을 거느리고 있는 언더웨어 브랜드. 1층에는 신상품 위주로 세팅되어 있으며, 2층에는 세일 상품과 젊은 연령대를 위한 언더웨어 및 홈웨어가 모여 있다. 그 밖에 샤워코롱이나 향수, 바디 로션 등 여성들이 좋아하는 뷰티 제품들도 다수 구비해놓았다.

Map P.093-F2 | 주소 2230 Kalakaua Ave, Honolulu | 전화 808-922-6565 | 홈페이지 www.victoriassecret. com | 영업 11:00~20:00 | 주차 유료(30분당 $3, $70 이상 결제 시 2시간 무료, 영수증 지참 후 안내데스크 방문) | 가는 방법 Kalakaua Ave 중심의 DFS 와이키키 옆 와이키키 쇼핑 플라자 Waikiki Shopping Plaza 1층에 위치.

세포라 Sephora

1970년대 프랑스에서 오픈한 뷰티 전문 숍으로 스킨케어, 컬러, 향수, 바디, 헤어 등에 관련된 모든 제품들이 총 망라되어 있다. 35개국 3,200개의 점포 중 하나로 한눈에 뷰티 트렌드를 알 수 있는 것은 물론 특히 카운터 근처에는 유명 브랜드의 트래블 사이즈 제품을 저렴한 가격에 구입할 수 있다. 여성의 경우 여행지에서 급하게 필요한 제품이 있다면 세포라가 도움이 될 듯. 알라 모아나 센터에도 매장이 있다.

Map P.093-F2 | 주소 2250 Kalakaua Ave #153, Honolulu | 전화 808-923-3301 | 홈페이지 www.sephora.com | 영업 11:00~21:00 | 주차 유료(30분당 $3, $70 이상 결제 시 2시간 무료, 영수증 지참 후 안내 데스크 방문) | 가는 방법 Kalakaua Ave 중심의 와이키키 쇼핑 플라자 Waikiki Shopping Plaza 1층에 위치. 빅토리아 시크릿 옆.

어반 아웃피터스 Urban Outfitters

패션, 뷰티, 인테리어 소품을 포함한 다양한 잡화가 모두 모여있는 개성 강한 숍. 2030 남녀가 좋아할 만한 아이템들로 큰 인기를 얻어, 미국 전역의 핫한 거리라면 모두 이 매장을 만날 수 있을 정도로 많은 지점을 확장했다. 특히 2층 코너에는 세일 품목들이 진열되어 있어 알뜰한 쇼핑을 할 수 있다. 저녁 식사 후 가볍게 둘러보기 좋다.

Map P.094-C2 | 주소 2424 Kalakaua Ave, Honolulu | 전화 808-922-7970 | 홈페이지 www.urbanoutfitters.com | 영업 일~목 10:00~20:00, 금~토 10:00~21:00 | 가는 방법 Kalakaua Ave 중심에 위치. 와이키키 경찰서 건너편.

KCC 파머스 마켓 KCC Farmers Market

현지인들이 집에서 재배한 바나나, 망고 등 과일이나 채소 이외에도 홈메이드 꿀 등을 판매하는 하와이에서 가장 유명한 주말 마켓이다. 마트보다 저렴하면서도 질이 좋은 물건들이 많아 여행자보다도 현지인들이 더 열광한다. 소시지 바비큐나 스팸 무스비, 레모네이드 등 그야말로 종류와 국적을 불문하고 누구나 먹고 즐길 수 있는 메뉴가 많으며 근처에 다이아몬드 헤드가 있다. 여행자들에겐 두 가지를 모두 살펴볼 수 있어 일석이조인 곳이다.

Map P.069-F4 | 주소 4303 Diamond Head Rd, Honolulu | 전화 808-840-2074 | 영업 토 07:30~11:00 | 주차 무료(협소) | 가는 방법 Kalakaua Ave에서 호놀룰루 동물원 Honolulu Zoo을 끼고 좌회전, Monsarrat Ave 방향으로 직진하다 왼쪽 카피올라니 커뮤니티 칼리지 Kapiolani Community College 주차장 내 위치.

+++ TRAVEL PLUS +++

없는 게 없는 와이키키 슈퍼마켓!
ABC 스토어 완전 정복

하와이 여행에서 필요한 것은 모두 있다고 해도 과언이 아닌 ABC 스토어. 한 건물 건너 하나씩 있을 정도로 와이키키에서 가장 흔하게 볼 수 있는 상점 또한 ABC 스토어다. 간단한 먹거리부터 비상약, 휴대폰 충전기와 물놀이 필수품 방수팩, 아이디어가 돋보이는 기념품과 심지어 돗자리까지. 06:30부터 23:00까지 영업하는 이곳은 그야말로 온종일 돌아봐도 지치지 않는다.

1 MARVIS 치약 치약계의 샤넬이라 불릴 정도로 럭셔리한 치약. 50년 전통을 지닌 이탈리아의 마비스 치약은 인체에 유해한 색소와 계면활성제를 사용하지 않아 디자인에 건강까지 챙긴 기특한 제품이다. 36g $8.99 **2 애드빌** 무리한 일정에 근육통이 생기거나 다른 진통으로 고생할 때 유용한 비상약. $4 **3 산리오 열쇠고리** Sanrio Key ring 아이들이 열광하는 헬로키티나 마이멜로디, 시나모롤 등 다양한 캐릭터가 가득. $14.99 **4 케파콜** Cepacol 목감기에 걸려 기침이 심하거나 편도선이 부었을 때 먹는 캔디. 통증을 마비시켜주는 효과가 있다. $5.66 **5 마우이 베라** 뜨거운 태양에 손상된 피부를 빠르게 회복시켜주는 애프터선 모이스처. 오가닉 제품으로 알로에, 페퍼민트, 노니 등을 사용해 효과를 높였다. $12.99 **6 마우이 칩** 하루 일정을 마치고 숙소에서 맥주 한잔 즐길 예정이라면 하와이에서만 맛볼 수 있는 마우이 칩을 선택하자. $3.19 **7 코나 시 솔트** 코나 지역의 바닷가에서 만들어낸 소금. 하와이 하면 커피와 마카다미아 너트만 떠올리는 지인들에게 선물하기 좋다. 3개 $19.99 **8 방수팩** 스노클링 등 해양 레포츠를 즐길 때 휴대폰과 지갑 등을 소중히 보관할 수 있다. 없으면 은근히 불편한 아이템. $19.99 **9 오가닉 보드카** ABC 스토어의 가장 큰 장점은 미니어처 제품이 많다는 것. 샴푸, 샤워젤뿐 아니라 보드카 등 양주도 미니어처 사이즈로 판매된다. $5.99 **10 뉴트로지나 자외선 차단제 SPF 100** 하와이에서 흔하게 만날 수 있는 자외선 차단제. 그중 SPF 100인 제품도 어렵지 않게 구매할 수 있다. 소중한 피부를 보호하기 위한 필수품. $14,492 **11 오일스 오브 알로하** 마카다미아 에센셜을 첨가한 신제품으로 건조한 피부에 바르면 최고의 효과를 발휘한다. 한 번 사용하면 매력에 빠지게 되는 아이템. $17.99

 **현지인들에게 사랑받는 맛집만 쏙쏙!**

하와이 로컬들이 즐겨 찾는 맛집의 조건은 간단하다. 가격이 합리적일 것, 맛있을 것, 그리고 양이 만족스러울 것. 오랜 시간 현지인들에게 넘버원으로 손꼽히는 맛집만 모았다. 하와이 여행 중 이곳만 들러도 실패할 확률은 제로.

스위트 에스 카페 Sweet E's Cafe

외관은 평범한 식당같이 보이지만, 문을 열고 들어서면 브런치를 즐기는 사람들로 가득 차 있다. 심지어 늦으면 기다려야 할 정도로 현지인들의 브런치 장소로 유명한 곳. 에그 베네딕트, 오믈렛 등도 유명하지만 그중에서도 블루베리 스터프 프렌치토스트가 제일 인기가 높다.

Map P.069-E3 | 주소 1006 Kapahulu Ave, Honolulu | 전화 808-737-7711 | 홈페이지 www.sweetescafe.com | 영업 07:00~14:00 | 가격 $10.50~17.95(블루베리 앤 크림 치즈 프렌치토스트 $13.50) | 주차 무료 | 예약 불가 | 가는 방법 와이키키 초입 Kalakaua Ave에서 Kapiolani Blvd를 타고 직진하다 오른쪽에 Kaimuki Ave로 진입. 직진 후 사거리에서 왼쪽에 위치.

아이나바 I-naba

하와이에서 가장 유명한 소바집. 소박한 일본 가정식을 맛볼 수 있다. 소바 외에도 스시나 사시미, 튀김 등의 메뉴는 물론, 정성 가득한 밑반찬도 개별 주문이 가능하다. 소바를 먹고 나면 국수를 삶았던 물이 담긴 주전자를 주는데 소바를 담가 먹었던 소스에 부어 차처럼 마시는 것도 별미다.

Map P.131-D1 | 주소 1610 S King St, Honolulu | 전화 808-953-2070 | 홈페이지 inabahonolulu.com | 영업 목~월 11:00~14:00, 17:00~20:00, 화 08:00~10:00, 11:00~14:00, 17:00~20:00(수요일 휴무) | 가격 런치 $5.50~43(자루 소바 $16.50, 치라시 볼 & 소바 $35), 디너 $5.50~50(우니 소바 $30) | 주차 무료 | 예약 필요 | 가는 방법 와이키키 초입 Ala Wai Blvd에서 와이키키와 반대 방향의 Kalakaua Ave로 진입. 직진 후 오른쪽 S king St를 끼고 우회전하자마자 왼쪽에 위치.

니코스 피어 38 Nico's Pier 38

항구를 배경으로 캐주얼한 하와이 음식을 맛볼 수 있는 곳. 예약을 따로 받지 않으며 한쪽 코너에 포케 카운터 (09:00부터 운영)가 있어 신선한 참치회를 맛볼 수 있다. 런치에는 갈릭 페스토 슈림프와 크랩 케이크 샐러드를, 디너에는 포케 샘플러, 슈림프 스캄피 파스타 등의 메뉴가 있다. 매주 금요일에는 하와이안 플레이트를 선보이는데 칼루아 피그와 로미 살몬 등이 곁들여진 하와이 전통 음식을 맛볼 수 있다. TV프로그램 '스트리트 푸드 파이터'에 소개된 바 있다.

Map P.068-C2 | **주소** 1129 N Nimitz Hwy, Honolulu | **전화** 808-540-1377 | **홈페이지** nicospier38.com | **영업** 월~토 06:30~21:00, 일 10:00~21:00(해피 아워 16:00~17:00) | **가격** 브렉퍼스트 $7~17.50, 런치 $4~23, 디너 $6~41(하와이안 플레이트 $22) | **주차** 무료 | **가는 방법** 와이키키에서 20번 버스 탑승, Nimitz Hwy+Opp Pier 36에서 하차 후 도보 3분.

팡야 비스트로 Panya Bistro

촙스테이크가 곁들여진 타이 샐러드와 스팀 피시, 파스타, 만두, 햄버거, 볶음밥 등 메뉴도 다양하고 맛도 일품. 뭐니 뭐니 해도 이곳에서 꼭 맛봐야 하는 건 디저트다. 매장 한쪽에 진열된 베이커리와 조각 케이크 등의 맛이 일품이다. 뉴욕 치즈 케이크와 일본 스타일의 치즈 케이크, 코나 커피를 이용한 다크 브라우니 등이 있으며 커피 못지않게 과일 티 역시 맛이 좋다.

Map P.130-B4 | **주소** 1288 Ala Moana Blvd, Honolulu | **전화** 808-946-6388 | **홈페이지** panyabistro.com | **영업** 화~일 10:30~22:00(월요일 휴무, 해피 아워 15:00~18:00) | **가격** $11~35(타이 샐러드 $29) | **주차** 무료(2시간) | **예약** 필요 | **가는 방법** 와이키키에서 13번 버스 탑승 후 Kapiolani Bl+Opp Kamakee St에서 하차. 도보 7분.

스크래치 키친 & 미터리
Scratch Kitchen & Meatery

오전에는 브런치가, 런치와 디너 타임에는 파스타, 샐러드, 버거 메뉴가 인기 있다. 또한, 오픈식 주방이라 요리가 만들어지는 과정을 눈앞에서 볼 수 있어 좋다.

Map P.130-B3 | **주소** 1170 Auahi St, Honolul | **전화** 808-589-1669 | **홈페이지** www.scratch-hawaii.com | **영업** 월~수 09:00~21:00, 목~금 09:00~22:00, 토 08:00~22:00, 일 08:00~21:00 | **가격** $6~27(사이다 브레이즈드 포크 밸리&애플 파스타 $24) | **주차** 무료 | **예약** 필요 | **가는 방법** 알라 모아나 센터에서 19번 버스 탑승, Ala Moana Bl+Queen St에서 하차. 도보 1분.

+++ TRAVEL PLUS +++

워드 빌리지 Ward Village

하와이에 새롭게 뜨고 있는 워드 빌리지 Ward Village. 알라 모아나 지역 내에서도 가장 핫한 곳으로 통한다. 새롭게 지은 콘도 사이로 팬시한 레스토랑과 카페, 숍 들이 즐비하다.

이스탄불 하와이 Istanbul Hawaii

양고기 맛을 제대로 느낄 수 있는 램 텐더로인 시시, 3~4인이라면 튀르키예 국민 샐러드인 살라타, 튀르키예식 볶음밥인 사프란 필라프가 곁들여져 나오는 게더&해브 어 터키시 피에스타를 추천한다.

Map P.130-A4 | 주소 1108 Auahi St, Honolulu | 전화 808-772-4440 | 홈페이지 www.istanbulhawaii.com | 영업 수·목·일 11:00~14:30, 17:00~21:30, 금~토 11:00~14:30, 17:00~22:00(월~화요일 휴무) | 가격 $15~259(디너·터키시 피에스타 $259, 램 텐더로인 시시 $39) | 예약 필요 | 가는 방법 와이키키에서 13번 버스 탑승, Kapiolani Bl+Opp Kamakee St에서 하차. 도보 4분.

한 노 다이도코로 Han No Daidokoro

고급스러운 일본 와규 레스토랑으로, 단품 메뉴로는 비빔밥, 돌솥 마늘밥, 오리지널 스파이시 라멘 등이 있다. 고기의 퀄리티는 좋지만, 매장이 작고 전반적으로 양이 적은 편.

Map P.130-A3 | 주소 1108 Auahi St, Honolulu | 홈페이지 hannodaidokoro.com | 영업 11:30~15:00, 17:00~22:00 | 가격 런치 $18~89, 디너 $13~150 | 주차 무료 | 예약 필요 | 가는 방법 와이키키에서 13번 버스 탑승, Kapiolani Bl+Opp Kamakee St에서 하차. 도보 4분.

진야 Jinya

라멘 전문점인 진야 라멘 바 Jinya Ramen Bar와 스시&꼬치 전문점인 로바타 진야 Robata Jinya가 함께 운영되고 있다. 매운 정도를 선택할 수 있는 돈카츠 블랙 라멘과 식용 버블이 올려진 라이치 티니 칵테일을 추천.

Map P.130-A4 | 주소 1118 Ala Moana Blvd Ste 100, Honolulu | 전화 808-480-8177 | 영업 11:30~22:00 | 가격 $8~19.80(진야 라멘 바), $8~58(로바타 진야) | 주차 무료(홀푸드 내 주차) | 예약 필요 | 가는 방법 와이키키에서 13번 버스 탑승, Kapiolani Bl+Opp Kamakee St에서 하차. 도보 7분.

돈카츠 쿠로 Tonkatsu Kuro

2025년 초 새롭게 오픈한 돈가스 전문점으로 돈가스와 소바를 곁들인 세트 메뉴가 유명하다. 오픈 테이블을 통해 예약 필수!

Map P.130-A4 | **주소** 1000 Auahi St Sute 134, Honolulu | **전화** 808-867-1212 | **영업** 17:00~22:00 | **가격** $19~62 | **주차** 무료(홀푸드 내 주차) | **예약** 필요 | **가는 방법** 와이키키에서 13번 버스 탑승, Kapiolani Bl+Opp Kamakee St에서 하차. 도보 8분.

노리바 Nori Bar

바 형태로 직접 눈앞에서 스시 맨의 화려한 손놀림을 볼 수 있다. 블루 크랩 핸드 롤이 시그니처 메뉴.

Map P.130-A4 | **주소** 1000 Auahi St, Honolulu | **전화** 808-379-1144 | **홈페이지** noribarhawaii.com | **영업** 일~목 11:00~22:00, 금~토 11:00~23:00 | **가격** $4.50~15 | **주차** 무료(홀푸드 내 주차) | **예약** 필요 | **가는 방법** 와이키키에서 13번 버스 탑승, Kapiolani Bl+Opp Kamakee St에서 하차. 도보 8분.

앳 다운. 오아후 at Dawn. O'AHU

화려하지 않으면서 입기에도 편안한 캐주얼 룩 위주로 선보이고 있다. 의류 외에도 가방이나 신발, 액세서리 등의 잡화도 있다.

Map P.130-A4 | **주소** 1108 Auahi St, Honolulu | **전화** 808-946-7837 | **영업** 월~목 11:00~18:00, 금~토 11:00~19:00, 일 11:00~17:00 | **홈페이지** theatdawn.com | **주차** 불가(근처 홀푸드에 주차) | **가는 방법** 와이키키에서 13번 버스 탑승, Kapiolani Bl+Opp Kamakee St에서 하차. 도보 4분.

홀푸드 Whole Foods

오가닉 식재료를 판매하는 곳. 홀푸드 하와이 에디션인 에코백, 트러플 오일이나 마누카 꿀, 콜라겐 파우더나 상온 보관 가능한 기버터, 커피 등 선물용으로 살 만한 아이템이 가득하다.

Map P.130-A4 | **주소** 388 Kamakee St, Honolulu | **전화** 808-379-1800 | **홈페이지** wholefoodsmarket.com | **영업** 07:00~22:00 | **주차** 무료 | **가는 방법** 와이키키에서 13번 버스 탑승 후 Kapiolani Bl+Opp Kamakee St에서 하차. 도보 4분.

대형 쇼핑몰을 만날 수 있는
알라 모아나 Ala Moana

알라 모아나 비치 파크와 그 북쪽에 펼쳐진 약 1.5㎞ 일대가 바로 알라 모아나다. 남쪽의 알라 모아나 빌딩을 따라 쇼핑 천국으로 유명한 알라 모아나 센터, 6개의 쇼핑몰이 모여 있는 워드 센터 등 이 지역을 대표하는 건물들이 몰려 있다. 와이키키에 여행자들을 위한 레스토랑과 각종 숍들이 모여 있다면, 알라 모아나는 여행자뿐 아니라 현지인들도 즐겨 찾는 곳이다. 알라 모아나 근처에 위치한 월마트 Wallmart와 샘스 클럽 Sam's Club, 그 밖에도 프랜차이즈 형태의 일본 마트인 돈키호테 Don Quijote나

공항에서 가는 방법

공항에서 택시나 렌터카를 이용하면 20분가량 소요된다. 공항에서 20번, 42번 버스를 탑승하면 40여 분 소요된다.

와이키키에서 가는 방법

힐튼 하와이안 빌리지 건너편의 Aqua Palms Waikiki 앞에서 20번, 42번 버스를 탑승하면 10분가량 소요되며, Kalakaua Ave. 초입의 와이키키 게이트웨이 파크에서 13번 버스를 탑승하면 12분가량 소요된다. 와이키키 초입의 포트 드루시 비치 파크에서 도보로 20~30분 정도 소요되는데, Kalakaua Ave.에서 Ala Moana Blvd.로 진입해 도로를 따라 걸으면 왼쪽에는 알라 모아나 파크가, 오른쪽에는 알라 모아나 센터가 나온다.

알라 모아나의 교통 정보

와이키키에서 출발하는 트롤리 핑크 라인의 최종 목적지인 알라 모아나 센터는 그야말로 교통의 요지다. 호놀룰루에서 외곽으로 나갈 계획이라면 대부분 이곳 알라 모아나 센터에서 버스를 탑승하면 된다.

알라 모아나에서 볼 만한 곳

알라 모아나 센터, 알라 모아나 비치 파크, 월마트, 티제이 맥스, 노드스트롬 랙

로스 Ross 등 저렴하게 생활용품과 식재료를 판매하는 대형 마트들이 모여 있다.
또 현지인들이 아침에는 조깅 코스로, 오후에는 가족과 함께 바비큐 장소로 즐겨 찾는 알라 모아나 비치 파크는 알라 모아나 센터의 오션 사이드에 위치해 있는데 바닷가를 끼고 대규모의 공원이 조성되어 있어 한적하게 시간을 보내기 좋다. 공원에서 오아후의 상징이라고 할 수 있는 다이아몬드 헤드도 감상할 수 있어 안성맞춤이다.

Beach
알라 모아나의 해변

알라 모아나 비치 파크는 와이키키 근처이지만 여행자들로 붐비지 않아서 좋으며, 워낙 넓은 까닭에 아침에는 현지인들의 산책로가 되기도 한다.

알라 모아나 비치 파크 Ala Moana Beach Park

평일과 주말 관계없이 여행자보다 현지인들에게 더 많이 사랑받는 곳. 주말이면 곳곳에 고기 굽는 냄새가 진동하고, 아이들의 웃음소리가 끊이지 않는다. 진정한 하와이안 스타일의 휴식을 맛보고 싶다면 이곳을 들러볼 것. 웨딩 촬영을 위해 공원을 찾는 커플도 자주 볼 수 있다. 알라 모아나 센터 건너편에 위치해 있어 여행자들도 쉽게 찾아갈 수 있으며, 매주 금요일 밤에  는 힐튼 하와이안 빌리지에서 주최하는 불꽃놀이를 감상하기에도 좋고, 바비큐도 즐길 수 있다. 매년 7월 4일 독립기념일과 12월 31일 자정, 혹은 1월 1일에는 대규모 불꽃 쇼가 화려하게 펼쳐진다.

Map P.130-C4 | 주소 1201 Ala Moana Blvd, Honolulu | 전화 808-768-4611 | 운영 04:00~22:00 | 주차 무료 | 가는 방법 Kalakaua Ave에서 알라 모아나 센터 방향의 Ala Moana Blvd로 진입, 18분가량 도보 후, 왼쪽에 위치.

Mia's Advice

외국인 강사의 서핑 레슨이 부담스럽다면 한국인이 운영하는 서프 클라우드 나인 Surf Cloud Nine을 이용해보자. 그룹 레슨(최대 강습 인원 3명), 프라이빗 레슨, 선셋 서핑 레슨 등 다양한 종류의 레슨이 있으며 10세 미만 어린도 프라이빗 레슨으로 서핑 수업을 들을 수 있다. 수업료는 $120~220. 서핑 후에는 전문 작가가 촬영한 스냅 사진도 구매할 수 있는데 가격은 $80. $60의 추가 요금을 내면 서핑 보드에 카메라(고 프로)를 장착해 촬영도 가능하다.
예약 및 문의 카카오톡 오픈 채팅(알로하브라더스), 인스타그램(@808alohabrothers)

Restaurant

알라 모아나의 먹거리

근사한 곳에서 분위기를 내고 싶다면 단연코 알라 모아나 센터다. 유명 레스토랑이 모두 모여 있으며, 다양한 스타일의 메뉴를 만날 수 있다.

선셋 텍사스 바비큐
Sunset Texas Barbecue

선셋 텍사스 바비큐는 바비큐의 본고장으로 알려진 텍사스 방식을 그대로 고수, 하와이에서 재현한 레스토랑이다. 푸드 트럭으로 시작해 입소문이 나면서 지금의 레스토랑으로 확장 오픈했다. 텍사스에서 공수한 대형 스모커를 이용해 낮은 온도에서 간접적으로 장시간 가열해 스모크 향을 입히는데 이때 소금과 후추만을 사용해 고기 본연의 맛을 충실히 살린다. 차돌, 양지 부위인 비프 브리스킷이 대표 메뉴이며 한국인 입맛에는 스페어 립스도 잘 맞는다. 사이드 메뉴인 코울슬로와 크림 콘도 함께 맛보면 좋을 듯.

Map P.147-D3 | **주소** 443 Cook St, Honolulu | **전화** 808-476-1405 | **홈페이지** www.sunsettxbbq.com | **영업** 화~금 11:00~16:00, 토 11:00~19:00 | **가격** 뷔페~213(USDA 프라임 비프 브리스켓 $36, 포크 스페어 립 플레이트 $22, 하우스 메이드 소시지 $6) | **주차** 무료 | **가는 방법** 와이키키에서 13번 버스 탑승 후 Kapiolani Bl+Cook St에서 하차, 도보 10분.

이치리키 Ichiriki

샤부샤부 전문점. 특히 점심에는 창코 플래터가 인기가 높다. 샤부샤부와 비슷한 메뉴로 쇼유 베이스나 스파이스 쇼유 등 기본 육수의 종류를 선택한 뒤, 고기와 야채를 함께 넣고 끓여먹는 메뉴로 이치리키의 주요 메뉴다. 저녁 시간에는 다소 가격대가 높은 편이지만 21:30 이후로는 보다 저렴하게 나베 메뉴를 즐길 수 있다.

Map P.130-B3 | **주소** 510 Piikoi St, Honolulu | **전화** 808-589-2299 | **영업** 일~목 11:00~21:30, 금~토 11:00~23:00 | **가격** 런치 $6~27.95(창코 플래터 $19.95), 디너 $6~72(미나모토 코스 $48) | **주차** 무료(알라 모아나 센터 주차 후 도보) | **예약** 필요 | **가는 방법** 와이키키에서 13번 버스 탑승 후 Kapiolani Bl+Piikoi St에서 하차. 도보 1분.

킹 레스토랑 & 바
King Restaurant & Bar

중식 레스토랑. 한국인들이 좋아하는 랍스터, 슈림프, 던지니스 크랩 등의 메뉴가 유명하다. 특히, 핫 앤 스파이스 던지니스 크랩과 솔트 앤 페퍼 랍스터가 맛있는데 마켓 가격에 따라 금액이 측정되기 때문에 가격이 정해져 있지 않다. 블랙 빈 클램도 추천 메뉴. 볶음밥을 같이 주문해 블랙 빈 클램 양념에 비벼 먹어보자.

Map P.130-C3 | 주소 1340 Kapiolani Blvd, Honolulu | 전화 808-957-9999 | 영업 10:00~22:00 | 가격 $13.69~87.44(캐피털 스타일 폭 찹 $18.69, 허니 월넛 프라운 $24.94) | 주차 무료 | 예약 가능 | 가는 방법 와이키키에서 13번 버스 탑승 후 Kapiolani Bl+Opp Kona Iki St에서 하차. 도보 1분.

알로하 비어 컴퍼니
Aloha Beer Company

1900~1960년대까지 하와이에서 맥주 붐이 일었던 시절을 그리워하며 최근에 오픈한 맥주 회사 겸 펍이다. 라거, 레드, IPA, 허니 포터 등을 직접 양조하며, 그 밖에 다양한 맥주를 보유하고 있어 골라먹는 재미가 있다. 특히 우리나라 사람들 입맛에는 라거가 제격! 피자와 나초, 샐러드뿐 아니라 치킨 윙 등 식사 대용 메뉴도 있다.

Map P.147-D3 | 주소 700 Queen St, Honolulu | 전화 808-544-1605 | 홈페이지 www.alohabeer.com

영업 일~목 11:00~22:00, 금~토 11:00~23:00(해피 아워 14:00~18:00) | 가격 $12~32(버펄로 치킨 피자 $29) | 주차 유료(발레파킹, $5) | 가는 방법 와이키키에서 13번 탑승 후 Kapiolani Bl+Cooke St 하차. 도보 4분.

셰프 차이 Chef Chai

하와이 재료를 이용해 태국 요리를 선보이는 레스토랑. 태국 스타일의 꼬리곰탕 수프, 마카다미아 너트가 가미된 블랙 타이거 새우 레인보 샐러드, 레드 커리 등이 그것. 전체적으로 은은한 조명을 사용해 조용히 대화하기 좋으며, 단체보다 2인이 식사하기에 적합하다. 참고로 레스토랑을 운영하는 셰프 차이는 하와이안 항공의 수석 셰프이기도 하다.

Map P.130-A3 | 주소 1009 Kapiolani Blvd, Honolulu | 전화 808-585-0011 | 홈페이지 chefchai.com | 영업 수~일 16:00~22:00(월·화요일 휴무) | 가격 $19~65(셰프 차이스 시그니처 콤비네이션 애피타이저 플래터 2인용 $58) | 주차 무료 | 예약 필요 | 가는 방법 와이키키에서 13번 버스 탑승 후 Kapiolani Bl+Opp Kamakee St에서 하차. 도보 2분.

푹 유엔 시푸드 레스토랑 Fook Yuen Seafood Restaurant

로컬들에게 사랑받는 중국 해산물 레스토랑. 살아 있는 랍스터와 던지니스 크랩을 즉석에서 요리해 준다. 블랙 빈과 솔트 앤 페퍼 두 가지 맛 중 선택할 수 있는데 한국인 입맛에는 블랙 빈이 더 친근하다. 인원수에 맞는 세트 메뉴 구성도 훌륭해 대가족 식사에 최적화된 곳이다.

Map P.131-E2 | 주소 1960 Kapiolani Blvd, Honolulu | 전화 808-973-0168 | 홈페이지 www.fookyuenrestaurant.com | 영업 11:00~14:00, 17:00~22:00 | 가격 $9.95~53(던지니스 크랩 파운드당 $30) | 주차 무료 | 예약 필요 | 가는 방법 와이키키에서 13번 버스 탑승 후 Kalakaua Ave+McCully St에서 하차. 도보 6분.

푸켓 타이 카페 Phuket Thai Cafe

매년 하와이 유명 잡지에 '베스트 타이 퀴진'으로 꼽히는 곳. 소박한 외관과는 달리 늘 사람들로 붐빈다. 팟 타이, 파인애플 볶음밥, 타이 스타일의 커리, 타이 비프 샐러드 등의 메뉴들이 있으며, 특히

타이 크리스피 프라이드 치킨이나 파파야 샐러드는 한국인들의 입맛에도 잘 맞는다.

Map P.147-D3 | 주소 705 Cook St, Honolulu | 전화 808-591-8421 | 홈페이지 www.phuketthaihawaii.com | 영업 월~토 11:00~21:00(일요일 휴무) | 가격 $10.95~17.95(스프링 롤 $13.95, 파인애플 프라이드 라이스 $13.95) | 주차 유료 | 가는 방법 와이키키에서 13번 버스 탑승 후 Kapiolani Bl+Cooke St에서 하차. 도보 3분.

모쿠 키친 Moku Kitchen

솔트 앳 아우어 카카아코 단지 내에서 가장 인기 있는 레스토랑. 화덕에서 구워내는 피자와 스테이크, 작은 사이즈의 햄버거인 불고기 슬라이더 등 다양한 메뉴를 선보이고 있다. 매일 16:00, 18:30에 라이브 공연이 있다.

Map P.147-C4(솔트 앳 아우어 카카아코 내) | 주소 660 Ala Moana Blvd, Honolulu | 전화 808-591-6658 | 홈페이지 www.mokukitchen.com | 영업 일~수 11:00~21:00, 목~토 11:00~22:00(해피 아워 14:00~17:30) | 가격 $12~39(불고기 슬라이더 $14, 프레시 캐치 피시 타코 $23) | 주차 1시간 무료(계산 시 티켓 제시, 2시간 $1, 3시간 $3) | 예약 필요 | 가는 방법 와이키키에서 42번 버스 탑승 후 Ala Moana Bl+Coral St에서 하차. 도보 1분.

버니니 Bernini

와이키키에서 벗어나 조용한 곳에서 뜻깊은 저녁 식사를 하고 싶다면 이곳이 좋다. 일본 셰프들이 선보이는 이탈리안 남부 스타일의 바 앤 다이닝. 셰프가 직접 선보이는 코스요리뿐 아니라 파스타, 피자, 립 아이 스테이크 등 단품 메뉴도 주문이 가능하다.

Map P.130-B3 | **주소** 1218 Waimanu St, Honolulu | **전화** 808-591-8200 | **홈페이지** www.berninihonolulu.com | **영업** 화~일 16:30~22:30(월요일 휴무) | **가격** $12~135(봉골레 비앙코 스파게티 $32) | **주차** 무료 | **예약** 필요 | **가는 방법** 와이키키에서 13번 버스 탑승 후 Kapiolani Bl+Piikoi St에서 하차. 도보 4분.

한강 Hangang

고기구이 전문점. LA갈비나 떡갈비, 또는 조기구이 중 한 가지 메뉴와 함께 영양밥, 찌개를 고를 수 있는 런치 스페셜이 인기가 좋다. 이 밖에도 국밥이나 옛날 불고기 전골, 돼지고기 또는 고등어를 넣은 묵은지 전골 등이 눈에 띈다.

Map P.130-B3 | **주소** 1236 Waimanu St #1F, Honolulu | **전화** 808-200-1114 | **홈페이지** www.hangangkoreanbbq.com | **영업** 11:00~16:00, 17:00~23:00 | **가격** 런치 $18.95~95.95(런치 스페셜 $27.95), 디너 $18.95~140 | **주차** 무료 | **예약** 필요 | **가는 방법** 와이키키에서 13번 버스 탑승 후 Kapiolani Blvd+Piikoi St에서 하차. 도보 4분.

아르보 Arvo

하와이에서 가장 핫한 카페 중 하나로 야외 테라스가 독특한 분위기를 풍기는 곳. 커피 외에도 아보카도 토스트, 뉴텔라 토스트 등 개성 강한 토스트 메뉴를 맛볼 수 있다.

Map P.147-C4(솔트 앳 아우어 카카아코 내) | **주소** 324 Coral St, Honolulu | **전화** 808-537-2021 | **영업** 08:00~14:00 | **가격** $3~14.50 | **주차** 1시간 무료(계산 시 티켓 제시, 2시간 $2, 3시간 $3, 이후 30분당 $3) | **가는 방법** 와이키키에서 20번 또는 42번 버스 탑승 후 Ala Moana Bl+Coral St에서 하차. 도보 1분.

온기 Onkee

2024년에 오픈한 고급 한식당. 갈비나 우설, 꽃등심 등 그릴 요리와 육회비빔밥, 간장 새우, 아롱 사태 샐러드 등 일품 요리들이 가득하다. 가격대가 높은 편이지만 점심 시간대에는 김치볶음밥이나 돼지불고기와 냉면 세트 등 가성비 좋은 메뉴들을 만날 수 있다.

Map P.130-A4 | **주소** 1000 Auaho St Unit 220, Honolulu | **전화** 808-312-3758 | **영업** 11:00~22:00(해피아워 16:00~18:00) | **가격** 런치 $17~38(김치볶음밥 $17, 런치 콤보 세트 $27~29), 디너 $24~190 | **주차** 협소 | **예약** 필요 | **가는 방법** 와이키키에서 13번 버스 탑승 후 Kapiolani Bl+Opp Kamakee St에서 하차. 도보 9분.

Shopping

알라 모아나의 쇼핑

시간 대비 최대 효과를 노리는 쇼핑을 하고 싶다면 알라 모아나로 향하자. 트롤리 핑크 라인을 이용하면 쉽고 편하게 알라 모아나로 이동할 수 있다.

월마트 Wallmart

영양제와 초콜릿, 커피 등 귀국 전 지인들의 선물을 마련하기 좋은 곳으로, 와이키키 내 ABC 스토어보다 저렴하게 구입할 수 있다. 뿐만 아니라 카시트, 유모차, 기타 육아용품도 한국보다 낮은 가격으로 구입할 수 있어 관광객들의 필수 코스이기도 하다.

Map P.130-C2 | 주소 700 Keeaumoku St, Honolulu | 전화 808-955-8441 | 홈페이지 www.walmart.com | 영업 06:00~23:00 | 주차 무료 | 가는 방법 Kalakaua Ave.에서 알라 모아나 센터 방향의 Kapiolani Blvd로 진입, 오른쪽 Keeaumoku St로 우회전.

돈키호테 Don Quijote

일본의 유명 대형 마트 돈키호테를 하와이에서도 만날 수 있다. 현지인들은 생필품과 식재료를 구입하기 위해 들르지만 여행자들 사이에서는 초콜릿과 커피, 마카다미아 너트를 구입하는 장소로 유명하다. 24시간 영업해 시간 제약 없이 쇼핑할 수 있다.

Map P.131-D2 | 주소 801 Kaheka St, Honolulu | 전화 808-973-4800 | 영업 24시간 | 주차 무료 | 가는 방법 Kalakaua Ave.에서 와이키키 반대 방향으로 직진, 왼쪽 Makaloa St로 좌회전 후 Kaheka St로 우회전.

티제이 맥스 T.J.maxx

저렴한 쇼핑몰 가운데 하나로 이곳의 장점이라면 1년에 40주 이상 제품을 구매하는 데 투자해 새롭게 뜨는 브랜드와 디자이너들의 제품을 착한 가격에 판매한다는 데 있다. 운이 좋으면 저렴한 가격에 랄프 로렌 원피스나 타미힐피거, 폴로 제품을 구매할 수 있으며 따로 '런 어웨이 Run Away' 코너를 마련해 펜디, 씨 바이 클로에, 레베카 테일러 등의 명품 역시 50% 이상 인하된 가격에 만날 수 있다. 의류뿐 아니라 신발, 가방과 주방용품, 아이들 장난감 등이 모두 모여 있다.

Map P.130-B4 | 주소 1170 Auahi St Ste 200, Honolulu | 전화 808-593-1820 | 홈페이지 tjmaxx.tjx.com | 영업 09:30~21:30 | 주차 무료 | 가는 방법 와이키키에서 20번, 42번 버스 탑승 후 Ala Moana Bl+Queen St에서 하차. 도보 2분.

노드스트롬 랙 Nordstrom Rack

백화점 노드스트롬의 아웃렛 버전으로 백화점에서 팔다 남은 질 좋은 제품들을 저렴한 가격에 판매하고 있다. 1층은 남성용품 전용 매장으로, 2층은 여성용품과 유아용품 등을 비치해놓고 있다. 특히 신발 매장이 잘 되어 있는데, 여성의 경우 프라다, 토리버치, 베라 왕, 버버리 등의 제품을 구입할 수 있으며 유명 브랜드의 그릇들도 눈요기할 만하다.

Map P.130-B4 | 주소 1170 Auahi St, Honolulu | 전화 808-589-2060 | 홈페이지 shop.nordstrom.com | 영업 월~토 10:00~21:00, 일 10:00~19:00 | 주차 무료 | 가는 방법 와이키키에서 20번, 42번 버스 탑승 후 Ala Moana Bl+Queen St에서 하차. 도보 2분.

사우스 쇼어 마켓 South Shore Market

하와이 패션 피플들의 아지트라고 할 수 있는 곳. 하와이 로컬 디자이너들의 의류는 물론 인테리어 소품, 리빙 아이템 등 다양한 볼거리가 가득하다. 노드스트롬 랙, 티제이 맥스와 함께 있어 둘러보기 편리하며, 매달 둘째 주 금요일에는 New Wave Friday라는 행사가 17:00~21:00에 열려 마켓 외부에서 라이브 음악과 길거리 펍, 간단한 핑거 푸드 등을 즐길 수 있다.

Map P.130-B4 | 주소 1170 Auahi St, Honolul | 전화 808-591-8411 | 홈페이지 www.wardvillage.com/centers/south-shore-market/ | 영업 월~목 10:00~20:00, 금~토 10:00~21:00, 일 10:00~18:00 | 주차 무료 | 가는 방법 와이키키에서 20번, 42번 버스 탑승 후 Ala Moana Bl+Queen St에서 하차. 도보 2분.

파타고니아 Patagonia

등산객들에게 사랑받는 브랜드. 이 매장이 관광객들에게 인기 있는 이유는 하나다. 하와이 한정판 티셔츠가 있기 때문. 이곳에서 판매되는 하와이 한정판에는 Honolulu가, 북쪽 할레이바에서 판매하는 하와이 한정판에는 Haleiwa가 새겨져 있으며 가격은 $49. 의류 외에도 에코백, 여행용 가방, 모자, 침낭, 텀블러 등 다양한 아이템을 판매한다.

Map P.130-A3 | **주소** 535 Ward Ave, Honolulu | **전화** 808-593-7502 | **홈페이지** www.patagonia.com | **영업** 월~토 10:00~19:00, 일 10:00~18:00 | **가는 방법** 와이키키에서 13번 버스 탑승, Kapiolani Bl+Ward Ave에서 하차. 도보 2분.

카카아코 파머스 마켓
Kakaako Famer's Market

현지인들이 직접 키우고 재배한 과일, 채소, 해산물 등을 맛볼 수 있다. KCC 파머스 마켓보다 규모는 작아도 관광객보다 현지인들을 대상으로 하기에 내용 면에서는 훨씬 알차다. 하와이에서 나는 재료로 직접 만든 로컬 잼과 버터는 물론이고 현장에서 직접 구운 빵도 맛볼 수 있다. 이곳에서 줄서서 먹는 아이템으로는 마카다미아 스티키 번이 있다.

Map P.130-A4 | **주소** 919 Ala Moana Blvd, Honolulu | **전화** 808-388-9696 | **홈페이지** www.farmloversmarkets.com/kakaako | **영업** 토 08:00~12:00 | **주차** 무료(주차장 주소 1011 Ala Moana) | **가는 방법** 알라 모아나 비치 파크 옆, Ala moana Blvd 도로에 위치.

Mia's Advice

시간 부족으로 와이켈레 프리미엄 아웃렛에 가지 못했다면, 알라 모아나의 쇼핑몰을 잘 활용하는 것도 방법이에요. 조금만 시간을 들이면 와이키키나 아웃렛보다 훨씬 만족도 높은 쇼핑이 가능하거든요. 고가의 브랜드 상품을 저렴하게 구입할 수 있는 T.J.maxx와 Nordstrom Rack의 2층이 서로 연결되어 있어 한 번에 두 개의 쇼핑몰을 동시에 둘러볼 수 있어요.

+++ TRAVEL PLUS +++

오아후 대표 쇼핑센터, 알라 모아나 센터
Ala Moana Center

알라 모아나 지역의 핵심, 하와이 내 최대 규모의 종합 쇼핑몰이다. 쇼핑과 다이닝을 동시에 즐길 수 있으며 에르메스나 샤넬, 디올, 루이비통 등 명품 쇼핑을 원한다면 하와이 도착 후 제일 먼저 알라 모아나 센터로 가서 원하는 아이템이 있는지 체크하자.

++ 하와이 지역 주민들의 최대 쇼핑지, 알라 모아나 센터

하와이 최대 점포들이 입점해 있는 거대한 쇼핑센터. 특히 하와이는 다른 주에 비해 세금이 낮아 조금 더 저렴한 쇼핑이 가능하다. 4층 규모라고 우습게 보면 코코다치는데, 그 이유는 증축·보수를 계속해 내부 면적이 굉장히 넓기 때문이다. 메이시스 Macy's, 니먼 마커스 Neiman Marcus, 노드스트롬 Nordstrom, 블루밍데일스 Bloomingdale's 등 4개의 백화점이 한 건물에 있고, 레스토랑 등을 포함 350여 개의 상점이 자리 잡고 있다. 가려는 매장을 찾기 힘들 정도니 홈페이지를 통해 미리 매장 위치를 알아두는 것이 좋다.

Map P.130-C3 | 주소 1450 Ala Moana Blvd, Honolulu | 전화 808-955-9517 | 홈페이지 www.alamoanacenter.kr(한국어 지원) | 영업 10:00~20:00 | 주차 무료 | 가는 방법 Kalakaua Ave에서 알라 모아나 센터 방향의 Ala Moana Blvd로 진입. 와이키키에서 핑크 트롤리 탑승, 20~30분가량 소요되며 종착지에서 하차. Nordstrom 백화점으로 진입, 백화점 내부 2층에 e Bar 방향으로 나가면 알라 모아나 센터를 만날 수 있다.

먹거리 릴리하 베이커리 Liliha Bakery

메이시스 백화점 내에 위치한 브런치 레스토랑. 가성비가 좋고 메뉴 종류가 많다. 각종 베이커리와 프렌치토스트, 팬케이크, 김치볶음밥, 옥스테일 수프 등이 있으며, 와이키키 인터내셔널 마켓 플레이스 3층에도 입점했다. 특히 식전 빵과 함께 서빙되는 잼이 입맛을 돋운다.

주소 1450 Ala Moana Blvd, Honolulu | **전화** 808-944-4088 | **영업** 일~목 07:00~20:00, 금~토 07:00~21:00 | **가격** $9.95~45.75(미소 버터피시 $25.95, 그릴드 점보 슈림프 $20.50) | **주차** 무료 | **가는 방법** Macy's 3층에 위치.

먹거리 라나이 Lanai

마할로아 버거와 브러그 베이커리, 이야스메 무스비, 포케 전문점인 아히 & 베지터블 등이 모여 있는 푸드코트. 한국인의 소울 푸드인 떡볶이, 김밥 등의 분식을 판매하는 서울 믹스 2.0 매장도 입점해 있다.

주소 1450 Ala Moana Blvd, Honolulu | **영업** 10:00~20:00 | **가격** 매장마다 다름 | **주차** 무료 | **가는 방법** 알라 모아나 센터 2층, 다이아몬드 헤드 윙에 위치.

먹거리 샤부야 Shabuya

해산물과 소고기, 애피타이저가 무제한 리필되는 샤부샤부 전문점. 1인 1팟으로 각자 취향에 맞춰 육수를 선택해 조리해 먹는다. 평일 저녁과 주말에는 신선한 게와 낙지 등이 추가되어 훨씬 푸짐한 식사가 가능하다. 단, 항상 대기가 긴 편이라 미리 도착해 웨이팅 리스트에 이름을 올려놓는 것이 좋다.

주소 1450 Ala Moana Blvd, Honolulu | **전화** 808-638-4886 | **홈페이지** www.shabuyarestaurant.com | **영업** 일~목 10:30~22:00, 금~토 10:30~23:00 | **가격** 평일 런치 스페셜 $22.99, 평일 저녁 & 주말 $30.99 | **주차** 무료 | **가는 방법** 알라 모아나 센터 내 롱스 드럭스 Longs Drugs 옆에 위치.

먹거리 버펄로 와일드 윙스 그릴 & 바 Buffalo Wild Wings & Bar

소스와 시즈닝으로 맛을 낸 윙 메뉴 전문점으로, 매운 소스를 단계별로 선택할 수 있다. 그중에서도 아시안 징, 허니 BBQ, 망고 하바네로 등이 맛있다. 생맥주와 함께 곁들여 먹기 좋은 나초와 모차렐라 스틱, 프레즐도 있다. 매장 내에서 스포츠 경기를 생중계로 볼 수 있는 것도 이곳의 장점이다.

주소 1450 Ala Moana Blvd, Honolulu | **전화** 808-942-5115 | **홈페이지** www.buffalowildwings.com | **영업** 일~수 11:00~24:00, 목~토 11:00~02:00 | **주차** 무료 | **예약** 필요 | **가는 방법** 알라 모아나 센터 3층, 타깃 Target 매장 근처.

쇼핑 배스 앤 바디 웍스 Bath and Body Works

다양한 향의 바디 워시와 핸드 솝, 미니 사이즈의 손 세정제, 빅 사이즈의 향초가 유명한 곳. 지인들 선물을 구입하기에도 안성맞춤이다. 배스 앤 바디 웍스의 마니아가 워낙 많아 제품 3개를 구매하면 3개를 더 주는 'Buy 3 Get 3 Free' 행사를 자주 열고 있다. 최근에는 펫 샴푸와 세탁용 세제까지 선보여 눈길을 끌고 있다.

주소 1450 Ala Moana Blvd, Honolulu | **전화** 808-946-8020 | **홈페이지** www.bathandbodyworks.com | **영업** 월~목 11:00~20:00, 금~토 10:00~21:00, 일 12:00~18:00 | **주차** 무료 | **가는 방법** 알라 모아나 센터 2층, 애플 Apple 매장 건너편.

Mia's Advice

백화점을 제외한 알라 모아나 센터 내 단독 매장 가운데 여자들이 둘러보면 좋을 매장으로는 트렌디한 의류가 모여 있는 앤쓰로폴로지 Anthropologie, 아리트지아 Aritzia와 메이드웰 madewell, 예쁜 수영복을 만날 수 있는 샌 로렌조 비키니스 San Lorenzo bikinis 등이 있죠. 남자들을 위한 매장으로는 하와이안 셔츠가 모여 있는 라인 스푸너 Reyn Spooner와 휴양지 패션을 선보이는 토미 바하마 Tommy Bahama 등이 인기가 높으며, 아이들이 좋아하는 매장으로는 클레어스 Claire's, 달콤한 먹거리가 모여 있는 이츠 슈가 It's Sugar, 레고 Lego 숍 등이 있어요. 아베크롬비 앤 피치 Abercrombie & Fitch, 아메리칸 이글 아웃피터스 American Eagle Outfitters, 제이크루 J.crew 등은 남녀가 모두 즐겨 찾는 의류 매장이랍니다. 편하면서 스타일도 놓치지 않은 슈즈 브랜드 콜 한 Cole Haan도 추천해요.

쇼핑 앤쓰로폴로지 Anthropologie

에스닉 스타일의 여성복과 인테리어 소품을 판매하는 개성 만점 숍. 요리와 패션, 리빙에 관심이 많다면 이곳에 들어서는 순간 시간을 잊을 만큼 매력적인 아이템이 가득하다. 매장 안쪽에 세일 상품이 모여 있으니 이 또한 놓치지 말자.

주소 1450 Ala Moana Blvd, Honolulu | **전화** 808-946-6302 | **홈페이지** www.anthropologie.com | **영업** 10:00~20:00 | **주차** 무료 | **가는 방법** 알라 모아나 센터 3층 중앙에서 타깃 방향으로 진입하면 왼쪽에 위치.

쇼핑 예티 Yeti

보온, 보냉 물병으로 시작해 현재는 캠핑 용품, 의류, 가방 등 점차 범위를 확대하고 있다. 텀블러를 판매하는 곳은 하와이에 많지만 이곳이 특별한 이유는 이름을 새겨주는 유료 서비스가 있기 때문. $6를 추가하면 내가 원하는 서체로 이름을 새길 수 있다. 단, 매장에서 주문 후 1~2일 후 픽업 가능하다.

주소 1450 Ala Moana Blvd, Honolulu | **전화** 808-978-3982 | **홈페이지** www.yeti.com | **영업** 10:00~20:00 | **주차** 무료 | **가는 방법** 알라 모아나 센터 3층 중앙 무대 근처에 위치.

엔터테인먼트 디앤비 D&B(Dave & Buster's)

패밀리 레스토랑과 비디오 게임 센터가 한 곳에 모였다. 어린아이가 있는 가족부터 10대, 연인 등 다양한 모임이 이곳에서 이뤄진다. 게임을 통해 일정 포인트가 쌓이면 기프트 코너에서 원하는 상품으로 교환이 가능하다. 상품의 종류도 다양하고 2025년 초에 오픈해 늦은 시간까지도 사람들로 북적인다.

주소 1450 Ala Moana Blvd, Honolulu | **전화** 808-470-1600 | **홈페이지** www.daveandbusters.com | **영업** 월~화 11:00~24:00, 수~금 11:00~01:00, 토 10:00~01:00, 일 10:00~24:00 | **주차** 무료 | **가는 방법** 알라 모아나 센터 1층 푸드랜드 건너편에 위치.

하와이의 작은 중국
다운타운 Down Town

하와이의 역사가 궁금하다면 단연코 다운타운을 추천한다. 하와이의 마지막 두 군주였던 칼라카우아 왕과 릴리우오칼라니 여왕의 공식 거주지인 이올라니 궁전, 하와이의 통일을 이룬 카메하메하 1세 동상, 매 시간 종소리를 내는 시계탑이 있어 태평양의 웨스트민스터 성당이라 알려진 카와이하오 교회, 1926년에 지어져 40년 가까이 하와이에서 제일 높은 건물로 손꼽히는 알로하 타워가 모두 이곳에 모여 있기 때문이다. 과거에 오아후 여행이 해상으로만 이뤄졌을 당시 등대 역할을 했던 곳으로, 한때 관광과 쇼핑의 중심지이기도 했던 알로하 타워는 이제 과거의 명성만 희미하게 남아 있다. 다만

공항에서 가는 방법

공항에서 택시나 렌터카를 이용하면 10~15분가량 소요된다. 공항에서 20번, 9번, 19번 버스를 탑승할 시에는 30분가량 소요된다. 카메하메하 동상이나 이올라니 궁전 등 역사적인 장소를 보고 싶다면 하와이 주정부 청사에서 하차, 차이나타운은 그전에 마우나케아 마켓 플레이스에서 하차한다. 또 와이키키 트롤리 레드 라인을 이용해 이올라니 궁전이나 차이나타운에서 하차할 수 있다.

와이키키에서 가는 방법

Kuhio Ave.에 위치한 코트야드 바이 메리어트 와이키키 비치나 오하나 와이키키 웨스트 호텔 앞에서 역시 20번, 42번 등의 버스가 다운타운으로 향한다. 역시 35~40분 정도 소요된다.

다운타운의 교통 정보

다른 지역에 비해 유독 거리마다 볼거리 혹은 레스토랑이 모여 있어, 지도를 보고 현재의 위치를 파악하는 것이 가장 큰 도움이 될 수 있다.

다운타운에서 볼 만한 곳

알로하 타워, 이올라니 궁전, 카와이아하오 교회, 카메하메하 대왕 동상

현재 웨일 워치 크루즈와 디너 크루즈의 정박지로 이용되고 있어 크루즈가 출발하는 12:00와 17:30에는 여행자들로 붐빈다. 그 밖에도 1850년대 플랜테이션 농업이 번성했을 때 이주해온 중국인 노동자들이 형성한 차이나타운을 빼놓을 수 없는데 레이나 민속공예품과 기타 식재료들을 저렴하게 판매하는 시장이 형성되어 있어 왁자지껄한 분위기를 온몸으로 느낄 수 있다. 하지만 현지인들이 차이나타운을 찾는 가장 중요한 이유는 저렴하면서도 맛있고 푸짐한 메뉴들이 가득한 차이니스 레스토랑이 모여 있기 때문이다.

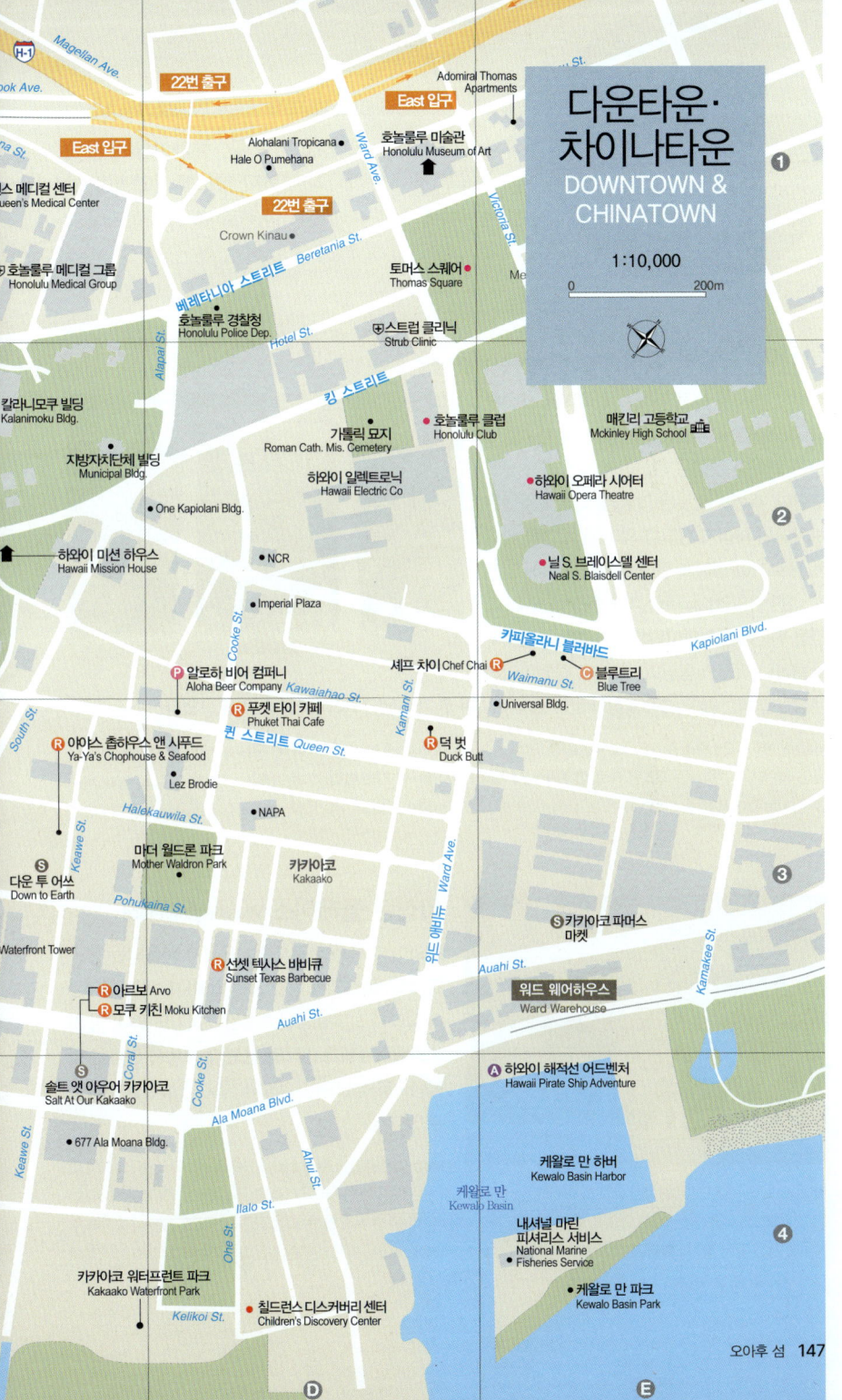

Sightseeing
다운타운의 볼거리

하와이의 역사가 살아 숨 쉬는 곳. 하와이를 움직이는 주정부 청사뿐 아니라 하와이 왕조의 자료들을 가장 가까이에서 볼 수 있는 곳이 바로 이곳, 다운타운이다.

하와이 주정부 청사 State of Hawaii Legislature

주정부 청사는 건물 자체가 하와이를 표현한다. 하와이 주정부 청사의 기둥은 야자수를, 8면인 하와이 기둥은 하와이의 8개 메인 섬을 뜻한다. 주변의 연못은 태평양, 나머지 돌들은 하와이의 나머지 섬들을 의미한다. 건물 앞에는 몰로카이 섬에서 한센병 환자를 위해 일생을 바친 다미안 Damien 신부의 동상이 서 있고, 건물 뒤편에는 하와이의 마지막 왕족인 릴리우오칼라니 여왕의 동상이 서 있다. 하와이안의  우상인 그녀는 서구 세력에 침략 받아 강제 폐위된 후 가택 연금되어 생의 마지막을 보냈다.

Map P.146-C2 | **주소** 415 S Beretania St, Honolulu | **전화** 808-974-4000 | **홈페이지** www.capitol.hawaii.gov | **운영** 외관에서 견학하는 시간은 따로 정해져 있지 않음 | **주차** 불가 | **가는 방법** 와이키키에서 13번 버스 탑승, Kapiolani Bl+South St에서 하차. 도보 10분.

워싱턴 플레이스 Washington Place

하와이 주지사의 공식 행사용으로 사용되는 장소로, 하와이 마지막 군주 시절 릴리우오칼라니 여왕이 살다가 전복될 당시 체포된 곳이기도 하다. 킹 카메하메하 3세가 미국의 첫 번째 대통령 이름을 건물명으로 정했으며, 여왕의 침실, 거실 등을 둘러볼 수 있다.

Map P.146-B1 | **주소** 320 S Beretania St, Honolulu | **전화** 808-536-0248 | **홈페이지** www.washingtonplace.hawaii.gov | **운영** 월~금 10:00~14:00, 토 10:00~15:00(일요일 휴무, 대중들에게는 매주 목요일 10:00에만 공개되며 한 달에 한 번 목요일 11:00에 공개되는 날도 있으니 홈페이지 참고할 것) | **주차** 불가 | **요금** 무료(하와이 문화 조사, 보존, 회복에 쓰이는 자선 모금을 받는다) | **가는 방법** 와이키키에서 13번 버스 탑승, S Beretania St+Punchbowl St에서 하차 후 도보 4분.

이올라니 궁전 Iolani Palace

하와이 왕국의 역사가 깃든 이곳은 칼라카우아 왕이 세계 문물 박람회에 다녀온 뒤 서양 건축 문화에 영향을 받아 1882년에 피렌체 고딕풍으로 지은 미국 내 유일한 궁전이다. 내부의 다이닝 룸이나 하와이 최초의 수세식 화장실 등을 보고 있노라면 당시 하와이 왕조가 얼마나 번성했는지 잘 알 수 있으며 비운의 마지막 여왕인 릴리우오칼라니가 퇴위 종용을 받아 감금되어 시간을 보내던 방과 침대도 둘러볼 수 있다. 인터넷으로 미리 티켓을 예매한 후, 당일 별동인 이올라니 발락에서 입장권을 발부받아야 궁전으로 들어갈 수 있으며 플래시를 사용하지 않는 한, 사진 촬영을 할 수 있다. 큰 반얀 트리가 인상적인 정원은 기념촬영을 위해 여행자들과 신혼부부들이 몰리며, 매주 금요일 정오(시간 변동 가능, 홈페이지 Event 참고)에는 로열 하와이안 밴드의 무료 콘서트가 열린다. 궁정 내부 견학은 가이드 투어로만 가능하며 관람객 수가 한정되어 있어 미리 예약해야 한다. 한국어 오디오 가이드를 제공받아 한국어 설명과 함께 투어할 수 있다. 이올라니는 하와이어로 '천국의 새'라는 의미를 가지고 있다.

Map P.146-B2 | 주소 364 S King St, Honolulu | 전화 808-522-0822 | 홈페이지 www.iolanipalace.org | 운영 화~토 09:00~16:00(일~월요일 휴무) | 주차 이올라니 궁전 앞 유료 주차(2시간 $4) | 요금 $26.95, 13~17세 $11.95, 5~12세 $11.95 | 가는 방법 와이키키에서 13번 버스 탑승, Kapiolani Blvd+South St에서 하차. 도보 10분.

카메하메하 대왕 동상
King Kamehameha's Statue

카메하메하 왕은 1795년 하와이 섬 전체를 통일한 초대 왕으로, '카메하메하'는 하와이어로 '외로운 사람'이라는 뜻을 가지고 있는데 실제로도 그는 병으로 외롭게 숨을 거두었다고 한다. 하지만 매년 왕의 생일인 6월 11일에는 레이로 장식을 하고 대왕 탄생을 기념하며 킹 스트리트에서 화려한 퍼레이드가 개최된다. 한 가지 재미있는 사실은 이 동상이 실제 대왕의 모습이 아닌, 당시 궁정에서 가장 잘생긴 사람의 모습이라고.

Map P.146-B2 | 주소 417 S King St, Honolulu | 전화 808-539-4999 | 주차 카메하메하 대왕 상 옆 유료(1시간 $1.50) | 가는 방법 와이키키에서 13번 버스 탑승, Kapiolani Blvd+South St에서 하차. 도보 10분.

카와이아하오 교회 Kawaiahao Church

1만 4,000개나 되는 산호 블록으로 지은 이 교회는 '하와이의 웨스트민스터 성당'이라 일컬어지곤 한다. 하와이 왕조 때는 왕가의 예배당이었기 때문에 곳곳에서 왕조의 흔적을 찾아볼 수 있다. 1843년 카메하메하 4세의 대관식과 엠마 여왕과의 결혼식이 열린 장소이기도 하다. 하와이에서 가장 오래된 건물로, 영국의 역사가 리처드 카벤디시의 저서 〈죽기 전에 꼭 봐야 할 세계 역사 유적 1001〉에도 등장한 유적지다. 내부 견학은 결혼식과 예배가 없는 평일에만 가능하다.

Map P.146-C2 | **주소** 957 Punchbowl St, Honolulu | **전화** 808-469-3000 | **운영** 월~금 07:00~16:00, 토 07:00~17:00, 일 07:00~15:00 | **요금** 무료 | **주차** 교회 앞 유료 주차(1시간 $1.50) | **가는 방법** 와이키키에서 13번 버스 탑승, Kapiolani Blvd+South St에서 하차. 도보 6분.

비숍 박물관 Bishop Museum

하와이의 문화를 보고 느끼는 것은 물론이고 몸소 체험할 수 있는 세계 최초의 폴리네시안 문화 박물관이다. 1899년 열렬한 수집가였던 찰스 리드 비숍 Charles Reed Bishop의 아내 버니스 파우아히 비숍은 하와이 왕국 최후의 공주이기도 했는데, 죽으면서 남편에게 이 박물관을 지어달라고 부탁했다고 전해진다. 왕가의 화려한 예술품은 물론이고 하와이의 역사 자료, 하와이와 태평양 여러 섬에 관해 전해 내려오는 귀한 전시품부터 평민의 생활상을 엿볼 수 있는 소박한 조각품과 손으로 만든 악기 등 18만 7,000여 점의 자료를 전시하고 있다. 4층짜리 건물로 제법 규모가 커 예술 애호가들의 사랑을 받는 장소이기도 하다. 화산 분출 과정이나 하늘의 별자리를 통해 타 지역 섬으로 이동하는 폴리네시안 내비게이션 방법을 설명하는 프로그램뿐 아니라 훌라와 우쿨렐레 등 직접 체험할 수 있는 액티비티가 많아 여행자들에게 인기가 높다. 인터넷으로 미리 티켓을 구매하는 것이 좋다.

Map P.068-C2 | **주소** 1525 Bernice St, Honolulu | **전화** 808-847-3511 | **홈페이지** www.bishopmuseum.org | **운영** 09:00~17:00(추수감사절, 크리스마스 휴무) | **요금** 성인 $33.95, 4~12세 $25.95, 3세 이하 무료(입장료) | **주차** $5 | **가는 방법** 와이키키에서 2번 버스 탑승, School St.+Houghtailing St에서 하차. 도보 9분.

호놀룰루 미술관 Honolulu Museum of Arts

하와이·폴리네시아·유럽·미국·아시아 등 전 세계의 미술품 6만여 점을 전시한 곳으로, 하와이에서 가장 큰 미술관으로 손꼽힌다. 피카소와 미로의 그림, 로댕의 조각 등을 감상할 수 있으며, 폴 고갱의 '타히티 해변의 두 여인'을 소장한 곳으로도 유명하다. 점심 시간만 운영되는 1층 카페는 스파게티와 샌드위치 등이 맛있어 현지인들에게 인기가 좋은 곳으로 손꼽힌다. 1~10월의 마지막 주 금요일 18:00~21:00에는 젊은 예술가들의 참여로 '아트 애프터 다크 Art After Dark' 라는 파티가, 매주 셋째 주 일요일에는 어린이들을 위한 패밀리 이벤트가 열린다.

Map P.147-D1 | 주소 900 S Beretania St, Honolulu | 전화 808-532-8700 | 홈페이지 honolulumuseum.org | 운영 수~일 10:00~18:00(월~화요일 휴무) | 요금 성인 $25, 18세 미만 무료(매월 셋째 주 일요일(모든 관람객) 입장 무료) | 주차 유료(주차장 주소 111 Victoria St, Honolulu, 3시간 $12, 이후 시간당 $6) | 가는 방법 와이키키에서 2번 버스 탑승. S Beretania St+Ward Ave에서 하차. 도보로 1분.

하와이 미션 하우스
Hawaii Mission House

1920년 하와이에 선교사가 정착한 지 100주년 기념으로 설립된 곳. 선교사들의 기록이 보관된 박물관이다. 당시 하와이에 온 선교사들은 하와이의 문화와 역사, 언어를 보존하고 전파하기 위해 온 힘을 다했다. 이곳에서는 19세기 초 선교사들의 삶을 마주할 수 있다. 미션 하우스는 총 세 개의 건물로 이루어져 있는데 그중 프레임 하우스는 당시 보스턴에서 파견된 첫 선교사들과 함께 하와이에 실려온 목재로 지은 건물로, 하와이에서 가장 오래된 목조 건물이다. 성경을 인쇄하던 인쇄소와 선교사들이 사용하던 침실과 주방 등을 엿볼 수 있다.

Map P.147-C2 | 주소 553 S King St, Honolulu | 전화 808-447-3910 | 홈페이지 missionhouses.org | 운영 화~토 10:30~14:30(일~월요일 휴무, 가이드 투어 11:00, 12:00, 13:00, 14:00) | 요금 $10 | 주차 미션 하우스 앞 유료 주차(1시간 $1.50) | 가는 방법 와이키키에서 13번 버스 탑승, Kapiolani Blvd Bl+South St에서 하차.

Activity

와이키키의 즐길 거리

다운타운은 과거의 명성만큼 인기가 높지 않지만 오 후에서 꼭 들러봐야 할 곳 중 하나다. 오아후 대표 액티비티 중 하나인 크루즈가 출항하는 곳이기 때문 이다.

선셋 크루즈 Sunset Cruise

해가 질 무렵 항구를 떠나 태평양 바다 위에서 석 양을 바라보며 저녁 식사를 즐기는 크루즈 탑승은 오아후에서 가장 로맨틱한 액티비티. 칵테일과 저녁 식사가 가격에 포함되어 있으며 라이브 밴드 의 공연과 다이내믹한 선상 쇼를 즐길 수 있다. 식 사 내용과 공연에 따라 Buffet, Deluxe, Signature 총 세 가지로 티켓이 나누어진다. 가장 낮은 단계 인 Buffet에서는 프라임 비프와 미소야키 바비큐 치 킨, 마이타이 칵테일 한 잔이 제공되며 훌라쇼와 하 와이안 음악도 감상할 수 있다. 가장 높은 단계인 Signature에서는 랍스터와 스테이크가 포함된 코스 요리와 재즈 연주를 감상할 수 있다.

Map P.146-B3 | 주소 1 Aloha Tower Dr. Honolulu | 전화 808-983-7730 | 홈페이지 www.starofhonolulu.com | 운항 토~목 17:30~19:30, 금 17:30~20:30 | 가격 디너 크루즈 $118.68~218.62(와이키키에서 이동 차량 제공 시 1인 $19.10 추가) | 주차 알로하 타워 건너편 무료(티케팅 시 주차 티켓 확인) | 가는 방법 와이키키에서 2번 버스 탑승. S Hotel+Bishop St에서 하차. 도보 10분. 알로하 타워 마켓 플레이스 1층에 위치.

Mia's Advice

알래스카에 서식하던 혹등고래는 추운 겨울이 되면 하와이로 이 동해 새끼를 낳아 함께 다시 알래스카로 향합니다. 이 때문에 오 아후의 겨울에는 바다 한가운데에서 혹등고래를 관찰하는 프로 그램이 인기죠. 45피트나 되는 거대한 혹등고래의 점핑을 눈앞에 서 확인할 수 있어요. 매년 12~4월에만 운항하며, 탑승 시 혹등고 래가 나타나지 않으면 운항 기간 중 어느 때나 다시 크루즈에 탑 승해 고래를 볼 수 있는 100% AS제도를 실시하고 있답니다. 가격 $41.72~69.54. 문의 www.starofhonolulu.com.

Restaurant

다운타운의 먹거리

오아후의 대기업들이 모두 모여 있어 마치 우리나라의 여의도를 보는 것 같다. 높은 빌딩을 옆에 두고, 유명 도시에 하나쯤은 있게 마련인 차이나타운도 끼고 있다.

러키 벨리 Lucky Belly

일식과 중식을 접목시킨 재미난 분위기의 레스토랑. 커다란 그릇에 담겨 나오는 라멘이 이 집의 트레이드 마크다. 뿐만 아니라 애피타이저로 나오는 포크 벨리 바오도 꼭 주문하는 필수 메뉴. 한국인들에게 사랑받는 비빔밥과 슈림프 김치 볼 라멘 메뉴도 있다.

Map P.146-A2 | 주소 50 N Hotel St, Honolulu | 전화 808-531-1888 | 영업 월~화 17:00~22:00, 수~목 11:00~14:00, 17:00~22:00, 금 11:00~14:00, 17:00~23:00, 토 17:00~23:00(일요일 휴무) | 가격 $7~28(러키 볼 라멘 $16) | 주차 불가 | 가는 방법 와이키키에서 2번 버스 탑승, S Hotel+Bishop St에서 하차. 도보 5분.

야키토리 하치베이 Yakitori Hachibei

1983년 후쿠오카에서 최초로 오픈했다. 일본에 8곳의 매장이 있으며, 하와이뿐 아니라 방콕에도 매장이 있다. 글로벌한 야키도리(일본식 꼬치구이)집답게 모던한 인테리어가 눈에 띈다. 꼬치구이와 함께 하치베이 푸아그라, 포크 벨리 등이 현지인들이 즐겨 찾는 메뉴. 뿐만 아니라 개성 강한 칵테일과 일본 술도 경험해볼 수 있다.

Map P.146-A2 | 주소 20 N Hotel St, Honolulu | 전화 808-369-0088 | 홈페이지 hachibei.com | 영업 화~토 17:00~22:00, 일 16:30~22:00(월요일 휴무) | 가격 $10~60 | 주차 불가 | 예약 필요 | 가는 방법 와이키키에서 13번 버스 탑승, S hotel St+Bethel St에서 하차. 도보 1분.

머피스 바 & 그릴
Murphy's Bar & Grill

매년 3월 17일, 하와이에서 가장 크게 성 패트릭의 날 St. Patrick Day을 기념하는 곳이다. 아일랜드에서 처음으로 기독교를 전파한 성 패트릭을 기리는 날로 아이리시들의 가장 큰 축제라고 할 수 있다. 축제 날 가장 많은 사람들로 붐비는 이곳의 내부는 유럽의 오래된 펍 분위기를 풍기고 있다. 아일랜드에서 수입한 블루치즈를 넣은 아이리시 버거와 바게트 위에 소 안심살을 얇게 썰어 올리고 마요네즈 소스와 곁들여 먹는 아이리시 딥 등 특색 있는 아일랜드 메뉴를 맛볼 수 있다.

Map P.146-A2 | 주소 2 Merchant St, Honolulu | 전화 808-531-0422 | 홈페이지 murphyshawaii.com | 영업 월~목 11:00~21:00, 금 09:00~22:00(토~일요일 휴무) | 가격 $8.50~34(아이리시 버거 $19.50) | 주차 불가 | 가는 방법 와이키키에서 2번 버스 탑승. S Hotel St+Bishop St에서 하차. 도보 6분.

더 피그 앤 더 레이디
The Pig and The Lady

베트남 스타일의 퓨전 레스토랑. 레스토랑 이름처럼 곳곳에 재미있는 인테리어가 눈에 띈다. 라오스 프라이드 치킨과 포 프렌치 딥 등이 인기 있으며, 프렌치 반미는 오직 점심 시간에만 맛볼 수 있다.

Map P.146-A2 | 주소 83 N King St, Honolulu | 전화 808-585-8255 | 홈페이지 thepigandthelady.com |

영업 화~토 11:30~14:30, 17:30~21:00(월·일요일 휴무) | 가격 런치 $10~26(프렌치 반미 $18~22), 디너 $4~63 | 주차 불가 | 예약 가능 | 가는 방법 와이키키에서 13번 버스 탑승. N Hotel +Kekaulike St에서 하차. 도보 2분.

레전드 시푸드 레스토랑
Legend Seafood Restaurant

이곳의 트레이드 마크는 딤섬이다. 직원들이 직접 완성된 요리를 들고 테이블 사이를 돌아다니면 원하는 메뉴를 그 자리에서 직접 고를 수 있다. 단품으로는 로스트 덕과 딥 프라이드 슈림프 위드 스파이시 솔트의 인기가 높고, 딤섬 중에서는 스프링 롤, 포크 덤플링과 함께 우리나라로 치면 부추만두인 팬 프라이드 덤플링 위드 차이브 앤 슈림프의 인기가 높다. 레스토랑이 워낙 인기가 높아 기다리는 수고는 필수다.

Map P.146-A1 | 주소 100 N Beretania St #108, Honolulu | 전화 808-532-1868 | 홈페이지 www.

legendseafoodhonolulu.com | **영업** 08:00~14:00, 17:00~21:00 | **가격** $8.95~25.95(딥 프라이드 슈림프 위드 스파이시 솔트 $11.95) | **주차** 불가 | **가는 방법** 와이키키에서 2번 버스 탑승, N Hotel+Kekaulike St에서 하차, 도보 4분.

오 킴스 O Kim's

지역에서 나고, 자란 친환경 식재료를 이용해 한국 음식을 만드는 식당. 한국인 입맛에 맞는 갈비 스테이크와 비빔밥, 트러플 만두 등 든든하게 먹을 수 있는 식사용 메뉴를 비롯해 매생이 굴밥, 돌솥비빔밥인 비빔밥 스톤 팟 등의 메뉴들도 눈길을 끈다.

Map P.146-A2 | **주소** 1028 Nuuanu Ave, Honolulu | **전화** 808-537-3787 | **홈페이지** okimshawaii.com | **영업** 월~수 11:00~17:00, 목~토 11:00~22:00(일요일 휴무) | **가격** $11.95~31.95(비빔밥 스톤 팟 $28.95) | **가는 방법** 와이키키에서 2번 버스 탑승. S Hotel St+Bethel St에서 하차. 도보 1분.

올레이스 타이 라오 퀴진
Olay's Thai Lao Cuisine

태국 대표 누들 음식인 팟타이를 비롯, 피시 소스의 매력이 가득한 파파야 샐러드 쏨땀, 시원한 국물 요리인 똠양꿍까지, 하와이에 사는 태국인들에게 인정받은 정통 태국 요리 전문점. 매장 뒤에 마련된 야외 테라스에 앉아 있으면 태국에 여행 온 기분마저 든다. 식사 후 태국 커피는 필수 코스.

Map P.146-A2 | **주소** 66 N Hotel St, Honolulu | **전화** 808-536-5300 | **영업** 월~일 10:00~15:00, 일~목 16:00~20:30, 금~토 16:00~21:30 | **가격** $20~30 | **주차** 근처 유료 주차장 이용 | **가는 방법** 와이키키에서 2번 버스 탑승, N Hotel St+Kekaulike St에서 하차. 도보 1분.

Mia's Advice

하와이 대표 패밀리 레스토랑 지피스 Zippy's는 1966년에 탄생한 하와이 로컬 브랜드예요. 이곳의 가장 큰 장점이라면 하와이에서 가장 이른 아침 식사는 물론이고 가장 늦은 저녁 식사도 가능하다는 것. 매장에 따라 조금씩 다르지만 대개 05:00~24:00 운영된답니다. 여행 중 하와이 로컬 음식이 궁금하다면 이곳을 찾아보세요. 스파게티, 사이민, 치킨 등 요리의 맛과 가격 모두 만족할 거예요.

Shopping

다운타운의 쇼핑

알로하 타워 마켓 플레이스는 와이키키와는 달리 한적한 분위기에 소박한 기념품을 판매하는 곳으로 건물 최고층에 올라가면 오아후 시내 전경을 한눈에 감상할 수 있다.

알로하 타워 마켓 플레이스 Aloha Tower Marketplace

1926년에 지어져 호놀룰루의 상징이었던 이곳은 오래전 하와이를 방문하는 이들이 증기선을 타고 왔을 때 가장 먼저 만나는 건물이었다. 호놀룰루 국제공항이 건설된 이후부터는 쇠퇴하는 듯 보였지만 1994년, 근처에 알로하 타워 마켓 플레이스가 문을 열면서 다시 활기를 되찾았다. 아직도 하와이에서 출발해 알래스카로 항해하는 크루즈나 각종 디너 크루즈, 혹등고래 관찰 투어 크루즈가 오가는 관문이 되고 있다.

Map P.146-A3 | 주소 1 Aloha Tower Dr. Honolulu | 전화 808-544-1453 | 운영 09:00~17:00(전망대, 숍마다 운영시간 다름) | 요금 무료 | 주차 알로하 타워 건너편 유료(알로하 타워 내 숍에서 쇼핑 후 주차 티켓 제시 시 1시간 $2) | 가는 방법 와이키키에서 2번 버스 탑승. S Hotel+Bishop St에서 하차. 도보 13분.

알로하 타워 마켓 플레이스 전망대에서 바라본 항구의 모습

차이나타운 Chinatown

오아후의 다운타운 지역에 위치한 차이나타운에서는 새벽부터 재래시장이 곳곳에 운영되고 있는데 여행자들에게는 하와이에서 생산한 망고와 파인애플 등 열대과일을 저렴하게 구입할 수 있어 좋다. 또 차이나타운 컬처 플라자 센터 Chinatown Culture Plaza Center에 위치한 레전드 시푸드 레스토랑 Legend Seafood Restaurant 역시 저렴하게 중국의 딤섬을 맛볼 수 있는 곳이라 현지인과 관광객으로 항상 붐빈다. 차이나타운 내 역사적으로 유명한 곳을 꼽자면 90년 이상 운영되고 있으며 지금도 다양한 공연이 펼쳐지는 하와이 시어터 Hawaii Theater를 꼽을 수 있다. 차이나타운은 시장이 문을 닫을 시간인 16:00~17:00에 한산해지고, 밤이 되면 차이나타운 내 클럽과 공연장을 오가는 사람들로 다시 활기를 띤다. 하지만 다소 위험할 수 있으니 늦은 시간은 피하자.

Map P.146-A1 | 주소 100 N Beretania St, Honolulu (차이나타운 컬처 플라자 센터) | 홈페이지 www.chinatownculturalplaza.com | 전화 808-521-4934 | 영업 07:00~21:00 | 주차 차이나타운 컬처 플라자 센터 내 유료 주차(첫 30분 무료, 이후 30분마다 $1) | 가는 방법 와이키키에서 2번 버스 탑승, N Beretania St+Opp Smith St에서 하차, 도보 5분.

Mia's Advice

최근 차이나타운의 분위기가 바뀌고 있어요. 개성 강한 로컬 숍들이 하나, 둘 입점하면서 구경하는 재미가 쏠쏠해졌거든요. 개성 강한 하와이안 셔츠와 드레스를 판매하는 로베르타 오크스 Roberta Oaks, 하와이 스타일의 가방과 주얼리, 드레스와 수영복 등을 선보이는 발리아 하와이 Valia Hawaii, 가죽을 사용해 다양한 소품을 만드는 오픈 시 Open Sea 등 사진 찍고 산책하는 걸 좋아하는 여행자라면 이곳을 분명 사랑하게 될 거예요.

오픈 시

로베르타 오크스

고급 주택가 밀집 지역
카할라~카이무키
Kahala~ Kaimuki

다이아몬드 헤드의 동쪽에서 북쪽까지 걸쳐 있는 지역이 바로 카할라다. 해안을 따라 이어지는 카할라 애비뉴 Kahala Ave.를 달리다 보면 어느새 숲속으로 빠져들어가 고급 리조트인 카할라 리조트에 도착한다. 와이키키 근처 부촌으로 통하는 이곳을 찾는 이유는 두 가지다. 바로 카할라 몰과 카할라 리조트 때문.

카할라 몰에는 한국인들이 좋아할 만한 고급 식재료와 원두커피·와인이 즐비한 럭셔리 마켓인 홀푸드 마켓이 들어서 있고, 그 외에도 영화관과 메이시스 백화점·쇼핑몰·레스토랑 등 여가 시간과 쇼핑을 즐길 수 있는 시설들이 가득하다. 카할라 리조트는 셀러브리티들의 결혼 장소로도 유명하지만, 리조트 안에서 돌고래와 함께 수영하며 색다른 경험을 할 수 있는 다양한 액티비티가 있어 호기심 많은 사람들의 발걸음을 붙잡는다.

공항에서 가는 방법
셔틀버스를 이용하면 대략 35분 정도 소요되며, 택시나 렌터카를 이용하면 20분 정도 소요된다.

와이키키에서 가는 방법
Kalakaua Ave.의 치즈케이크 팩토리 앞에서 22번을 탑승하거나 Kuhio ave.의 아쿠아 와이키키 웨이브나 마린 서프 와이키키 앞에서 23번을 탑승하면 30분 정도 소요된다. 렌터카로는 와이키키에서 H-1 고속도로를 타고 10분 정도 걸리는데, 부촌인 만큼 대중교통이 많지 않아 렌터카로 이동하는 편이 좋다.

카할라~카이무키에서 볼 만한 곳
카할라 리조트, 카할라 몰

Activity

카할라~카이무키의 즐길 거리

카할라에서 아이를 동반한 가족들이라면 한 번쯤은 도전해보고 싶은 매력적인 액티비티가 바로 돌핀 퀘스트이다. 리조트 내 라군에서 사는 돌고래를 직접 만져볼 수 있다.

돌핀 퀘스트 Dolphin Quest

카할라 리조트에서 운영하는 액티비티로, 투숙객이 아니어도 참여할 수 있다. 리조트에서 관리하는 6마리의 돌고래들과 함께 수영하고, 먹이를 주며 색다른 체험을 할 수 있어 아이들에게 인기가 많다. 다만 5~11세 어린이들은 성인과 함께 체험해야만 하는 조건이 있다. 참가 비용의 일부는 해양보호단체에 기부된다.

Map P.067-E4 | **주소** 5000 Kahala Ave, Honolulu | **전화** 808-739-8918 | **홈페이지** dolphinquest.com | **영업** 08:30~17:00 | **가격** $195~1,800 | **주차** 무료(발레파킹 시 약간의 팁 필요) | **예약** 필요 | **가는 방법** 와이키키에서 14번 버스를 탑승 후 Kahala Ave+Opp Pueo St에서 하차. 도보 9분.

Mia's Advice

카할라 리조트 근처에는 단골 스냅 촬영 장소인 와이알라에 비치 파크 Waialae Beach Park가 있어요. 무료 주차장과 공공 화장실이 있어 편리하고, 카할라 비치를 끼고 있어 여행 중 잠시 휴식을 취하기에도 좋아요. 인생샷을 남기고 싶다면 바로 이곳에서 삼각대를 놓고 셀프 스냅에도 도전해보세요!

주소 4925 kahala Ave, Honolulu | **운영** 5:00~22:00

Restaurant

카할라~카이무키의 먹거리

카할라 몰 근처의 프랜차이즈 레스토랑을 포함해 브런치 카페가 모여 있는 카이무키 Kaimuki와 현지인들에게 사랑받는 레스토랑이 모여 있는 와이알레아 애비뉴 Waialae Ave가 있다.

토토야 Totoya

오로지 회덮밥 메뉴로 승부를 거는 곳. 2024년 11월에 오픈했고 인기가 많아 대기 시간이 긴 편이다. 토핑으로 달걀노른자를 추가로 주문하여 덮밥 위에 뿌려먹는 것으로 유명하다.

Map P.069-F3 | **주소** 1127 12th Ave, Honolulu | **전화** 808-600-5017 | **영업** 11:00~14:30, 17:00~20:30 | **가격** $17.95~36 | **주차** 유료(1시간 $1) | **예약** 불가 | **가는 방법** 와이키키에서 2번 버스 탑승, Kilauea Ave+Makapuu Ave에서 하차. 도보 15분.

엣 올 et.al

아침에는 통유리를 통해 밝은 햇살이 들어와 조식을 먹기 적당하고, 점심때는 활기찬 기운이었다가 밤이 되면 은은한 조명으로 칵테일을 즐기기 좋은 곳이다. 브런치에는 오픈 토스트나 샐러드, 반미 샌드위치나 와플 등이 있으며 런치와 디너에는 피자&파스타와 립 아이나 양고기, 랍스터 롤 등을 선보인다.

Map P.069-F4 | **주소** 4210 Waialae Ave, Honolulu | **전화** 808-732-2144 | **홈페이지** etalhawaii.com | **영업** 일~목 07:00~21:00, 금~토 07:00~22:00 | **가격** 브런치 $14~37, 런치와 디너 사이 $7~15, 디너 $14~48 | **주차** 무료 | **예약** 필요 | **가는 방법** 2번 버스 탑승 후 Hunakai St+Waialae Ave에서 하차. 도보 3분.

코코헤드 카페
Coco Head Café

노란 차양막이 멀리서도 눈에 띄는 곳. 일본 스타일의 브런치 카페로, 클래식 프렌치 오믈렛, 포케 오믈렛, 스테이크 & 에그 등 달걀을 활용한 다양한 메뉴를 선보인다. 독특하게 한국식 비빔밥도 메뉴에 있다.

Map P.069-F4 | 주소 1120 12th Ave, Honolulu | 전화 808-732-8920 | 홈페이지 kokoheadcafe.com | 영업 07:00~14:00 | 가격 $8~29(브렉퍼스트 비빔밥 $23) | 주차 유료(1시간 $1) | 가는 방법 와이키키 초입에서 2번 버스 탑승, Kilauea Ave+Makapuu Ave에서 하차. 도보 15분.

모크스 브레드 & 브렉퍼스트
Moke's Bread & Breakfast

카일루아 대표 브런치 카페. 팬케이크와 프렌치 토스트는 물론이고, 잘게 썬 소고기에 감자와 향신료를 넣고 요리한 뒤 빵이나 밥, 해시 포테이토와 서빙되는 콘드 비프 해시, 주방에서 직접 만든 홈메이드 비프 패티와 그레이비 소스를 얹은 로코모코 등이 있다. 메인 메뉴와 함께 서빙되는 해시 브라운이 이 집의 히든카드. 카일루아 지역에도 매장이 있다.

Map P.069-F4 | 주소 1127 11th Ave, Honolulu | 전화 808-367-0571 | 홈페이지 www.mokeshawaii.com | 영업 수~금 08:00~14:00, 토~일 07:00~14:00(월~화요일 휴무) | 가격 브렉퍼스트 $9.95~25.95, 런치 $14.95~38 | 주차 유료(1시간 $1.50) | 가는 방법 와이키키에서 2L 버스 탑승 후 Hunakai St+Waialae Ave에서 하차. 근처 Waialae Ave+Hunakai St에서 1번 탑승 후 Waialae Ave+Sierra Dr에서 하차. 도보 2분.

Mia's Advice

카이무키에는 개성 강한 카페들이 많아요. 컵케이크 맛집인 위 하트 케이크 컴퍼니 We Heart Cake Company(주소 3468 Waialae Ave, Honolulu), 커피가 맛있기로 소문난 빈 어바웃 타운 Bean About Town(주소 3538 Waialae Ave, Honolulu)과 더 커브 카이무키 The Curb Kaimuki(주소 3408 Waiala Ave, Honolulu), 매일 빵이 동이 나서 일찍 문을 닫는 브레드 숍 Bread Shop(주소 3408 Waiala Ave, honolulu) 등 카페 마니아들이 좋아할 만한 카페가 가득한 거리랍니다(Map P.069-F3 참고).

Shopping

카할라~카이무키의 쇼핑

일본 관광객들에게 필수 코스이기도 한 카할라 몰은 각종 숍과 레스토랑이 모여 있다. 부촌에 위치한 만큼 고급 식재료와 브랜드를 구할 수 있다.

카할라 몰 Kahala Mall

와이키키에서 차를 타고 동쪽으로 25분 정도 달리면 고급 주택가인 카할라 지구에 위치한 대형 쇼핑몰이 나온다. 입지 조건 때문인지 세련된 분위기의 여유가 넘치는 쇼핑몰로, 메이시스 Macy's 백화점을 끼고 있으며 레스토랑과 카페 등이 입점되어 있다. 그중에서도 홀푸드 Whole Foods는 고급 마트로, 구경하는 재미가 있다. 마트 내에 뷔페식 푸드코트와 디저트 카페도 있어, 계산 후 마트 밖에 마련된 테이블에서 간단한 식사가 가능하다. 주방용품에 관심이 많다면 컴플리트 키친 The Compleat Kitchen도 놓치지 말자. 그 밖에도 다양한 패션숍과 산리오 서프라이즈, 수영복 이외에도 귀여운 소품이 모여 있는 Up&Riding 등이 입점해 있다.

Map P.069-F4 | 주소 4211 Waialae Ave, Honolulu | 전화 808-732-7736 | 영업 월~토 10:00~21:00, 일 10:00~18:00 | 주차 무료 | 가는 방법 와이키키에서 13번 버스 탑승 후 Kapiolani Bl+Waialae Ave에 하차 후 1번 버스 탑승 Waialae Ave+Hunakai St에서 하차. 도보 1분.

쿠오노 마켓 플레이스 Kuono Marketplace

2021년에 오픈한 마켓 플레이스. 대형 슈퍼마켓인 카할라 마켓 바이 푸드랜드 Kahala MKT by Foodland를 중심으로 한국에서 건너 온 비비큐 치킨 BBQ Chicken과 스타일리시한 레스토랑 엣 올 et.al, 즉석에서 튀겨내 더 맛있는 도넛 퍼르브 도넛 숍 Purve Donut Shop, 화덕 피자로 유명한 제이 돌란스 J Dolan's 등 맛집들이 모여 있다. 미식가라면 꼭 들러야 하는 곳.

Map P.069-F4 | 주소 4210 Waialae Ave, Honolulu | 전화 808-591-4878 | 영업 06:00~21:00(Kahala MKT by Foodland의 영업 시간, 매장마다 조금씩 다르다) | 주차 무료 | 가는 방법 와이키키에서 2번 버스 탑승 후 Hunakai St+Waialae Ave에서 하차. 도보 3분.

오아후의 멋진 풍경을 한눈에
마노아~마키키
Manoa~Makiki

풍부한 자연에 둘러싸인 평화로운 지역, 가장 하와이다우면서 자연의 매력을 흠뻑 느낄 수 있는 지역이 바로 마노아에서 마키키까지 이르는 지역이다. 다운타운과 와이키키의 북부에 인접해 있는 이 지역은 오아후 시내의 야경을 감상할 수 있는 탄탈루스의 언덕과 푸른 숲, 맑은 물로 덮여 있는 트레킹 명소 마노아 협곡 등이 유명하다. 마노아 협곡은 개인 소유의 열대우림 정글로, 울창한 대나무 숲이 장관을 이룬다. 원한다면 마운틴 바이크와 하이킹 투어를 동시에 즐길 수 있어 자연 속에서 액티비티를 즐기고 싶은 사람들에게는 더욱 매력적이다. 어딜 가든 푸른 자연이 아름다운 풍경을 만들어내는 지역으로, 여행 일정이 넉넉하다면 여유롭게 둘러보기 좋다.

공항에서 가는 방법

버스를 이용하면 2~3회 정도 환승해야 하므로 택시나 렌터카를 추천한다. 20분가량 소요.

와이키키에서 가는 방법

Kuhio Ave.의 마린 서프 와이키키나 아쿠아 와이키키 웨이브 앞에서 2번 버스를 탑승한 뒤 각각 1회씩 환승해야 한다. 소요시간은 1시간.
렌터카는 H-1 고속도로에서 Waikiki/Manoa 방면의 Punahou St. 23번 출구로 나가 직진 후 Manoa Rd.에 진입. 와이키키에서 20분 정도 소요된다.

마노아~마키키에서 볼 만한 곳

탄탈루스 언덕, 엠마 여왕의 여름 별장, 마노아 폭포 트레일

Sightseeing

마노아~마키키의 볼거리

야경 명소인 탄탈루스 언덕은 매일 밤 연인과 관광객들로 줄을 잇는다. 뿐만 아니라 실제 귀족의 생활상을 엿볼 수 있는 엠마 여왕의 별장 역시 빼놓기엔 아쉬운 명소다.

탄탈루스 언덕 Tantalus

다이아몬드 헤드와 와이키키의 고층 빌딩들을 한눈에 볼 수 있는 곳. 도시의 화려한 야경에 비한다면 다소 소박한 느낌이 들 수 있지만, '연인들의 언덕'에는 데이트 중인 커플들이 항시 줄을 잇는다. 운영 시간 이후 저녁 야경을 보기 위해 들르는 이들도 많은데 도난 사건이 자주 일어나는 곳이니, 차 안에서 야경을 감상하거나 늦은 시간은 피하자.

Map P.069-E2 | **주소** 2760 Round Top Dr, Honolulu | **전화** 808-587-0300 | **운영** 07:00~18:45 | **주차** 무료 | **가는 방법** 와이키키의 Ena Rd에서 Ala Moana Blvd 방면으로 진입해 직진 후 Kalakua Ave를 끼고 좌회전 후 다시 S King St를 끼고 우회전해 진입. 그 뒤 Punahou St, Nehoa St, Makiki St를 거쳐 Round Top Dr로 진입.

엠마 여왕의 여름 별장
Queen Emma Summer Palace

카메하메하 4세의 왕비였던 엠마 여왕이 매년 여름을 보내던 산장을 박물관으로 개조한 곳. 기품 있는 빅토리아 양식의 가구들로 꾸민 실내가 영국의 영향을 받았음을 짐작하게 하며 엠마 여왕의 소지품들이 전시되어 있다. 300여 년의 역사가 고이 간직된 곳으로, 생각보다 소박한 외관에 실망할 수도 있지만 하와이 특유의 감성을 느낄 수 있다. 한국어로 된 안내 자료가 있고 날짜별로 퀼팅, 훌라, 우쿨렐레 클래스 등이 있으며 약간의 수업료가 필요하다.

Map P.069-D2 | **주소** 2913 Pali Hwy, Honolulu | **전화** 808-595-3167 | **홈페이지** www.daughtersofhawaii.org | **운영** 수~토 10:00~15:30, 일~화 휴무 | **요금** 성인 $20, 5~12세 $12 | **주차** 무료 | **가는 방법** 와이키키에서 2번이나 13번 버스 탑승 후 S Beretania St+Punchbowl St에서 하차. 근처 Alakea St+S Hotel St 정류장에서 67번 버스 탑승 후 Pali Hwy+Queen Emma Summer Palace에서 하차.

마노아 폭포 트레일 Manoa Falls Trail

열대우림과 대나무가 가득한 숲속을 거닐 수 있어 현지인들에게 사랑받는 등산 코스. 마노아 폭포 트레일 등산로 끝에 아름다운 마노아 폭포를 볼 수 있다. 거리는 왕복 2.575㎞ 구간이고, 시간은 대략 1시간 30분~2시간 정도 걸리는데 비교적 쉬운 코스다. 모기 등에 물릴 수 있으므로 벌레 퇴치약과 긴팔옷, 운동화 준비는 필수다.

Map P.069-F2 | **주소** 3737 Manoa Rd, Honolulu | **운영** 06:00~18:00 | **주차** 유료 주차(1회 $7) | **가는 방법** 와이키키에서 2번 버스 탑승. Kalakaua Ave+S King St에서 하차. 근처 Punahou St+S King St 정류장에서 5번 버스 탑승 후 Manoa Rd+Opp Kumuone St에서 하차. 도보 12분.

Mia's Advice

❶ 마노아 폭포 트레일 입구를 지나 조금 더 올라가면 라이온 수목원 Lyon Arboretum을 만날 수 있어요. 영화 '쥬라기 공원'을 촬영한 곳이기도 해요. 다양한 열대식물을 만날 수 있고, 입구 근처에는 무료 주차장도 있어요(마노아 폭포 트레일을 지날 때 라이온 수목원 방문이라고 말해야 주차비를 부과하지 않아요). 인근의 마키키 밸리 트레일 Makiki Valley Trail(Na Ala Hele Trail)도 추천해요. 총 4km 정도 되는 코스로, 경사가 얕고 쉬워서 남녀노소 누구나 도전할 수 있어요~.

라이온 수목원

❷ 이 지역에는 하와이 주립대 마노아 캠퍼스가 위치해 있어요. 버락 오바마 미국 전 대통령의 부모님이 다닌 곳이기도 하죠. 아시아와 환태평양의 문화, 역사, 정치 등을 공부하는 동서문화센터는 마치 한국의 고궁에 온 듯한 착각이 들기도 해요(주소 2500 Campus Rd, Honolulu).

하와이 주립대 마노아 캠퍼스

Restaurant

마노아~마키키의 먹거리

지역 주민들에게 사랑받는 카페와 함께 한국인들은 물론이고 현지인들의 입맛까지 사로잡은 한국 식당도 있다.

모닝글라스 커피+카페
Morning Glass Coffee+Cafe

마노아 지역 주민들의 사랑을 한몸에 받고 있는 카페. 마치 참새방앗간처럼 동네 사람들이 모여서 수다 떨고 밥 먹는 장소로, 외관이나 인테리어는 이렇다 할 특징 없이 소박한 분위기지만 맥 앤 치즈 팬케이크나 프라이드 라이스 오믈렛 등이 인기 있다. 신선한 커피와 갓 구운 베이커리 종류 역시 인기가 높다.

Map P.069-E2 | **주소** 2955 E Manoa Rd, Honolulu | **전화** 808-673-0065 | **홈페이지** www.morningglasscoffee.com | **영업** 화~금 07:00~14:00, 토~일 08:00~14:00(월요일 휴무) | **가격** $3~16(프라이드 라이스 오믈렛 $15) | **주차** 무료 | **예약** 불가 | **가는 방법** 와이키키에서 2번 버스 탑승 후 Kalakaua Ave+S King St에서 하차. 근처 S King St+Punahou St에서 6번 버스 탑승 후 E Manoa Rd+Opp Huapala St에서 하차. 도보 2분.

피스트 바이 존 마츠바라
Feast by Jon Matsubara

마노아 지역에서 정통 하와이안 스타일의 요리를 맛보고 싶다면 이곳으로 가보자. 스테이크, 크랩, 살몬 누들, 치킨, 버거 그리고 수프와 샐러드가 있다. 메뉴는 많지 않지만 마노아 주민들의 사랑을 듬뿍 받고 있는 동네 맛집이니 믿고 가도 좋겠다. 아치형의 문이 인상적인 레스토랑으로, 테이크아웃해서 먹을 수도 있다.

Map P.069-E2 | **주소** 2970 E Manoa Rd, Honolulu | **전화** 808-840-0488 | **홈페이지** www.feastrestauranthawaii.com | **영업** 화~목 11:00~14:00, 16:00~18:00, 금~토 11:00~14:00, 16:00~19:00, 일~월 휴무 | **가격** $9~32(햄버거스테이크 $16) | **주차** 무료(공간 협소) | **가는 방법** 와이키키에서 2번 버스 탑승 후 Kalakaua Ave+S King St에서 하차. 근처 Punahou St+S King St에서 5번 버스 탑승 후 E Manoa Rd+Brown Way에서 하차. 도보 15분.

와이올리 키친 & 베이크 숍
Waioli Kitchen & Bake Shop

마노아 지역의 동네 사랑방이라고 표현하면 딱 좋을 듯. 이른 아침부터 브런치를 즐기려는 동네 주민들로 붐비는 곳이다. 최근에 리노베이션을 거쳐 보다 쾌적한 공간을 자랑한다. 무엇보다 이곳으로 향하는 길이 꽤 멋스러워 드라이브 코스로도 안성맞춤이다. 매장에서 직접 구운 빵 맛도 일품.

Map P.069-E2 | **주소** 2950 Manoa Rd, Honolulu | **전화** 808-744-1619 | **홈페이지** waiolikitchen.com | **영업** 화~토 08:00~13:00(일~월요일 휴무) | **가격** 브렉퍼스트 $13.75~19, 런치 $13.50~17.75 | **주차** 무료 | **가는 방법** 와이키키에서 Ala Wai Blvd로 진입해 직진하다 오른쪽 Kalakaua Ave를 끼고 우회전. Philip St를 끼고 우회전 후 다시 왼쪽 Punahou St를 끼고 좌회전. 직진하다 도로명이 Manoa Rd로 바뀌고 계속 직진하면 왼쪽에 위치.

르 크레이프 카페
Le Crepe cafe

하와이와 파리에 매장을 둔 크레이프 전문점. 속 재료로 무엇을 선택하느냐에 따라 디저트는 물론이고 한 끼 식사 대용으로도 훌륭하다. 스크램블드 에그와 치즈, 베이컨, 마늘과 버섯이 들어간 브렉퍼스트 오브 챔피언이나 이탈리안 헤이즐넛 초콜릿이 들어간 누텔라가 인기 메뉴다. 비건 혹은 글루텐 프리로 주문도 가능하다.

Map P.069-E3 | **주소** 2752 Woodlawn Dr, Honolulu | **전화** 808-988-6688 | **홈페이지** www.lecrepecafe.com | **영업** 09:00~20:00 | **가격** $10.99~21.50(브렉퍼스트 오브 챔피언 $18.50) | **주차** 무료 | **가는 방법** 와이키키에서 13번 버스 탑승 후 Malie Way+East-West Rd에서 하차. 도보 22분.

세르지스 멕시칸 키친
Serg's Mexican Kitchen

하와이 내 가장 유명한 멕시칸 레스토랑이라고 해도 과언이 아닐 정도로 다수의 마니아를 확보하고 있다. 이곳의 포인트는 멕시코 요리 위에 얹어먹는 살사 소스에 있는데, 살사 바에서 순한 맛부터 매운맛까지 선택해 입맛에 맞게 즐길 수 있다.

Map P.069-E2 | **주소** 2740 E Manoa Rd, Honolulu | **전화** 808-988-8118 | **영업** 월~금 11:00~21:00, 토 10:00~21:00, 일 10:00~20:00 | **가격** $5.85~19.50 | **주차** 무료 | **예약** 불가 | **가는 방법** 와이키키에서 2번 버스 탑승 후 Kalakaua Ave+McCully St에서 하차. 근처 S King St+McCully St에서 6번 버스 탑승 후 E Manoa Rd+Kolowalu St에서 하차. 도보 3분.

오아후의 자연을 만끽할 수 있는
하와이 카이 Hawaii Kai

다양한 해양 스포츠를 활발하게 즐길 수 있는 하와이 카이에는 오아후의 명소, 하나우마 베이와 대형 테마파크인 시 라이프 파크가 있다. 하와이 중산층들이 거주하고 있는 넓은 주택가와 함께, 해안선을 따라 다양한 볼거리와 즐길 거리를 제공한다. 하나우마 베이의 아름다운 산호초와 바닷속 풍광은 전 세계에서 찾아온 스노클러들을 감동시키고, 뛰어난 자연 경관을 자랑하는 샌디 비치는 여행자들에게 프라이빗한 시간을 선물한다. 또한 돌고래 쇼로 유명한 시 라이프 파크에서는 남녀노소 누구나 해양과 관련된 체험을 할 수 있다. 그 밖에도 오아후를 찾은 액티브한 여행자라면 오아후의 전경을 한눈에 감상할 수 있는 마카푸우 등대에 한 번쯤은 올라볼 만한 가치가 있다. 무엇보다도 탁 트인 드라이브 코스를 따라 시원하게 달리는 즐거움이 하와이 카이의 매력지수를 높인다.

공항에서 가는 방법

버스를 이용하면 2~3회 정도 환승해야 하므로 택시나 렌터카를 추천한다. 30분가량 소요.

와이키키에서 가는 방법

와이키키에서 버스로 이동 시 2회 이상 환승해야 하므로, 렌터카를 추천한다. 렌터카로는 H-1 고속도로를 타고 가다 중간에 72번으로 바뀌는 도로를 타고 직진하면 우측에 하와이 카이 지역의 해변 도로가 나온다. 와이키키에서 20~30분 소요된다.

하와이 카이에서 볼 만한 곳

하나우마 베이, 비치 파크, 샌디 비치, 시 라이프 파크

Sightseeing

하와이 카이의 볼거리

드라이브와 관광을 겸할 수 있어 렌터카를 이용하는 여행자들에게 인기가 많은 코스. 한가롭게 오아후의 자연을 감상하기 좋다.

코코 헤드 리저널 파크 & 트레일
Koko Head Regional Park & Trail

산과 바다가 어우러져 환상적인 뷰를 자랑하는 곳. 이곳의 특이한 점은 등산 코스가 철로로 되어 있다는 것이다. 이 철로는 2차 세계대전 때 섬을 방어하기 위해 산 정상에 초소를 만들고 보급품 운반을 위해 만든 것이다. 철로를 받치고 있는 나무 계단은 1,048개로, 급경사 코스도 있어 다소 난이도가 높지만 정상에 서면 멋진 하나우마 베이를 볼 수 있다. 총 소요시간은 1시간 30분 정도. 낮에 오른다면 자외선 차단제와 물, 운동화는 필수며, 11:00~15:00 사이는 피하자.

Map P.067-F4 | **주소** 7430 Kalanianaole Hwy, Honolulu | **전화** 808-395-3096 | **운영** 일출 시~일몰 전 | **주차** 무료 | **가는 방법** 와이키키에서 Alawai Blvd로 진입. 우측 차선을 이용해 McCully St로 우회전 후 다시 Kapiolani Blvd를 끼고 우회전 후 직진. 왼쪽에 동쪽 방향으로 H-1 합류 후 직진. Anapalau St를 끼고 우회전. 오른쪽에 위치. 20분 소요.

라나이 룩아웃 Lanai Lookout

하와이의 해안 도로를 지나면서 가장 이색적인 풍경을 감상할 수 있는 곳이다. 넓게 자리한 바다 절벽에 서서 파노라마 오션뷰를 감상할 수 있는데, 날씨가 화창하면 이곳에서 라나이 섬까지 볼 수 있다고 하여 라나이 룩아웃이라고 이름 지어졌다.

Map P.067-F4 | **주소** 7949 Kalanianaole Hwy, Honolulu | **주차** 무료 | **가는 방법** 와이키키에서 Alawai Blvd로 진입. 우측 차선을 이용해 McCully St로 우회전 후 다시 Kapiolani Blvd를 끼고 우회전 후 직진. 왼쪽에 동쪽 방향으로 H-1 합류 후 직진. 22분 소요.

할로나 블로우 홀 Halona Blowhole

72번 해안 도로를 따라 달리다 보면 차가 여러 대 주차되어 있고 사람들이 바다를 향해 지켜보고 있는 광경을 만나게 된다. 돌에 생긴 구멍 사이로 바닷물이 솟구치며 물기둥을 뿜어내는데, 마치 빨려 들어갈 것처럼 소리가 우렁차다. 보고 있으면 청량감을 주는 시원한 풍경이다.

Map P.067-F4 | **주소** 8483 Kalaniaole Hwy, Honolulu | **주차** 무료 | **가는 방법** 와이키키에서 Alawai Blvd로 진입. 우측 차선을 이용해 McCully St로 우회전 후 다시 Kapiolani Blvd를 끼고 우회전. 직진 후 동쪽 방향 H-1 합류. HI-72/Lunalilo Fwy를 타고 조금 더 직진. 우측에 위치. 24분 소요.

마카푸우 등대 트레일 Makapuu Lighthouse Trail

지금은 운영하고 있지 않지만 빨간 등대가 상징적으로 세워져 있는 이곳은 왕복 2시간 정도 되는 산책 코스다. 전체적으로 난코스는 아니지만 물과 자외선 차단제는 준비해두는 것이 좋다. 전망대에 도착하면 마나나 섬 Manana Island, 카오히카이푸 섬 Kaohikaipu Island의 전경과 불의 여신 펠레의 의자 Pele's Chair도 볼 수 있다.

Map P.067-F4 | **주소** 8751 Kalaniaole Hwy, Honolulu(Kaiwi State Scenic Shoreline 주소, 이곳에서 Makapuu Point Lighthouse Trail 방향으로 진입) | **운영** 07:00~19:00(마카푸우 등대 트레일이 가능한 시간) | **주차** 무료 | **가는 방법** 와이키키에서 Ala Wai Blvd로 진입. 우측 차선을 이용해 McCully St로 우회전 후 다시 Kapiolani Blvd를 끼고 우회전. 직진 후 동쪽 방향 H-1 합류. HI-72/Lunalilo Fwy를 타고 조금 더 직진. 우측에 위치. 28분 소요.

시 라이프 파크 Sea Life Park

포인트 근처에 있는 해양 파크. 바다표범, 펭귄, 돌고래 등을 만날 수 있다. 이곳의 트레이드마크는 돌고래 쇼. 바닷가에 있는 돌핀 코브 Dolphin Cove에서는 동화와 같은 돌고래 쇼가 펼쳐진다. 운이 좋으면 돌고래와 고래 사이에서 태어난 홀핀 Wholphin을 만날 수 있다. 고래 체험 액티비티가 가장 인기가 높다. 그 외 루아우 쇼 등 홈페이지를 참고하자.

Map P.067-F4 | **주소** 41-202 Kalanianaole Hwy, Waimanalo | **전화** 808-259-2500 | **홈페이지** www.sealifeparkhawaii.com | **운영** 파크 전체 10:00~16:00 | **요금** 성인 $49.99, 3~12세 $39.99, 돌핀 인카운터 $189.99(입장료 포함) | **주차** 유료 주차(1회 $5) | **가는 방법** 와이키키에서 23번 버스 탑승. Sea Life Park에서 하차.

Beach

하와이 카이의 해변

화산활동으로 생겨나 엄격한 자연보호 아래 스노클링을 즐길 수 있는 하나우마 베이와 샌디 비치, 마카푸우 비치 파크 등은 여행자보다 현지인들에게 더 사랑받는 곳이다.

하나우마 베이 Hanauma Bay

오아후에서 스노클링으로 가장 유명한 지역. 화산활동으로 생긴 해안가. 무료로 이용할 수 있는 퍼블릭 비치와는 달리, 입장료를 내야 하고 입장 시 나눠주는 티켓에 적힌 시간에 맞춰 15분가량 동영상(한국어 지원)을 시청해야만 비로소 하나우마 베이에 입성할 수 있다. 그 이유는 하나우마 베이가 해양생물보호구역으로 지정되어 있기 때문. 코로나 이후 입장객을 엄격히 제안하고 있어 입장 2일 전 홈페이지(https://pros9.hnl.info/hanauma-bay)를 통해 미리 예약해야 한다. 또한 물고기에게 먹이를 주는 일이 금지되어 있고 수영할 때는 오일이나 선크림을 닦아낸 뒤 물에 들어가야 하는 등 지켜야 할 사항이 많다. 또한 자연보호를 위해 산호를 건드리지 않도록 주의하는 것은 물론이고, 하나우마 베이에서 상업적으로 음료나 먹거리를 파는 것을 금지하고 있다.

허기가 진다면 입장권 판매소 옆의 간이 스낵 코너를 이용하거나 도시락을 준비해가면 좋다. 하나우마 베이에서 라이프 벨트와 기타 스노클링 장비를 유료로 대여해주니 수영에 자신이 없다면 이곳을 이용하는 것도 좋다. 스노클링 장비 대여료는 인당 $25~40. 대여 시 신용카드나 자동차 열쇠를 맡겨야 한다.

> ### Mia's Advice
> 렌터카를 이용해 하나우마 베이에 간다면 도난 사고에 유의하세요. 차 안에 내비게이션은 꼭 뽑아서 숨겨놓고, 기타 귀중품은 항상 지니고 있는 것이 좋아요. 하나우마 베이 내 유료 라커룸이 있답니다.

Map P.067-F4 | 주소 100 Hanauma Bay Rd, Honolulu | 전화 808-396-4229 | 홈페이지 www.hanauma-bay-hawaii.com | 운영 수~일 06:45~16:00(마지막 입장 13:30, 월~화요일 휴무) | 요금 $3 | 주차 $3 | 가는 방법 와이키키에서 Ala Wai Blvd로 진입. 우측 차선을 이용해 McCully St로 우회전 후 다시 Kapiolani Blvd를 끼고 우회전 후 직진. 왼쪽에 동쪽 방향으로 H-1 합류 후 직진. 오른쪽 Hanauma Bay Rd를 끼고 우회전, 20분 소요.

샌디 비치 Sandy Beach

주말에는 현지인과 여행자들로 붐비는 곳. 파도가 거칠어 수영은 힘들지만, 대신 서핑과 바디보딩을 즐기는 사람들에게는 천국이다. 하지만 이곳이 유명한 이유는 따로 있다. 버락 오바마 전 미국 대통령이 중고등 학생 시절에 서핑을 즐기던 곳으로, 대통령 당선 후에도 이곳을 찾아 수영을 즐겼던 것. 관련 동영상을 유튜브에서도 볼 수 있을 정도며, 현지인들 사이에서는 '오바마 비치'라고도 불린다.

Map P.067-F4 | 주소 8801 Kalanianaole Hwy, Honolulu | 전화 808-373-8013 | 운영 특별히 명시되진 않았지만 이른 오전과 늦은 저녁은 피하는 것이 좋다. | 주차 무료 | 가는 방법 와이키키에서 Ala Wai Blvd로 진입. 우측 차선을 이용해 McCully St로 우회전 후 다시 Kapiolani Blvd를 끼고 우회전 후 직진. 왼쪽에 동쪽 방향으로 H-1 합류 후 직진. 오른쪽에 위치. 24분 소요.

와이마날로 비치 파크
Waimanalo Beach Park

오아후에서 가장 긴 9km의 모래사장으로 아름다운 해변이다. 관광객보다 현지인들이 더 사랑하는 곳으로 에메랄드빛 바다와 산으로 둘러싸여 있다. 해변의 아름다움이 사진으로 담는 데에는 한계가 있어 직접 눈으로 확인해야 더 아름다운 곳이다.

Map P.067-F3 | 전화 41-1062 Kalaniaole Hwy, Honolulu | 운영 특별히 명시되진 않았지만 이른 오전과 늦은 저녁은 피하는 것이 좋다. | 주차 무료 | 가는 방법 와이키키에서 Alawai Blvd로 진입. 우측 차선을 이용해 McCully St로 우회전 후 다시 Kapiolani Blvd를 끼고 우회전 후 직진. 왼쪽에 동쪽 방향으로 H-1 합류 후 직진. 오른쪽에 위치. 30분 소요.

Mia's Advice

하나우마 베이나 샌디 비치 등 72번 국도 드라이브를 즐길 예정이라면 잠시 코코 마리나 센터 Koko Marina Center에 들러 마라사다 도넛을 먹어보세요. 레오나즈 베이커리 Leonard's Bakery 푸드 트럭이 있어 와이키키보다 오래 기다리지 않고도 도넛을 맛볼 수 있습니다. 푸드 트럭 역시 즉석에서 바로 튀겨주기 때문에 맛은 똑같답니다. 오리지널과 시나몬, 리힝 등을 맛볼 수 있어요. 가격은 오리지널 기준 개당 $1.85랍니다.

하와이 카이의 먹거리

Restaurant

요트 선착장으로 유명한 코코 마리나 센터에는 하와이 맛집이 모두 모여 있다. 여행자들로 넘쳐나는 와이키키보다 여유 있게 식사할 수 있어 좋다.

파이올로지 피자리아
Pieology Pizzeria

내가 원하는 재료를 넣고, 내 입맛에 맞게 피자와 샐러드를 주문할 수 있는 곳. 가격이 저렴한 데다, 신선한 재료들로 즉석에서 화덕에 구워져 나오는 피자를 맛보고 나면 탄성이 절로 나온다.

Map P.067-E4 | **주소** 820 W Hind Dr, Honolulu | **전화** 808-377-1364 | **홈페이지** pieology.com | **영업** 일~목 10:30~21:45, 금~토 10:30~22:45 | **가격** $4.95~30(클래식 마르게리타 피자 $12.95) | **주차** 무료 | **예약** 불가 | **가는 방법** 와이키키에서 Alawai Blvd로 진입. 우측 차선을 이용해 McCully St로 우회전 후 다시 Kapiolani Blvd를 끼고 우회전 후 직진. 왼쪽에 동쪽 방향으로 H-1 합류 후 직진. 왼쪽 아이나 하이나 쇼핑센터 내 위치, 14분 소요.

헤븐리 아일랜드 라이프스타일 하와이 카이
Heavenly Island Lifestyle Hawaii Kai

요트 선착장을 바라보는 뷰가 일품인 곳으로 방문 7~10일 전에 예약을 하는 것이 좋다. 런치가 시작되는 11:00부터는 식사 메뉴에 $7을 더하면 샐러드 뷔페를 추가할 수 있는 것이 장점. 저녁에는 스테이크와 양고기 등의 메뉴를 만날 수 있다.

Map P.067-E4 | **주소** 7192 Kalanianaole Hwy D-105, Honolulu | **전화** 808-517-3777 | **홈페이지** www.heavenly-hawaiikai.com | **영업** 일~목 08:00~20:00, 금~토 08:00~21:00 | **가격** 브렉퍼스트 $12~25, 런치 $7~16.50, 디너 $9.5~48 | **주차** 무료 | **예약** 가능 | **가는 방법** 와이키키에서 Ala Wai Blvd로 진입. 우측 차선을 이용해 McCully St로 우회전 후 다시 Kapiolani Blvd를 끼고 우회전 후 직진. 왼쪽에 동쪽 방향으로 H-1 합류 후 직진. 왼쪽 코코 마리나 센터 내 위치, 18분 소요.

코나 브루잉 컴퍼니
Kona Brewing Co.

오션뷰의 창가 자리를 택해 바다를 바라보며 시원한 맥주에 피자를 곁들이면 안성맞춤! 샘플러를 이용해 4가지 맥주 맛을 경험해보는 것도 좋다. 해피 아워에는 보다 저렴하게 맥주를 즐길 수 있다.

Map P.067-E4 | **주소** 7192 Kalanianaole Hwy, Honolulu | **전화** 808-396-5662 | **홈페이지** konabrewingco.com | **영업** 11:00~22:00(해피 아워 월~금 15:00~18:00) | **가격** $4.99~34.99 | **주차** 무료 | **예약** 필요 | **가는 방법** 와이키키에서 Ala Wai Blvd로 진입. 우측 차선을 이용해 McCully St로 우회전 후 다시 Kapiolani Blvd를 끼고 우회전 후 직진. 왼쪽에 동쪽 방향으로 H-1 합류 후 직진. 왼쪽 코코 마리나 센터 내 위치, 18분 소요.

Shopping

하와이 카이의 쇼핑

대형 마트를 끼고 있는 코코 마리나 센터는 레스토랑과 극장, 디저트 숍이 모여 있어 이곳에서도 충분히 즐거운 시간을 보낼 수 있다.

코코 마리나 센터
Koko Marina Center

요트 선착장을 끼고 있는 곳으로 센터 안에 지피스 zippy's, 팻보이스 Fatboy's 등 각종 유명 레스토랑과 영화관도 함께 운영하고 있다. 하나우마 베이에서 스노클링을 즐긴 뒤, 출출한 배를 이곳에서 달래면 좋을 듯. 뿐만 아니라 워터 스포츠 액티비티 센터가 있어 이곳에서 여유롭게 프로그램을 예약할 수도 있다.

Map P.067-E4 | 주소 7192 Kalanianaole Hwy, Honolulu | 전화 808-395-4737 | 홈페이지 www.kokomarinacenter.com | 영업 07:00~22:00(입점 매장마다 다름) | 주차 무료 | 가는 방법 와이키키에서 Alawai Blvd로 진입. 우측 차선을 이용해 McCully St로 우회전 후 다시 Kapiolani Blvd를 끼고 우회전 후 직진. 왼쪽에 동쪽 방향으로 H-1 합류 후 직진. 왼쪽에 위치. 18분 소요.

아이나 하이나 쇼핑센터 Aina Haina Shopping Center

커스텀 피자로 유명한 Pieology Pizzeria 이외에도 로컬 셰이브 아이스크림인 Hopa, 알라 모아나 센터에도 매장이 있는 쌀국수 Mama Pho, 건강한 샐러드로 유명한 Leahi Health, 로컬 스타일의 샌드위치와 파니니 등을 맛볼 수 있는 La Tour Cafe 등 다양한 맛집이 모여 있다.

Map P.067-E4 | 주소 820 W Hind Dr, Honolulu | 영업 09:00~21:00(입점 매장마다 다름) | 주차 무료 | 가는 방법 와이키키에서 Ala Wai Blvd로 진입. 우측 차선을 이용해 McCully St로 우회전 후 다시 Kapiolani Blvd를 끼고 우회전 후 직진. 왼쪽에 동쪽 방향으로 H-1 합류 후 직진. 왼쪽에 위치. 14분 소요.

오아후에서 가장 아름다운 해변
카일루아~카네오헤
Kailua ~ Kaneohe

가장 아름다운 해변을 바라보며 서핑을 비롯한 해양 스포츠를 즐기기에 적합한 바다를 찾는다면 카일루아~카네오헤 지역이 바로 그곳이다. 북동쪽으로 튀어나온 모카푸 곶을 사이에 두고 동쪽이 카일루아, 서쪽이 카네오헤로 나뉜다. 오아후에서 가장 아름다운 해변으로 꼽히는 카일루아 비치는 물론이고, 카네오헤의 조용한 거리 앞에 펼쳐진 카네오헤 베이 역시 장관을 이룬다. 고운 백사장에 에메랄드빛 바다가 넘실대는 이곳에서는 여유롭게 수영을 할 수도 있고, 다양한 해양 스포츠도 즐길 수 있다. 중심가에는 최근에 오픈한 돈키호테나 푸드 랜드 같은 마켓과 각종 부대시설들이 있어 간단한 먹거리를 구입하기에 편리하다. 오바마 전 미국 대통령도 휴가지로 찾을 만큼 빼어난 경관으로 유명한 이곳에서 낭만적이고 여유로운 시간을 보낼 수 있을 것이다.

공항에서 가는 방법
버스를 이용하면 2~3회 정도 환승해야 하므로 택시나 렌터카를 추천한다. 30분가량 소요.

와이키키에서 가는 방법
알라 모아나 센터에서 67번 버스를 탑승. Wanaao Rd.+Awakea Rd.에서 하차. 도보 14분.
렌터카는 H-1 고속도로로 진입, Palo Hwy. 21B 출구로 나와 우측 Hawaii 61/N Pali 고속도로로 직진. 소요시간은 30분.

카일루아~카네오헤에서 볼 만한 곳
카일루아 비치 파크, 라니카이 비치, 쿠알로아 리저널 파크, 누우아누 팔리 전망대, 라니카이 필박스

Sightseeing

카일루아~카네오헤의 볼거리

한적하게 산책을 즐기고 싶다면 보도 인 사원을 추천한다. 연못을 끼고 있어 평화로운 마음마저 든다. 또한 누우아누 팔리에서 맞는 바람은 가슴마저 뻥 뚫리게 한다.

보도 인 사원 Byodo In Temple

하와이에 사는 일본인들이 하와이 이주 100주년을 기념해 교토현 우지시의 보도 인 사원을 축소해서 만든 곳이다. 일본의 10엔짜리 동전에도 등장하는 보도 인 사원에 가기 위해선 사원들의 계곡 Valley of the Temples Memorial Park 이라고 불리는 추모공원 안으로 진입해야 한다. 사원 내 청동으로 만든 3톤짜리 종은 일본의 3대 종 가운데 하나를 재현한 것으로, 직접

치면 오래 산다고 하여 관광객들이 줄을 지어 서 있는 모습을 볼 수 있다. 전체적으로 사원을 둘러보는데 30분가량 소요되는데 마음까지 평온해진다. 미국 드라마 '로스트'의 촬영지이기도 하다.

Map P.067-D3 | **주소** 47-200 Kahekili Hwy, Kaneohe | **전화** 808-239-9844 | **홈페이지** www.byodo-in.com | **운영** 08:30~16:30(마지막 입장 16:15) | **요금** 성인 $5, 2~12세 $2 | **주차** 무료 | **가는 방법** 와이키키에서 Ala Wai Blvd로 진입. 우측 차선을 이용해 McCully St로 우회전 후 서쪽 H-1으로 진입. 20A 출구를 거쳐, HI-63N/Kalihi St(Likelike Hwy 방향), HI-83/Kahekili Hwy를 거쳐 Vly of the Temples St로 향함. 30분 소요.

누우아누 팔리 전망대
Nuuanu Pali Lookout

이곳은 과거 카메하메하 대왕이 격전을 벌인 전쟁터로 계곡에서 불어오는 강풍이 유명한 곳이다. 카일루아 전경을 감상할 수 있으며 워낙 바람이 강해 '바람산'이라는 별명을 가지고 있다. 마치 바람으로 샤워를 하는 듯한 느낌마저 드는데 오아후 최고의 전망대 중 하나다.

Map P.067-E3 | **주소** Nuuanu Pali State Wayside Nuuanu Pali Dr, Honolulu | **전화** 808-587-0400 | **운영** 06:00~18:00 | **주차** 유료 주차(1회 $7) | **가는 방법** 와이키키에서 Ala Wai Blvd로 진입. 우측 차선을 이용해 McCully St로 우회전 후 직진. 서쪽 H-1으로 진입, Nuuanu Pali Dr이 나올 때까지 직진. 18분 소요.

Beach

카일루아~카네오헤의 해변

사람들로 넘쳐나는 와이키키 해변에 실망했다면 카일루아 비치 파크를 추천한다. 해변에서 선탠을 즐기며 책을 읽는 하와이 사람들의 여유를 느낄 수 있다.

카일루아 비치 파크 Kailua Beach Park

곱고 부드러운 하얀 모래와 에메랄드빛 바다가 아름다운 포물선을 그리는 곳. 전미 베스트 비치로 뽑힐 만큼 유명하다. 바람이 강해서 윈드서핑하기에 최적의 장소이며, 해변에서 떨어진 곳도 수심이 얕은 데다 파도가 높지 않아 초보자를 위한 레슨도 많다.

Map P.067-E3 | 주소 526 Kawailoa Rd, Kailua | 전화 808-233-7300 | 운영 05:00~22:00 | 주차 무료(주차장 주소: 412-444 Kawailoa Rd, Kailua) | 가는 방법 와이키키에서 Ala Wai Blvd로 진입, 우측 차선을 이용해 McCully St로 우회전 후 서쪽 H-1으로 진입, 21B 출구를 거쳐, HI-61/Pali Hwy를 끼고 우측으로 진입 후, Kailua Rd로 진입. 30분 소요.

라니카이 비치 Lanikai Beach

'천국의 바다'라는 뜻의 라니카이 비치는 트립어드바이저에서 선정한 전 세계 꼭 가봐야 하는 바닷가 10위 안에 들었을 정도로 아름답다. 하와이 지역 주민들에게는 오바마가 하와이에 올 때마다 레저를 즐기는 해변으로 유명하다. 인근의 조류보호지역인 모쿠누이 섬과 모쿠아키 섬도 멀리 보이며, 날씨가 좋으면 이웃 섬인 몰로카이도 한눈에 들어온다. 다만 화장실과 샤워시설, 주차장이 없으니 유의해야 한다.

Map P.067-E3 | 주소 944 Mokulua Dr, Kailua | 전화 808-261-2727 | 운영 05:00~22:00 | 주차 불가(라니카이는 도로 무단 주차 시 견인되기 쉽다. 카일루아 주차장에 주차 후 도보를 이용하자) | 가는 방법 와이키키에서 Ala Wai Blvd로 진입, 우측 차선을 이용해 McCully St로 우회전 후 서쪽 H-1으로 진입, 21B 출구를 거쳐, HI-61/Pali Hwy를 끼고 우측으로 진입 후, Kailua Rd로 진입. 30분 소요.

라니카이 필박스 Lanikai Pillbox

필박스는 '알약통'이라는 뜻으로, 2차 세계대전 때 만들어진 군사 방어시설이 약통처럼 생겼다고 해서 붙여진 이름이다. 총을 쏠 수 있는 구멍을 만든 뒤, 시멘트 혹은 콘크리트 등의 소재로 단단히 쌓은 것이 특징이다. 코스 중간중간 볼 수 있다. 관광객들에게 사랑받는 트레일 중 하나로, 약 30분이면 정상까지 오를 수 있지만 초반 경사가 가파른 편이니 오를 때 주의해야 한다. 아름다운 라니카이 비치가 한눈에 보이는 환상적인 오션뷰를 자랑한다.

Map P.067-E3 | 주소 265 Kaelepulu Dr, Kailua | 운영 06:00~19:00 | 주차 불가(카일루아 비치 앞 공영주차장 이용) | 가는 방법 와이키키에서 Ala Wai Blvd로 진입. 우측 차선을 이용해 McCully St로 우회전 후 직진. 서쪽 H-1으로 진입. 21B 출구를 거쳐 HI-61/Pali Hwy, Kailua Rd로 향함. Kawailoa Rd, Aalapapa Dr, Kaelepulu Dr 순서대로 진입. 33분 소요.

+++ **TRAVEL PLUS** +++

폴리네시안 문화 센터 Polynesian Cultural Center

하와이를 포함해 사모아, 통가, 타히티, 피지, 마르케사스 등 남태평양 소재 7개의 섬나라 문화를 체험하는 곳. 매일 14:30에 진행되는 각 나라 팀의 카누쇼와 저녁에 식사와 루아우 쇼 관람이 곁들여지는 이벤트가 압권. 프로그램이 워낙 다양해 하루 종일 시간을 보내도 아깝지 않다. 훌라 춤과 우쿨렐레 배우기, 코코넛 빵 만들기, 창 던지기 등을 체험할 수 있다. 최소 10일 전 인터넷에서 티켓 구매 시 10% 할인된다.

Map P.067-D1 | 주소 55-370 Kamehameha Hwy, Laie | 전화 808-293-3333 | 홈페이지 www.polynesia.co.kr(한국어 지원) | 영업 목~토, 월~화 12:15~21:00(수·일요일 휴무) | 입장료 성인 $94.95, 4~11세 $47.48(입장권 및 루아우 쇼 포함 시 성인 $124.95~294.95, 4~11세 $62.48~235.96) | 주차 $8(1일) | 가는 방법 와이키키에서 Ala Wai Blvd로 진입. 우측 차선을 이용해 McCully St로 우회전 후 서쪽 H-1으로 진입. 20A 출구를 거쳐, HI-63N/Kalihi St(Likelike Hwy 방향), HI-83/Kahekili Hwy를 거쳐 pipilani Pl로 진입. 1시간 소요.

Activity

카일루아~카네오헤의 즐길 거리

다수의 영화와 드라마의 촬영 장소로 유명한 이곳을 찾는 이유는 선택의 폭이 넓은 다양한 액티비티 프로그램 때문! 액티브한 여행자라면 한번 들러볼 만하다.

쿠알로아 목장 Kualoa Ranch

녹음이 무성한 계곡에 둘러싸인 약 1만 6,500㎢의 대지에서 승마와 사륜바이크 등 10여 가지의 액티비티를 즐길 수 있는 곳이다. 이곳이 유명한 이유는 '쥬라기 공원'이나 '고질라', '첫 키스만 50번째', '진주만' 등 다수의 영화 촬영지였기 때문. 말이나 버스를 타고 이곳을 돌아보며 영화의 장면을 떠올려보는 것도 좋다. 쿠알로아 목장의 프로그램이 다양한데 그중에서도 집라인, 승마, UTV 랩터 투어 등은 워낙 인기가 높아 한 달 전에는 예약하는 것이 좋다. 목장 내 앤치 패츠 파니올로 카페에서 식사도 가능하다.

Map P.067-D2 | 주소 49-560 Kamehameha Hwy, Kaneohe | 전화 808-237-7321 | 홈페이지 www.kualoa.com | 운영 07:30~18:00 | 요금 입장료는 없으며, 프로그램에 따라 가격 차이가 있다 | 주차 무료 | 가는 방법 와이키키에서 Ala Wai Blvd로 진입. 우측 차선을 이용해 McCully St로 우회전 후 서쪽 H-1으로 진입. 20A 출구를 거쳐, HI-63N/Kalihi St(Likelike Hwy 방향), HI-83/Kahekili Hwy를 거쳐 Kamoi Pl로 향함. 40분 소요.

로열 하와이안 골프 클럽 Royal Hawaiian Golf Club

가장 하와이스러운 골프장을 찾는다면 바로 이곳! 버락 오바마 전 미국 대통령이 하와이를 방문할 때 들르는 곳으로도 유명하다. 코스의 난이도가 높아 골프를 즐기는 사람들에게 도전 정신을 불러일으키는 골프장이다.

Map P.067-E3 | 주소 770 Auloa Rd, Kailua | 전화 808-262-2139 | 홈페이지 royalhawaiiangc.com | 운영 06:00~18:00 | 요금 $125~180 | 주차 무료 | 가는 방법 와이키키에서 Ala Wai Blvd로 진입. 우측 차선을 이용해 McCully St로 우회전 후 직진. 서쪽 H-1으로 진입. 21B 출구를 거쳐 HI-61/Pali Hwy, Auloa Rd, Loop Rd를 순서대로 진입. 27분 소요.

Restaurant

카일루아~카네오헤의 먹거리

저렴한 레스토랑이 모여 있어 여행 중 끼니를 때우기 좋다. 정통 미국식 햄버거와 팬케이크, 크레페 등의 메뉴를 판매하는 곳이 많다.

마이크스 훌리 치킨
Mike's Huli Chicken

앤티 패츠 파니올로 카페
Aunty Pat's Paniolo Cafe

하와이식으로 바비큐한 치킨 요리를 '훌리 훌리 치킨'이라고 부르는데, 바로 그 요리에서 가게 이름을 땄다. 기다란 꼬챙이에 닭을 통째로 넣고 숯불 위에 골고루 익혀가며 구워낸 통닭 요리가 유명한 곳. 부드럽게 속까지 익혀 한번 맛보면 그 매력을 잊을 수 없다. 치킨 주문 시 스페셜 디핑 소스 구입도 잊지 말 것.

Map P.067-D3 | **주소** 55-565 Kamehameha Hwy, Kaneohe | **전화** 808-277-6720 | **영업** 11:30~19:00 | **가격** $10~19(치킨 반 마리 $15, 한 마리 $17, 마이크스 스페셜 디핑 소스 $11) | **주차** 무료 | **가는 방법** 와이키키에서 Ala Wai Blvd로 진입. 우측 차선을 이용해 McCully St로 우회전 후 서쪽 H-1으로 진입. 20A 출구를 거쳐, HI-63N/Kalihi St(Likelike Hwy 방향), HI-83/Kahekili Hwy를 거쳐 pipilani Pl로 진입. 1시간 9분 소요.

쿠알로아 목장의 기프트 숍 옆에 위치한 레스토랑. 쿠알로아 목장의 액티비티 전후에 끼니를 때우기 좋다. 아침식사로는 쿠알로아 스페셜 오믈렛과 로컬 스타일의 베이컨 프라이드 라이스 메뉴가 있으며 점심으로는 간단한 핫도그 세트부터 데리야키 비프 플레이트, 갈릭 버터 슈림프, 클래식 버거 세트 등을 판매하고 있다. 런치 이후 스낵과 간단한 셰이브 아이스크림은 16:30까지 맛볼 수 있다. 레스토랑이 기념품 가게와 함께 있어 식사 후 간단히 쇼핑을 즐기기에도 좋다.

Map P.067-D2 | **주소** 49-560 Kamehameha Hwy, Kaaawa | **전화** 808-237-8515 | **영업** 08:30~15:00 | **가격** 브렉퍼스트 $10.50~12.50, 런치 $6.75~14.50 | **주차** 무료 | **가는 방법** 알라 모아나 센터에서 60번 버스 탑승. Kamehameha Hwy+Opp Kualoa Ranch에서 하차.

할레이바 조스 하이쿠 가든
Haleiwa Joe's Haiku Garden

하이쿠 정원은 카네오헤 지역에 있는 시크릿 가든이다. 하와이 스타일의 야외 웨딩을 하거나, 일요일에 브런치나 숲속 산책을 즐기러 찾는 곳이다. 카페 겸 레스토랑 할레이바 조스는 하이쿠 정원 한가운데 위치해 있어 독특한 정취를 자랑한다. 메뉴는 스테이크, 갈비, 연어와 새우 등이 있다. 특별한 날 방문해 즐겨보자.

Map P.067-E3 | 주소 46-336 haiku Rd, Kaneohe | 전화 808-247-6671 | 홈페이지 haleiwajoes.com | 영업 16:00~21:00 | 가격 $12.95~42.95(갈비 $29.95) | 주차 무료 | 가는 방법 와이키키에서 Ala Wai Blvd로 진입. 우측 차선을 이용해 McCully St로 우회전 후 서쪽 H-1으로 진입. 20A 출구를 거쳐, HI-63N/Kalihi St(Likelike Hwy 방향), HI-83/Kahekili Hwy를 거쳐 Haiku Rd로 진입. 26분 소요.

부츠 & 키모스 홈스타일 키친
Boots & Kimo's Home Style Kitchen

바나나 팬케이크에 마카다미아 너트 소스가 곁들여진 메뉴가 가장 인기가 많다. 그 밖에도 소시지와 밥, 달걀프라이가 함께 나오는 하와이 정통 아침식사와 시푸드 스페셜 오믈렛 등의 메뉴가 있다.

Map P.067-E3 | 주소 1020 Keolu Dr, Kailua | 전화 808-263-7929 | 홈페이지 www.bootsnkimos.com | 영업 월·목·금 08:00~13:00, 토~일 08:00~14:00, 화~수 휴무 | 가격 $10.99~44(오리지널 팬케이크 위드 키모스 마카다미아 소스 $21.99) | 주차 불가 | 예약 불가 | 가는 방법 와이키키에서 Ala Wai Blvd로 진입. 우측 차선을 이용해 McCully St로 우회전 후 서쪽 H-1으로 진입. 21B 출구를 거쳐 HI-61/Pali Hwy를 끼고 우측으로 진입 후, Keolu Dr로 진입. 30분 소요.

코노스 Kono's

카일루아뿐 아니라 할레이바, 카이무키, 와이키키와 라스베이거스에서도 만날 수 있는 레스토랑. 하와이 전통 요리인 칼루아 포크(12시간 동안 익혀서 부드럽게 만든 돼지고기)를 나초와 샌드위치 등과 함께 다양하게 플레이팅해서 판매한다. 이 집의 밀크셰이크 역시 꼭 맛봐야 하는 인기 메뉴다.

Map P.067-E3 | 주소 131 Hekii St, Kailua | 전화 808-261-1144 | 홈페이지 www.konosnorthshore.com | 영업 07:00~21:00 | 가격 $9.95~17.25(칼루아 피그 나초 $14.50, 밀크셰이크 $9.95) | 주차 무료 | 가는 방법 와이키키에서 Ala Wai Blvd로 진입. 우측 차선을 이용해 McCully St로 우회전 후 서쪽 H-1으로 진입. 21B 출구를 거쳐 HI-61/Pali Hwy를 끼고 우측으로 진입 후, Hamakua Dr, Hekili St를 순서대로 진입. 26분 소요.

Shopping

카일루아~카네오헤의 쇼핑

조용한 마을에 한적한 분위기의 쇼핑센터가 눈길을 끈다. 쇼핑센터 내 비지터 인포메이션 데스크에서는 카일루아를 둘러볼 수 있는 지도를 $4에 판매하고 있다.

무스 카일루아
Muse Kailua

카일루아에는 개성 강한 작은 패션 잡화 숍이 많은데 특히 Uluni St.와 Kihapai St.에 모여 있다. 그중에서도 무스 카일루아는 평상시 캐주얼하게 입을 수 있는 스타일의 의상뿐 아니라 귀엽고 아기자기한 빈티지 아이템이 가득하다. 오래된 핸드백이나 할머니가 썼을 것 같은 앞치마 등이 있어 꼭 구입하지 않아도 매장을 둘러보는 즐거움이 있다.

Map P.067-E3 | 주소 332 Uluniu St, Kailua | 전화 808-261-0202 | 홈페이지 www.musekailua.com | 영업 화~금 10:00~16:00, 토~일 10:00~15:00(월요일 휴무) | 주차 무료(스트리트) | 가는 방법 알라 모아나 센터에서 67번 버스 탑승, Kailua Rd+Hamakua Dr에서 하차. 도보 8분.

Mia's Advice

쿠알로아 랜치 건너편에는 쿠알로아 리저널 파크가 있어요. 바다 사이에 덩그러니 있는 섬을 볼 수 있는데, 생긴 모습이 중국 모자와 비슷하다고 해서 '차이나맨스 햇 Chinaman's Hat'이라고 불리기도 해요(Map P.067-D2).

서퍼들의 메카
노스 쇼어 North Shore

하와이에서 짧은 일정을 보내는 사람들에게 빼놓지 않고 추천하는 곳. 하와이에서 와이키키 다음 일정으로 꼭 들러야 할 만큼 즐길 거리가 풍성한 이곳은 눈과 입을 동시에 호강시킬 수 있는 오감천국 타운이다. 서핑 시즌인 겨울에는 대규모 국제대회도 열려 색다른 재미를 준다. 11㎞ 이상 뻗어 있는 노스 쇼어 해변에서 프로 선수들의 절묘한 서핑 솜씨를 감상할 수 있는데, 간혹 파도가 높을 때면 보는 이들에게 아찔함마저 선사한다. 노스 쇼어 중에서도 가장 유명한 할레이바 지역은 전통적인 하와이의 멋을 느낄 수 있는 올드 타운이다. 특히 이곳에서는 하와이를 대표하는 맛이라고 할 만한 새우 트럭과 알록달록한 셰이브 아이스크림이 발목을 잡는데, 미식가라면 이들의 유혹을 뿌리치지 말 것. 길게 늘어선 줄만큼 그 맛이 만족스럽다.

공항에서 가는 방법
공항에서 버스를 이용할 경우 2회 이상 환승해야 한다. 렌터카를 이용하는 편이 가장 편리하며 H-1, H-2를 지나 Wahiawa 방면 8번 출구를 거쳐 99번 Kamehameha Hwy.에 합류해 직진하면 노스 쇼어다. 소요시간 40~50분.

와이키키에서 가는 방법
알라 모아나 센터에서 52번 버스를 탑승, Kamehameha Hwy.+Weed Circle에서 하차(노스 쇼어 중 할레이바 가는 길).

노스 쇼어에서 볼 만한 곳
선셋 비치 파크, 푸푸케아 비치 파크-샥스 코브

Beach

노스 쇼어의 해변

노스 쇼어는 오아후의 여러 해변 중에서도 상급자용 프로 서퍼들이 즐겨 찾는 곳이다. 특히 겨울에 큰 파도가 많기 때문에 보는 것만으로도 신이 난다.

선셋 비치 파크 Sunset Beach Park

노스 쇼어 지역에서 최고의 서핑 스폿. 높이 5~12m의 큰 파도가 밀려오는 11~3월에는 매년 세계 유명 서핑 대회도 열린다. 여름철 파도는 비교적 잔잔한 편이라 초보자도 안심하고 해수욕을 즐길 수 있다. 이름만큼 아름다운 노을을 볼 수 있지만 치안 상태가 좋지 않으므로 어두워지기 전에 나오자.

Map P.066-C1 | 주소 59-144 Kamehameha Hwy, Haleiwa | 운영 특별히 명시되진 않았지만 이른 오전과 늦은 저녁을 피하는 것이 좋다. | 주차 무료 | 가는 방법 알라 모아나 센터에서 60번 버스 탑승. Kamehameha Hwy+Sunset Beach에서 하차.

푸푸케아 비치 파크-샥스 코브
Pupukea Beach Park-Shark's Cove

샥스 코브는 물이 맑고 깨끗하며 수심이 얕고 바닷물이 따뜻해 스노클링하기에 좋은 조건을 가지고 있다. 파도가 잔잔하고 수심이 얕은 이유는 해변에 크고 작은 바위들이 둘러싸여 바다에서 오는 커다란 파도를 막아주기 때문. 게다가 물살의 이동이 심하지 않아 항상 비슷한 적정 온도를 유지하기 때문에 바닷물 역시 따뜻하다. 다만 이곳에서 수영을 한다면 아쿠아 슈즈는 필수다. 샥스 코브는 우리말로 '상어 만'이라는 뜻인데 파도를 막고 있는 바위 틈 사이로 물이 흐르는 모습이 상어 같다고 하여 붙여진 이름이다.

Map P.066-C1 | 주소 59-727 Kamehameha Hwy, Haleiwa | 운영 06:30~22:00 | 주차 무료 | 가는 방법 알라 모아나 센터에서 60번 버스 탑승. Kamehameha Hwy+Opp Pupukea Rd에서 하차. 도보 2분.

쓰리 테이블스 비치 Three Tables Beach

이 비치는 3개의 산호가 물 위에 있는 모습이 마치 세 개의 테이블 같다고 하여 생긴 이름이다. 여름철 스노클링 장소로 유명한데, 산호가 많으니 아쿠아 슈즈를 준비하는 것이 좋다.

Map P.066-C1 | **주소** 59-776 Kamehameha Hwy, Haleiwa (근처 주소) | **운영** 특별히 명시되진 않았지만 이른 오전과 늦은 저녁은 피하는 것이 좋다. | **주차** 무료 | **가는 방법** 알라 모아나 센터에서 60번 버스 탑승, Kamehameha Hwy+Opp Kapuhi St에서 하차. 도보 1분.

와이메아 베이 비치 파크 Waimea Bay Beach Park

노스 쇼어의 다른 해변과 비교했을 때 1년 내내 파도가 높아 수영을 할 땐 조심해야 하지만 서핑을 즐기기에 이보다 더 좋은 곳은 없다. 또 물속이 깨끗해 물안경만으로도 바닷속을 엿보는 스노클링이 가능하다. 하지만 무엇보다 이곳이 유명한 이유는 점프 록 Jump Rock이라 불리는 절벽 때문인데, 10m가량 절벽 아래로 다이빙하는 사람들을 바라보는 것만으로도 아찔한 기분을 선사한다. 점프와 다이빙을 심하게 하면 죽을 수도 있다는 경고문을 유의하자.

Map P.066-C1 | **주소** 61-031 Kamehameha Hwy, Haleiwa | **홈페이지** www.northshore.com | **운영** 05:00~22:00 | **주차** 무료(공간 협소) | **가는 방법** 알라 모아나 센터에서 60번 버스 탑승. Kamehameha Hwy+Opp Waimea Valley Rd에서 하차. 도보 4분.

라니아 케아 비치-터틀 비치 Laniakea Beach-Turtle Beach

거북이가 자주 나타나 '터틀 비치'라고 불리는 이 해변은 수영도 가능해 운이 좋으면 거북이와 함께 바닷가에서 수영하는 묘한 기분을 만끽할 수 있다. 하지만 거북이의 보호를 위해 직접 만질 수는 없다. 진풍경을 자랑하는 곳이라 도로변은 늘 주차된 차량으로 가득하다.

Map P.066-C1 | 주소 61-574 Pohaku Loa Way | 운영 특별히 명시되진 않았지만 이른 오전과 늦은 저녁은 피하는 것이 좋다. | 주차 불가 | 가는 방법 알라 모아나 센터에서 60번 탑승. Kamehameha Hwy+Pohaku Loa Way에서 하차. 도보 3분.

+++ TRAVEL PLUS +++

돌 플랜테이션 Dole Plantation

노스 쇼어 지역과 가까워 함께 둘러보면 좋은 곳. 파인애플과 바나나 브랜드로 유명한 브랜드인 돌 Dole에서 운영하는 농장이다. 옛날식 기차를 타고 파인애플 농장을 둘러보는 파인애플 익스프레스 Pineapple Express, 파인애플이 자라나는 모습을 보다 더 자세히 관찰할 수 있는 가든 투어 Garden Tour 등의 액티비티를 운영한다. 농장에서 판매되는 다양한 종류의 파인애플 아이스크림은 꼭 맛봐야 하는 디저트 중 하나. 특히 커다란 파인애플 모양 아이스크림 통에 담아서 판매하는 시퍼 컵 플로트($12.95)가 인기가 좋다.

Map P.066-C2 | 주소 64-1550 Kamehameha Hwy, Wahiawa | 전화 808-621-8408 | 홈페이지 www.doleplantation.com | 운영 09:30~17:30 | 입장료 무료(파인애플 익스프레스 성인 $13.75, 4~12세 $11.75, 월드 라지스트 메이즈 성인 $9.25, 4~12세 $7.25) | 주차 무료 | 가는 방법 알라 모아나 센터에서 52번 버스 탑승. Kamehameha Hwy+Dole & Helemano Plantation에서 하차. 도보 6분.

+++ TRAVEL PLUS +++

오아후 대표 올드 타운, 할레이바 Haleiwa

호놀룰루에서 H-2와 99번 도로를 타고 북쪽으로 1시간가량 달리다가 할레이바 간판을 지나 83번 도로에 진입하면 할레이바의 거리가 나온다. 100여 년 전 이곳에 빅토리아 양식의 할레이바 호텔이 들어섰는데, 그 호텔 이름 덕분에 거리 전체를 '할레이바'라고 부르게 되었다. 현재 그 호텔은 없지만 1984년 이래 역사적인 장소로 지정되었다. 이곳은 서퍼들이 즐겨 찾는 서핑숍과 레스토랑이 즐비하면서도 옛 하와이의 분위기가 그대로 살아 있어 색다른 분위기를 풍긴다. 와이키키와 다른 편안하고 고요한 마을로 하와이 최후의 여왕인 릴리우오칼라니가 여름 휴가를 보낸 곳으로도 유명하다.

할레이바 비치 파크
Haleiwa Beach Park

MBC 예능 프로그램 '무한도전' 팀이 상어 관광을 위해 배를 탔던 바로 그 장소. 서핑이나 카약킹 등의 강습이 이뤄지기도 한다. 초보자들도 부담없이 가볍게 즐길 수 있다.

Map P.187 | **주소** 62-449 Kamehameha Hwy, Haleiwa | **영업** 특별히 명시되진 않았지만 이른 오전과 늦은 저녁은 피하는 것이 좋다. | **주차** 무료 | **가는 방법** 알라 모아나 센터에서 52번 버스 탑승. Kamehameha Hwy+Lokoea Pl에서 하차. 도보 7분.

호노스 슈림프 트럭 Honos Shrimp Truck

오아후에서 가장 유명한 새우 트럭은 지오반니 Giovanni(호노스 옆에 위치)의 새우 트럭이지만 오히려 한국인의 입맛에는 한국인이 운영하는 호노스가 더 맞는다. 매콤한 칠리 양념이 곁들여진 스파이시 새우 요리와 마늘 소스가 첨가된 갈릭 새우 요리뿐 아니라 갈비도 일품이다.

Map P.187 | 주소 66-472 Kamehameha Hwy, Haleiwa | 전화 808-341-7166 | 영업 금~화 10:30~17:00 | 가격 $16~23(갈비+슈림프 콤보 세트 $23) | 주차 유료($2) | 가는 방법 알라 모아나 센터에서 52번 버스 탑승 후 Kamehameha Hwy+Opp Paalaa Rd에서 하차. 도보 1분.

팜 투 반 카페 & 주서리
Farm to Barn Café & Juicery

농장에서 수확한 식재료를 이용해 건강한 음식을 만드는 곳으로 카페 한쪽 구석에서는 식재료를 판매한다. 이곳의 인기 메뉴는 아보카도가 잔뜩 올라간 고소한 맛의 브루게스타 아보 토스트.

Map P.187 | 주소 66-320 Kamehameha Hwy, Haleiwa | 전화 808-354-5903 | 홈페이지 www.farmtobarncafe.com | 영업 09:00~15:00 | 가격 $13~15 | 주차 무료 | 가는 방법 알라 모아나 센터에서 52번 버스 탑승. Kamehameha Hwy+Opp Kilioe Pl에서 하차. 도보 2분.

마츠모토 셰이브 아이스
Matsumoto Shave Ice

하와이의 명물 원조 셰이브 아이스 Shave Ice를 판매하는 디저트 가게. 레인보 맛이 제일 유명하며 40여가지 맛 중 3가지를 고를 수 있다. 65년의 전통이 넘은 곳으로 잡화나 오리지널 티셔츠도 판매한다.

Map P.187 | 주소 66-111 Kamehameha Hwy, Haleiwa | 전화 808-637-4827 | 영업 10:00~18:00 | 가격 $3.75~7.25 | 주차 무료 | 가는 방법 알라 모아나 센터에서 52번 버스 탑승. Kamehameha Hwy+Opp Kewalo Ln에서 하차. 도보 1분.

오아후 서해안의 다양한 볼거리가 가득
리워드 Leeward

리워드 가운데에서도 코 올리나 Ko Olina 지역은 하와이어로 '기쁨의 결정'이라는 뜻을 가진 휴양지다. 와이키키로부터 약 48㎞가량 떨어진 오아후 서쪽 끝자락에 있는 곳으로, 와이아나 산맥에 위치해 있어 대체로 날씨가 맑고 건조한 편이다. 와이키키나 북쪽 해안가에 비해 이곳을 찾는 여행자 수는 적지만 메리어트 코 올리나 비치 클럽, 아울라니 디즈니 리조트 등 유명 리조트들이 모여 있는 데다 비교적 자연이 잘 보존되어 있어 나름대로 매력을 갖고 있다. 그 밖에 챔피언십 골프 코스를 갖춘 코올리나 골프 코스가 유명하며, 전 세계적으로 유명한 하와이의 대표 워터 테마파크 웻 앤 와일드 하와이 Wet'n Wild Hawaii 등이 있어 익스트림한 물놀이를 즐길 수도 있다. 아름다운 자연이 주는 볼거리로 인해 취향이 분명한 여행자들에게 특히 사랑을 받는 곳이다.

공항에서 가는 방법
공항에서 바로 가는 교통편이 없으므로, 렌터카를 이용해 이동하는 것이 좋다.

와이키키에서 가는 방법
와이키키나 알라 모아나에서 코 올리나를 오가는 대중교통이 없어 자가용을 이용해야 한다.
렌터카는 H-1 고속도로를 타고 가다 중간에 93번으로 합류하는 Frrington Hwy.에 진입 후, Ko Olina 방면 출구로 나가면 된다.

리워드에서 볼 만한 곳
코 올리나 비치 파크

Beach

리워드의 해변

리조트 단지가 형성되어 있어 가족 단위로 찾는 코 올리나 비치 파크와 스노클링 장소로 유명한 카헤 포인트 비치 파크는 조용하면서도 비치를 즐기기 제격이다.

코 올리나 비치 파크 Ko Olina Beach Park

파도가 없고 고운 입자의 모래가 특징이라 아이를 동반한 가족들이 즐기기 좋다. 이곳은 인공적으로 만든 총 4개의 라군으로 구성되어 있으며 각 라군별로 리조트와 이어져 있는 것이 특징이다. 가장 아름답기로 소문난 첫 번째 라군은 포 시즌스 리조트 오아후 앳 코 올리나 Four Seasons Reaort Oahu at Ko Olina와 아울라니 디즈니 리조트 Aulani Disney Resort & Spa가 두 번째는 코 올리나 비치 빌라스 Ko Olina Beach Villas, 세 번째는 메리어트 코 올리나 비치 클럽 Marriott's Ko Olina Beach Club, 네 번째는 코 올리나 마리나 Ko Olina Marina와 각각 이어져 있다. 리조트 안의 인공 라군 비치이긴 하나 엄연한 퍼블릭 비치로, 리조트 옆 'Public Access'라는 푯말이 있는 곳에 주차하면 된다.

Map P.066-B4 | 주소 92-100 Waipahe Pl, Kapolei | 운영 06:00~22:00 | 주차 무료(주차 공간 협소) | 가는 방법 와이키키에서 Alawai Blvd를 타고 직진하다 McCully St를 끼고 우회전 후 Dole St. 방향으로 좌회전, Alexander St.를 끼고 다시 좌회전 후 우측 H-1W 고속도로에 합류한다. H-201W, H-1W, HI-93W 방향으로 직진하다 Ko Olina 출구로 향하면 된다.

Activity

리워드의 즐길 거리

골프를 좋아하는 여행자나 가족 단위 여행자 대부분이 열광하는 대규모 워터 테마파크와 유명 골프장이 어우러져 있다.

웻 앤 와일드 하와이
Wet'n Wild Hawaii

광활한 부지 위에 $1,800만를 들여 건설한 하와이 최초의 워터 테마파크. 축구 경기장만 한 대형 파도 풀장과 20m 높이의 워터 슬라이더, 고무보트를 타고 세계 최대 규모의 하프파이프를 내려오는 샤카 Shaka 등 아이들이 좋아할 만한 시설이 마련되어 있어 가족 피크닉 장소로 안성맞춤이다.

| **Map** P.066-C3 | **주소** 400 Farrington Hwy, Kapolei | **전화** 808-674-9283 | **홈페이지** www.wetnwildhawaii.com | **운영** 월·화·목 10:30~15:00, 수·금·일 10:30~16:30, 토 10:30~20:00 | **요금** 성인 $65.99, 3세 이상 $54.99(입장료, 2세 미만 무료) | **주차** 유료 주차(1회 $10) | **가는 방법** 알라 모아나 센터에서 C번 탑승, Wakea St+HAumea St에서 하차, 도보 10분.

코 올리나 골프 클럽
Ko Olina Golf Club

오아후의 아름다운 경관을 배경으로 라운딩을 즐길 수 있는 곳. 매년 LPGA가 열리는 미국 내 Top 75 리조트 골프장 중 하나로 선정되었다. 특히 최나연, 미셸 위 등 한국의 유명 프로 골퍼 등이 참여한 2013 LPGA 미국 여자 프로 골프 대회가 열린 곳이기도 하다. 코 올리나 리조트 내 투숙객일 경우 가격 할인이 가능하니 문의할 것.

Map P.066-B4 | **주소** 92-1220 Ali'lnui Dr, Kapolei | **전화** 808-676-5300 | **운영** 06:00~18:00 | **요금** $140~303 | **주차** 무료 | **가는 방법** 와이키키에서 Alawai Blvd를 타고 직진하다 McCully St를 끼고 우회전 후 Dole St 방향으로 좌회전, Alexander St를 끼고 다시 좌회전 후 우측 H-1W 고속도로에 합류한다. H-201W, H-1W, HI-93W 방향으로 직진하다 Ko Olina 출구로 향하면 된다.

카폴레이 골프 코스
Kapolei Golf Course

사탕수수밭을 개발해 100% 인공 코스를 만들었다. 크고 작은 5개 연못으로 난이도를 조절한 것은 물론이고 80여 개의 벙커는 18홀 내내 골퍼들에게 집중력을 요구한다. 최고의 난이도와 함께 깔끔한 조경 관리로 인기 있는 코스다.

Map P.066-C4 | **주소** 91-701 Farrington Hwy, Kapolei | **전화** 808-674-2227 | **운영** 06:00~18:00 | **요금** $155~210 | **주차** 무료 | **가는 방법** 와이키키에서 Alamoana Blvd를 타고 직진하다 McCully St를 끼고 우회전 후 Dole St 방향으로 좌회전, Alexander St를 끼고 다시 좌회전 후 우측 H-1W 고속도로에 합류한다. H-201W, H-1W 방향으로 직진하다 3번 출구로 빠진다. 다시 Farrington Hwy에 합류 후 왼쪽에 카폴레이 골프 코스 로드로 직진.

역사의 살아있는 자료
진주만 Pearl Harbor

한때 진주를 품은 조개를 많이 수확하던 지역이었기 때문에 진주만이라 이름 지어졌다. 하와이에서 가장 큰 자연 항구로, 미국에서 유일하게 국가 사적지로 지정된 해군기지가 있는 곳이기도 하다. 2차 세계대전의 가슴 아픈 역사 현장을 기념관으로 만들어 수많은 전쟁 희생자를 추모하고, 전쟁의 위험성과 세계 평화의 필요성을 알리는 데 노력을 기울이고 있다.

그 밖에도 진주만의 북쪽에는 현지인들이 즐겨 찾는 대형 쇼핑몰인 펄 리지 센터 Pearl Ridge Center와 매주 수·토·일요일에 스왑 미트 Swap Meet라는 장터가 열리는 알로하 스타디움 Aloha Staduim이 있다. 이곳에서는 하와이안 악기 우쿨렐레를 비롯하여 각종 공예품과 액세서리, 티셔츠 등 하와이 여행에 기념이 될 만한 아이템들을 판매하고 있어 사람들의 발걸음을 붙잡는다.

공항에서 가는 방법

20번 버스 탑승, Arizona Memorial에서 하차해서 도보 1분. 소요시간은 약 15분.

와이키키에서 가는 방법

와이키키에서 42번 버스 탑승, Arizona Memorial에서 하차. 소요시간은 약 1시간. 또는 트롤리 퍼플 라인 탑승 후 펄 하버에서 하차. 렌터카는 H-1 고속도로를 타다 15A번 출구로 나가 Ford Island Blvd.로 진입. 로터리에서 2번 출구로 나가 O'Kane Blvd.로 진입.

진주만에서 볼 만한 곳

USS 애리조나 기념관, 전함 미주리 기념관

Sightseeing

진주만의 볼거리

2차 세계대전 당시 일본 폭격을 받아 가슴 아픈 역사의 흔적이 남아 있는 진주만은 아이들에게 살아 있는 역사 교육의 현장이 될 수 있다.

진주만 유적지 Pearl Harbor Historic Sites

진주만은 태평양 전쟁 당시, 일본이 기습공격을 했던 장소로 애리조나 기념관과 전함 미주리 기념관 등에 전쟁의 흔적이 남아 있다. 특히 1,177명의 희생자와 함께 바다에 침몰한 USS 애리조나호를 그대로 보존해 그 위에 지은 기념관이 인상적이다. USS 애리조나호를 둘러보기 위해선 티켓이 필요하다 (recreation.gov 예약 시 인당 $1). 시간적 여유가 있다면 진주만을 보다 더 잘 이해할 수 있는 두 곳의 박물관을 먼저 둘러볼 필요가 있다. 하나는 '전쟁으로의 길 박물관 Road to Museum'으로 전쟁이 일어나기 전까지의 상황을 그대로 재현한 곳이고, 다른 하나는 '공격 당시 자료 박물관 Attack Museum'으로 미국이 일본의 침략을 당했던 그 순간을 설명한 곳이다. 이 두 곳은 오디오 청취를 함께 하면 보다 빠르게 이해할 수 있다. 실존 인물의 내레이션은 물론이고 한국어 버전으로 통역까지 되어 있어 $7.50의 비용이 들긴 하지만 그만큼 가치가 있다. 박물관 근처 영화관에서 진주만 다큐 영화도 무료로 감상할 수 있으니 놓치지 말 것. 안전상의 이유로 가방은 반입이 금지되기 때문에 펄 하버 비지터 센터에 맡길 경우 개당 $7~10를 지불해야 한다. 단, 카메라, 휴대폰, 가방 속 내용물이 보이는 플라스틱 백 등은 가지고 들어갈 수 있다.

Map P.066-C3 | 주소 1 Arizona Memorial Pl, Honolulu | 전화 808-422-3300 | 홈페이지 www.pearlharborhistoricsites.org | 운영 07:00~17:00 | 요금 진주만 유적지(Pearl Harbor Historic Sites), USS 애리조나호 입장을 제외한 모든 관람은 무료. USS 보우핀 잠수함 박물관, 전함 미주리 기념관 등 전체 관람 시 $94.99, 어린이 $44.99 | 주차 무료 | 가는 방법 와이키키에서 42번 버스 탑승, Arizona Memorial에서 하차. 소요시간은 약 1시간.

전쟁으로의 길 박물관

실제 진주만이 기습공격을 당한 다음 날 신문을 재현해 판매하고 있다.

+++ TRAVEL PLUS +++

진주만의 전시관들

++ 전함 미주리 기념관 Battleship Missouri Memorial

2차 세계대전 당시 일본의 항복을 받아낸 전함으로, 1992년 걸프전 활약을 끝으로 현재 진주만에 전시되고 있다. 둘러보는 데 1시간 30분 정도가 소요된다. 전함 미주리 기념관만 둘러볼 경우 입장료는 ussmissouri.org에서 구입할 수 있다. 성인 $39.99, 4~12세 $19.99.

++ USS 보우핀 잠수함 박물관 USS Bowfin Submarine Museum

바다 위에 전시되어 있는 잠수함은 2차 세계대전 때 실제 사용된 잠수함 중 하나로, 관람용이다. 당시 상황을 조금이나마 이해할 수 있도록 지금은 전시관으로 활용하고 있다. 입장료는 성인 $23.99, 4~12세 $13.99.

USS 보우핀 잠수함 박물관

Shopping

진주만의 쇼핑

펄 리지 쇼핑센터와 알로하 스타디움 & 스왑 미트는 현지인들의 쇼핑 장소로 인기가 높다. 또한 와이켈레 프리미엄 아웃렛에서는 유명 브랜드를 저렴하게 구입할 수 있다.

알로하 스타디움 & 스왑 미트
Aloha Stadium & Swap Meet

미국에서 최대 미식축구 경기가 열리는 알로하 스타디움이지만 수·토·일요일에는 현지인들의 사랑을 받는 벼룩시장이 열린다. 명품 쇼핑과 비교할 수 없지만 나름대로 소박한 장터로 우쿨렐레는 물론이고 와이키키 시내의 ABC 스토어보다 훨씬 저렴한 가격으로 기념품을 구입할 수 있다. 이곳에서라면 가격 흥정도 해볼 만하다.

Map P.067-D3 | 주소 99-500 Salt Lake Blvd, Aiea | 전화 808-486-6704 | 영업 수·토 08:00~15:00, 일 06:30~15:00 | 입장료 $1 | 주차 유료($7) | 가는 방법 알라 모아나 센터에서 A번 버스 탑승. Kamehameha Hwy.+Salt Lake Bl.에서 하차. 도보 3분.

와이켈레 프리미엄 아웃렛
Waikele Premium Outlet

하와이에서 가장 규모가 큰 아웃렛으로 코치 팩토리와 타미 힐피거, 폴로 랄프 로렌, 크록스, 리바이스, 아르마니 익스체인지, 마이클 코어스, 토리버치, 케이트 스페이드, 트루 릴리전, 짐보리, DKNY, 케이트 스페이드, 어그, 토리버치 등의 브랜드를 30~50% 할인된 가격으로 구입할 수 있다. 만약 명품을 저렴하게 구입하고 싶다면 백화점의 아웃렛 형태인 Sak's Fifth Avenue 매장을 둘러보는 것도 좋다. 홈페이지에서 회원 가입을 하면 쿠폰을 다운받을 수 있다.

Map P.066-C3 | 주소 94-790 Lumiaina St, Waipahu | 전화 808-676-5656 | 홈페이지 www.premiumoutlets.com | 영업 월~목 10:00~19:00, 금~토 10:00~20:00, 일 11:00~18:00 | 주차 무료 | 가는 방법 와이키키에서 E번 버스 탑승. Paiwa St+Hiapo St에서 하차. 도보 15분.

Mia's Advice

① 가장 저렴하게 와이켈레 프리미엄 아웃렛을 가는 방법은 홈페이지(waikeleoutletsshuttle.com)에서 티켓을 예매하는 거예요. 호텔에서 픽업하며 왕복 $29.95입니다. 픽업 시간은 10:45이며 와이켈레에서 와이키키로 돌아오는 버스 탑승은 18:00입니다. 와이키키에서 아웃렛을 오가는 시간은 대략 30분 정도 소요됩니다.

② 최근에 와이켈레 프리미엄 아웃렛 주차장에서 도난사고가 연달아 있었어요. 쇼핑백은 보이지 않도록 숨기고, 귀중품은 항상 지니고 있도록 하세요.

Accommodation

오아후 섬의 숙박

오아후 섬의 중심인 와이키키는 식사와 쇼핑, 엔터테인먼트와 해양 스포츠가 밀집되어 있는 곳인 만큼 호텔의 종류도 다양하다. 와이키키 메인 스트리트인 칼라카우아 애비뉴 Kalakaua Ave.와 북쪽의 쿠히오 애비뉴 Kuhio Ave. 주변에 호텔들이 모여 있는데, 만약 와이키키의 복잡한 시내를 원하지 않는다면 골프 코스와 놀이 시설을 갖춘 북부의 노스 쇼어나 서부의 코 올리나의 대형 리조트로 눈을 돌려보자. 우리나라에선 유명 연예인이 비밀 결혼식을 치러 유명해진 카할라의 고급 리조트도 있다(호텔 숙박 요금은 2025년 7월 기준. 1박, 택스와 조식 불포함 요금이다. 참고로 하와이는 호텔마다 시즌별로 가격 차이가 심한 편이다).

알아두세요 | 하와이 숙소 결정, 이것만 기억하세요!

❶ 하와이는 여름, 겨울이 성수기이고 상대적으로 봄, 가을이 조금 저렴한 편입니다.

❷ 와이키키 숙소를 결정할 때 우선순위를 먼저 생각해 두세요. 와이키키 비치와 가장 가까운 리조트인지(쉐라톤 와이키키, 로열 하와이안, 모아나 서프라이더 웨스틴 리조트 & 스파), 저녁 시간에 편하게 맛집이나 쇼핑을 즐길 수 있는 곳인지(하얏트 센트릭 와이키키 비치, 쇼어 라인), 비치와 떨어져 있지 않으면서 쇼핑과 식사도 편리한 곳인지(쉐라톤 프린세스 카이울라니, 하얏트 리젠시) 등 내가 원하는 숙소의 형태를 먼저 정해두는 것이 좋습니다.

❸ 하와이는 기본 숙박 요금 결제 후 투숙 시 리조트 요금, 주차장 요금을 따로 받고 있습니다. 리조트에 따라 다르지만 각각 1박 기준 $50 안팎을 웃도는 가격이라 호텔 결정 시에 리조트 요금과 (렌터카를 이용할 예정이라면) 주차장 요금을 함께 계산해 보는 것이 좋아요.

❹ 같은 객실이어도 뷰에 따라 가격이 다르니 최저가를 원한다면 City View나 Mountain View를 선택하면 됩니다. Ocean Front View가 가장 금액이 높아요.

❺ 등급이 높은 고가의 호텔일수록 공식 홈페이지에 '4박 투숙 시 1박 무료' 등의 프로모션이 있어요. 따라서 5박 이상 하와이에 머무를 예정이라면 리조트의 공식 홈페이지를 먼저 살펴보는 것이 좋습니다.

❻ 어린아이가 있는 경우 주방을 사용할 수 있는 카 라이 와이키키 비치 LXR 호텔 & 리조트 Ka La'i Waikiki Beach LXR Hotels & Resorts, 힐튼 하와이안 빌리지(스튜디오 룸) Hilton Hawaiian Village, 일리카이 호텔 & 럭셔리 스위트 Ilikai Hotels & Luxury Suites 등을 추천합니다.

❼ 마지막으로 결제하기 전 취소 약관을 살펴보고, 다른 여행자들이 남긴 평점과 리뷰를 꼭 확인하는 것이 좋습니다.

★★★★
모아나 서프라이더 웨스틴 리조트 & 스파
Moana Surfrider A Westin Resort & Spa

1901년에 오픈한 역사 깊은 호텔. 와이키키의 랜드 마크이기도 한 하얀 외관은 고급스러운 이미지마저 풍긴다. 호텔 곳곳에 역사적인 전시품이 진열되어 있어 마치 박물관에 온 것 같은 착각을 불러일으킨다. 대다수의 객실이 와이키키 해변이 보이는 오션뷰로 헤븐리 베드가 설치되어 있어 숙면을 보장한다. 투숙 기간 중 하루 고 프로 무료 대여가 가능하다. 장기 투숙객을 위한 코인 세탁실을 갖추고 있다.

Map P.090-C3 | 주소 2365 Kalakaua Ave, Honolulu | 전화 808-922-3111 | 홈페이지 www.moana-surfrider.com | 숙박 요금 $407~ | 리조트 요금 $42(1박) | 주차 유료(발레파킹 1박 $65) | 가는 방법 호놀룰루 국제공항에서 HI-92 E에 진입, 24A Exit(Bingham St)로 나와 McCully St가 나올 때까지 직진 후 우회전, 다시 Kalakaua Ave.를 끼고 좌회전 후 직진.

★★★★★
로열 하와이안 Royal Hawaiian

1927년 오픈한 럭셔리 호텔. 스페인 무어 건축 양식으로 지은 코럴 핑크색의 호텔로 '태평양의 핑크 팰리스'라고 불리기도 한다. 와이키키에서 유일하게 호텔 전용 비치 구역이 있으며 핑크 파라솔이 상징적이다. 뿐만 아니라 객실 내 제품도 핑크색인데, 그 이유는 호텔의 창업주가 지인의 핑크 컬러 별장에 감동을 받았기 때문. 리조트 내 마이타이 바는 오리지널 마이타이 칵테일이 유명하며, 프런트 데스크에 요청하면 쉐라톤 와이키키 풀장 이용이 가능하다. 투숙 기간 중 하루 고 프로 대여가 무료이니 이용해보자. 로열 하와이안의 시그니처인 바나나 브레드 머핀이 포함된 로열 하와이안 웰컴백이 제공되며, 체크인 전이나 체크아웃 이후 호텔의 부대 시설을 편하게 이용할 수 있는 호스피탈리티 서비스가 제공된다.

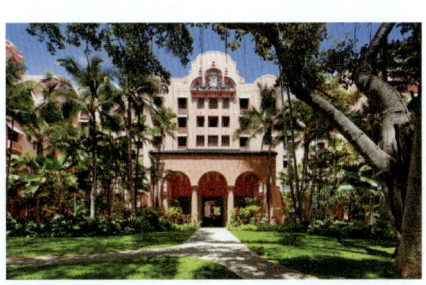

Map P.090-B3 | 주소 2259 Kalakaua Ave, Honolulu | 전화 808-923-7311 | 홈페이지 kr.royal-hawaiian.com | 숙박 요금 $492~ | 리조트 요금 $52(1박) | 주차 유료(셀프 1박 $55, 발레파킹 1박 $65) | 가는 방법 호놀룰루 국제공항에서 HI-92 E에 진입, 24A Exit(Bingham St)로 나와 McCully St가 나올 때까지 직진 후 우회전, 다시 Kalakaua Ave를 끼고 좌회전 후 직진. Lewers St 다음 골목에서 우회전.

★★★★
쉐라톤 와이키키 Sheraton Waikiki

거대한 규모를 자랑하는 와이키키 해변의 고층 호텔. 오션뷰 객실이 많고 쇼핑하기에도 좋은 위치에 자리 잡고 있다. 특히 쉐라톤에서만 경험할 수 있는 인피니티 에지 풀은 16세 이상만 이용할 수 있는 풀장으로 해수면과 가까워 마치 바다 위에서 수영하는 듯한 착각마저 불러일으킨다. 투숙 기간 중 하루 고 프로 무료 대여가 가능하니 놓치지 말고 이용해보자.

Map P.090-B3 | 주소 2255 Kalakaua Ave, Honolulu | 전화 808-922-4321 | 홈페이지 kr.sheraton-waikiki.com | 숙박 요금 $424~ | 리조트 요금 $52(1박) | 주차 유료(셀프 1박 $55, 발레파킹 1박 $65) | 가는 방법 호놀룰루 국제공항에서 HI-92 E에 진입, 24A Exit (Bingham St)로 나와 McCully St가 나올 때까지 직진 후 우회전, 다시 Kalakaua Ave를 끼고 좌회전 후 직진.

★★★★
더 카할라 호텔 & 리조트
The Kahala Hotel & Resort

고급 주택지인 카할라에 있는 최고급 호텔. 인적이 드문 모래사장이 매력적이다. 와이키키 해변과는 차로 약 15분 정도 떨어져 있다. 역대 대통령과 세계 유명 인사들이 묵었던 곳이며, 국내 유명 연예인도 이곳에서 결혼한 것으로 유명하다. 무엇보다 돌고래를 직접 체험할 수 있는 돌핀 퀘스트와 더 카할라 스파 등이 유명하다.

Map P.067-E4 | 주소 5000 Kahala Ave, Honolulu | 전화 808-739-8888 | 홈페이지 www.kahalaresort.com | 숙박 요금 $645~ | 리조트 요금 없음 | 주차 유료(셀프 또는 발레파킹 $55) | 가는 방법 호놀룰루 국제공항에서 HI-92 E에 진입, 오른쪽에 26B Exit으로 나와 직진하다 Kilauea Ave에서 우회전, Makaiwa St를 끼고 좌회전 후, 다시 Moho St 방향으로 우회전, Kealaou Ave 방향으로 직진.

★★★★
하얏트 리젠시 와이키키 비치 리조트 & 스파
Hyatt Regency Waikiki Beach Resort & Spa

40층짜리 쌍둥이 빌딩이 인상적인 이곳은 현재 60여 개의 부티크가 입점해 있어 취향에 따른 쇼핑이 가능하다. 3층의 수영장과 자쿠지, 선탠 시설이 훌륭하다. 매주 월, 수요일 16:00~20:00 1층 로비에서 파머스 마켓이 열리는데, 신선한 하와이 열대과일이나 다양한 기념품을 구입할 수 있다.

Map P.090-C3 | 주소 2424 Kalakaua Ave, Honolulu | 전화 808-923-1234 | 홈페이지 waikiki.hyatt.com | 숙박 요금 $294~ | 리조트 요금 $42(1박) | 주차 유료(셀프 1박 $55, 발레파킹 1박 $70) | 가는 방법 호놀룰루 국제공항에서 HI-92 E에 진입, 24A Exit(Bingham St)로 나와 McCully St가 나올 때까지 직진 후 우회전, 다시 Kalakaua Ave를 끼고 좌회전 후 직진.

★★★★
힐튼 하와이안 빌리지 와이키키 비치 리조트
Hilton Hawaiian Village Waikiki Beach Resort

리조트 내에 18개의 레스토랑과 카페, 루이비통 등의 명품 매장과 ABC 스토어까지 그야말로 없는 게 없는 곳이다. '빌리지'라는 이름을 사용해도 손색이 없을 만한 복합 리조트로 알리 타워, 레인보 타워, 빌리지 타워, 타파 타워 등 총 5개의 차별화된 타워로 구성되어 있다. 훌라, 스노클링 등 매일 각종 문화체험 프로그램이 열리며 5개의 수영장뿐 아니라 해수 라군을 끼고 있어 프라이빗한 휴가를 즐기기 좋다. 매주 금요일 저녁에 불꽃놀이를 진행하는 곳으로도 유명하다.

Map P.092-A4 | 주소 2005 Kalia Rd, Honolulu | 전화 808-949-4321 | 홈페이지 www.hiltonhawaiianvillage.com | 숙박 요금 $319~ | 리조트 요금 $50(1박) | 주차 유료(셀프 1박 $69, 발레파킹 1박 $79) | 가는 방법 호놀룰루 국제공항에서 HI-92 E에 진입. 우측으로 차선 유지 후 Kalia Rd를 끼고 우회전하면 오른쪽 위치.

와이키키 비치 메리어트 리조트 & 스파
Waikiki Beach Marriott Resort & Spa

25층과 33층, 두 개의 타워로 구성된 곳으로 와이키키 해변을 바라보는 오션뷰와 다이아몬드 헤드 쪽을 바라보는 마운틴뷰가 유명하다. 수영장의 규모가 작긴 하나 길만 건너면 바로 와이키키 해변을 마주할 수 있어 여가를 즐기는 데 부족함이 없다. 1층에 쇼핑몰이 있으며 특히 이탈리안 레스토랑인 '아란치노 디 마레'가 유명하다. 또한 객실 내 욕실과 세면대가 분리되어 있어 편리하다.

Map P.095-E2 | 주소 2552 Kalakaua Ave, Honolulu | 전화 808-922-6611 | 홈페이지 www.marriott.com | 숙박 요금 $321~ | 리조트 요금 $58.98(1박) | 주차 유료(셀프 1박 $55, 발레파킹 1박 $65) | 가는 방법 호놀룰루 국제공항에서 HI-92 E에 진입, 24A Exit(Bingham St)로 나와 McCully St가 나올 때까지 직진 후 우회전, 다시 Kalakaua Ave를 끼고 좌회전 후 직진. 쿠히오 비치 파크 Kuhio Beach Park 건너편에 위치.

아울라니-디즈니 리조트 & 스파
Aulani-A Disney Resort & Spa

오아후 서쪽에 위치해 와이키키와는 다소 거리가 있지만 한적한 곳에서 여유로운 휴가를 즐기고 싶다면 이곳을 추천한다. 시간대별로 디즈니 캐릭터가 수영장 곳곳에 등장해 투숙객들을 즐겁게 하며, 워터 슬라이드와 튜브에 몸을 맡기면 인공적으로 만든 물살에 저절로 흘러가는 레이지 리버, 바다와 맞닿아 있는 인피니티 수영장 등 놀거리가 모여 있는 워터파크가 압권이다. 레스토랑은 늘 인기가 많아 예약이 필수이며, 아이와 함께라면 마카히키 Makahiki 레스토랑에서 디즈니 캐릭터와 함께 하는 조식 뷔페를 놓치지 말자. 그 밖에도 아이들을 위한 엔터테인먼트가 가득하다.

Map P.066-B3 | 주소 92-1185 Ali'Inui Dr, Kapolei | 전화 808-674-6200 | 홈페이지 resorts.disney.go.com | 숙박 요금 $815~ | 리조트 요금 없음 | 주차 유료(셀프 1박 $40, 발레파킹 1박 $40) | 가는 방법 호놀룰루 국제공항에서 HI-92 E에 진입, 93번 Farrington Hwy로 진입 후 다시 Ali'Inui Dr 방향으로 직진.

★★★★
아웃리거 리프 와이키키 비치 리조트
Outrigger Reef Waikiki Beach Resort

아웃리거 그룹이 운영하는 특급 호텔로 하와이 전통과 모던한 스타일이 공존하는 호텔. 야외 로비나 정면에 바다가 펼쳐져 환상적인 뷰를 선사한다. 또한 아웃리거 카누 하우스에서부터 신비로운 해저 사진 등 희귀한 하와이 미술 컬렉션을 모든 객실에 배치, 바다의 정신을 구현했다. 레이 만들기, 훌라 레슨, 우쿨렐레 레슨, 카누 패들 키 체인 만들기, 폴리네시안 타투 또는 전통 대나무 프린팅 체험하기 등 매일 다채로운 컬처 액티비티가 있는 곳.

Map P.093-D4 | 주소 2169 Kalia Rd, Honolulu | 전화 808-923-3111 | 홈페이지 www.outriggerreef-onthebeach.com | 숙박 요금 $311~ | 리조트 요금 $50(1박) | 주차 유료(발레파킹 1박 $50) | 가는 방법 호놀룰루 국제공항에서 1HI-92 E에 진입, 24A Exit(Bingham St)로 나와 McCully St가 나올 때까지 직진 후 우회전, 다시 Kalakaua Ave를 끼고 좌회전 후 직진. 오른쪽에 Beach Walk 방향으로 우회전 후 다시 Kalia Rd 방향으로 우회전.

★★★★
하얏트 센트릭 와이키키 비치
Hayatt Centric Waikiki Beach

가성비 좋은 호텔로 모던하고 감각적인 인테리어가 눈에 띈다. 와이키키 뒷골목에 자리하지만 지리적으로 쇼핑하기 최적화된 장소라고 할 수 있다. 백화점 아웃렛인 노드스트롬 랙과 연결되어 있으며, 인터내셔널 마켓 플레이스와 로스가 도보 2~3분 거리에 있다. 다만 수영장의 규모가 작고 깊이가 얕아 아이들만 이용하기 적당하다. 그 외 자쿠지와 태닝용 체어는 이용 가능하다.

Map P.094-A2 | 주소 2349 Seaside Ave, Honolulu | 전화 808-237-1234 | 홈페이지 www.hyatt.com/ko-KR/hotel/hawaii/hyatt-centric-waikiki-beach/hnlct | 숙박 요금 $294~ | 리조트 요금 $42 | 주차 유료(셀프 $42, 발레파킹 $50) | 가는 방법 호놀룰루 국제공항에서 I-H-1E에 진입한 뒤 Hi-92E에 합류해 직진한다. Kalakaua Ave를 끼고 우회전 후 Seaside Ave를 끼고 좌회전하면 오른쪽에 위치.

★★★
일리카이 호텔 & 럭셔리 스위트
Ilikai Hotel & Luxury Suites

'하와이 파이브-오'라는 TV쇼의 오프닝 촬영지로 유명해진 이 호텔은 와이키키 비치 끝, 알라와이 요트 마리나에 자리하고 있다. 호텔은 객실과 콘도미니엄 아파트로 나누어져 있으며, 알라 모아나 센터와 가깝다. 다른 호텔에 비해 객실이 넓은 편이며, 특히 디럭스 룸의 경우 간이 부엌이 잘 되어 있어 가족 여행에 적합하다.

Map P.131-E3 | **주소** 1777 Ala Moana Blvd, Honolulu | **전화** 808-954-7417 | **홈페이지** www.ilikaihotel.com | **숙박 요금** $306~ | **리조트 요금** $38.93~(1박) | **주차** 유료(발레파킹 1박 $45, 근처 Ilikai Marina 셀프 파킹 $23) | **가는 방법** 호놀룰루 국제공항에서 HI-92 E에 진입. 우측으로 차선 유지하며 직진하면 오른쪽 위치.

★★★★
더 트윈 핀 호텔 The Twin Fin Hotel

와이키키 비치를 마주하고 있으면서도 숙박 요금이 높지 않아 가성비 좋은 호텔로 손꼽히는 곳. 트리플 룸이 있어 4인 가족도 편하게 투숙할 수 있다. 와이키키 트롤리뿐 아니라 폴리네시안 컬처 센터나 쿠알로아 랜치 셔틀버스의 주요 정류장이기도 하다. 호놀룰루 동물원과도 가까운 편.

Map P.095-F3 | **주소** 2570 Kalakaua Ave, Honolulu | **전화** 808-922-2511 | **홈페이지** www.astonwaikikibeach.com | **숙박 요금** $246~ | **리조트 요금** $54(1박) | **주차** 유료(발레파킹 1박 $54) | **가는 방법** 호놀룰루 국제공항에서 HI-92 E에 진입, 24A Exit(Bingham St)로 나와 McCully St가 나올 때까지 직진 후 우회전, 다시 Kalakaua Ave를 끼고 좌회전 후 직진. 쿠히오 비치 파크 Kuhio Beach Park 건너편에 위치.

★★★★★
더 리츠 칼튼 레지던스, 와이키키 비치 호텔
The Ritz-Carlton Residence, Waikiki Beach

와이키키 초입에 위치해 조용하게 휴식을 취하기 안성맞춤이다. 2개의 동이 연결되어 있는 구조로, 개별 카바나 Cabana를 갖춘 2개의 인피니티 풀과 함께 와이키키에서 가장 많은 럭셔리 스위트룸을 보유하고 있다. 리조트 내에는 브런치 카페 딘 & 델루카, 유명 레스토랑 스시쇼, 아일랜드 컨트리 마켓 등이 있다. 특히, 할리우드 스타들의 개인 트레이너로도 유명한 할리 파스테르나크 Harley Pasternak가 디자인한 24시 피트니스 센터가 인기다.

Map P.093-D2 | 주소 383 Kalaimoku St, Honolulu | 전화 808-922-8111 | 홈페이지 www.ritzcarlton.com/en/hotels/hawaii/waikiki | 숙박 요금 $805~ | 리조트 요금 무료 | 주차 유료(발레파킹 1박 $60) | 가는 방법 호놀룰루 국제공항에서 HI-92 E에 진입, 오른쪽 McCully St에서 우회전, 11번 Fwy를 타고 직진, 23번 출구로 진출. Kalakaua Ave 방향으로 직진하다 Kalaimoku St 방면으로 좌회전, 오른쪽에 위치.

★★★★
알로힐라니 리조트 'Alohilani Resort

와이키키 비치를 마주하고 있는 위치로 여행자들에게 지리적으로 편리하다. 호텔 내 거대한 수족관은 여행자들에게 또 하나의 볼거리를 선사한다. 성인들을 위한 인피니티 풀과 어린이 수영장이 마련되어 있어 가족 여행객에게 인기가 많으며, 비치 용품은 물론이고 휴대폰 충전기 대여도 가능하다.

Map P.095-E2 | 주소 2490 kalakaua Ave, Honolulu | 전화 808-922-1233 | 홈페이지 kr.alohilaniresort.com | 숙박 요금 $390~ | 리조트 요금 $50(1박) | 주차 유료(셀프 1박 $50, 발레파킹 1박 $65) | 가는 방법 호놀룰루 국제 공항에서 HI-92 E에 진입. 우측 차선을 유지하며 직진 후 Kalakaua Ave를 끼고 좌회전. 맥도날드 지나자마자 오른쪽에 위치.

★★★
쇼어 라인 Shore Line

저가 호텔 라인 중 한 곳으로, 최근 리노베이션을 해 내부가 깔끔하고, 1층 헤브리의 조식도 평이 좋은 편이다. 뿐만 아니라 크랩 전문 레스토랑인 크래킨 키친과 저렴한 쇼핑몰 로스 Ross, 하와이에서 스팸 무수비로 유명한 무수비 & 벤또 이야스메도 가까이에 있어 지리적으로 편리하다.

Map P.093-F2 | 주소 342 Seaside Ave, Honolulu | 전화 808-931-2444 | 홈페이지 www.shorelineislandresort.com | 숙박 요금 $179~ | 리조트 요금 $30(1박) | 주차 유료(발레파킹 $45) | 가는 방법 호놀룰루 국제공항에서 I-H-1E에 진입 후 HI-92E에 합류해 직진한다. Kalakaua Ave를 끼고 우회전 후 Seaside Ave를 끼고 좌회전하면 왼쪽에 위치.

★★★
쉐라톤 프린세스 카이울라니
Sheraton Princess Kaiulani

하와이의 마지막 공주인 빅토리아 카이울라니가 거주했던 곳으로 역사적으로도 의미 있는 호텔. 와이키키 중심에 위치해 있어 쇼핑과 비치를 즐기기에 최적의 장소다. 최근에 리노베이션을 해 보다 쾌적하고 안락한 분위기를 제공하고 있다. 우쿨렐레 강습과 훌라 배우기, 레이 만들기 등 다채로운 행사가 열려 관광객의 일정을 더욱 알차게 만들어 준다.

Map P.094-B2 | 주소 120 Kaiulani Ave, Honolulu | 전화 808-922-5811 | 홈페이지 kr.princess-kaiulani.com (한국어 지원) | 숙박 요금 $297~ | 리조트 요금 $42 | 주차 유료(셀프 1박 $45) | 가는 방법 호놀룰루 국제공항에서 HI-92 E에 진입. 24A Exit(Bingham St)로 나와 McCully St가 나올 때까지 직진 후 우회전. 다시 Kalakaua Ave를 끼고 좌회전 후 직진. 왼쪽 Kaiulanw Ave를 끼고 좌회전 후 왼쪽에 위치.

★★★★ 할레푸나 와이키키 바이 할레쿨라니 Halepuna Waikiki by Halekulani

고급 리조트인 할레쿨라니에서 2019년에 오픈한 부티크 호텔. 아담하고 현대적인 건물로 조용한 휴식을 보장하는 곳이다. 8층 어반 오아시스에는 와이키키 해변을 바라보도록 설계된 인피니티 풀과 온수 자쿠지가 있어 여행의 피로를 풀 수 있으며, 호텔 내 할레쿨라니 베이커리는 수제 빵이 유명하다. 그중에서도 코코넛 케이크는 이곳의 시그니처 메뉴.

Map P.090-B3 | **주소** 2233 Helumoa Rd, Honolulu | **전화** 808-921-7272 | **홈페이지** www.halepuna.com | **숙박 요금** $405~ | **리조트 요금** 없음 | **주차** 유료(셀프 1박 $50) | **가는 방법** 호놀룰루 국제공항에서 HI-92 E에 진입, 24A, 24번 Exit(Bingham St)으로 나와 McCully St가 나올 때까지 직진 후 우회전. 다시 Kalakaua Ave를 끼고 좌회전 후 직진. Lewers St를 끼고 우회전 후 다시 Helemua Rd를 끼고 좌회전.

★★★★ 르네상스 호눌룰루 호텔 & 스파 Renaissance Honolulu Hotel & Spa

2024년에 오픈. 최적의 컨디션을 자랑하는 호텔. 알라모아나 센터와 월마트 근처에 위치해 있어 쇼핑을 즐기는 여행객들에는 최고의 장소다. 2개의 수영장은 물론이고 사우나 시설(유료, $35)을 갖추고 있으며 밤에는 아름다운 시티뷰를 만끽할 수 있다. 객실에 따라 주방이 비치된 곳이 있어 아이가 있는 가족들에게도 적합하다. 와이키키를 오가는 셔틀을 운영하고 있어 편리하다.

Map P.130-C2 | **주소** 1390 Kapiolani Blvd, Honolulu | **전화** 808-921-6155 | **홈페이지** www.marriott.com | **숙박 요금** $296 | **리조트 요금** $48(1박) | **주차** 유료(발레파킹 1박 $59) | **가는 방법** 호놀룰루 국제공항에서 HI-92E에 진입, Honolulu 방향으로 진입 후 Piikoi St 방향으로 좌회전. 다시 Makaloa St를 끼고 우회전, 우측에 위치.

이웃 섬 떠나기 전 알면 도움되는
여행백서

빅 아일랜드, 마우이, 카우아이, 라나이는 어떻게 다를까? 하와이에서는 오아후를 제외한 다른 섬들을 모두 이웃 섬이라 통칭한다. 천문대와 휴화산으로 하늘과 가장 가깝게 만날 수 있는 빅 아일랜드, 아름다운 해변이 많아 미국인들이 사랑하는 마우이, 섬이 작고 아기자기한 볼거리들이 모여 있는 카우아이, 프라이빗한 휴식을 취하고 싶은 이들을 위한 라나이까지 취향에 맞는 곳을 고르는 즐거움이 있다.

나에게 맞는 호텔, 어떻게 찾을까?

이웃 섬마다 호텔을 정할 때 살펴봐야 하는 것들이 있다. 마우이의 경우 리조트 가격대가 워낙 높아 예산에 맞는 호텔을 고르는 것이 중요하다. 반면에 빅 아일랜드는 지형이 넓어 자칫 호텔을 잘못 선택하면 이동 시간으로 여행의 절반을 낭비할 수도 있다. 최대한 볼거리와 가까운 곳을 선택하는 것이 좋은데, 화산 국립공원이 목표라면 국립공원 내 호텔에 투숙하는 것도 좋고, 코나 쪽을 전체적으로 살피고 싶다면 카일루아코나 혹은 와이콜로아 쪽으로 숙소를 정하는 것이 좋다. 카우아이의 경우 비치를 원한다면 포이푸 지역을 선택하는 것이 좋고, 프린스빌 지역에는 고급 리조트가 모여 있다.

이웃 섬, 숙박을 한다면 며칠이 좋을까?

결론부터 말하자면 섬의 크기 순으로 여행 일정이 결정된다. 최소 여행 기간을 기준으로 할 때 가장 큰 빅 아일랜드의 경우 최소 3박 이상이 좋고, 마우이의 경우 2박, 카우아이의 경우 짧으면 1박으로도 충분히 가능하다.

오아후(호놀룰루 국제공항)에서 이웃 섬까지 소요되는 비행 시간은?

호놀룰루 국제공항에서 마우이 카훌루이 공항까지는 45분, 빅 아일랜드의 코나 혹은 힐로까지는 45분~1시간, 카우아이 리후에 공항까지는 40~47분 소요된다. 오아후와 이웃 섬 거리가 짧고 공항이 작아 이동이 편리하다. 다만, 마우이는 라스베이거스, 샌프란시스코,

로스앤젤레스, 시애틀, 시카고는 물론 캐나다(밴쿠버), 일본(도쿄), 호주(시드니)에서 직항으로 오가는 비행기가 많아 입출국 시 시간이 더 소요될 수 있다.

이웃 섬 여행 시 꼭 필요한 아이템은?

해발 100m씩 올라갈수록 기온은 평균 0.6℃씩 내려간다. 3,055m에 이르는 마우이의 할레아칼라 정상에서의 기온은 해안가보다 10℃가량 낮은 셈. 빅 아일랜드의 마우나케아는 4,205m로 추운 편. 체감 온도가 떨어질 경우를 대비해 긴팔, 긴바지는 물론이고 보온용 의류를 별도로 준비하는 것이 좋다.

렌터카 VS 우버 VS 택시

오아후의 경우 굳이 렌터카를 이용하지 않아도 트롤리나 버스, 택시 등 다른 대체 수단이 많다. 그러나 이웃 섬의 경우는 다르다. 우버나 택시 공급이 많지 않고, 가격도 비싼 편. 따라서 이웃 섬 여행 시에는 되도록 렌터카나 차량 공유 서비스인 '투로'를 이용하자. 다만 렌터카는 반납 후 렌터카 사무실에서 공항까지 셔틀을 이용해 무료로 이동할 수 있지만, 투로는 반납 장소에 따라 공항까지 이동이 어려울 수 있다. 참고할 것.

여행 일정이 짧은 이들을 위한 원데이 투어

이웃 섬을 여행하고 싶지만 운전이 힘들거나, 여행 일정이 짧아 이웃 섬에서 숙박이 불가능한 경우에는 원데이 투어를 이용하는 것도 방법이다. 항공권은 물론이고, 가이드와 차량이 포함되어 있는 상품으로 새벽에 비행기를 타고 이웃 섬으로 출발, 주요 볼거리만 핵심적으로 둘러보고 저녁 비행기로 돌아오는 일정이라 무리가 없다.
문의 카카오톡 오픈 채팅(알로하 브라더스), 인스타그램(@808alohaBrothers)

인기 레스토랑 찾는 법

미국인들이 여행지에서 인기 있는 맛집을 찾을 때 즐겨 찾는 것이 바로 옐프 Yelp. 하와이뿐 아니라 미국 전역을 여행할 때 가장 쉽게 맛집을 찾는 비결이다. 애플리케이션이나 홈페이지(www.yelp.com)를 통해 접속, 내가 있는 위치를 설정하면 근처 맛집은 물론이고 사람들의 생생한 리뷰를 모두 확인할 수 있다.

ⓒ 하와이 관광청

BIG ISLAND
- 빅 아일랜드 -

자연이 선사하는 신비한 모험이 가득한 곳

빅 아일랜드는 '하와이 섬'으로 불리기도 한다. 하와이에서 면적이 가장 큰 섬으로, 하와이를 대표하는 섬이기 때문이다. 하지만 하와이 주의 이름과 혼동하기 쉬워 빅 아일랜드라고 통칭한다. 하와이의 여러 섬 가운데에서도 빅 아일랜드는 자기 색깔이 가장 확실한 섬이다. 지구상의 기후대 가운데 2가지를 빼고 모두 있는 이 섬에서 우리가 할 수 있는 일은 굉장히 많다. 쏟아져 내릴 것 같은 하늘의 수많은 별들을 감상하고, 살아 있는 화산 앞에 자연의 위대함을 발견하는 것 등 자연이 준 선물을 그대로 받아들이다 보면 자연에 대한 숭고함과 동시에 이유를 알 수 없는 감사한 마음마저 든다. 그 경험이야말로 빅 아일랜드가 우리에게 주는 가장 큰 선물일지도 모른다.

빅 아일랜드
기본 정보

빅 아이랜드에서 중요한 것은 3가지. 세계에서 가장 활발하게 활동하는 칼라우에아 화산, 해발 4,205m로 하와이 제도에서 가장 높은 산에 위치한 마우나 케아의 천문대에서 보는 별자리, 그리고 코나 커피다. 이곳은 마우나 케아와 마우나 로아라는 거대한 산을 기준으로 코나가 있는 서쪽에 리조트, 힐로가 있는 동쪽에 열대우림과 폭포 등이 모여 있다.

알아두세요 빅 아일랜드의 역사

1778년 영국인 제임스 쿡 James Cook이 빅 아일랜드 케알라케쿠아 Kealakekua에 상륙했어요. 당시 섬에는 수확제 날 '로노 Lono' 신이 바다에서 나타난다는 소문 때문에 제임스 쿡을 로노의 화신이라고 여겨 대환영했죠. 그러나 이듬해 1779년 2월 4일 제임스 쿡이 다시 하와이를 찾았고, 주민들은 신의 행세를 했던 그에게 화가 나 돌변하여 디스커버리 호의 보트를 탈환하고, 제임스 쿡을 인질로 잡았어요. 2월 14일 사태가 점점 심각해지자 대원들은 서둘러 배로 도망갔고 이때 제임스 쿡과 4명의 수병은 원주민이 휘두르는 무기에 맞아 목숨을 잃게 되었습니다.

지형 마스터하기

빅 아일랜드는 크게 동서남북으로 나누어 지형을 살펴볼 수 있다. 코나 국제공항이 있는 서쪽은 코나 코스트 Kona Coast 지역으로, 카일루아-코나 Kailua-Kona에 다양한 해변이 있고, 리조트 단지가 잘 형성되어 있다. 코나 커피 농장도 이곳에 모여 있다. 남쪽에는 화산 국립공원과 푸날루우 블랙 샌드 비치 Punaluu Black Sand Beach가 유명하다. 동쪽은 또 다른 국제공항이 있는 힐로 Hilo 지역으로, 하와이 트로피컬 식물원이나 아카카 폭포 주립공원, 퀸 릴리우오칼라니 공원 등 자연경관을 즐기기 좋다. 북쪽에는 하와이에서 제일 규모가 큰 와이피오 계곡 전망대가 있으며 하와이를 통일시킨 카메하메하 대왕의 오리지널 동상이 있다. 빅 아일랜드 전체 지도의 위쪽 중심부에 걸쳐져 있는 코할라 Kohala 산맥에는 최대 규모의 파커 목장과 그곳에서 일하는 파니올로 Paniolo(하와이 카우보이)들이 사는 와이메아 타운이 걸쳐져 있다.

날씨

낮 평균 기온은 여름철이 29.4℃, 겨울철이 25.6℃ 정도. 밤이 되면 낮보다 10℃ 정도 기온이 내려가는 등 일교차가 크다. 따라서 여름철에도 긴소매, 긴바지 의상은 반드시 필요하다. 겨울(11~4월)은 꽤 추운 편. 마우나 케아와 마우나 로아 등 높은 산은 눈이 쌓일 정도로 내린다.

공항

한국에서 빅 아일랜드로 가는 직항 노선이 없다. 호놀룰루 국제공항 HNL에서 주내선으로 갈아탄다. 빅 아일랜드의 대표 공항에는 서쪽의 코나 국제공항과 동쪽의 힐로 국제공항이 있다. 호놀룰루 국제공항에서 약 30분가량 소요된다.

공항에서 주변까지 소요시간

편도 기준으로 코나 국제공항에서 카일루아-코나는 15분, 와이콜로아 빌리지는 30분, 하와이 화산 국립공원은 2시간 40분 소요된다. 반면 힐로 국제공항에서 하와이 화산 국립공원은 50분, 푸나 & 파호아 지역은 35분 정도 소요된다. 코나와 힐로 사이는 3시간 정도 소요된다.

누구와 함께라면 좋을까

워낙 대지가 넓어 성격이 급한 사람보다는 느긋하게 운전을 즐기며 자연과 관련된 액티비티를 즐기는 사람에게 좋다.

여행 시 챙겨야 하는 필수품

하와이 화산 국립공원과 마우나 케아를 방문할 예정이라면 긴 옷과 운동화는 반드시 필요하다. 또 힐로 지역의 카우마나 동굴이나 화산 국립공원의 서스톤 라바 튜브 등을 탐험할 예정이라면 손전등은 필수! 아카카 폭포 등을 감상할 때는 모기 퇴치약도 준비하면 좋다.

빅 아일랜드 1일 예산

- 숙박비 (2인) $500~
- 교통비 (소형 렌터카) $115
- 식사 (1인 3식)
  브렉퍼스트 $25, 런치 $25, 디너 $50
- 액티비티 (1인) $200

- 예상 1인 총 경비 (쇼핑 예산 제외)
  약 $665 (약 97만 8,015원, 2025년 7월 기준)

빅 아일랜드에서 꼭 즐겨야 할
BEST 5

빅 아일랜드는 다른 섬에서는 보기 힘든, 개성 강한 액티비티가 많다. 화산을 직접 두 눈으로 볼 수 있는 투어부터 별자리 관측, 커피 농장 투어까지 스케줄을 넉넉하게 잡아 돌아보자.

BEST 1

지금도 뜨겁게 끓어오르는 하와이 화산 국립공원

빅 아일랜드에는 2개의 활화산이 있다. 1984년 마지막으로 폭발한 마우나 로아 화산과 1983년 1월 3일 이래 끊임없이 활동하는 킬라우에아 화산. 가이드가 동행하는 밴 투어나 헬리콥터 투어로 활화산을 직접 마주할 수도 있다.

BEST 2

마우나 케아에서 관찰하는 별자리

해저부터는 1만m가 넘어, 해저 기준으로 세계에서 가장 높은 산인 마우나 케아. 17:00~18:00쯤 비지터 센터에 도착하면 일몰과 별자리를 감상할 수 있다.

세계 3대 커피, 코나 커피

BEST 3

자메이카의 블루마운틴, 예멘의 모카 마타리와 함께 세계 3대 커피로 꼽히는 코나 커피. 코나의 남북쪽에서만 재배되는 귀한 품종이다. 높은 해발고도와 기름진 땅은 독특한 커피 원두를 수확하는 데 최고의 환경이 되어준다. 코나 지역에만 600여 개의 커피 농장이 있는데, 대부분 농장 투어를 운영한다. 투어 후에 즐기는 100% 코나 커피의 맛과 향에 취해보자.

와이메아 목장에서 카우보이 되어 보기

BEST 4

하와이 카우보이 파니올로의 지역인 와이메아. 양과 소를 사육하는 목장에서 승마나 ATV(4륜 오토바이)를 타고 와이메아의 카우보이가 되어보자. 승마는 초보자도 안심하고 체험할 수 있으니, 잠시 할레아칼라를 마주 보며 대자연을 만끽해보자.

힐로를 방문해야 하는 이유, 힐로 파머스 마켓

BEST 5

매주 수요일과 토요일, 힐로 지역에서는 대형 파머스 마켓이 열린다. 1988년 4명의 농부에서 시작해 현재 200여 명 이상이 참여하는 파머스 마켓은 힐로 지역의 빼놓을 수 없는 볼거리가 되었다. 빅 아일랜드 지역 특산물은 물론이고 직접 재배한 과일과 각종 먹거리가 여행자들의 발길을 더디게 한다.

BEST ITEM

빅 아일랜드 오리지널 아이템

코나 커피부터 카메하메하 대왕 동상까지. 빅 아일랜드에서 시작해 하와이 섬 전체에서 인기몰이 하고 있는 아이템과 역사적으로 의미가 깊은 오리지널을 소개한다.

코나 커피 Kona Coffee
커피 애호가라면 한 번쯤 들어봤을 법한 하와이의 코나 커피. 꽃 향과 함께 과일의 신맛이 어우러져 있다. 사우스 코나 지역에 커피 농장이 많으며, 커피나무에서 자란 열매가 원두로 탄생하는 과정을 직접 체험할 수 있다. 매년 11월 초에는 커피 페스티벌이 열려 코나 커피를 즐기는 전 세계인들이 이곳으로 모인다.

로코모코 Loco moco
로코모코는 하와이를 대표하는 현지식. 그 유래는 1946년 오키나와에서 이주한 일본인에게서 시작된다. 로코모코는 밥 위에 햄버거스테이크와 치즈, 달걀프라이 등을 올리고 그레이비 소스를 뿌린 덮밥 스타일로, 빅 아일랜드 힐로 지역의 Cafe 100에서 탄생했다.

마카다미아 너트 Macadamia Nut
견과류의 황제라고도 불리는 마카다미아 너트 역시 빅 아일랜드에서 재배량이 높은 작물 중 하나다. 마카다미아 너트는 담백하면서도 씹을수록 고소한 맛이 더해져 견과류 가운데에서도 최고급 맛으로 통한다.

오리지널 카메하메하 대왕 동상
Original King Kamehameha Statue
카메하메하 대왕은 18세기 하와이 제도를 최초로 통일한 하와이 원주민 왕국의 초대 대왕으로, 하와이 곳곳에서 그의 동상을 쉽게 볼 수 있다. 하지만 빅 아일랜드의 노스 코할라 지역에 있는 동상이 오리지널로, 그가 태어난 곳에 세워져 의미가 있다.

BEST ITEM

나만의 여행 코스

면적이 워낙 넓어서 장시간 운전에 자신 없다면 코나 혹은 힐로 등 한 지역 위주로 여행하는 것도 좋고, In/Out 공항을 각각 코나와 힐로로 다르게 지정해도 좋다.
(여행 코스에서 제시된 예상 비용은 2025년 7월 기준으로 다소 변동이 있을 수 있습니다.)

핵심 액티비티 2박 3일(코나 중심)

1 Day 와이콜로아 빌리지 → 킹스 트레일 → 마우나 케아(오니즈카 센터)

공항에서 나와 와이콜로아 빌리지의 레스토랑에서 간단하게 식사한 뒤 리조트 단지에 위치한 킹스 트레일을 걸으며 암벽화를 감상한다. 그런 뒤 마우나 케아로 향해 오니즈카 센터에서 일몰과 별자리를 감상하고 숙소로 돌아온다.
예상 비용(1인) : 렌터카 $115(보험 불포함)

2 Day 하와이 화산 국립공원 → 카일루아-코나(훌리헤에 궁전 → 모쿠아이카우아 교회)

하와이 화산 국립공원을 렌터카로 방문할 예정이라면 오전으로 일정을 잡는다. 오후에는 카일루아-코나 지역에서 훌리헤에 궁전과 모쿠아이카우아 교회 등 역사적으로 의미 있는 곳들을 둘러보고 분위기 있는 레스토랑에서의 저녁 식사로 마무리한다. 카일루아-코나 지역은 항구를 끼고 있으며 일몰이 아름다워 오후에 산책하기 좋다. 화산을 편하게 보고 싶다면 헬리콥터 투어나 라바 보트 투어를 권한다. 투어로 활화산을 본다면 화산 국립공원을 오후 일정으로 잡고, 오전에 카일루아-코나 지역을 둘러보는 것도 좋다.
예상 비용(1인) : 렌터카 $115(보험 불포함), 훌리헤에 궁전 입장료 $10, 하와이 화산 국립공원 입장료 개인 1인당 $22, 차량일 경우 $30

3 Day 사우스 코나(커피 농장 체험) → 푸우호누아 오 호나우나우 국립 역사공원

오전에는 사우스 코나 지역 커피 농장을 방문해 직접 커피콩을 따고 테이스팅 체험까지 즐긴다. 시간이 넉넉하다면 근처 푸우호누아 오 호나우나우 국립 역사공원을 방문해 고대 하와이안의 삶을 체험해본다.
예상 비용(1인) : 렌터카 $115(보험 불포함), 푸우호누아 오 호나우나우 국립 역사공원 입장료 $20(차량당), $10(1인당)

+1 Day 파커 목장을 방문, 승마 투어 등 파니올로의 삶을 체험해보자. 스릴 넘치는 액티비티로 한밤중에 쥐가오리 떼를 만날 수 있는 만타 레이 스노클링도 좋다.

빅 아일랜드 217

자연을 따라 드라이브 여행 2박 3일 (힐로 중심)

1 Day 힐로 북부 → 와이피오 계곡 전망대 → 아카카 폭포 주립공원

공항에서 내린 뒤 힐로 북부로 향한다. 와이피오 계곡 전망대에서 하와이에서 가장 긴 블랙 샌드 비치를 내려다본 뒤 아카카 폭포 주립공원으로 이동해 공원 내 거대한 아카카 폭포를 감상한다.
예상 비용(1인) : 렌터카 $115(보험 불포함), 아카카 폭포 주립공원 입장료 $10(차량당), $5(1인당)

2 Day 목장에서 승마 체험 → 마우나 케아(오니즈카 센터)

오전에는 와이메아 지역의 목장에서 승마 체험을 한다. 광활한 대지를 말을 타고 거닐다 보면 가슴이 탁 트이는 경험을 할 수 있다. 오후에는 마우나 케아로 향해 오니즈카 비지터 센터에서 별자리를 관찰하고 저녁을 마무리한다.
예상 비용(1인) : 렌터카 $115(보험 불포함), 승마 체험 $110~150

3 Day 와일루쿠 리버 레인보 폭포 주립공원 → 카우마나 동굴 → 힐로 파머스 마켓

오전에는 와일루쿠 리버 레인보 폭포 주립공원과 카우마나 동굴을 둘러본다. 오후에는 하와이에서 가장 규모가 크고 유명한 힐로 파머스 마켓을 둘러보며 식사를 함께한다.
예상 비용(1인) : 렌터카 $115(보험 불포함)

+1 Day 빅 아일랜드에서 가장 빈티지한 마을, 호노카아에서 쇼핑과 식사, 산책을 겸한다. 곳곳에 중고 인테리어 숍이 모여 있어 구경하는 재미가 쏠쏠하다.
예상 비용(1인) : 렌터카 $115(보험 불포함)

알아두세요 빅 아일랜드에서의 운전 상식

빅 아일랜드에서 드라이브를 할 때 가장 주의할 것은 렌터카 주행 불가 지역이 있다는 것입니다. 라바 트리 주립공원을 지나 파오아 지역의 Hwy 130번 도로를 직진하다 보면 용암으로 사라진 칼라파니 지역이 나옵니다. 화산이 계속 활동하면서 이곳은 더 이상 진입이 불가능하니 반드시 지켜 불미스러운 일을 미연에 방지하는 게 좋아요.

EASY & SIMPLE TRANSPORTATION

빅 아일랜드 대중교통 A to Z

면적이 넓은 빅 아일랜드를 버스나 택시로 둘러보기엔 불편한 점이 많다. 렌터카를 이용하는 편이 훨씬 경제적이다.

헬레 온 버스 Hele On Bus

빅 아일랜드에서 운영하는 버스. 군청이 있는 힐로를 기점으로 23개 노선을 운영하고 있다. 각 노선의 운행 횟수가 적어 짧은 시간에 빅 아일랜드를 둘러봐야 하는 관광객에게는 다소 무리가 있다. 다만 장기 체류로 시간적인 여유가 있거나, 코나~힐로와 같이 광범위하게 이동하는 일정이라면, 버스를 이용하는 것도 좋을 듯. 2025년 현재 버스 요금은 무료다. 보다 자세한 버스 노선과 시간표는 홈페이지를 통해 알 수 있다.

문의 808-961-8744
홈페이지 www.heleonbus.hawaiicounty.gov

렌터카 Rent a Car

빅 아일랜드를 가장 빠르고 간편하게 둘러보려면 렌터카를 빼놓을 수 없다. 다른 섬에 비해 유독 렌터카가 필요한 지역이 바로 빅 아일랜드다. 공항에서 픽업해 여행을 시작하고, 반납하면서 여행을 마무리하는 것이 좋다.

빅 아일랜드의 주요 렌터카 회사

달러 렌터카 Dollar Rent a Car
위치 73-200 Kupipi St, Kona Airport Kailua Kona(코나), Kekuanaoa St #1, Hilo(힐로) 문의 866-423-2266
홈페이지 www.dollar.com

알라모 렌터카 Alamo Rent a Car
위치 73-106 Aulepe St, Keahole-kona Airport Kailua Kona(코나), 2350 Kekuanaoa St, Hilo(힐로)
문의 844-914-1550 홈페이지 www.alamo.com

엔터프라이즈 렌터카 Enterprise Rent a Car
위치 73-107 Aulepe St, Keahole-kona Airport Kailua Kona(코나), 2350 Kekuanaoa St, Hilo(힐로) 문의 844-914-1549 홈페이지 www.enterprise.com

택시 Taxi

택시를 원한다면 조금 번거롭겠지만 직접 택시 회사에 전화를 걸어야 한다. 호텔에 묵고 있다면 컨시어지에게, 레스토랑이나 상점에서는 점원에게 요청하면 택시를 불러준다.

문의 킹 에어포트 셔틀(808-352-4670), 알 제이 택시(808-217-5953), 코나 택시캡(808-324-4444)

+++ TRAVEL PLUS +++

빅 아일랜드, 놓치기 아쉬운 농장 투어

하와이 섬 중 가장 넓은 빅 아일랜드. 이곳을 여행하는 묘미는 곳곳에 숨어 있는 농장에 있다. 현지에서 채취한 커피와 꿀, 바닐라 등을 직접 맛보고 농장 사람들과 이야기를 나누다 보면, 빅 아일랜드와 한층 더 가까워진 느낌이다.

마운틴 썬더 Mountain Thunder

오가닉 코나 커피를 만날 수 있는 곳. 커피 애호가들을 위한 특별한 투어가 있다. 예약이 필요 없는 무료 투어로, 20분간 진행된다. 가이드가 함께하는 셀프 가이드 라바 & 내추럴 워크 투어는 3개의 용암 동굴을 따라 자연 속 산책도 덤으로 즐길 수 있는 커피 투어다. 가족 단위로 진행되며, 가격은 한 가족당 $10로 15~20분가량 소요된다.

Map P.254-B2 | 주소 73-1942 Hao St, Kailua-Kona | 전화 808-325-5566 | 홈페이지 mountainthunder.com | 영업 09:00~16:00(첫 투어 09:30, 마지막 투어 15:30) | 입장료 무료 | 주차 무료 | 가는 방법 카일루아-코나에서 190번 Palani Rd를 타고 직진, 우측에 Kaloko Dr를 타고 직진 후 사거리에서 오른쪽의 Hao St로 진입. 오른쪽에 위치.

알아두세요 | 빅 아일랜드에서 만나는 특별한 농장 투어

힐로에 위치한 인 앳 쿨라니아피아 폴스(Inn at Kulaniapia Falls)는 숙박뿐 아니라 웨딩과 농장 투어, 쿠킹 클래스 등 다양한 이벤트가 있는 곳이에요. 특히 농장에서 제철 식재료를 수확한 뒤 셰프와 함께하는 쿠킹 클래스가 유명해요. 월, 수, 금요일 09:30~13:30 진행되죠. 쿠킹 클래스가 끝나고 근처 쿨라니아피아 폭포도 둘러볼 예정이라면 홈페이지에서 데이패스 구입 후 쿠킹 클래스를 신청하는 것이 좋아요.

Map P.213-D2 주소 100 Kulaniapia Dr, Hilo | 전화 808-935-6789 | 홈페이지 www.waterfall.net | 입장료 $49(데이패스), $99(쿠킹 클래스, 데이패스 소지자에 한함)

하와이안 바닐라 Hawaiian Vanila

1998년에 오픈해 질 좋은 바닐라를 재배하는 곳. 월~금요일 12:30에 진행되는 바닐라 익스피어리언스 런천 앤 팜은 바닐라 요리법과 식사, 농장 투어를 곁들인다. 총 소요시간은 2시간. 바닐라 농장 투어는 월~금 13:00에 1시간 동안 진행된다. 모든 투어는 예약이 필수며, 간혹 운영시간임에도 예고 없이 문을 닫기도 한다. 따라서 방문 전에 꼭 전화로 확인하자.

Map P.213-D2 | **주소** 43-2007 PaauiloMauka Rd, Paauilo | **전화** 808-776-1771 | **홈페이지** www.hawaiianvanilla.com | **영업** 10:00~15:00 | **입장료** 없음 (바닐라 익스피어리언스 런천 앤 팜 투어 성인 $89.50, 4~12세 $55, 농장 투어 $41.50) | **주차** 무료 | **가는 방법** 카일루아-코나에서 190번 Palani Rd를 타고 직진, 와이메아에서 오른쪽 19번 Mamalahoa Hwy로 진입, 오른쪽의 Apelanama Rd로 직진 후 왼쪽의 Kaapahu Rd로 진입, 도로 끝에서 오른쪽의 PaauiloMauka Rd로 우회전 후 직진, 왼쪽에 위치.

빅 아일랜드 비스 Big Island Bees

벌에서 꿀을 직접 채집하는 과정을 지켜볼 수 있는 비키핑 투어(Beekeeping Tour)는 월~금 10:00, 13:00 하루 두 차례 이뤄지며, 홈페이지에서 미리 예약해야 한다. 1시간가량 소요되며 가격은 성인 $30, 13~18세 $20, 12세 미만 $10. 1971년부터 가족이 함께 운영한 곳으로, 지금은 2,500개의 벌집과 1억 2,500만 마리 이상의 벌들로 규모를 키웠다. 농장 내 뮤지엄&테이스팅 룸에서는 밀랍으로 만든 조각품들을 만날 수 있다. 이곳 제품은 와이키키 내 ABC 스토어에서 구입 가능하다.

Map P.254-B4 | **주소** 82-1140 Meli Rd, Suite 102Captin Cook | **전화** 808-328-1315 | **홈페이지** bigislandbees.com | **영업** 월~금 10:00~15:00(토~일요일 휴무) | **입장료** 무료 | **주차** 무료 | **가는 방법** 카일루아-코나에서 11번 Mamalahoa Hwy를 타고 직진, 오른쪽 160번 Napoopoo Rd로 진입, 직진 후 Lower Napoopoo Rd로 진입해 오른쪽 Meli Rd로 우회전.

목장을 거닐며 시간을 즐기는
와이메아~하마쿠아 코스트
Waimea~Hamakua Coast

와이메아 지역에는 코할라 산맥을 타고 펼쳐진 파커 목장이 있다. 규모를 상상할 수 없을 정도로 무척 넓고, 광활한 푸르름이 눈앞에 펼쳐져 도심에 꽉 막혔던 시야를 시원하게 탁 트여준다. 운전하다 보면 주변에서 한가롭게 풀을 뜯는 소떼와 함께 카우보이를 마주칠 수 있다. 한 가지 재미있는 것은 와이메아 도로에 있는 Whoa라는 표시판이다. 이 표시판은 정지를 의미하는 Stop 사인을 대신하는 것으로, Whoa는 현지인들이 가축을 멈추게 할 때 내는 소리다. 하와이 사람들 특유의 센스를 느낄 수 있는 부분이기도 하다.

공항에서 가는 방법

코나 국제공항에서 19번 Queen Kaahumanu Hwy를 끼고 달리면 중간에 19번 Kawaihae Rd로 바뀌는데, 계속해서 이 도로로 50분간 달리면 와이메아 지역에 진입한다. 힐로 국제공항에서는 Airport Rd로 나와 W Puainako St로 진입, 중간에 200번 Saddle Rd를 타고 직진, 중간에 Mamalahoa Hwy로 도로명이 바뀌면서 계속 직진하면 와이메아 지역에 다다른다. 총 소요 시간은 1시간 30여 분. 호노카아의 경우 와이메아에서 19번 Mamalahoa Hwy를 타고 동쪽으로 20여 분 더 달리면 나온다.

와이메아의 볼 만한 곳

와이피오 계곡, 파커 목장, 메리맨스 레스토랑

> **알아두세요**
> #### 와이메아는 무슨 뜻?
> 대부분 하와이의 지역명은 영어가 아닌 하와이어로 지어졌는데요, 와이메아는 하와이어로 '빨간 물 Red Water', 하마쿠아는 '신의 숨, 신의 입김', 와이피오는 '굽은 계곡'이라는 의미를 가지고 있답니다.

와이메아에는 목장 이외에도 쇼핑센터가 있다. 이곳에서 특별한 식사를 원한다면 빅 아일랜드 내 최고 셰프 중 한 명인 피터 메리맨이 상주하고 있는 메리맨스 레스토랑을 지나치지 말 것. 와이메아에서 북부 쪽으로 좀 더 진입하면 열대 식물원과 유명한 폭포가 있다. 눈앞에서 최고의 장관이 펼쳐지는 아카카 폭포, 아름다운 해안선을 따라 차를 달리면 나오는 하마쿠아 코스트와 그 길의 종착점에 있는 와이피오 계곡 전망대 또한 빼놓을 수 없는 볼거리다. 특히 와이피오 계곡은 단층 절벽으로, 프라이빗 투어를 통해서만 진입이 가능하다.

Sightseeing

와이메아~하마쿠아 코스트의 **볼거리**

코나와 힐로 사이 중간에 위치한 지역으로 코할라 산자락을 끼고 있는 곳. 거대한 장관을 마주하는 와이피오 계곡이나 울창한 숲 사이를 통과하면 등장하는 아카카 폭포 주립공원 등 빅 아일랜드의 숨은 자연을 만날 수 있다.

★★★★★
와이피오 계곡 Waipio Valley

하와이어로 '굽은 계곡'을 의미하는 이곳은 어린 카메하메하 1세가 그의 즉위를 막으려는 이웃 추장을 피해 숨어 있었던 곳이다. 렌터카로는 와이피오 계곡 전망대까지만 갈 수 있으며, 와이피오 계곡과 숲을 둘러보고 싶다면 투어 업체를 이용해야 한다. 역사적으로 의미 깊은 곳이며 전망대에서 바라보는 파노라마 뷰는 가슴 벅찬 감동을 안겨준다. 근처에 화장실과 피크닉 테이블이 있어 여행 중간에 간식을 먹으며 잠시 휴식하기 좋다. 와이피오 계곡 주변으로는 타로 농장이 있으며, 와이피오 전망대에서는 하와이에서 가장 긴 블랙 샌드 비치를 내려다볼 수 있다.

Map P.212-C1 | **주소** 48-5546 Waipio Valley Rd, Kukuihaele(와이피오 계곡 전망대) | **전화** 808-961-8311 | **운영** 특별히 명시되진 않았지만 이른 오전과 늦은 저녁은 피하는 것이 좋다. | **입장료** 무료 | **주차** 무료 | **가는 방법** 힐로 국제공항에서 19번 A Mamalahoa Hwy(Hawaii Belt Rd)를 타고 이동하다 왼쪽에 Plumeria St를 끼고 좌회전 후 240번 Mamane St가 나오면 다시 좌회전 후 도로 끝에서 Kukuihaele Rd를 거쳐 Waipio Valley Rd 끝까지 가면 나온다.

+ ### 와이피오 밸리 셔틀 Waipio Valley Shuttle

Map P.212-C1 | **주소** 48-5416 Kukuihaele Rd, Kukuihaele | **전화** 808-775-7121 | **홈페이지** www.waipiovalleyshuttle.com | **운영** 투어 시간 월~토 09:00, 11:00, 13:00, 15:00(소요시간 2시간) | **요금** 성인 $67, 2~11세 $36.5 ※ 투어 신청 시 호텔 픽업, 드롭 서비스 포함

전망대에서 내려다보는 풍경이 장관이다.

★★★★★
아카카 폭포 주립공원
Akaka Falls State Park

열대 야생화가 울창하고 작은 시냇물이 흐르는 공원 안을 15분 정도 걷다 보면, 135m의 아카카 폭포와 30m의 카후나 폭포를 만날 수 있다. 카후나 폭포보다 아카카 폭포가 훨씬 웅장하게 느껴진다. 참고로 아카카는 하와이어로 '분열된, 갈라진'의 의미를 가지고 있다.

공원 내 트레일을 걷는 데 왕복 30분 정도 소요된다. 스릴 넘치는 액티비티를 찾는다면 아카카 폭포의 집라인을 빼놓을 수 없다.

Map P.213-D2 | 주소 875 Akaka Falls Rd, Honomu | 전화 808-961-9540 | 운영 08:30~17:00 | 입장료 $10(차량당), $5(1인당) | 주차 무료 | 가는 방법 힐로 국제공항에서 Airport Rd를 타고 직진, 오른쪽 11번 Kehuanaoa St를 타고 우회전. 큰 교차로에서 19번 Mamalahoa Hwy(Hawaii Belt Rd) 방향으로 좌회전 후 직진. 왼쪽 220번 Honomu Rd를 타고 좌회전 후, 두 번째 삼거리에서 좌회전. 220번 Old Mamalahoa Hwy를 타고 좌회전 후, Akaka Falls Rd로 진입. 과일 트럭에서 7분 정도 더 직진한다.

+ 하와이 집라인 투어 Hawaii Zipline Tours

Map P.213-E2 | 주소 28-1692 Old Mamalahoa Hwy, Honomu | 전화 808-878-2400 | 홈페이지 www.skylinehawaii.com | 운영 투어 시간 09:00, 10:00, 11:00, 12:30, 13:30, 14:30 | 요금 208(몸무게가 36~117kg 사이만 가능) | 주차 무료 | 가는 방법 힐로 국제공항에서 Airport Rd 타고 직진. 오른쪽 11번 Mamalahoa Hwy를 타고 우회전. 큰 교차로에서 19번 Mamaloa Hwy(Hawaii Belt Rd) 방향으로 좌회전. 왼쪽에 220번 Honomu Rd를 타고 좌회전 후 두 번째 삼거리에서 좌회전. 220번 Old Mamalahoa Hwy를 끼고 좌회전.

알아두세요

빅 아일랜드 북쪽 최고의 드라이브 코스, 하마쿠아 코스트

빅 아일랜드 북동쪽에 펼쳐진 하마쿠아 코스트는 연간 강우량이 2,000㎜가 넘는 지역으로, 열대우림과 아카카 폭포, 와이피오 계곡 전망대 등이 해안선을 따라 펼쳐지죠. 사실 하마쿠아 고지대는 하와이 원주민들이 카누 제작에 필요한 목재와 장식용 깃털을 얻는 주 공급원이기도 했는데요, 현재는 지역의 특성을 살린 숍들이 곳곳에 위치해 있기도 하죠. 빅 아일랜드에서 숨통이 트일 만큼 뻥 뚫린 해안선을 따라 드라이브를 즐기고 싶다면 이 하마쿠아 코스트를 추천해요!

하와이 트로피컬 보태니컬 가든 Hawaii Tropical Botanical Garden

약 2,000여 종의 식물과 멸종위기에 처한 하와이 식물을 만날 수 있는 열대 식물원. 오노메아 계곡에 약 5만 평 규모로 조성되어 있어, 산책하면서 열대 식물을 감상하기 좋다. 대략 둘러보는 데 2시간 정도 소요되며, 방문객이 많지 않아 프라이빗하게 여유로운 산책을 즐길 수 있다.

Map P.213-E2 | **주소** 27-717 Old Mamalahoa Hwy, Papaikou | **전화** 808-964-5233 | **홈페이지** www.htbg.com | **운영** 09:00~17:00(입장 마감 16:00) | **입장료** 성인 $32, 6~16세 $22 | **가는 방법** 힐로 국제공항에서 Airport Rd를 타고 11번 Mamalahoa Hwy로 진입, 19번 Kamehameha Ave를 끼고 좌회전 후 큰 사거리에서 Hawaii Belt Rd 방향으로 우회전 후 바로 좌회전. 계속 직진 후, 오른쪽 Old Mamalahoa Hwy 방향으로 진입(4마일 시닉 드라이브 중간에 위치).

케 올라 마우 로아 교회
Ke Ola Mau Loa Church

'녹색 교회'라는 애칭이 있을 정도로 비비드한 그린 컬러가 포인트인 이 교회는 와이메아에서 랜드 마크 역할을 톡톡히 하고 있다. 교회 앞 넓은 정원에 자라는 꽃과 풀이 인상적이며, 교회 외관이 아름다워 웨딩촬영 장소로도 이용된다.

Map P.233-B3 | **주소** 65-1108 Mamalahoa Hwy, Waimea | **전화** 808-885-7505 | **운영** 현재 예배는 진행되고 있지 않다. | **주차** 무료 | **가는 방법** 힐로 국제공항에서 Airport Rd를 타고 직진, 오른쪽 11번 Mamalahoa Hwy를 타고 우회전. 큰 교차로에서 19번 A Mamalahoa Hwy(Kawaihae Rd)를 타고 이동하다 큰 사거리가 나오면 Bank of Hawaii 방향으로 좌회전 후 직진.

©하와이 관광청

Beach

와이메아~하마쿠아 코스트의 해변

힐로 북부에 위치한 해변은 수영이나 스노클링을 하기에는 적합하지 않으나 계곡을 끼고 있어 색다른 분위기가 연출된다.

콜레콜레 글루치 파크 Kolekole Gluch Park

콜레콜레 Kolekole는 하와이어로 '가공되지 않은, 날것의 혹은 흉터가 있는'이라는 뜻을 가지고 있으며 콜레콜레 비치 파크에서 이름이 변경되었다. 콜레콜레 협곡 위를 지나는 30m 높이의 다리가 인상적인 공원으로, 원래 이 다리는 사탕수수 열차를 위해 지어졌으나 1946년 쓰나미 태풍 이후 그 기능을 상실했다. 아카카 폭포에서 흘러내린 물이 바다와 만나는 곳에 위치해 물살이 세며, 허가를 받으면 캠핑도 가능하다.

Map P.213-E2 | **주소** 29-3800 Mamalahoa Hwy(근처 레스토랑 **주소**) | **전화** 808-961-8311 | **운영** 06:00~20:00 | **주차** 무료 | **가는 방법** 힐로 국제공항에서 Airport Rd를 타고 직진, 오른쪽 11번 Mamalahoa Hwy를 타고 우회전. 큰 교차로에서 19번 Mamalahoa Hwy(Hawaii Belt Rd) 방향으로 좌회전. 아카카 폭포에서 4.8㎞가량 강 하류로 내려가면 만날 수 있다.

Activity

와이메아~하마쿠아 코스트의 즐길 거리

160년 이상 전통을 자랑하는 목장에서의 승마 체험은 여행의 즐거움을 배가시킬 것이다. 말들이 한가로이 풀을 뜯고 있는 초원에서 장엄한 자연을 만끽해보자.

★★★★★ 파커 목장 Parker Ranch

파커 집안이 운영하는 거대한 목장. 이곳에서 일하는 파니올로(하와이 카우보이)가 모여 사는 마을을 와이메아라고 부른다. 파커 목장 인근의 카후아 목장과 파니올로 어드벤처에서 승마 투어를 진행하고 있다. 약 1시간 30분~2시간 정도 소요되며, 해안지대에서 와이콜로아에 이르기까지 오션뷰를 감상할 수 있다. 승마 투어는 긴바지와 앞이 막힌 슈즈를 신어야 가능하다.

Map P.233-B3 | **주소** 66-1304 Mamalahoa Hwy, Kamuela(파커 목장 본부) | **전화** 808-889-0022 | **홈페이지** parkerranch.com | **영업** 월~금 08:00~16:00 | **요금** 무료 | **주차** 무료 | **가는 방법** 힐로 국제공항에서 Airport Rd를 타고 직진, 오른쪽 11번 Mamalahoa Hwy를 타고 우회전. 큰 교차로에서 19번 A Mamalahoa Hwy(Kawaihae Rd)를 타고 직진하다 큰 사거리가 나오면 Chevron 주유소를 끼고 우회전. 직진 후 오른쪽에 Pu'u opelu Rd로 진입. 초입에 파커 목장 본부가 있다.

+ 카후아 목장 Kahua Ranch

Map P.233-A2 | **주소** 59-564 Kohala Mountain Rd, Waimea | **전화** 808-882-4646 | **홈페이지** www.kahua-ranch.com | **영업** 07:30~15:00(토~일요일 휴무, 홀스 라이딩 투어 1시간 30분 프로그램 09:30, 14:30, 2시간 30분 프로그램 10:30·12:30, 수요일 파니올로 바비큐 디너 17:30~20:30) | **요금** 승마 $110(1시간 30분), $150(2시간 30분), 파니올로 바비큐 디너 성인 $85, 6~12세 $42.50 | **주차** 무료 | **가는 방법** 250번 Kohala Mountain Rd를 타고 직진, 오른쪽에 마일마커 11 지나서 우회전.

+ 파니올로 어드벤처 Paniolo Adventure

Map P.233-A2 | **주소** Kohala Mountain Rd, N Kohala | **전화** 808-889-5354 | **홈페이지** paniolo adventures.com | **영업** 월~토 07:30~19:30, 일 10:00~17:00 | **요금** $135~245 | **주차** 무료 | **가는 방법** 250번 Kohala Mountain Rd를 타고 직진, 왼쪽에 마일마커 13 지나서 좌회전.

> **알아두세요**
> **하와이 최초의 카우보이**
>
> 하와이 최초의 카우보이는 1838년으로 거슬러 올라가야 해요. 당시 카메하메하 대왕 3세가 하와이에 소를 들여왔습니다. 그때 캘리포니아에서 말과 함께 목장 운영에 도움을 주기 위해 멕시칸 카우보이 2명이 하와이에 왔죠. 이들은 스페인어로 카우보이를 뜻하는 '파니올로 Paniolo'라고 불리며 점차 자신들만의 문화를 정착시켰어요.

Restaurant

와이메아~하마쿠아 코스트의 **먹거리**

이곳에는 빅 아일랜드를 대표하는 유명 레스토랑부터 소박한 외식의 기쁨을 맛볼 수 있는 저렴한 레스토랑까지 모두 모여 있다.

메리맨스 레스토랑
Merriman's Restaurant
★★★★★

오픈한 지 30년 이상 된 레스토랑으로 오아후, 마우이, 카우아이에 분점이 있다. 이곳의 수석 셰프인 피터 메리맨은 제임스 비어드 어워드에서 세 차례나 결선에 오른 유명 셰프이자, 하와이 특산 요리 운동을 시작한 멤버로 유명하다. 빅 아일랜드 소고기를 이용한 스매시버거나 하와이 전통 면 요리인 사이민 누들, 포케 믹스 플레이트 등 로컬 요리가 많다. 주말 브런치도 인기!

Map P.233-B3 | **주소** 65-1227 Opelo Rd, Waimea | **전화** 808-885-6822 | **홈페이지** www.merrimanshawaii.com | **영업** [브런치] 일 10:30~13:00, [런치] 일~목 11:30~14:00, [디너] 17:00~20:30 | **가격** 런치 $14~39, 브런치 $14~43, 디너 $18~369 | **주차** 무료 | **예약** 필요 | **가는 방법** 힐로 국제공항에서 Airport Rd를 타고 직진, 오른쪽 11번 Mamalahoa Hwy를 타고 우회전. 큰 교차로에서 19번 Mamalahoa Hwy(Kawaihae Rd)를 타고 이동하다 Opelo Rd가 보이면 좌회전 후 왼쪽, 오펠로 플라자 내 위치.

미스터 에디스 베이커리
Mr. Ed's Bakery

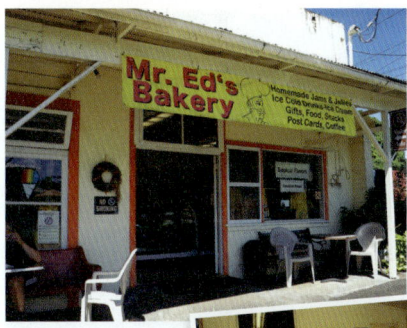

1910년도에 있던 이시고 베이커리 Ishigo Bakery 자리에 이름을 바꿔 운영하는 빵집. 29종류의 쿠키와 69개의 홈 메이드 잼을 판매하고 있어 고르는 재미가 있다. 특히 잼은 최소한의 재료만 사용하는 전통적인 방법을 고수하고 있다.

Map P.213-D2 | **주소** 28-1672 Old Mamalahoa Hwy, Honomu | **전화** 808-963-5000 | **홈페이지** www.mredsbakery.com | **영업** 06:00~18:00 | **가격** $2.99~15 | **주차** 무료 | **예약** 불가 | **가는 방법** 힐로 국제공항에서 Airport Rd를 타고 직진, 오른쪽 11번 Mamalahoa Hwy를 타고 우회전. 큰 교차로에서 19번 Mamalahoa Hwy(Hawaii Belt Rd) 방향으로 좌회전. 왼쪽에 220번 Honomu Rd를 타고 좌회전 후, 두 번째 삼거리에서 좌회전. 220번 Old Mamalahoa Hwy를 타고 좌회전. 왼쪽에 위치.

Shopping

와이메아~하마쿠아 코스트의 쇼핑

힐로와 코나 사이에 위치한 와이메아. 드라이브하는 도중 이곳의 쇼핑센터에 들러 필요한 제품들을 구입하면 훨씬 편리하다.

와이메아 센터 Waimea Center

와이메아 지역을 지나다 보면 파니올로 마을을 상징하는 거대한 웨스턴 부츠 조형물이 눈에 띈다. 서민적인 쇼핑센터인 이곳은 1989년에 문을 열어 웨스턴 부츠 동상으로 유명해졌다. 해변에 나가기 전에 필요한 비치웨어나 간단한 간식 등을 이곳에서 준비하는 것이 좋다. 관광객들이 찾는 기념품 가게도 있다.

Map P.233-B3 | 주소 65-1158 Mamalahoa Hwy, Waimea | 전화 808-885-7169 | 영업 월~금 09:00~18:00, 토 09:00~13:30(일요일 휴무) | 주차 무료 | 가는 방법 힐로 국제공항에서 Airport Rd를 타고 직진, 오른쪽 11번 Mamalahoa Hwy를 타고 우회전. 큰 교차로에서 19번 Mamalahoa Hwy(Kawaihae Rd)를 타고 큰 사거리가 나오면 Bank of Hawaii 방향으로 좌회전한다. 왼쪽에 위치.

파커 목장 센터 Parker Ranch Center

푸드랜드와 로컬 음식점, 카페 등이 모여 있는 곳. 중심에 위치한 파커 목장 스토어에서는 웨스턴 부츠와 티셔츠 등을 판매하며, 이웃해 있는 와이메아 부처 숍에서는 근처 목장에서 사육한 소로 만든 햄버거와 스테이크를 맛볼 수 있다. 파커 목장 비지터 센터와 박물관도 이곳에 있다. 박물관에서는 150년 전 카우보이들의 생활을 엿볼 수 있다. 특히 파커 목장 센터에서 꼭 구입해야 하는 아이템은 육포 Jerky. 근처 목장에서 직접 사육한 소로 만들어서 시중에 파는 것과는 맛과 질이 다르다.

Map P.233-B3 | 주소 67-1185 Mamalahoa Hwy, Waimea | 전화 808-885-7178 | 홈페이지 www.parkerranchcenter.com | 영업 월~토 09:00~19:00, 일 10:00~17:00 | 가격 박물관 셀프 투어 성인 $20, 5~17세 $10(홈페이지 예약 필수. www.parkerranch.com/experiences) | 주차 무료 | 가는 방법 힐로 국제공항에서 Airport Rd를 타고 직진, 오른쪽 11번 Mamalahoa Hwy를 타고 우회전. 큰 교차로에서 19번 Mamalahoa Hwy(Kawaihae Rd)를 타고 이동하다 큰 사거리가 나오면 Bank of Hawaii 방향으로 좌회전한다. 오른쪽에 위치.

+++ TRAVEL PLUS +++

영화 '하와이언 레시피'의 배경, 호노카아 Honokaa

와이메아에서 동쪽으로 차를 타고 20여 분 정도 더 달리면 호노카아 Honokaa 마을이 등장한다. 영화 '하와이언 레시피(원제는 호노카아 보이 Honokaa Boy)' 배경이 된 장소로, 개성 강한 빈티지 인테리어의 중고 숍 등이 곳곳에 위치해 있으며, 영화처럼 순수하고 착한 사람들을 만날 수 있다.

호노카아 피플스 씨어터
Honokaa People's Theater

호노카아 마을의 트레이드마크이자, 영화 '하와이언 레시피'의 주 촬영 장소. 1930년만 해도 호노카아는 크고 작은 이벤트가 많은 지역이었다. 사탕수수 농장에서 일하는 노동자나 목장 노동자, 군인과 농부 등 그야말로 다양한 직종의 사람들이 모여 끊임없이 즐거운 일들을 도모하는 곳이었다. 그 연장선상으로 영화관이 오픈되었다.

Map P.213-D1 | 주소 45-3574 Mamane St, Honokaa | 전화 808-775-0000 | 홈페이지 honokaapeople.com | 영업 영화 스케줄에 따라 조금씩 다르며, 홈페이지에서 스케줄을 미리 확인해야 한다. | 주차 무료(근처 스트리트) | 가는 방법 힐로 국제공항에서 19번 Mamalahoa Hwy로 진입, 1시간가량 직진 후 오른쪽의 Mamane St로 진입한다. 오른쪽에 위치.

텍스 드라이브 인 Tex Drive Inn

로코모코와 버거, 샐러드 등의 메뉴가 있지만 이곳에서 놓치지 말고 맛봐야 하는 것은 바로 갓 튀겨낸 달콤한 말라사다다. 하마쿠아 코스트의 사탕수수 농장 근처에 위치한 곳으로 각종 잡지에 여러 차례 소개된 바 있을 정도로 호노카아의 명물이다.

Map P.213-D1 | 주소 45-690 Pakalana St, Honokaa | 전화 808-775-0598 | 홈페이지 www.texdriveinhawaii.com | 영업 06:00~18:00 | 가격 $1.95~54.25(말라사다 $1.95) | 주차 무료 | 가는 방법 힐로 국제공항에서 19번 A mamalahoa Hwy를 타고 직진하다 하마쿠아 컨트리클럽 Hamakua Country Club을 지나 오른쪽에 위치.

리조트가 모여 있는 빅 아일랜드 대표 휴양지
코할라 코스트~노스 코할라
Kohala Coast~North Kohala

화산지대인 코할라 코스트는 빅 아일랜드의 서부 해안 도로를 일컫는다. 코할라 코스트에 위치한 하푸나 비치는 세계 Top 10 해변으로 선정될 만큼 인기가 높다. 그 이유는 빅 아일랜드에서 가장 규모가 큰 백사장이 있으며 그곳에서 수영과 부기보딩·스노클링과 같은 해양 스포츠들을 마음껏 즐길 수 있기 때문이다. 또한 맑은 날이 많아 일광욕하기에도 적합해 여행자들의 천국으로 꼽히는 곳이기도 하다. 노스 코할라는 개발되지 않은 아름다운 자연이 만들어내는 풍경 외에 하와이를 통일시킨 카메하메하 대왕의 고향으로도 역사적 가치가 있다. 그가 태어난 마을인 하위 Hawi에서 대왕의 오리지널 동상을 볼 수 있으며, 하와이 최대 규모의 토속신앙 신전 헤이아우가 있는 언덕에 올라 빅 아일랜드의 다이내믹한 경관도 즐길 수 있다.

공항에서 가는 방법

코나 국제공항에서 19번 Queen Kaahumanu Hwy를 끼고 달리다 19번 Kawaihae Rd로 바뀌면 계속해서 이 도로로 직진. 중간에 270번 Akoni Pule Hwy로 진입해 해안 도로를 끼고 달리면 코할라 코스트 지역이 시작된다. 중간에 해안 도로의 진입이 끊기기 때문에 250번 Kohala Mtn. Rd를 끼고 우회전해야 한다. 1시간가량 소요된다. 힐로 국제공항에서는 19번 Mamalahoa Hwy를 타고 진입, 와이메아 지역에서 250번 Kohala Mtn. Rd 도로로 진입해 직진. 1시간 50분 정도 소요된다.

사우스 코나에서 볼 만한 곳

하푸나 비치 주립공원, 푸우코홀라 헤이아우 국립역사 지구

Sightseeing

코할라 코스트~ 노스 코할라의 볼거리

300여 년 전, 카메하메하 대왕의 발자취를 따라 푸우코홀라 헤이아우의 산책로를 걸어보자. 역사적으로 의미가 깊은 오리지널 카메하메하 대왕 동상도 이곳에 있다.

푸우코홀라 헤이아우 국립 역사 지구 Pu'ukohola Heiau National Historic Site

1791년 카메하메하 대왕이 하와이의 통일을 기원하며 지은 신전. 카메하메하 대왕이 하와이의 섬을 정복할 거라는 예언자의 말을 듣고 지은 것이다. 실제로 카메하메하 대왕은 1794년에 마우이, 몰로카이, 라나이를 정복한 뒤 이듬해에 오아후까지 정복했고, 15년이 지난 후에는 카우아이를 포함해 하와이 제도 전체를 통일했다. 헤이아우 주변은 아직도 성스러운 지역으로 여겨지고 있다. 산책로를 통해 역사적인 장소들을 직접 걸어볼 수 있다. 푸우코홀라는 '고래의 언덕'이라는 의미의 하와이어다.

Map P.233-A3 | 주소 62-3601 Kawaihae Rd, Kawaihae | 전화 808-882-7218 | 홈페이지 www.nps.gov/puhe | 운영 07:30~17:00 | 입장료 무료 | 주차 무료 | 가는 방법 코나 국제공항에서 19번 Queen Kaahumanu Hwy를 타고 직진. 270번 Kawaihi-Mahukona Rd 방향으로 좌회전해 직진. 첫 번째 삼거리에서 좌회전. 표지판이 보인다.

위에서 내려다본 전경

ⓒ하와이 관광청

폴롤루 계곡 전망대 Pololu Valley Lookout

하와이의 북쪽, 코할라 코스트의 검은 용암을 바라보며 달리는 길은 웅장한 느낌마저 든다. 드라마틱한 해안선을 따라 달리다 보면 도로 끝에 자그마한 주차장이 나온다. 전망대에는 폴롤루 계곡의 신록이 파릇한 절벽 끝이 펼쳐지는데, 가파른 계곡을 내려가면 블랙 샌드 비치가 나타난다. 파도가 거세 수영을 하기에는 적당하지 않으니 주의할 것. 폴롤루 계곡 전망대는 와이피오 계곡 전망대와 함께 빅 아일랜드 최고의 파노라마 전망대로 꼽힌다.

Map P.233-B1 | 주소 52-5100 Akoni Pule Hwy, Kapaau | 운영 특별히 명시되진 않았지만 이른 오전과 늦은 저녁은 피하는 것이 좋다. | 입장료 없음 | 주차 무료 | 가는 방법 270번 Akoni Pule Hwy 끝에서 아위니 트레일 Awini Trail을 따라가면 나온다.

오리지널 카메하메하 대왕 동상 Original King Kamehameha Statue

하와이에는 카메하메하 대왕 동상이 많은데, 동상 앞에 '오리지널'이라는 타이틀이 붙은 이 동상이야말로 그 의미가 가장 크다. 제일 처음 만들어진 데다가 카메하메하 대왕의 탄생지에 세워졌기 때문. 비비드한 옐로 컬러가 포인트인 이 동상은 이탈리아에서 1880년 하와이로 운반하는 중 선박이 좌초되었는데, 그 후 다시 발견해 1912년 이곳에 세워졌다.

Map P.233-A1 | 주소 54-3903 Akoni Pule Hwy, Waimea(본드 메모리얼 퍼블릭 라이브러리 주소) | 운영 특별히 명시되진 않았지만 이른 오전과 늦은 저녁은 피하는 것이 좋다. | 입장료 무료 | 주차 무료 | 가는 방법 코나 국제공항에서 19번 Queen Kaahumanu Hwy를 타고 직진. 중간에 270번 Kawaihi-Mahukona Rd로 진입한 뒤 도로명이 Akoni Pule Hwy로 바뀐 뒤에도 계속 직진하다 보면 도로에 위치해 있음.

Beach
코할라 코스트~ 노스 코할라의 해변

해변의 규모가 다른 이웃 섬에 비해 작아, 퍼블릭 비치에는 사람들로 붐빈다. 프라이빗하게 즐기고 싶다면 코할라 코스트쪽 해변을 겨냥하는 것이 좋다.

★★★★★ 하푸나 비치 주립공원 Hapuna Beach State Park

빅 아일랜드에서 유일하게 긴 백사장으로 유명한 이곳은 하푸나 비치 프린스 호텔의 남쪽에 위치하고 있다. 해변이 넓고 인적이 드물어 아침에 와서 저녁까지 놀다 가는 여행자가 많다. 겨울에는 파도가 세니 주의하자. 부기보딩을 하는 사람들이 즐겨 찾는 곳이기도 하다.

Map P.233-A3 | 주소 62 KaunaOa Dr, Kamuela(근처 하푸나 비치 프린스 호텔 주소) | 운영 07:00~18:45 | 입장료 $5 | 주차 $10 | 가는 방법 코나 국제공항에서 19번 Queen Kaahumanu Hwy를 타고 직진, 왼쪽에 Hapuna Beach Rd로 좌회전 후 직진. 약 30분 소요되며 하푸나 비치 프린스 호텔과 마우나 케아 비치 호텔이 바로 옆에 위치.

키홀로 베이 Kiholo Bay

ⓒ하와이 관광청

해수와 맑은 물이 합쳐져 용암 바위가 많은 곳에 생성된 아름다운 만. 대부분은 개인 소유 구역이다. 19번 고속도로의 마일마커 82번 위치에서 베이의 아름다운 뷰를 감상할 수 있다. 1820년 카메하메하 대왕에 의해 세워진 연못이 한 부분이며, 절벽은 길이 약 2m, 너비 6m에 해당한다. 연못의 대부분은 1859년 용암이 흘러 파괴되었으며, 운이 좋으면 해변에 나타난 거북이를 볼 수 있다.

Map P.233-A4 | 주소 71-1890 Queen Kaahumanu Hwy, Kailua-Kona | 운영 특별히 명시되진 않았지만 이른 오전과 늦은 저녁은 피하는 것이 좋다. | 주차 무료 | 가는 방법 코할라 리조트 단지에서 북쪽으로 향하는 19번 Queen Kaahumanu Hwy를 타고 가다 마일마커 82와 83 사이에 퍼블릭 도로가 나온다(이정표가 따로 없으니 주의할 것). 문이 열려 있는 시간은 08:00~16:00. 만약 문이 잠겨 있을 경우 마일마커 81 근처의 도로로 내려가면 비치로 갈 수 있다.

Mia's Advice

빅 아일랜드를 효율적으로 여행하려면 비행기 티켓을 코나 IN, 힐로 OUT(반대로도 가능)으로 지정하세요. 렌터카 역시 추가 요금(업체마다 다름, 대략 $100~200)을 내면 코나에서 픽업, 힐로에서 반납이 가능해요.

리조트가 모여 있는 빅 아일랜드 대표 휴양지
와이콜로아
Waikoloa

공항에서 30분 정도 거리에 위치한 지역으로 빅 아일랜드 여행의 모든 재미를 동시에 느낄 수 있는, 여행자의 만족도가 높은 지역이다. 유명 체인 리조트와 콘도미니엄들이 모여 있어 그것을 중심으로 쇼핑센터와 퍼블릭 비치를 끼고 있다. 이곳에서만 머물러도 다양한 볼거리와 액티비티, 쇼핑 등 온전히 빅 아일랜드를 맛볼 수 있다는 장점 때문에 여행자들이 가장 많이 모인다. 빅 아일랜드에서 숙박하며 여행해보고 싶다면 이곳에 숙소를 정해도 좋겠다. 빅 아일랜드의 대표 액티비티인 하와이 화산 국립공원의 헬기 투어, 한밤중의 만타 레이 스노클링(쥐가오리 스노클링), 고대 빅 아일랜드의 암벽화가 남아 있는 킹스 트레일 등도 이곳에서 가능하며 퀸스 마켓 플레이스나 킹스 숍스에서 쇼핑도 할 수 있다.

공항에서 가는 방법

코나 국제공항에서 19번 Queen Kaahumanu Hwy를 끼고 직진하다 오른쪽에 Waikoloa Beach Dr를 끼고 우회전하면 와이콜로아 리조트 단지를 만날 수 있다. 공항에서 약 30분 소요.

사우스 코나에서 볼 만한 곳

카우나오아 비치, 아나에호오말루 베이, 킹스 트레일

Beach

와이콜로아의 해변

와이콜로아에는 부드러운 모래사장을 둔 해변이 곳곳에 있다. 그런 까닭에 사람이 붐비지 않고, 퍼블릭 비치에서도 조용한 휴식을 취할 수 있다.

★★★★★
카우나오아 비치 Kaunaoa Beach

ⓒ하와이 관광청

마우나 케아 비치 호텔 앞에 있는 퍼블릭 비치로, 빅 아일랜드의 아름다운 해변 중 하나로 손꼽힌다. 1/4마일가량의 넓은 모래사장을 두고 있으며, 암초들이 파도가 거세지지 않도록 보호해 수영과 스노클링, 부기보딩 등을 즐기기 좋다. 또한 야외 샤워장과 발리볼 코트가 있다. '마우나 케아 비치 Mauna Kea Beach'라고도 불린다.

Map P.233-A3 | 주소 62-100 Mauna Kea Beach Dr, Waimea | 운영 일출 시~일몰 시 | 주차 무료 | 가는 방법 코나 국제공항에서 19번 Queen Kaahumanu Hwy를 타고 직진, Mauna Kea Beach Dr(마일마커 68)를 끼고 좌회전하면 도로 끝에 위치.

Mia's Advice

카우나오아 비치를 들어가기 위해선 마우나 케아 비치 호텔을 통해야 해요. 호텔 입구에서 직원에게 카우나오아 비치 Kauna'oa Beach에 간다고 말하면 Parking Pass를 건네줍니다. 차를 주차하고 이정표 방향으로 5분 정도 걸어 내려가면 비치를 만날 수 있어요.

홀로홀로카이 비치 파크
Holoholokai Beach Park

모래보다 바위가 더 많은 해변. 태양과 파도, 바람과 바닷물이 아름다운 뷰를 만든다. 뿐만 아니라 주변이 고요해 평화로운 풍경마저 연출된다. 코할라 리조트 단지에 위치한 곳으로, 용암석이 많아서 수영하기 힘들기 때문에 아쿠아 슈즈를 준비하는 것이 좋다. 바비큐 그릴과 피크닉 테이블, 야외 샤워시설이 설치되어 있다.

Map P.233-A3 | **주소** Holoholokai Beach Park Rd, Puako | **운영** 08:00~18:00 | **주차** 무료 | **가는 방법** 코나 국제공항에서 19번 Queen Kaahumanu Hwy를 타고 직진, 왼쪽에 Mauna Lani Dr를 끼고 좌회전, 교차로에서 N Kaniku Dr로 진입, 페어몬트 오키드 리조트와 같은 방향으로 직진하면 비치 파크가 나온다.

아나에호오말루 베이 Anaehoomalu Bay

ⓒ하와이 관광청

와이콜로아 리조트 단지 내에 있는 해변으로 리조트 단지 투숙객들이 주로 이용한다. 야자나무가 길게 늘어서 있는 이곳은 만 형태로 되어 있어 파도가 약하기 때문에 수영이나 스노클링을 즐기기 좋다. 그 밖에도 다양한 액티비티가 진행된다. 리조트 단지 내 퀸즈 마켓 플레이스에서 아나에호오말루 베이로 연결되는 도로가 있다.

Map P.233-A3 | **주소** Kuualii Pl, Waikoloa | **운영** 특별히 명시되진 않았지만 이른 오전과 늦은 저녁은 피하는 것이 좋다. | **주차** 무료 | **가는 방법** 코나 국제공항에서 19번 Queen Kaahumanu Hwy를 타고 직진, 오른쪽에 와이콜로아 리조트 단지로 향하는 Waikoloa Beach Dr에서 오른쪽. 직진하다 퀸스마켓 플레이스를 지나 Kuualii Pl로 좌회전, 도로 끝에 위치.

Mia's Advice

스노클링 크루즈, 선셋 크루즈, 돌핀 크루즈 등의 다양한 액티비티가 아나에호오말루 베이에서 진행된답니다. 와이콜로아 비치 메리어트, 힐튼 와이콜로아 빌리지, 마우나 케아 비치 호텔, 퀸스 마켓 플레이스, 하푸나 비치 프린스 호텔, 페어몬트 오차드 등의 리조트에는 오션 스포츠 액티비티 Ocean Sports Activity 데스크에서 예약을 받아요(문의 및 예약 홈페이지 www.hawaiioceansports.com).

Activity
와이콜로아의 즐길 거리

빅 아일랜드의 트레이드 마크인 화산 투어, 킹스 트레일, 빅 아일랜드의 인기 액티비티 골프, 야간 스노클링까지! 와이콜로아에는 즐길 거리가 넘쳐난다.

블루 하와이안 헬리콥터
Blue Hawaiian Helicopter

코할라 해안과 계곡, 폭포를 여행하는 코할라 코스트 어드벤처와 빅 아일랜드의 화산을 감상할 수 있는 투어 등이 있으며, 힐로 지역에서도 화산 투어 프로그램을 운영하고 있다.

Map P.233-A4 | 주소 68-690 Waikoloa Rd, Waikoloa Village | 전화 808-961-5600 | 홈페이지 www.bluehawaiian.com/bigisland | 영업 07:00~19:00 | 요금 코할라 코스트 어드벤처 $419, 빅 아일랜드 스펙터클 $719 | 주차 무료 | 가는 방법 코나 국제공항에서 19번 Queen Kaahumanu Hwy를 타고 직진하다 오른쪽에 Waikoloa Rd를 따라 우회전.

를 볼 수 있다. 코나 남쪽 카일루아 빌리지와 북쪽의 푸아코 사이 32마일의 거리가 모두 킹스 트레일이다. 암벽화는 하와이어로 카하키(새겨서 그린 그림), 키이포하쿠(암석화), 또는 키(그림)라고 부른다. 무엇 때문에 그려놓았는지는 아직까지 미스터리로 남아 있다. 가이드 없이 혼자서 둘러보기에도 충분하다. 단, 앞코가 막힌 워킹슈즈와 자외선 차단제는 필수 아이템이며, 카메라와 물을 준비하는 것도 잊지 말자.

Map P.233-A4 | 주소 250 Waikoloa Beach Dr, Waikoloa | 운영 특별히 명시되진 않았지만 이른 오전과 늦은 저녁은 피하는 것이 좋다. | 요금 무료 | 주차 무료(와이콜로아 리조트 단지 내) | 가는 방법 코나 국제공항에서 19번 Queen Kaahumanu Hwy를 타고 직진, 왼쪽 Waikoloa Beach Dr를 따라 좌회전. 리조트 단지 내 킹스 숍스 근처.

킹스 트레일
Kings Trail(Petroglyph Tour)

빅 아일랜드에는 용암 위에 새겨진 그림문자인 암벽화가 다수 남아 있다. 그중 하나가 와이콜로아 리조트 단지에 있는 킹스 트레일로, 많은 암벽화

하푸나 골프 코스
Hapuna Golf Course

마우나 케아 리조트에 세계적인 골프 선수 아놀드 파머가 직접 설계한 골프 코스. 1992년에 새롭게 오픈한 18홀의 챔피언 골프 코스로, 1997년과 1998년 골프 다이제스트 선정 '베스트 퍼블릭 코스'로 꼽힌 바 있다. 코할라 산맥의 웅장한 경치를 바라보며 골프를 즐길 수 있다. 전망이 좋고, 자연의 지형을 그대로 살린 코스와 티샷 랜딩 지역이 좁은 것도 특징이다.

Map P.233-A3 | 주소 62-100 Kauna'Oa Dr, Kamuela | 전화 808-880-3000 | 홈페이지 hawaiiteetimes.com/products/hapuna-golf-course | 영업 06:30~17:00 | 요금 $130~269 | 주차 무료 | 가는 방법 코나 국제공항에서 19번 Queen Kaahumanu Hwy(A Mamalahoa Hwy)를 타고 직진, 오른쪽으로 Kauna'Oa Dr를 따라 직진.

는데, 그들이 밤에 이곳을 찾는 이유는 플랑크톤을 먹기 위해서다. 만타 레이는 야간 식사를, 관광객들은 식사하는 만타 레이를 관람하는 셈이다. 투어 소요 시간은 2시간 30분 정도로, 일몰 시간에 출발해 아름다운 선셋과 밤 바다를 동시에 즐길 수 있는 액티비티다. 물 위에서 우아하게 미끄러지는 쥐가오리를 유일하게 만날 수 있는 기회. 출발 전 멀미약을 복용하는 것이 좋다.

Map P.255-B4 | 주소 78-7130 Kaleiopapa St, Kailua-Kona | 전화 808-322-2788 | 홈페이지 www.fair-wind.com | 영업 08:00~17:00 | 요금 $149(7세 이상 가능) | 주차 무료 | 가는 방법 코나 국제공항에서 19번 Queen Kaahumanu Hwy를 타고 직진, 11번 Mamalahoa Hwy를 거쳐 오른쪽의 Kamehameha III Rd로 진입. 케아우호우 베이에 위치.

만타 레이 스노클링
Manta Ray Snorkeling
★★★★★

만타 레이 Manta ray는 하와이산 쥐가오리를 뜻한다. 가로 길이가 6m 이상인 만타 레이는 하와이에서만 만날 수 있는 해양 생물 중 하나로, 실제로 보면 압도적인 크기에 놀랄 수 있지만 가시가 없어 안전하다. 밤에 스포트라이트를 비추면 빛을 따라 무리지어 다니는 쥐가오리 떼를 만날 수 있

Mia's Advice

만타(Manta)는 스페인어로 넓고 평평한 담요를 뜻해요. 쥐가오리가 양 날개를 펼쳐 수중에서 펄럭거리는 모습을 보면 왜 '담요'라는 말에서 이름 붙여졌는지 상상할 수 있죠. 주로 열대 지역과 아열대 지역에 분포해 있어 바다가 차가운 한국에서는 보기 힘든 물고기예요.

Shopping
와이콜로아의 쇼핑

빅 아일랜드에서 쇼핑몰이 가장 잘 형성되어 있는 곳이 와이콜로아다. 리조트 단지에 다양한 종류의 상점과 레스토랑이 밀집되어 있다.

퀸스 마켓 플레이스 Queens Market Place

블루 진저 패밀리, 퀵 실버 등 패션 브랜드와 찰리스 타이 퀴진, 센세이 시푸드 등 레스토랑, 푸드코트와 기프트 숍 등이 모여 있는 쇼핑몰. 특히 아일랜드 고메 마켓 Island Gourmet Market은 간단한 델리, 기념품, 의류 등을 판매하는 것은 물론 와이콜로아 리조트 단지에서 유일하게 식재료를 판매하는 마켓으로 유명하다. 우쿨렐레 레슨과 훌라 쇼, 컬리너리 마켓 등이 열리니 홈페이지에서 이벤트를 확인해보자.

Map P.233-A4 | 주소 69-201 Waikoloa Beach Dr, Waikoloa Village | 전화 808-886-8822 | 영업 10:00~20:00 | 주차 무료 | 가는 방법 코나 국제공항에서 19번 Queen Kaahumanu Hwy를 타고 직진, 왼쪽에 Waikoloa Beach Dr를 따라 좌회전.

킹스 숍스 Kings Shops

티파니, 룰루레몬 외에도 40여 개의 숍과 레스토랑이 모여 있는 곳으로, 유명 레스토랑인 로이스 와이콜로아 바 & 그릴 외에도 아일랜드 피시 & 칩스, 포스터스 키친 등이 있다. 무엇보다 다양한 액티비티를 즐길 수 있어 리조트 단지 투숙객들의 만족도를 높인다. 룰루레몬에서는 런 클럽이나 요가를 진행하고, 한 달에 두 번 폴리네시안 공연을 선보인다. 자세한 이벤트 시간은 홈페이지에 업데이트되니 참고하자.

Map P.233-A4 | 주소 250 Waikoloa Beach Dr, Waikoloa | 전화 808-886-8811 | 영업 10:00~20:00 | 주차 무료 | 가는 방법 코나 국제공항에서 19번 Queen Kaahumanu Hwy를 타고 직진, 왼쪽에 Waikoloa Beach Dr를 따라 좌회전.

유명 레스토랑이 모여 있는 항구 도시
카일루아-코나
Kailua-Kona

카메하메하 대왕이 생애 마지막 시기를 보낸 곳으로, 코나 국제공항 근처에 위치해 여행자들이 빼놓지 않고 들르는 지역이다. 무엇보다 카일루아 항구를 끼고 형성된 산책길이 아름다운데, 제대로 느끼고 싶다면 일몰 시간에 맞춰 방문하자. 도로 양 옆에는 다양한 역사 유적지가 있어 볼거리도 풍족하며, 빅 아일랜드에서 가장 유명한 루아우 쇼도 이곳에서 펼쳐진다. 또한 유명 레스토랑도 모여 있어 분위기 있는 식사를 원한다면 단연코 방문해야 하는 곳. 유명 레스토랑의 경우 좋은 좌석일수록 예약률이 높으니 잊지 말고 서둘러 예약하자. 뿐만 아니라 로스, 타깃 등 대형 쇼핑몰이 모여 있어 편리하다.

공항에서 가는 방법

코나 국제공항에서 남쪽 방향으로 19번 Queen Kaahumanu Hwy를 끼고 직진. 15분 정도 소요.

카팔루아-코나에서 볼 만한 곳

카일루아 항구, 훌리헤에 궁전, 아후에나 헤이아우

*카일루아-코나는 코나 코스트 지역에 해당되지만, 워낙 이 지역만의 특색이 강해 따로 소개한다.

Sightseeing

카일루아-코나의 볼거리

이 지역에는 역사적으로 의미 깊은 곳들이 많다. 덕분에 코나 히스토리컬 타운이라고 불리기도 한다. 대부분 메인 거리에 위치해 있어 둘러보기 쉽다.

훌리헤에 궁전 Hulihee Palace

1838년 카메하메하 대왕의 처남이자 하와이 섬 초대 총독이었던 쿠아키니 Kuakini가 세웠으며, 칼라카우아 왕의 여름 별장으로 유명하다. 고대 하와이 문화를 감상할 수 있는 곳으로, 왕족이 사용한 빅토리아 시대 장신구와 아름다운 코아 우드 가구 등 매력적인 유물들로 가득한 것이 특징이다. 종종 가든에서 콘서트가 열리기도 하는데 무료로 관람할 수 있다.

Map P.245-B2 | **주소** 75-5718 Alii Dr, Kailua-Kona | **전화** 808-329-1877 | **홈페이지** daughtersofhawaii.org | **운영** 수~토 10:00~15:30(일~화요일 휴무) | **입장료** 성인 $22, 5~12세 $14 | **주차** 불가 | **가는 방법** 코나 국제공항에서 19번 Queen Kaahumanu Hwy를 타고 직진, 오른쪽에 Palani Rd를 끼고 우회전, 도로 끝에서 Alii Dr 방향으로 직진. 오른쪽에 위치.

아후에나 헤이아우 Ahuena Heiau

카일루아-코나 지역의 랜드마크. 헤이아우는 하와이어로 '신전'을 뜻하는 단어다. 카메하메하 대왕은 하와이 통일 후 수도를 마우이 섬 라하이나로 정했으나, 정작 노년기는 자신에게 친숙한 빅 아일랜드 코나에서 보냈다. 그가 살던 집을 신전으로 복원시킨 곳으로 킹 카메하메하 코나 비치 호텔의 부지에 있는데 안타깝게도 내부는 공개되지 않는다. 국가사적으로 지정되어 있으며, 저녁에는 이 신전을 배경으로 루아우 쇼를 진행하는데 지역에서 꽤 유명한 편이다.

Map P.245-A2 | **주소** 75-5660 Palani Rd, Kailua-Kona | **운영** 입장 불가 지역. 킹 카메하메하 코나 비치 호텔을 통과하면 멀리서 바라볼 수 있다. | **주차** 불가 | **가는 방법** 코나 국제공항에서 19번 Queen Kaahumanu Hwy를 타고 직진, 오른쪽에 Palani Rd 방향으로 우회전.

모쿠아이카우아 교회 Mokuaikaua Church

하와이에서 가장 오래된 교회다. 모쿠아이카우아는 하와이어로 '전쟁으로 인해 얻은 지역'이라는 뜻을 가지고 있다. 1820년 하와이로 들어온 기독교 선교사단이 건축한 것으로, 그들은 카메하메하 2세와 카아후마누 여왕에게 기독교를 가르칠 수 있는 허가를 받았다. 현재의 건물은 1835~1837년에 세운 것으로 벽은 용암석에 흙과 산호 가루를 섞어 모르타르를 발라 굳혔으며 내부는 오히아 목재를 이용했다.

Map P.245-B2 | 주소 75-5713 Alii Dr, Kailua-Kona | 전화 808-329-0655 | 홈페이지 mokuaikaua.com | 운영 월~금 09:00~15:00, 일 10:00~12:00(토요일 휴무) | 입장료 무료 | 주차 불가 | 가는 방법 코나 국제공항에서 19번 Queen Kaahumanu Hwy를 타고 직진, 오른쪽에 Palani Rd를 끼고 우회전, 도로 끝에서 Alii Dr 방향으로 직진, 왼쪽에 위치.

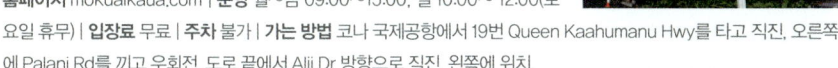

Beach

카일루아-코나의 해변

스노클링과 크루즈 등의 액티비티가 이뤄지는 카일루아 항구는 언제나 관광객들로 붐빈다. 해 질 무렵 분위기가 좋아 하루 일정을 마치고 산책하기 좋다.

★★★★★
카일루아 항구 Kailua Pier

해마다 여름이 되면 하와이 빌피시 국제낚시대회 Hawaiian International Billfish Tournament가 열리는 부두. 50년 넘은 역사를 가졌으며 총 5일에 걸쳐 진행되는 대회라 관광객들에게도 인기가 많다. 카일루아-코나 지역을 운행하는 트롤리의 거점이기도 하다. 그 외에도 스노클링과 크루즈 투어가 출발하는 곳이며, 카약이나 서핑을 즐기는 이들도 볼 수 있다.

Map P.245-A2 | 주소 75-5660 Palani Rd, Kailua-Kona | 운영 특별히 명시되진 않았지만 이른 오전과 늦은 저녁은 피하는 것이 좋다. | 주차 불가 | 가는 방법 Alii Dr의 끝(커다란 반얀트리를 마주 보고 왼쪽에 크루즈들이 정박해 있는 모습을 볼 수 있다).

Mia's Advice

카일루아 항구 주변 도로에서는 주차가 불가능하답니다. 따라서 부두에 가려면 근처 공용 주차장을 이용하는 것이 좋아요. Alii Dr 도로에서 부두 건너편으로 Likana Ln에 주차장 표시판이 있으며, 골목 안쪽으로 진입하면 주차장을 만날 수 있어요. 주소는 75-5658 Likana Ln, Kailua-Kona이며 무료로 이용할 수 있어요.

ⓒ하와이 관광청

Activity

카일루아-코나의 즐길 거리

부두를 끼고 있어 그와 관련된 액티비티가 주를 이룬다. 특히 인근에서 즐길 수 있는 스노클링이나 돌고래 관찰 프로그램이 인기다.

카일루아 항구 크루즈
Kailua Pier Cruise

카일루아 항구는 스노클링이나 돌고래를 볼 수 있는 액티비티가 이뤄지는 곳이자 크루즈의 출발 장소다. 오전에는 스노클링과 돌핀 어드벤처가, 오후(16:00경)에는 히스토리컬 디너 크루즈가 있다. 히스토리컬 디너 크루즈의 경우 사우스 코나의 제임스 쿡 선장 기념물까지 다녀온다. 소요시간은 대략 3~5시간 내외. 오전에 탑승한다면 자외선 차단제는 꼭 준비하자. 매년 12월부터 이듬해 4월 사이에는 돌고래 관찰 크루즈도 진행한다.

＋ 코나 글라스보텀 보트
Kona Glassbottom Boat

Map P.245-A2 | **주소** 75-5660 Palani Rd, Kailua-Kona | **전화** 808-324-1749 | **홈페이지** konaglassbottomboat.com | **운영** 월~수요일에 운영되며, 요일에 따라 탑승 시간이 다르다. 홈페이지를 참고할 것. | **요금** 크루즈 $60, 3~12세 $30 | **주차** 불가(근처 공용 주차장 이용. **주소** 75-5659 Likana Ln, Kailua-Kona) | **가는 방법** 코나 국제공항에서 19번 Queen Kaahumanu Hwy를 타고 직진, 오른쪽에 Palani Rd를 끼고 우회전. 도로 끝 카일루아 항구에 위치.

＋ 바디 글로브 크루즈 Body Glove Cruise

Map P.245-A1 | **주소** 75-5629 Kuakini Hwy, Kailua-Kona | **전화** 808-326-7122 | **홈페이지** www.bodyglovehawaii.com | **운영** 07:00~17:00(스노클링 & 돌핀 어드벤처 탑승 시간 08:00, 돌고래 워칭 13:00, 히스토리컬 디너 크루즈 투 케알라케쿠아 16:00) | **요금** [스노클링 & 돌핀 어드벤처] 성인 $175, 6~17세 $105, 6세 미만 $25, [돌고래 워칭] 성인 $125, 6~17세 $105, 5세 미만 $25, [히스토리컬 디너 크루즈 투 케알라케쿠아] 성인 $175, 6~17세 $105, 5세 미만 무료 | **주차** 무료 | **가는 방법** 코나 국제공항에서 19번 Queen Kaahumanu Hwy를 타고 직진, 오른쪽에 Palani Rd를 끼고 우회전. Kuakini Hwy를 끼고 다시 우회전한다. North Kona Shopping Center 1층에 위치.

루아우 쇼 Luau Show
★★★★★

루아우란 하와이어로 '환영, 만찬'이란 의미다. 하와이 전통 의상을 입고 하와이 전통 의식을 재현하며 역동적이고 흥겨운 분위기를 고조시킨다. 전통 복장을 한 남녀가 불을 이용한 갖가지 공연을 선보이는 것으로, 하와이 전통 바비큐가 포함되어 있다. 코트야드 바이 메리어트 킹 카메하메하 코나 비치 호텔에서 열리며 루아우 쇼의 명칭은 Island Breeze Hawaiian Lu'au다. 신전인 아후에나 헤이아우를 배경으로 해 색다른 분위기를 느낄 수 있다.

Map P.245-A2 | **주소** 75-5660 Palani Rd, Kailua-Kona | **전화** 808-326-4969 | **홈페이지** www.ibluau.com | **영업** 공연 화·목·일 17:30 체크인 | **요금** 성인 $175~210, 4~12세 $87.50~122.50 | **주차** 무료(호텔) | **가는 방법** 코나 국제공항에서 19번 Queen Kaahumanu Hwy를 타고 남쪽으로 직진, 오른쪽에 Palani Rd를 끼고 우회전

가능하며 매주 월요일 08:00에는 치핑 클리닉을, 금요일 같은 시간에는 샌드 클리닉을 위한 무료 골프 강습이 있다. 추가 요금을 내면 소규모 그룹(2~5인) 레슨(1시간)과 플레잉 레슨(2시간)을 받을 수 있다.

Map P.254-A1 | **주소** 72-100 Kaupulehu Dr, Kailua-Kona | **전화** 808-325-8000 | **홈페이지** www.fourseasons.com/hualalai/services_and_amenities/golf | **영업** 07:00~17:00(오피스), 07:40~16:20(티타임) | **요금** $300~420 | **주차** 무료 | **가는 방법** 코나 국제공항에서 19번 Queen Kaahumanu Hwy를 타고 북쪽으로 직진, 왼쪽에 Kaupulehu Dr 방향으로 좌회전

잭 니클라우스 시그니처 후알랄라이 골프 코스
Jack Nicklaus Signature Hualalai Golf Course
★★★★★

세계 4대 골프 코스 디자이너 중 한 명인 잭 니클라우스가 설계해 1996년 오픈했다. 매년 PGA 챔피언 투어 오프닝 대회인 마스터 카드 대회가 열리는 곳으로도 유명하다. 리조트 투숙객만 예약이

ⓒ잭 니클라우스 시그니처 후알랄라이 골프 코스

Mia's Advice

코나 파머스 마켓 Kona Famer's Market은 빅 아일랜드에서 대표적인 힐로 파머스 마켓 Hilo Famer's Market(P.284)보다는 덜 유명하지만 제법 큰 규모를 이루고 있어요. 40여 명의 상인들이 모여서 운영하는 곳으로, 코나 지역에서 자란 농산물과 꽃, 수공예 기념품, 코나 커피 등이 주로 판매된답니다. 수~일 07:00~16:00에 할레 할라와이 공원 Hale Halawai Park(Map P.245-B2) 건너편에서 열리죠. 근처에 코나 인 쇼핑 빌리지 Kona Inn Shopping Village도 있으니 여유를 가지고 둘러보면 좋을 듯해요.
주소 75-5767 Ali'i Dr, Kailua-Kona

Restaurant

카일루아-코나의 먹거리

이 지역은 빅 아일랜드에서 유명 레스토랑이 모두 모여 있는 곳이라고 해도 과언이 아니다. 특히 해안을 따라 늘어선 레스토랑에서는 일몰까지 감상할 수 있어 좋다.

휴고스 온 더 록스 Huggo's On the Rocks

라바 자바 Lava Java
★★★★★

1969년에 오픈한 곳으로 스테이크뿐 아니라 현지인들이 잡아 올린 생선을 이용한 요리 등을 맛볼 수 있는 곳. 그중에서도 피시 타코나 아히 버거 등이 인기가 많다. 평일과 주말 오후에 라이브 공연이 펼쳐지며 자세한 공연시간은 홈페이지에서 확인할 수 있다. 시원한 카일루아-코나 항구의 뷰를 바라보며 분위기를 내기 좋다.

Map P.245-B2 | **주소** 75-5828 Kahakai Rd, Kailua-Kona | **전화** 808-329-8711 | **홈페이지** huggosontherocks.com | **영업** 12:00~21:00(해피 아워 15:00~17:00) | **가격** $12~29(코나 피시 타코 $25) | **주차** 무료 (스트리트 파킹) | **예약** 불가 | **가는 방법** 코나 국제공항에서 19번 Queen Kaahumanu Hwy를 타고 남쪽으로 직진, 오른쪽에 Palani Rd를 끼고 우회전, 도로 끝에서 Alii Dr 방향으로 직진 후, 오른쪽 Kahakai Rd로 진입.

1994년부터 운영된 이 레스토랑은 빅 아일랜드에서 나고 자란 재료를 사용하는 것으로 자부심이 대단하다. 코나 지역에서 브런치 맛집으로도 유명하며 특히 오션뷰가 압권이다. 오전에는 크루아상 샌드위치나 에그 베네딕트, 팬케이크, 로코모코가 대표 메뉴다. 런치에는 포케와 피자가 압권! 뿐만 아니라 100% 코나 커피를 서빙해 고객들의 입맛을 사로잡는다.

Map P.245-B2 | **주소** 75-5801 Alii Dr, Kailua-Kona | **전화** 808-300-5672 | **홈페이지** www.islandlavajava.com | **영업** 07:30~20:30 | **가격** $6~43(코나 콤보 피자 $23) | **주차** 무료 | **예약** 필요 | **가는 방법** 코나 국제공항에서 19번 Queen Kaahumanu Hwy를 타고 직진, 오른쪽에 Palani Rd를 끼고 우회전 후 다시 Kuakini Hwy로 진입. 직진 후 다시 Hualalai Rd를 끼고 우회전 후 Alii Dr 좌회전.

다 포케 섁 Da Poke Shack

카일루아 코나 지역의 대표 포케 맛집. 밥 위에 포케를 올려 먹는 포케 볼과 포케와 밥 그리고 사이드 메뉴가 함께 나오는 포케 플레이트 중 선택할 수 있다. 포케 양념도 기호에 맞게 참기름, 간장, 스파이시 등을 선택할 수 있어 맞춤형 포케를 맛볼 수 있다.

Map P.245-C2 | 주소 76-6246 Ali'i Dr, Kailua-Kona | 전화 808-329-7653 | 홈페이지 dapokeshack.com | 영업 월~토 10:00~16:00(토·일요일 휴무) | 가격 $12~18 | 주차 무료 | 가는 방법 캐슬 코나 발리 카이.

코나 인 레스토랑 Kona Inn Restaurant

항구를 끼고 있는 야외 테이블은 바로 눈앞에서 멋진 일몰을 감상할 수 있는 최고의 장소다. 오징어 튀김과 비슷한 칼라마리 스트립스나 오렌지 망고 소스가 곁들여진 코코넛 슈림프 등은 가볍게 맥주 한잔과 즐기기 좋다.

Map P.245-B2 | 주소 75-5744 Alii Dr #135, Kailua-Kona | 전화 808-329-4455 | 홈페이지 konainnrestaurant.com | 영업 11:30~21:00(해피 아워 14:00~17:00) | 가격 $11~48(칼라마리 스트립스 $16, 훌라 치킨 $22) | 주차 무료(스트리트 파킹) | 가는 방법 코나 국제공항에서 19번 Queen Kaahumanu Hwy를 타고 남쪽으로 직진, 오른쪽에 Palani Rd를 끼고 우회전, 도로 끝에서 Alii Dr 방향으로 직진. 오른쪽으로 Kona Inn Shopping Village 내 위치.

코나 브루잉 컴퍼니 Kona Brewing Co.
★★★★★

하와이 전역에서 총 11종류의 맥주를 생산하고 있다. 각각의 맛이 궁금하다면 샘플러를 주문해 내 입맛에 맞는 맥주를 찾아보는 것도 좋을 듯. 최근에 위치를 이동해 넓은 야외 테라스에서 맥주를 즐길 수 있다. 오아후의 코코마리나 센터에서도 만날 수 있다.

Map P.245-A1 | 주소 74-5612 Pawai Place Kailua Kona | 전화 808-334-2739 | 홈페이지 konabrewingco.com | 영업 11:00~21:00 | 가격 $20~36(아히 타르타르 $20) | 주차 가능 | 가는 방법 코나 국제공항에서 19번 Queen Kaahumanu Hwy를 타고 직진, 오른쪽 Palani Rd 방향으로 우회전 후 직진, 다시 Kuakini Hwy를 끼고 우회전. North Kona Shopping Center 내 위치.

Shopping

카일루아-코나의 쇼핑

카일루아 항구 근처에는 크고 작은 쇼핑몰이 모여 있다. 특히 쇼핑에 관심이 많다면 저렴한 이월상품 위주로 판매하는 로스를 중심으로 살펴보자.

로스 Ross

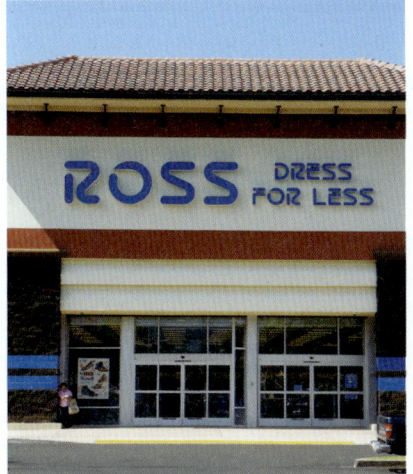

미국 전역에서 인기를 얻고 있는 아웃렛 매장. 일반 아웃렛에서도 팔고 남겨진 아이템들을 다시 모은 곳으로, 정가보다 훨씬 저렴한 가격으로 브랜드 제품을 구입할 수 있다. 폴로나 타미힐피거, 캘빈 클라인이나 랄프 로렌 등 브랜드 의상이나 게스나 코치 가방을 운이 좋으면 $20~30 미만으로 구입할 수 있다.

Map P.245-A1 | **주소** 74-5454 Makala Blvd, Kailua-Kona | **전화** 808-327-2160 | **홈페이지** www.ross stores.com | **영업** 일~목 08:00~22:00, 금~토 08:00~23:00 | **주차** 무료 | **가는 방법** 코나 국제공항에서 19번 Queen Kaahumanu Hwy를 타고 남쪽으로 직진, 오른쪽 Makala Blvd로 우회전 후 오른쪽에 위치.

타깃 Target

마치 백화점을 옮겨다 놓은 듯 패션부터 인테리어 소품, 액세서리와 장난감, 식재료 등 생활에 필요한 모든 것이 모여있는 대형 마트. 감각적인 제품들이 많고 가격대도 저렴한 편이라 여행객에게 환영 받는 곳. 매장 내 스타벅스도 있어 잠시 쉬기에도 안성맞춤이다. 오아후에서는 알라 모아나 센터에 위치해 있으며 2024년 와이키키 내 인터내셔널 마켓플레이스 안에도 입점했다.

Map P.245-A1 | **주소** 74-5455 Makala Blvd, Kailua-Kona | **전화** 808-334-4020 | **홈페이지** www.target. com | **영업** 07:00~22:00 | **주차** 무료 | **가는 방법** 코나 국제공항에서 19번 Queen Kaahumanu Hwy를 타고 직진, 오른쪽 Makala Blvd로 우회전 후 왼쪽에 위치.

코나 와인 마켓 Kona Wine Market

다양한 종류의 와인뿐 아니라 수제 맥주, 샴페인, 그리고 함께 즐기기 좋은 간단한 핑거 푸드도 판매하고 있는 곳. 빅 아일랜드에서 와인 & 비어 셀렉션으로 가장 규모가 크고, 현지인들에게도 입소문으로 큰 인기를 얻고 있는 곳이다. $2,000가 넘는 2009년산 Screaming Eagle Cabernet Sauvignon부터 $10 미만의 저렴한 와인까지 가격대별로 다양한 종류를 구비하고 있어 취향과 여행 경비에 맞는 와인을 구매할 수 있다. 가끔 홈페이지를 통해 와인 테이스팅 이벤트를 공지하기도 하니, 방문 전 검색해보자.

Map P.245-A1 | 주소 73-5613 Olowalu Kailua-Kona | 전화 808-329-9400 | 홈페이지 www.konawinemarket.com | 영업 월~토 10:00~19:00, 일 11:00~16:00 | 주차 무료 | 가는 방법 코나 국제공항에서 19번 Queen Kaahumanu Hwy를 타고 직진, 왼쪽 Hina Lani St를 끼고 좌회전 후 직진, 오른쪽에 위치.

코나 코스트 쇼핑센터 Kona Coast Shopping Center

카일루아-코나에서 제법 큰 KTA 슈퍼 스토어는 물론이고 코너 넘버원 차이니스 바비큐, 코나 크러스트 피자, 코나 커피 & 티 등의 음식점이 모여 있는 곳. 특히 KTA 슈퍼 스토어에는 리조트에서 간단하게 요리해 먹을 수 있는 다양한 식재료를 판매하기 때문에 근처에 숙소를 잡았다면 한 번쯤 둘러봐도 좋을 듯.

Map P.245-B1 | 주소 74-5586 Palani Rd Suite 15, Kailua-Kona | 전화 808-326-2262 | 홈페이지 www.konacoastshopping.com | 영업 06:00~21:00 | 주차 무료 | 가는 방법 코나 국제공항에서 19번 Queen Kaahumanu Hwy를 타고 직진, 오른쪽에 Palani Rd를 끼고 우회전, 오른쪽에 위치.

Mia's Advice

코나에서도 특히 관광객들이 많이 찾는 카일루아-코나에는 크고 작은 쇼핑센터가 모여 있어 쇼핑과 식사를 동시에 즐기기 좋아요. 로스 Ross와 타깃 Target 매장을 방문 예정이라면 코나 커먼스 Kona Commons(주소 74-5450 Alii Dr, Kailua-Kona)를 추천합니다. 코나 파머스 마켓을 둘러본다면 근처 코나 인 쇼핑 빌리지 Kona Inn Shopping Village(주소 75-5744 Ali'i Dr, Kailua-Kona)도 코나를 대표하는 쇼핑센터예요.

여행자들의 발걸음이 끊이지 않는
코나 코스트
Kona Coast

카일루아-코나에서 남쪽으로 향하는 알리이 드라이브 Alii Dr로 진입하면 코나 코스트 지역이 계속 이어진다. 그 길을 따라 물이 잔잔하고 모래사장이 아름다워 스노클링하기 가장 적합한 데다가 주차도 편리한 해변들이 줄을 지어 모여있다. 파란 해변을 따라서 콘도미니엄이 많이 들어서 있고, 사계절 여행자들의 발걸음이 끊이지 않는 빅 아일랜드의 대표 드라이브 코스. 코나 코스트 지역에는 아름다운 해변뿐 아니라 산책하기에 좋은 소박한 아름다움이 있는 장소들이 있다. 칼로코 호노코하우 국립역사공원은 하와이에 정착했던 초기 원주민들이 어떤 모습으로 생활했는지를 살펴볼 수 있게 꾸며 놓았다. 공원 안에는 4개의 도보 관광로가 있고, 하와이 원주민들의 공학 기술을 보여주는 신비한 하와이 양어장도 있다.

공항에서 가는 방법

코나 국제공항에서 남쪽 방향으로 19번 Queen Kaahumanu Hwy를 끼고 직진. 카일루아-코나에서 시작된 Alii Dr에서 해안가를 끼고 달리면 마주하는 곳이 바로 코나 코스트.

코나 코스트에서 볼 만한 곳

파호에호에 비치 파크, 칼로코-호노코하우 국립역사공원

Sightseeing

코나 코스트의 볼거리

칼로코-호노코하우 국립역사공원은 볼거리가 많진 않지만 산책하며 둘러보기 좋고 세인트 피터스 교회는 도로변에 있어 드라이브 도중 만나기 쉽다.

칼로코-호노코하우 국립역사공원
Kaloko-Honokohau National Historical Park

하와이의 과거로 돌아가, 원주민들이 어떻게 이곳에서 살아남았는지에 대한 생활상을 보존하고 있는 역사공원이다. 2개의 연못과 작은 항구를 끼고 있으며, 이들 가운데 비지터 센터가 있어 산책로를 통해 근처를 둘러볼 수 있다. 입구에 들어서자마자 넓은 주차장이 있다.

Map P.254-A2 | **주소** 73-4676 Queen Kaahumanu Hwy, Kailua-Kona(근처 코하나이키 골프 & 오션 클럽 주소) | **전화** 808-326-9057 | **홈페이지** www.nps.gov/kaho/index.htm | **운영** 08:30~16:00 | **입장료** 무료 | **주차** 무료 | **가는 방법** 호노코하우 항에서 0.5마일 떨어진 곳. 코나 국제공항에서 19번 Queen Kaahumanu Hwy를 타고 직진, 코하나이키 골프 & 오션 클럽 Kohanaiki Golf & Ocean Club 지나서 직진 후 왼쪽의 Allied Quarry Rd를 지나 우회전. 표지판 있음.

세인트 피터스 성당
St. Peter's Catholic Church

카할루 비치 파크 바로 옆 바닷가에 홀로 서 있는 아담한 교회로, 1889년에 세워진 이래 현지인들에게 사랑을 받고 있다. '리틀 블루 처치 Little Blue Church'라고도 불리는데, 전체적으로 파란색을 사용해 멀리서도 한눈에 알아볼 수 있기 때문이다. 자그마한 창문이 앙증맞게 나 있고, 12개의 의자가 공간을 지키고 있다. 결혼식을 위해 공간을 빌릴 수 있다.

Map P.255-B3 | **주소** 78-6680 Alii Dr, Kailua-Kona | **운영** 특별히 명시되진 않았지만 이른 오전과 늦은 저녁은 피하는 것이 좋다. | **입장료** 무료 | **주차** 불가 | **가는 방법** 코나 국제공항에서 19번 Queen Kaahumanu Hwy를 타고 직진, 오른쪽에 Palani Rd를 끼고 우회전, 도로 끝에서 Alii Dr 방향으로 직진. 오른쪽에 위치.

Beach
코나 코스트의 해변

다른 곳보다 퍼블릭 비치가 많다. 모래사장이 아름다운 라알로아 베이 비치 파크, 스노클링 하기 좋은 파호에호에 비치 파크 등 취향에 따라 골라보자.

파호에호에 비치 파크
Pahoehoe Beach Park

바위가 많은 이 섬은 모래사장은 없지만 잔디밭이 훌륭해 피크닉 장소로 훌륭하다. 바위 때문에 수영하긴 다소 힘들다는 단점은 있으나 대신 스노클링을 즐기기에 좋고 일몰이 아름답기로 소문났다. 라이프가드가 없어 안전에 유의하는 것이 좋다.

Map P.255-B3 | 주소 77-6434 Alii Dr, Kailua-Kona | 전화 808-961-8311 | 운영 07:00~20:00 | 주차 무료 | 가는 방법 코나 국제공항에서 19번 Queen Kaahumanu Hwy를 타고 남쪽으로 직진, 오른쪽에 Palani Rd를 끼고 우회전. 도로 끝에서 Alii Dr 방향으로 직진. 마일 마커 3~4 사이 오른쪽에 위치.

라알로아 베이 비치 파크
Laaloa Bay Beach Park

카일루아-코나에서 특히 모래사장이 아름답기로 유명한 해변이다. '화이트 샌드 비치 파크 White Sand Beach Park', '매직 샌드 Magic Sand'라는 닉네임을 가지고 있다. 뿐만 아니라 밀물 때는 해변이 사라졌다 썰물이 되면 해변이 나타나 '사라지는 해변'으로 불리기도 한다. 물살이 센 경우에는 부기 보드를, 물살이 잔잔할 때는 스쿠버다이빙을 즐기기 좋다. 참고로 라알로아는 하와이어로 '매우 두려운'이라는 뜻을 가지고 있다.

Map P.255-B3 | 주소 77-650077 Alii Dr, Kailua-Kona | 운영 07:00~19:00 | 주차 무료 | 가는 방법 코나 국제공항에서 19번 Queen Kaahumanu Hwy를 타고 남쪽으로 직진, 오른쪽에 Palani Rd를 끼고 우회전. 도로 끝에서 Alii Dr 방향으로 직진한다. 오른쪽에 위치.

★★★★★
카할루우 비치 파크 Kahaluu Beach Park

바람이 들이치지 않는 작은 만으로 모래사장은 작지만 눈앞에서 물고기 떼를 심심치 않게 볼 수 있다. 빅아일랜드에서 최고의 스노클링 장소로 선정되는 곳으로, 수심이 얕은 곳도 스노클링을 즐기기 완벽하다. 다양한 열대어뿐 아니라 거북이도 자주 볼 수 있다. 하지만 바위가 많은 탓에 아쿠아 슈즈를 신는 것이 좋다.

Map P.255-B3 | 주소 78-6740 Alii Dr, Kailua-Kona | 운영 07:00~19:00(주차장 07:00~19:00) | 주차 무료 | 가는 방법 코나 국제공항에서 19번 Queen Kaahumanu Hwy를 타고 직진, 오른쪽에 Palani Rd를 끼고 우회전, 도로 끝에서 Alii Dr 방향으로 직진, 오른쪽에 위치.

호노코하우 마리나 Honokohau Marina

코나 지역이 낚시로 유명한 만큼 낚싯배와 스쿠버다이빙 보트가 출항하는 항구다. 코나 공항에서 4마일 떨어져 있다. 액티비티를 통해 직접 낚시를 즐길 수도 있으니 참고할 것. 낚시 투어를 마치고 현장에서 물고기를 손질하는 모습도 이곳에서만 볼 수 있는 진풍경 중 하나다.

Map P.254-A2 | 주소 74-381 Kealakehe Pkwy, Kailua-Kona | 전화 808-327-3685 | 운영 06:00~18:00 | 주차 무료 | 가는 방법 코나 국제공항에서 19번 Queen Kaahumanu Hwy를 타고 직진, 오른쪽 Kealakehe Pkwy 방향으로 우회전.

Restaurant & Shopping

코나 코스트의 먹거리&쇼핑

유명한 음식점을 찾기가 쉽지 않아서 케아우호우 쇼핑센터의 다양한 레스토랑을 이용하거나 항구 근처 델리 숍에서 간단하게 끼니를 때워야 한다.

선셋 카이 라나이 Sunset Kai Lanai
★★★★★

절벽 위에 위치해 눈앞에 아름다운 오션뷰를 만끽할 수 있는 레스토랑. 하와이안 스타일의 버거, 포케 나초, 칠리 갈릭 슈림프 등을 맛볼 수 있는 곳. 특히 데리야키 비프 스테이크 샐러드는 숏 립에 데리야키 소스를 얹어 달콤한 맛을 더했다. 하와이안 스타일로 해석한 서양식을 맛보고 싶다면 이곳을 추천한다.

Map P.255-B3 | **주소** 78-6831 Alii Dr, Kailua-Kona | **전화** 808-333-3434 | **홈페이지** sunsetkailanai.com | **영업** 일~목 11:00~20:00, 금~토 11:00~20:30 | **가격** 런치 $9.95~25.95(데리야키 비프 스테이크 샐러드 $21.95, 칼루아 포크 타코 $18.95), 디너 $9.95~49.95(빅 아일랜드 하와이안 폭찹 $28.95) | **주차** 무료 | **예약** 필요 | **가는 방법** 코나 국제공항에서 19번 Queen Kaahumanu Hwy를 타고 직진, 오른쪽에 Palani Rd를 끼고 우회전한다. 도로 끝에서 Alii Dr 방향으로 직진. Keauhou Shopping Center 내 주유소 근처 위치.

케니치 퍼시픽 Kenichi Pacific

스시를 전문으로 하는 아시안 레스토랑. 하와이에서 '최고의 일식당'으로 여러 차례 상을 받은 바 있다. 전통적인 방법으로 손질하는 스시와 사시미는 물론이고 스테이크와 치킨, 양 요리를 더해 퓨전으로 선보이는 곳이다. 화~일요일 16:30~18:00에는 애피타이저와 스시 롤, 음료수 등을 40~50% 할인하는 해피 아워를 진행하고 있다.

Map P.255-B3 | **주소** 6831 Alii Dr #78, Kailua-Kona | **전화** 808-322-6400 | **홈페이지** www.kenichipacific.com | **영업** 화~일 16:30~21:00(월요일 휴무) | **가격** $8~65(레인보 롤 $32) | **주차** 가능 | **예약** 필요 | **가는 방법** 코나 국제공항에서 19번 Queen Kaahumanu Hwy를 타고 직진, 오른쪽에 Palani Rd를 끼고 우회전한다. 도로 끝에서 Alii Dr 방향으로 직진. 케아우호우 쇼핑센터 내에 위치. 쉐라톤 케아우호우 베이 리조트에서 5분 거리에 위치.

코나 마운틴 커피
Kona Mountain Coffee

코나 지역의 농장에서 재배한 커피 열매를 손으로 직접 수확해 만든 커피 브랜드. 1989년부터 2012년까지 코나 커피 컬처럴 페스티벌 Kona Coffee Cultural Festival에서 다수 수상하며 그 명성을 이어오고 있다. 코나 지역 이외에도 오아후의 힐튼 하와이안 빌리지에도 단독 매장을 갖고 있다.

Map P.254-A2 | 주소 73-4038 Hulikoa Dr #5, Kailua-Kona | 전화 808-952-5901 | 홈페이지 www.konamountaincoffee.com | 영업 09:00~19:00 | 가격 ~$10 | 주차 가능 | 가는 방법 코나 국제공항에서 남쪽으로 2마일 정도 떨어진 곳.

케아우호우 쇼핑센터
Keauhou Shopping Center

2개의 대형 슈퍼마켓을 포함, 각종 레스토랑과 극장이 모두 모여 있는 쇼핑센터다. 근처 리조트에 묵는 사람들이 주로 이용하며 쇼핑센터로 가는 길에 케아우호우 만을 내려다볼 수 있는 전망 포인트가 있다. 매주 토요일 08:00~12:00에 파머스 마켓이 열리며, 매주 금요일 18:00~19:00 사이에는 훌라 쇼가 진행된다. 매월 셋째 주 토요일 11:00~12:00에는 라이브 콘서트가 열린다.

Map P.255-B3 | 주소 78-6831 Alii Dr, Kailua-Kona | 전화 808-322-3000 | 영업 10:00~18:00 | 주차 무료 | 가는 방법 코나 국제공항에서 19번 Queen Kaahumanu Hwy를 타고 직진. 오른쪽에 Palani Rd를 끼고 우회전한다. 도로 끝에서 Alii Dr 방향으로 직진.

Mia's Advice

빅 아일랜드에는 매년 4월 커다란 훌라 페스티벌이 열린답니다. 1주일 동안 진행되는 메리 모나크 페스티벌 Merry Monarch Festival은 하와이에서 가장 큰 훌라 경연 대회로, 하와이 왕국의 마지막 군주였던 데이비드 칼라카우아 왕을 기리기 위해 시작된 축제예요. 그는 전통 훌라와 하와이 문화를 되살리고 보존하는 데 큰 기여를 했던 왕으로 평소 음악과 춤을 사랑하고 흥이 많아 즐겁고 명랑한 왕이란 뜻의 '메리 모나크'라는 별명이 붙기도 했죠. 1963년 힐로에서 처음 시작된 이 축제는 처음에는 지역 행사에 불과했지만, 이제는 훌라의 역사와 전통을 널리 알리기 위한 세계적인 축제로 하와이에서는 경연 대회가 TV에서 중계되기도 합니다. 훌라 콘테스트뿐 아니라 핸드 메이드 아트 제품, 라이브 뮤직 등을 함께 즐길 수 있답니다. 더 자세한 내용은 merriemonarch.com에서 확인할 수 있어요.

©하와이 관광청

역사적 유물부터 유명한 커피 농장까지
사우스 코나
South Kona

다른 지역에 비해 여행자의 발걸음이 뜸한 곳. 그만큼 조용하면서도 특별한 여행을 즐길 수 있다. 하와이를 처음 발견한 탐험가 제임스 쿡 선장의 동상이 있는 케알라케쿠아 베이 주립공원은 스노클링 명소로 잘 알려져 있는데, 물이 유달리 맑고 산호초와 열대어가 가득해 해양 생물 보호구역으로 지정되어 있다. 현재 천연 자원과 문화 자원 관리 차원에서 허가된 투어 업체만 스노클링이 가능하니 참고할 것. 그 외에도 하와이를 통틀어 가장 맛있는 커피가 나기로 유명한 지역인 코나 커피 농장이 모여 있으며, 특히 일부 농장에서는 무료로 참여할 수 있는 커피 농장 투어도 운영하고 있기 때문에 색다른 경험을 할 수 있다. 하와이 역사나 전통 문화에 관심이 있다면 푸우호누아 오 호나우나우 국립 역사공원이나 코나 히스토리컬 소사이어티에 들러 과거 하와이안들의 문화를 간접 체험해보는 것도 좋을 듯.

공항에서 가는 방법
코나 국제공항에서 19번을 거쳐 11번 Hwy를 타고 1시간 40분 정도 달리면 사우스 코나 지역이 나온다.

사우스 코나에서 볼 만한 곳
케알라케쿠아 베이 주립 역사공원, 푸우호누아 오 호나우나우 국립 역사공원, 코나 히스토리컬 소사이어티, UCC 하와이, 그린웰 팜스

Sightseeing

사우스 코나의 볼거리

사우스 코나 지역에는 고대부터 1800년대까지 하와이의 역사가 살아 숨 쉬고 있다. 그런 까닭에 이 지역은 드라이브를 즐기면서 곳곳에 숨은 명소를 찾는 재미가 쏠쏠하다.

★★★★★
푸우호누아 오 호나우나우 국립 역사공원
Puuhonua O Honaunau National Historical Park

신성한 법을 어겼다는 이유만으로 '사형'을 선고 받는다면 어떤 기분이 들까? 고대 하와이의 카푸라는 제도에 따르면 추장의 그림자도 밟을 수 없고, 남녀가 함께 식사도 할 수 없었다. 이런 법을 어긴 자들이 유일하게 살아남을 수 있는 방법은 성지라고 여기던 푸우호누아 오 호나우나우로 피신하는 것이었다. 현재 역사공원 안에 당시의 모습을 복원해 관람객의 이해를 돕고 있다.

Map P.254-B4 | **주소** 84-5559 Keala o Keawe Rd HWY 160, Honaunau | **전화** 808-328-2326 | **운영** 08:15~선셋 | **입장료** $20(차량당), $10(개인) | **주차** 무료(입장료에 포함) | **가는 방법** 카일루아-코나에서 11번 Mamalahoa Hwy를 타고 직진하다 오른쪽 160번 Napoopoo Rd(Keala Keawe Rd)를 타고 직진. 오른쪽에 Honaunau Beach Rd로 진입하면 입구가 보인다.

★★★★★
코나 히스토리컬 소사이어티
Kona Historical Society

과거 하와이안들의 삶을 직접 경험할 수 있는 곳. 1890년대 하와이 상점을 재현한 곳에서는 당시에 팔던 물건도 볼 수 있으며 코나 커피 리빙 히스토리 팜에서는 토크 스토리 타임이 있어 역사에 대한 이야기도 나눌 수 있다. 매주 목요일 10:00~13:00에는 박물관의 초원에서 전통적인 방식을 고수해 빵(포르투갈 스타일)을 굽는 체험을 직접 해볼 수 있다. 프로그램은 무료지만 빵은 구매해야 한다.

Map P.254-B4 | **주소** 81-6551 Hawaii Belt Rd, Kealakekua | **전화** 808-323-3222 | **홈페이지** konahistorical.org | **운영** 월·화·목~금 10:00~16:00(오피스), 목 10:00~14:00(H.N.그린웰 스토어 뮤지엄), 09:00(포르투기 스톤 오븐 빵 굽기 참여), 13:00(포르투기 스톤 오븐 빵 판매) | **입장료** 성인 $20, 5~12세 $10, 빵 $10 | **주차** 무료 | **가는 방법** 카일루아-코나에서 11번 Mamalahoa Hwy를 타고 직진. 오른쪽에 위치.

로열 코나 박물관 & 커피 밀
Royal Kona Museum & Coffee Mill

하와이 전역에서 만날 수 있으며, 저렴한 라이온 커피와 프리미엄급인 로열 코나 커피, 그 밖에도 하와이안 아일랜드 티 컴퍼니 등 3개의 브랜드를 가지고 있다. 뮤지엄 내에서는 커피의 역사를 한눈에 알아볼 수 있게 전시해놓았고, 다양한 커피 맛을 시음할 수 있다. 하이웨이 근처에 있어 농장 투어도 예약 없이 쉽게 참여할 수 있는 것이 특징이다.

Map P.254-B4 | 주소 83-5427 Mamalahoa Hwy, Captain Cook | 전화 808-328-2511 | 홈페이지 royalkonacoffee.com | 운영 월~토 09:00~16:00(일요일 휴무) | 입장료 무료 | 주차 무료 | 가는 방법 카일루아-코나에서 11번 Mamalahoa Hwy를 타고 직진. 오른쪽에 위치.

세인트 베네딕트 성당 St. Benedict Catholic Church

처음 사우스 코나에 가톨릭 교회가 세워진 것은 1842년이었다. 이후 1880년 중반, 요한 베르크만스 벨게 John Berchmans Velghe라는 벨기에 신부가 하와이에 정착했다. 당시 그는 글을 읽을 줄 모르는 하와이 사람들을 위해 1899~1904년에 걸쳐 성당 벽면에 성서의 구절들을 묘사해놓았다. 그 후로 이 교회는 페인티드 처치 Painted Church라는 별명도 얻게 되었다. 이곳에서는 거의 매일 미사가 있으며 매달 둘째 주 일요일에는 하와이어로 미사가 거행된다. 규모가 작은 성당이지만 음식이 필요하거나 보험이 없어 의료 서비스를 받을 수 없는 이들을 위한 서비스를 제공, 지역 사회에 도움을 주고 있다.

Map P.254-B4 | 주소 84-5140 Painted Church Rd, Captain Cook | 전화 808-328-2277 | 홈페이지 www.thepaintedchurch.org | 운영 07:00~17:00 | 입장료 무료 | 주차 무료 | 가는 방법 카일루아-코나에서 11번 Mamalahoa Hwy를 타고 직진하다 오른쪽 160번 Napoopoo Rd를 타고 직진. 중간에 Middle Keei Rd가 나오면 그 도로로 진입해 직진하다 오른쪽에 Painted Church Rd로 직진.

Beach
사우스 코나의 해변

사우스 코나의 해변은 모래사장 대신 커다란 바위가 많아 아쿠아 슈즈를 챙기는 것이 좋다. 돌고래나 거북이를 볼 수 있어, 나만의 특별한 스노클링을 경험할 수도 있다.

케알라케쿠아 베이 주립 역사공원 Kealakekua Bay State Historic Park

1778년 하와이 원주민과 제임스 쿡 선장이 최초로 만난 곳으로 역사공원이라는 타이틀이 붙긴 했지만 따로 전시관 등이 있는 것은 아니다. 그러나 이 장소가 역사적으로 중요한 이유는 하와이 땅에 처음 발을 디뎠던 제임스 쿡 선장이, 이듬해에 이곳에서 하와이 주민들에게 살해당했기 때문. 운이 좋으면 돌고래가 나타나기도 한다.

Map P.254-B4 | **주소** 160번 Puuhonua Rd 도로 끝에 위치 | **운영** 07:00~20:00 | **주차** 무료 | **가는 방법** 코나 국제공항에서 19번 Queen Kaahumanu Hwy를 타고 직진, 코나 코스트 쇼핑 센터 Kona Coast Shopping Center가 있는 사거리에서 11번 Mamalahoa Hwy에서 직진 후 160번 Napoopoo Rd, Pu'uhonua Rd를 타고 가다 Lower Napoopoo Rd를 타고 직진. 도로 끝에서 우측의 Beach Rd로 진입.

+++ TRAVEL PLUS +++

빅 아일랜드의 역사적인 장소, 히키아우 헤이아우

케알라케쿠아 베이 앞에는 히키아우 헤이아우 Hikiau Heiau라는 거대한 제단이 있어요. 이 제단은 원래 고대 하와이안들이 희생물을 신께 바치던 신성한 신전이었죠. 1779년 제임스 쿡 선장이 이곳에 방문했을 당시 원주민들이 그를 후하게 대접했었는데요. 후에 제임스 쿡은 항해 중에 사망한 자신의 부하 직원 장례식을 이 제단에서 하와이 최초로 기독교식으로 올렸답니다. 안타깝게도 내부는 들어갈 수 없어요.

투 스텝 비치 | Two Step Beach

빅 아일랜드에서 스노클링으로 유명한 대표적인 비치. 인상적인 산호초와 용암길 사이에 또 다른 세계가 펼쳐진다. 초보자와 전문가를 위한 스쿠버다이빙 장소이기도 하다. 운이 좋다면 돌고래도 볼 수 있는 곳. 두 개의 돌만 밟고 내려가면 바로 수심이 깊고 물고기가 많아 투 스텝 비치로 이름 지어졌다.

Map P.254-B4 | **주소** 84-5571 Honaunau Beach Rd, Captin Cook | **운영** 특별히 명시되지 않았지만 이른 오전과 늦은 저녁은 피하는 것이 좋다. | **주차** 무료(주차 공간 협소, 근처 유료 주차 $5) | **가는 방법** 케알라케쿠아 베이 Kealakekua Bay에서 160번 Puuhonua Rd를 타고 직진, 우측에 Ke Ala O Keawe 골목으로 진입. 도로 끝에 위치.

Activity

사우스 코나의 즐길 거리

하와이를 발견한 제임스 쿡 선장의 동상을 보기 위해선 카약을 타야 한다는 점이 재미있는데, 그 근처가 바로 스노클링으로 유명한 곳이다.

제임스 쿡 선장 동상
Captain James Cook Monument
★★★★★

케알라케쿠아 베이에서도 가장 유명한 스노클링 장소에 제임스 쿡 선장의 동상이 세워져 있다. 안타깝게도 육로로 이곳에 도착하는 방법은 없으며 카약이나 스노클링 투어를 통해서만 갈 수 있다. 몇 개의 업체들이 이 프로그램을 진행하고 있으며 투어는 2시간 30분~4시간가량 소요된다. 만타레이, 돌고래, 바다거북 등을 만날 수 있다.

Mia's Advice

투 스텝 비치 근처 케오네엘레 코브라는 곳도 명소예요. 이곳은 1900년대 초반 경작되었던 오리지널 코코넛 나무 숲이 남쪽 끝에 위치해 있으며, 1960년대 이후로는 공원 내에서 후킬라우 Hukilau(전통 방식의 그물 낚시)라고 이름 붙여진 페스티벌이 열릴 때마다 카누가 드나드는 곳으로 사용되고 있죠. 거북이가 자주 나타나는 곳으로도 유명하며 이곳 역시 스노클링이 가능하답니다.

+ 어드벤처 인 파라다이스
Adventures in Paradise

Map P.254-B4 | 주소 82-6038 Puuhonua Rd, Captain Cook | 전화 808-447-0080 | 홈페이지 www.bigislandkayak.com | 운영 07:30~15:30(오피스), 08:30~11:00, 12:00~14:30(스노클링) | 요금 $119.95 | 주차 무료(근처 스트리트) | 가는 방법 카일루아-코나에서 11번 Mamalahoa Hwy를 타고 직진. 160 Naoopoo Rd로 진입해 직진. 케알라케쿠아 베이에 위치.

+ 코나 보이스 Kona Boys, Inc.

Map P.254-B3 | 주소 79-7539 Mamalahoa Hwy, Kealakekua | 전화 808-328-1234 | 홈페이지 www.konaboys.com | 운영 월~토 07:00~17:00, 일 09:00~14:00(오피스), 07:00~11:30(카약&스노클링) | 요금 성인 $229, 18세 미만 $209 | 주차 무료(스트리트) | 가는 방법 카일루아 코나에서 11번 Mamalahoa Hwy를 타고 직진. Hokukano Rd를 지나자마자 왼쪽에 위치.

©하와이 관광청

Restaurant

사우스 코나의 먹거리

커피 농장 사이로 곳곳에 간단하게 끼니를 때울 수 있는 곳들이 있다. 외관은 소박해도 주인장의 손길에는 정성이 가득 들어있는 메뉴들이 많으니 섣부른 실망은 금물!

호나우나우 포케 숍
Honaunau Poke Shop

여행자들뿐 아니라 로컬들에게도 인기가 많은 포케 전문점. 매일 신선한 참치와 문어 등 해산물로 하와이 대표 메뉴를 선보이고 있다. 갈릭 타코 포케나 하와이안 포케 외에도 참치회 등이 인기 메뉴. 한국인들이 좋아할 만한 오이김치도 사이드 메뉴 중 하나. 하와이 전통 디저트인 우베 하우피아(푸딩)와 우베 레모네이드도 놓치지 말고 꼭 맛보자.

Map P.254-B4 | **주소** 83-5308 Mamalahoa Hwy B, Captin Cook | **전화** 808-731-7653 | **영업** 월~목 10:00~18:00, 금~일 09:00~18:00 | **가격** $10~20 | **주차** 무료 | **가는 방법** 카일루아-코나에서 11번 Mamalahoa Hwy를 타고 직진, 왼쪽에 위치.

사우스 코나 그라인즈
South kona Grindz

100% 코나 커피를 판매하는 카페. 매장 내에 에스프레소 바가 있으며, 추가 비용을 내면 인터넷도 사용할 수 있다(1시간에 $10, 개인 노트북 소장 시 할인). 마카다미아 너트에 초콜릿이 덮인 케오키스 빅 아일랜드 돈키 볼도 유명하니 놓치지 말고 맛볼 것. 커피 이외에도 홈메이드 피자와 햄버거, 피시 앤 칩스 등이 있어 식사 대용으로도 좋다.

Map P.254-B4 | **주소** 83-5315 Mamalahoa Hwy, Captain Cook | **전화** 808-328-9000 | **홈페이지** www.southkonagrindz.com | **영업** 11:00~19:00 | **가격** $5.95~24.95(피시 앤 칩스 $16.95~24.95) | **주차** 무료 | **예약** 불가 | **가는 방법** 카일루아 코나에서 11번 Mamalahoa Hwy를 타고 남쪽으로 직진, 오른쪽에 위치.

카알로아스 슈퍼 제이스
Kaaloa's Super J's

여행자들 사이에서 소문난 맛집이다. 특히 라우라우 Laulau라는 메뉴가 유명한데 양념된 돼지고기를 타로 잎에 싸서 쪄낸 메뉴로, 오랜 시간 천천히 익혀 부드러운 육질을 느낄 수 있다. 밥과 샐러드가 곁들여져 한 끼 식사로 훌륭하다. 'LA 타임스'와 각종 TV쇼에 소개될 만큼 유명세를 톡톡히 치르고 있다.

Map P.254-B4 | **주소** 83-5409 Mamalahoa Hwy, Captain Cook | **전화** 808-328-9566 | **영업** 월·수~토 10:00~15:00(화·일요일 휴무) | **가격** $5~22 | **주차** 무료 | **예약** 불가 | **가는 방법** 카일루아-코나에서 11번 Mamalahoa Hwy를 타고 직진, 왼쪽에 위치.

restaurant.com | **영업** 07:00~14:00, 17:00~21:00 | **주차** 무료 | **가격** $5.49~28.79 | **가는 방법** 카일루아-코나에서 11번 Mamalahoa Hwy 진입, 직진 후 왼쪽에 위치.

테시마의 레스토랑
Teshima's Restaurant

1929년 테시마 할머니가 시작한 일본 가정식 레스토랑. 식당이 세워졌던 1920년대에는 미국인 여성에게만 투표권이 주어질 정도로 차별이 심했던 시기였는데, 일본인인 그녀가 레스토랑을 운영했다는 것 자체가 기적에 가까울 정도다. 지금은 그녀의 후손이 가업을 이어받아 운영하고 있다. 새우튀김(런치&디너에만 판매)이 유명하지만 대체적으로 어떤 메뉴를 주문해도 실패하지 않는 맛이다.

Map P.254-B3 | **주소** 79-7251 Mamalahoa Hwy Kealakekua | **전화** 808-322-9140 | **홈페이지** teshima

Mia's Advice

사우스 코나 지역에는 매주 일요일 09:00~14:00에 퓨어 그린 마켓 Pure Green Market(Map P.254-B4)이 에이미 그린웰 가든 Amy Greenwell Garden에서 열려요. 현지에서 나고 자란 신선한 파파야, 아보카도, 직접 만든 잼과 꿀뿐 아니라 커피와 마카다미아 너트 등이 판매되며, 운이 좋으면 밴드의 라이브 공연도 감상할 수 있어요. 물론 푸드 트럭이 함께 있어 구경하다 출출하면 멕시칸 요리나 가벼운 샌드위치 등을 곁들일 수 있죠.

위치 82-6160 Mamalahoa Hwy, Captain Cook

+++ TRAVEL PLUS +++

사우스 코나의 커피 투어

하와이 코나, 자메이카 블루 마운틴, 예멘 모카는 세계 3대 커피다. 전 세계에서 사랑받고 있는 코나 커피는 빅 아일랜드 코나 지역에서 그 이름을 땄다. 한국에서는 100% 순수한 코나 커피를 맛볼 수 있는 기회가 적으므로 이번 기회에 코나 커피의 매력에 빠져보자.

++ 코나 커피, 대체 왜 유명할까?

전 세계에서 사랑받고 있는 코나 커피는 1828년 선교사들이 커피 나무를 하와이에 들여온 것이 시초가 되었다. 한국에서 순수한 코나 커피를 만나기 힘든 이유는 간단하다. 코나의 마우나 로아와 후알랄라이 산기슭 부근에서만 재배되는 희귀 품종이기 때문이다. 사실 커피의 맛을 좌우하는 삼박자가 바로 태양·토양·물인데, 이 지역의 흙은 영양이 풍부하고 화산암이 있어 배수가 잘 되며, 태양이 뜨겁게 내리쬐고 비가 규칙적으로 내려 커피의 맛에 영향을 미친 것이다. 현재 사우스 코나에는 약 32km에 달하는 커피 농원이 들어서 있으며 각 농원마다 무료 견학은 물론이고 시음도 해볼 수 있다.

++ 내 취향에 맞는 커피 찾기

코나 커피는 농가마다 잘 여문 열매만 수확하기 때문에 어느 농가에서도 품질이 균등하고 맛있는 커피가 탄생된다. 또한 하와이 주가 정한 등급이 있어 볶기 전의 그린 커피라 불리는 단계부터 크기와 무게에 따라 나뉘며 관리가 철저하다. 코나 커피는 신맛과 꽃향, 과일향이 나는 것으로 뒷맛이 깔끔한 것이 특징이다. 코나에서 재배되는 커피는 '말라비카종'으로 생산 과정은 다음과 같다. 우선 2~5월에 '코나 스노'라고 불리는 하얀 커피 꽃이 핀 다음 열매를 맺는다. 열매는 처음에는 녹색이었다가 노란색, 주황색, 빨간색으로 바뀌며 마지막 단계에서 진한 빨간색으로 잘 여문 것만 채취한다. 그런 다음 열매 안에 들어있는 원두만 채취해 12~24시간 발효한 후 깨끗한 물로 세척한다. 발효 과정을 거친 열매는 햇빛을 이용해 건조시킨 다음, 강·중·약의 세 등분으로 나눠 볶는다. 가장 강하게 볶은 커피가 카페인의 함유량이 제일 적다.

가장 맨 위 빨간 열매에서 총 10단계가 넘는 과정을 거쳐 소비자에게 제공된다.

알아두세요 코나의 커피 등급

- **프라임**: 작은 크기의 원두로, 맛이 진하며 가장 흔하게 볼 수 있다. 제일 저렴한 단계.
- **피 베리**: 대부분 열매 안에는 커피 원두가 2개씩 들어있는데, 간혹 1개가 들어있는 경우가 있다. 이런 것들만 모아 피 베리라고 칭하며, 밀도가 높아 농후한 맛과 향기를 풍기는 것이 특징이다.
- **NO 1.**: 중간 크기의 원두. 부드럽지만 독특한 맛이 난다.
- **팬시**: 2번째로 큰 원두. 부드러우면서 과일 맛이 나는 게 특징이다.
- **엑스트라 팬시**: 가장 큰 원두. 최상 등급이다. 달콤하고 부드러운 맛이 나며 향이 짙다.

★★★★★ UCC 하와이 UCC Hawaii

일본 커피 브랜드인 UCC에서 운영하고 있는 농장으로 일본 관광객의 방문이 끊이지 않는 곳. 다른 곳에 비해 조경이 잘 되어 있어 커피에 관심이 없는 사람이라도 산책하기 좋다. 커피 콩을 직접 볶는 로스트 마스터 투어는 홈페이지에서 미리 날짜와 시간을 예약해야 한다. 투어 후에는 자신의 라벨을 붙인 100% 코나 커피 1/2파운드가 증정된다. 당일 예약 없이 방문해도 커피 시음은 가능하며, 커피 농장을 직접 둘러볼 수 있다.

Map P.254-B2 | 주소 75-5568 Mamalahoa Hwy, Holualoa | 전화 808-322-3789 | 홈페이지 www.ucc-hawaii.com | 영업 월~금 09:00~16:30(로스트 마스터 투어 09:30~15:00, 토·일요일 휴무) | 입장료 무료(로스트 마스터 투어 시 $50, 12세 이상 2인 이상만 가능) | 주차 무료 | 가는 방법 카일루아-코나에서 11번 Mamalahoa Hwy를 타고 직진. 중간에 180번 Mamalahoa Hwy를 타고 우회전 후 직진. 오른쪽에 위치.

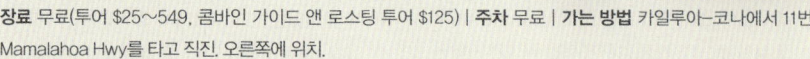

코나 조 커피 Kona Joe Coffee

코나 조는 세계에서 첫 번째로 격자무늬의 커피 농장을 운영한 곳으로, 그 특허권을 가지고 있다. 농장주의 이름이기도 한 코나 조는 모든 커피 제품에 이름을 새겨 넣고 판매하고 있다. 4가지 투어 중 농장도 둘러보고 직접 로스팅도 해볼 수 있는 콤바인 가이드 앤 로스팅 투어가 가장 인기가 많다. 소요 시간은 75분이며 직접 로스팅한 10온스 커피가 포함된다.

Map P.254-B3 | 주소 79-7346 Mamalahoa Hwy, Kealakekua | 전화 808-322-2100 | 홈페이지 www.konajoe.com | 영업 08:00~16:00 | 입장료 무료(투어 $25~549, 콤바인 가이드 앤 로스팅 투어 $125) | 주차 무료 | 가는 방법 카일루아-코나에서 11번 Mamalahoa Hwy를 타고 직진. 오른쪽에 위치.

Mia's Advice

최근 부쩍 많은 여행자들이 참여하고 있는 커피 농장 투어 중 가장 가성비가 좋은 곳은 훌라 대디 코나 커피 Hula Daddy Kona Coffee(주소 74-4944 Mamalahoa Hwy, Holaualoa)예요. 농장을 둘러보는 것은 물론 커피 시음과 원두 로스팅도 체험해볼 수 있습니다. 단, 홈페이지를 통해 사전 예약을 해야 해요(www.huladdy.com, 투어 1시간 $35).

그린웰 팜스 Greenwell Farms

1850년 헨리 니콜라스 그린웰이 창업한 오랜 전통의 농장. 자사 농원 외에도 200곳 이상의 커피 농원에서 원두를 수확해 그린웰 팜스 브랜드로 판매하고 있다. H.N. 그린웰 스토어 박물관이 이웃해 있으며 예약 없이 커피 농장 투어가 가능하다. 30분 간격으로 투어 프로그램이 있으며, 커피의 전 생산 과정을 들을 수 있다.

Map P.254-B3 | 주소 81-6581 Mamalahoa Hwy, Kealakekua | 전화 808-323-2295 | 홈페이지 www.greenwellfarms.com | 영업 월~일 08:30~17:00(농장 투어 09:00~15:00) | 입장료 무료 | 주차 무료 | 가는 방법 카일루아-코나에서 11번 Mamalahoa Hwy를 타고 직진. 오른쪽에 위치.

도토루 마우카 메도스 커피 팜
Doutor Mauka Meadows Coffee Farm

도토루 커피 브랜드에서 운영하는 커피 농장. 단순히 농장뿐 아니라 아름다운 정원까지 감상할 수 있는 곳으로, 아침에 산책하기 좋은 코스다. 운영시간 내 언제든 셀프 투어가 가능하며, 가든에서 아름다운 해안가를 바라보며 커피도 시음할 수 있다.

Map P.254-B2 | 주소 75-5476 Mamalahoa Hwy, Holualoa | 전화 808-322-3636 | 홈페이지 www.maukameadows.com | 영업 월~금 09:00~15:00(토~일요일 휴무) | 입장료 $5 | 가는 방법 카일루아-코나에서 11번 Mamalahoa Hwy를 타고 직진하다 왼쪽에 Ha'Awina St를 타고 좌회전 후 다시 180번 mamalahoaHwy를 타고 좌회전.

Mia's Advice

커피 축제가 열리는 홀루알로아 빌리지!
커피 농장이 모여 있는 홀루알로아 빌리지 Holualoa Village에는 매년 11월 빅 아일랜드의 커피 최대 수확기에 커피와 예술을 테마로 진행되는 페스티벌이 열린답니다. 꼭 11월이 아니더라도 홀루알로아 빌리지에는 다양한 아트 갤러리가 있어요. 홀루아로아 빌리지에 대해 좀 더 자세히 알고 싶다면 홈페이지(www.holualoahawaii.com)를 방문해보세요!

특별한 해변이 숨겨져 있는
카우
Kau

ⓒ하와이 관광청

빅 아일랜드 최남단이자, 미국 최남단이기도 한 이곳에는 전 세계적으로 드문 녹색 모래가 있는 그린 샌드 비치와 바다거북이 살고 있는 블랙 샌드 비치가 있다. 일반적인 모래사장이 아닌 특별한 모래가 깔려 있는 해변에서 해수욕과 일광욕을 즐길 수 있어 매력적이다. 카우에서도 남쪽 끝에 위치한 사우스 포인트 또한 놓치지 말아야 하는 볼거리다. 간혹 푸른 바닷속으로 다이빙하는 관광객들을 볼 수 있다. 카우 역시 하와이 화산 국립공원을 끼고 있는데, 고지대 카우 사막에서는 킬라우에아 분화 활동으로 화산재에 갇힌 옛 전사들의 발자국을 확인할 수 있다. 이곳에 관광객의 발걸음이 뜸한 이유는 렌터카 회사에서 보험 제외 구역으로 설정해 놓았기 때문이기도 하다. 현지 여행사의 투어 프로그램 이용을 추천한다.

공항에서 가는 방법

코나 국제공항에서 19번을 거쳐 11번 Hwy를 타고 2시간가량 직진하다보면 카우 지역 근처에 다다른다.

카우에서 볼 만한 곳

그린 샌드 비치, 푸날루우 블랙 샌드 비치, 사우스 포인트

> **알아두세요**
> **미국 최남단, 사우스 포인트**
>
> 카우에는 하와이의 최남단이자 미국 최남단인 사우스 포인트가 있다. 바다의 깊이를 가늠할 수 없는 파란 오션뷰와 낚시하는 사람들의 모습이 평화로워 보인다. 바위 구멍에서 바닷물이 들어왔다 빠져나가는 광경 또한 장관이다.

Beach

카우의 해변

파도가 용암을 침식해 만든 블랙 샌드 비치와 녹색 모래가 눈앞에 펼쳐지는 그린 샌드 비치를 동시에 만날 수 있는 곳으로 그 자체만으로도 독특한 느낌을 자아낸다.

★★★★★ 푸날루우 블랙 샌드 비치 Punaluu Black Sand Beach

검은 모래로 뒤덮인 해변은 현무암이 모래 알갱이처럼 부서져 해안을 메우고 있다. 수영하기 힘든 장소이긴 하나 멸종위기에 처해 있는 녹색 바다거북을 자주 발견할 수 있는 곳으로, 거북이들이 알을 낳고 휴식을 취하는 곳이기도 하다. 화산 국립공원을 살펴보는 투어 프로그램에 빠지지 않고 함께 들러보는 장소다.

Map P.212-C4 | 주소 96-876 Government Rd, Pahala | 운영 특별히 명시되진 않았지만 이른 오전과 늦은 저녁은 피하는 것이 좋다. | 주차 무료 | 가는 방법 카일루아-코나에서 11번 Mamalahoa Hwy(Hawaii Belt Rd)를 타고 직진, 오른쪽에 Ninole Loop Rd로 우회전(카일루아-코나에서 1시간 30분가량 소요).

★★★★★ 파파콜레아 그린 샌드 비치 Papakolea Green Sand Beach

전 세계에 단 4개밖에 없는 그린 샌드 비치 중 하나. 감람석으로부터 올리브 녹색이 추출되었기 때문에 모래사장이 녹색빛을 띤다. 이 해변이 특별한 또 다른 이유는 찾아가기 쉽지 않기 때문. 길이 험해 4륜 구동 차량만 이동이 가능하며, 렌터카 업체에서는 보험 제외 구역으로 설정해 놓았다. 도로 끝에서 현지인에게 약간의 팁($20)을 주고 그린 샌드 비치까지 가기도 하고, 약 1시간 소요되는 하이킹으로 걸어서 가는 방법도 있다. 마하나 비치 Mahana Beach라는 이름으로도 불리고 있다.

Map P.212-C4 | 주소 S Point Rd | 운영 특별히 명시되진 않았지만 이른 오전과 늦은 저녁은 피하는 것이 좋다. | 주차 무료 | 가는 방법 카일루아-코나에서 11번 Mamalahoa Hwy(Hawaii Belt Rd)를 타고 직진, S Point Rd 끝에서 비포장 도로를 향해 30분가량 더 진입한다(카일루아-코나에서 1시간 47분가량 소요).

하와이 화산 국립공원
Hawaii Volcanoes National Park

ⓒ하와이 관광청

세계에서 유일하게 드라이브로 볼 수 있는 화산, 킬라우에아. 빅 아일랜드를 방문하는 여행자 중 대부분이 지금도 활동하는 화산을 보기 위해 이곳을 찾는다. 오래전부터 분화구가 점점 변하고 있으며, 1983년에 푸오 화산이 분출해 흘러내린 용암이 해안 도로를 막아 지금도 길에서 검은 용암을 발견할 수 있다. 하와이 화산 국립공원은 킬라우에아와 그 옆의 마우이 로아 산을 관리하고 있다. 입장료를 투입구에 넣으면 국립공원을 한 바퀴 휘돌아 검게 굳은 용암 위에 조성된 환상도로, 10.6마일의 '크레이터 림 드라이브'가 시작된다. 이 길 끝에서 걸으면 용암 상태에 따라서 빨갛게 달아오른 용암을 직접 눈으로 볼 수도 있다. 비지터 센터와 홈페이지에서 상태를 확인하고 찾아가자.

공항에서 가는 방법

카일루아-코나에서 11번 Mamalahoa Hwy (Hawaii Belt Rd)를 타고 남동쪽으로 직진(카일루아-코나에서 2시간가량 소요)하면 하와이 화산 국립공원에 다다른다.

Mia's Advice

2008년 3월 할레마우마우 분화구의 화산 활동으로 인해 현재 재거 박물관부터 체인 오브 크레이터스 로드 전까지 구간 곳곳에 용암으로 길이 막힌 데드 엔드 로드 Dead End Road가 있으니 유의하세요.

Sightseeing

하와이 화산 국립공원의 볼거리

하와이 화산 국립공원은 1987년 유네스코에서 세계유산으로 지정되었다. 천천히 드라이브하며 둘러보기 좋다. 공원에 입장하기 전에 가스(휘발유)를 가득 채워가자.

킬라우에아 비지터 센터 Kilauea Visitor Center

화산 모형과 지도 등이 준비되어 있어 화산 분화의 최신 정보를 알 수 있고, 1시간 간격으로 화산 활동을 기록한 20여 분짜리 영상이 상영되던 곳. 2025년 2월 17일 2년 동안의 리노베이션 프로젝트를 위해 잠시 문을 닫았다. 킬라우에아 비지터 센터를 제외하고 다른 곳들은 방문 가능하다.

ⓒ하와이 관광청

Map P.275 | 주소 1 Crater Rim Dr, Hawaii Volcanoes National Park | 전화 808-985-6000 | 홈페이지 www.nps.gov/havo | 운영 킬라우에아 비지터 센터 09:00~17:00, 카후쿠 유닛 Kahuku Unit 목~일 08:00~16:00(월~수요일 휴무) | 입장료 차량당 $30, 개인 $15(1주일 유효, 15세 이하는 무료) | 주차 무료

크레이터 림 드라이브 Crater Rim Drive

10.6마일에 이르는 이 드라이브 구간은 화산 국립 공원을 한 바퀴 둘러볼 수 있는 코스다. 곳곳에 출입이 통제되는 구간이 있으니 비지터 센터에 들러 현재 상황을 확인 후 출발하는 것이 좋다.

Map P.275 | 주소 1 Crater Rim Dr, Hawaii Volcanoes National Park | 운영 09:00~17:00

볼케이노 아트 센터 Volcano Art Center

하와이 작가들의 작품을 전시하는 것은 물론이고 화산 공원 내 열대 우림 산책, 페인팅 워크숍 등 하와이의 문화를 체험할 수 있는 이벤트들이 열리는 곳. 홈페이지 (volcanoartcenter.org)에서 보다 자세한 정보를 얻을 수 있다.

Map P.275 | 주소 Hawaii Volcanoes National Park, Bldg 42, Volcano | 전화 808-967-7565 | 운영 09:00~17:00

할레마우마우 분화구 Steam Vents

이곳은 불의 여신 펠레의 집으로 알려져 있다. 이곳은 계속 희뿌연 연기가 피어오른다. 용암이 식물의 뿌리를 녹여 비가 내리면 빗물이 그 사이를 타고 지하까지 스며드는데, 빗물이 뜨거운 용암석에 닿아 수증기로 변하기 때문이다. 강수량이 많은 지역에서 볼 수 있는 현상으로, 비지터 센터에서 차로 5분 거리에 있다. 근처 스팀 벤츠에서는 스팀을 맞으면 아픈 곳이 낫는다거나, 동전을 던지면 소원이 이뤄진다는 등의 재미 있는 속설도 전해지고 있는 곳이다.

Map P.275 | 주소 1 Crater Rim Dr, Hawaii Volcanoes National Park | 개방 09:00~17:00

써스턴 라바 튜브 Thurston Lava Tube

하와이 화산 국립공원에서 가장 재미있는 장소로 500년 전에 형성된 곳이다. 입구는 열대 우림이며, 동굴 안으로 들어가면 새들이 지저귀는 소리를 들을 수 있다. 용암이 만들어낸 동굴의 가장 대표적인 형태로, 동굴 내 희미한 조명이 있어 걸을 수도 있다. 걸어서 동굴 반대편까지 가면 그 뒤의 동굴에는 조명이 없어 손전등이 필요하다. 길이는 약 0.8㎞. 호기심이 많은 사람이라면 도전해보자. 동굴을 빠져나오면 주차장까지 짧은 트레일이 이어진다. 동굴 안은 기온이 낮으니 긴팔 옷을 준비하는 것도 좋다.

Map P.275 | 주소 1 Crater Rim Dr, Hawaii Volcanoes National Park | 개방 09:00~17:00

체인 오브 크레이터스 로드 Chain of Craters Road

킬라우에아 화산 동쪽을 타고 해안으로 구불구불 이어진 도로. 이 도로의 끝까지 가면 도로를 덮친 용암이 굳어져 있다. 크레이터 림 드라이브에서 이곳 도로 끝까지 왕복 58㎞로, 약 3시간 정도 소요된다. 출발하기 전에 비지터 센터와 홈페이지에서 용암과 도로 상태를 확인하고 기름이 넉넉한지 체크할 것.

Map P.275 | 주소 1 Crater Rim Dr, Hawaii Volcanoes National Park | 개방 09:00~17:00

Mia's Advice

빅 아일랜드 화산 국립공원의 투어 중 차량과 헬리콥터 이외 특별한 투어 방법을 원한다면 자전거를 이용하는 방법도 있답니다. 가격은 $119~230 정도이며, 풀타임과 오전·오후 타임으로 나뉘어 있어요. 더 자세한 내용은 홈페이지(bikevolcano.com)를 확인하세요.

Activity

하와이 화산 국립공원의 즐길 거리

활화산의 진면목을 보고 싶다면 헬기 투어와 라바 투어를 이용하자. 가격 대비 만족도를 따지면 멀리서 보는 헬기 투어보다 가까이에서 보는 라바 투어가 더 스릴 넘친다.

화산 투어 Volcano Tour

+ 디스커버 하와이 투어 Discover Hawaii Tour

Map P.213-D3 | 주소 인터넷으로만 예약 가능 | 전화 808-690-9250 | 홈페이지 www.discoverhawaiitours.com | 운영 06:00~19:30(오피스), 08:00~17:00(투어 시간, 입장료와 점심 식사 포함) | 요금 성인 $279, 3~11세 $269.99(가이드가 동행하는 차량 투어) | 가는 방법 힐로 호텔로 직접 픽업 버스가 직접 옴.

+ 하와이 투어 Hawaii Tours

주소 55-541 Naniloa Loop, Laie(오아후에 위치) | 전화 808-379-3701 | 홈페이지 www.hawaiitours.com | 운영 08:00~17:00(오피스·프로그램 시간 07:00~15:45) | 요금 $199~589(화산 관련 투어가 다양함. 프로그램에 따라 가격이 다름)

+ 사파리 헬리콥터스 Safari Helicopters

Map P.213-E2 | 주소 2220 Kekuanaoa St, Hilo | 전화 800-326-3356 | 홈페이지 www.safarihelicopters.com | 운영 월~토 08:00~16:30(일요일 휴무, 오피스) | 요금 $399 | 가는 방법 힐로 국제공항 Commuter Air Terminal에서 출발.

+ 파라다이스 헬리콥터스 Paradise Helicopters

Map P.212-B2 | 주소 73-341 Uu St, Kailua-Kona | 전화 808-969-7392 | 홈페이지 paradisecopters.com | 운영 월~금 09:30~16:30(토~일요일 휴무, 오피스) | 요금 $449~599(코나 또는 힐로에서 출발) | 가는 방법 힐로에서 출발 시 힐로 국제공항 Lobby 2에서 출발, 코나 국제공항 출발 시 Commuter Terminal 빌딩에서 출발.

화산 활동이 그대로 남아 있는
푸나~파호아
Puna~ Pahoa

푸나는 하와이 동쪽 끝에 위치한 지역으로 화산의 여신 펠레의 작업실로 일컬어진다. 그 이유는 여러 차례 화산 활동으로 인해 마을이 소멸되었다가 다시 생성된 독특한 스토리를 가지고 있기 때문이다. 1990년 킬라우에아에서 흘러내린 용암은 칼라파나 마을과 카이무 블랙 샌드 비치를 삼켜 버렸다. 지금도 전망대에 오르면 용암과 바다가 만나는 장관을 목격할 수 있다. 또한 라바 트리 주립공원에서는 1700년대 수목에 용암이 흘러 굳어진 모습을 둘러볼 수 있다. 파호아는 과거 제분소가 있던 마을로 지금은 소박한 건물과 레스토랑들이 늘어서 있다. 놓치지 말아야 할 것은 아이작 할레 비치 파크다. 2018년 화산 활동으로 인해 이전과 다른 모습이긴 하나 비치로 향하는 길이 너무 아름다워 드라이브 코스로 훌륭하다.

공항에서 가는 방법

빅 아일랜드 지도를 놓고 봤을 때 서쪽의 코나 국제공항에서 Mamalahoa Hwy를 타고 가로질러 중간에 200번 Hwy를 거쳐 Saddle Rd, Puainako St를 지나 11번 Mamalahoa Hwy에 진입하면 푸나 마을에 다다른다. 코나 국제공항에서는 2시간 정도 소요된다. 힐로 국제공항에서 11번 Mamalahoa Hwy에 진입하면 푸나 지역이 나오며 30분 정도 소요된다.

푸나 & 파호아에서 볼 만한 곳

아이작 할레 비치 파크, 파호아 라바 존 뮤지엄

Sightseeing

푸나~파호아의 볼거리

힐로에서 빅 아일랜드 남쪽으로 향하다 보면 만나게 되는 지역으로, 관광객들에게는 그저 신기하기만 한 화산 활동의 흔적을 곳곳에서 마주할 수 있다.

★★★★★
라바 트리 스테이트 모뉴먼트 공원 Lava Tree State Monument Park

0.7마일의 트레일이 있는 이 공원은 걷기 쉬워 누구나 가볍게 도전할 수 있다. 다만 아이들과 노약자는 성인의 도움이 필요하다. 1970년 용암이 이곳에 흘렀을 때 만들어진 나무 화석이 특별한 볼거리다. 화장실과 피크닉 테이블, 비나 태양을 피할 수 있는 구조물이 있으며 공원 내 식수가 없는 관계로 물을 가져가는 것이 좋다.

ⓒ하와이 관광청

Map P.213-E3 | **주소** Pahoa-Pohoiki Rd(132번 Hwy), Pahoa | **전화** 808-961-9540 | **운영** 07:00~18:45 | **입장료** 무료 | **주차** 무료 | **가는 방법** 카일루아-코나에서 190번 Mamalahoa Hwy(Hawaii Belt Rd, Volcano Rd)를 타고 직진하다 오른쪽에 200번 Daniel K. Inouye Hwy(saddle Rd)로 우회전, 직진하다 Puainake St로 진입한다. 11번 Hawaii Belt Rd, 130번 Keaau Pahoa Rd를 지나 132번 Kapoho Rd로 직진.

Mia's Advice

파호아 지역에서 간단하게 식사를 할 예정이라면 파호아 마켓 플레이스 안에 위치한 Pahoa Fresh Fish(위치 15-2660 Pahoa Village Rd, Pāhoa)를 추천해요. 갓 튀겨낸 피시 앤 칩스, 크랩 케이크, 치킨 등 무엇을 주문해도 기본 이상의 맛을 자랑한답니다.

Beach

푸나~파호아의 해변

푸나 지역에서 가장 인기 있는 아할라누이 비치 파크는 독특한 외관 때문에 여행자들의 만족도가 높은 데다 드라이브 도로가 아름다운 곳으로 이름나 있다.

아이작 할레 비치 파크
Isaac Hale Beach Park

라바 트리 스테이트 모뉴먼트 공원 내 포호이키 베이 Pohoiki Bay를 끼고 있다. 이전에는 스노클링하기 좋은 곳으로 유명했으나 2018년 화산 활동 이후 주변이 모두 화산재로 바뀌어 현재 스노클링을 즐기긴 힘든 상태다. 다만 화산 작용으로 인해 데워진 물이 지열로 인해 높아져 온천처럼 따뜻한 물을 즐길 수 있다.

Map P.213-E3 | **주소** 13-101 Kalapana Kapoho Beach Rd, Pahoa | **운영** 09:00~18:00 | **주차** 무료 | **가는 방법** 카일루아-코나에서 190번 Mamalahoa Hwy(Hawaii Belt Rd, Volcano Rd)를 타고 직진하다 오른쪽 200번 Daniel K, Inouye Hwy(Saddle Rd)로 우회전, 직진하다 Puainake St로 진입한다. 11번 Hawaii Belt Rd, 130번 Keaau Pahoa Rd를 거쳐 132번 Kapoho Rd로 직진한다. 라바 트리 스테이트 모뉴먼트 공원 Lava Tree State Monument Park을 지나 Pahoa Pohoiki Rd 끝에 위치(2시간 15분가량 소요).

알아두세요 칼라파나 가는 길

1986년 쿠파이아나하에서 킬라우에아 화산의 용암이 흘러 파괴된 지역이 바로 칼라파나 Kalapana예요. 칼라파나 지역은 용암에 의해 대부분이 파괴되고 묻혔는데요, 2010년에는 용암 관찰 지역에서 용암의 모습을 눈앞에서 볼 수 있기도 했답니다. 당시에는 35가구만 남았었죠. 2018년 5월 화산이 다시 활동하며 용암이 파호아 지역까지 덮기도 했습니다. 용암 관찰 여부는 수시로 바뀌므로 하와이 화산 국립공원 홈페이지(www.nps.gov/havo, http://hvo.wr.usgs.gov/maps)에서 확인하는 것이 좋아요.

하와이 주에서 두 번째로 큰 도시
힐로
Hilo

하와이 전체를 통틀어서 호놀룰루 다음으로 규모가 큰 타운인 힐로는 소박한 로컬 타운이다. 1800년대에는 사탕수수 산업의 중심지였고, 다운타운 힐로가 건설되면서 지방정부 소재지가 되었다. 해마다 훌라 댄스 축제가 열리며 비가 내리는 날이 많아 풀과 꽃이 잘 자라는 지역적 특성을 가지고 있다. 폭포와 열대우림, 꽃이 가득한 지역으로 특히 빅 아일랜드 가운데에서도 강수량이 많은 특징을 가지고 있다. 계곡과 동굴 등의 탐험은 물론이고, 힐로 파머스 마켓과 퀸 릴리우오 칼라니 공원 등의 볼거리가 넘쳐나는 곳이다. 만약 빅 아일랜드의 방문 목적이 하와이 화산 국립공원에 맞춰져 있다면 공항과 호텔 역시 힐로 쪽을 이용하는 것이 좋다.

공항에서 가는 방법

코나 국제공항에서 출발해 200번 Mamalahoa Hwy에 진입하면 약 1시간 40분 정도 소요된다. 힐로 국제공항에서는 11번 Mamalahoa Hwy를 거쳐 19번 Kamehameha Ave에 진입해 15분 정도 소요된다.

힐로에서 볼 만한 곳

힐로 파머스 마켓, 와일루쿠 리버 레인보 폭포 주립공원, 퀸 릴리우오 칼라니 공원

Sightseeing

힐로의 볼거리

힐로는 활기 넘치는 상점과 공원, 파머스 마켓 등 구경거리가 많다. 연간 270일 이상 비가 내리는 지역이라 이른 아침에 무지개가 자주 뜨는 것도 이곳만의 특징이다.

★★★★★
힐로 파머스 마켓 Hilo Farmers Market

빅 아일랜드에서 가장 큰 힐로에서는 매일 파머스 마켓이 열린다. 1988년 4명의 농부가 판매한 것이 시초가 되어 수·토요일에는 200여 명 이상이, 다른 요일에는 30여 명이 참여, 지역 농부들이 직접 키운 채소와 과일은 물론이고 홈메이드 꿀이나 쿠키, 초콜릿 등을 저렴하게 판매한다. 그 밖에도 공예가들이 만든 지역 특산품 등 특별한 물건들이 많아 볼거리가 가득하다.

Map P.283-B1 | 주소 400 Kamehameha Ave, Hilo | 전화 808-933-1000 | 홈페이지 www.hilofarmersmarket.com | 운영 07:00~15:00 | 입장료 무료 | 주차 무료(힐로 파머스 마켓 앞 도로 혹은 모오헤아우 파크 내) | 가는 방법 힐로 국제공항에서 Airport Rd를 타고 직진, 오른쪽 11번 Mamalahoa Hwy를 타고 우회전. 큰 교차로에서 19번 Kamehameha Ave 방향으로 좌회전 후 직진. 왼쪽에 위치.

Mia's Advice

힐로 파머스 마켓 근처 힐로 파머스 마켓 키친 Hilo Farmers Market Kitchen(57 Mamo St, Hilo)에는 바비큐와 태국 요리 등 다양한 푸드 트럭이 있어요. 한쪽에서는 흥겨운 연주가 시작되고, 테이블이 여러 개 놓여 있어 시골 장터 분위기가 연출되기도 하죠. 힐로 파머스 마켓 근처에서 끼니를 해결하고 싶다면 이곳을 방문해도 좋아요.

모오헤아우 파크 Mooheau Park

힐로 파머스 마켓 건너편에 위치한 곳으로 커다란 반얀 트리 나무가 트레이드마크다. 공원 안에 Bandstand로 소규모 야외 공연장이 마련되어 있는데, 간혹 이곳에서 하와이 컨트리 밴드의 공연이 이뤄지기도 한다.

Map P.283-B1 | **주소** 369 Kamehameha Ave, Hilo | **홈페이지** http://downtownhilo.com/mooheau-park-bandstand | **운영** 특별히 명시되진 않았지만 이른 오전과 늦은 저녁은 피하는 것이 좋다. | **입장료** 무료 | **주차** 무료 | **가는 방법** 힐로 국제공항에서 Airport Rd를 타고 직진, 오른쪽에 11번 Mamalahoa Hwy를 타고 우회전. 큰 교차로에서 19번 Kamehameha Ave 방향으로 좌회전 후 직진. 오른쪽에 위치.

★★★★★
와일루쿠 리버 레인보 폭포 주립공원
Wailuku River Rainbow Falls State Park

힐로 다운타운에서 가장 가까운 곳에 위치한 폭포. 와일루쿠 강물이 거친 폭포가 되어 떨어지는 모습을 볼 수 있는 곳으로, 이곳에서 대부분 무지개를 볼 수 있다고 하여 무지개 폭포로 이름 지어졌다. 협곡은 열대 나뭇잎으로 무성하며 물은 야생에서 자라난 생강으로 인해 청록색을 띤다. 종종 현지인들의 결혼식이 이뤄지기도 한다.

Map P.213-E2 | **주소** 2-198 Rainbow Dr, Hilo | **운영** 08:00~17:00 | **입장료** 무료 | **주차** 무료 | **가는 방법** 힐로 국제공항에서 Airport Rd를 타고 직진, 오른쪽 11번 Mamalahoa Hwy를 타고 우회전. 큰 교차로에서 19번 Kamehameha Ave 방향으로 좌회전 후 200번 Waianuenue Ave 방향으로 좌회전. 다시 직진 후 Rainbow Dr 방향으로 우회전.

와일루쿠 리버 보일링 파츠 주립공원
Wailuku River Boiling Pots State Park

비가 많이 오면 마치 강물이 휘몰아쳐 냄비 속에서 물이 끓는 것처럼 보이기도 하고, 자쿠지를 연상시키기도 한다고 하여 보일링 팟이라는 이름이 붙여졌다. 원한다면 폭포수가 떨어지는 곳까지 걸어갈 수 있는데 직접 눈앞에서 그 장관을 보게 되면 훨씬 흥분된다. 단, 물이 불시에 늘어날 수 있기 때문에 수영은 금물이다.

Map P.213-D2 | **주소** 1766 Wailuku Dr, Hilo | **운영** 08:00~18:00 | **입장료** 무료 | **주차** 무료 | **가는 방법** 힐로 국제공항에서 Airport Rd를 타고 직진, 오른쪽 11번 Mamalahoa Hwy를 타고 우회전. 큰 교차로에서 19번 Kamehameha Ave 방향으로 좌회전 후 200번 Waianuenue Ave 방향으로 좌회전한다. 중간에 길이 좁아진 Waianuenue Ave를 타고 직진하다 오른쪽에 Peepee Falls Rd가 나타나면 우회전.

카메하메하 대왕 동상 King Kamehameha Statue

1963년에 만들어진 카메하메하 대왕 동상은 원래 카우아이 섬의 프린스빌 리조트 지역에 세워질 예정이었지만 카우아이 사람들이 카메하메하 대왕에게 정복당한 적이 없다는 이유로 거부했다. 그 후 빅 아일랜드에서 정치적으로 중심 역할을 했던 힐로에 동상이 세워져 아직까지도 힐로 사람들의 사랑을 받고 있다.

Map P.283-B1 | **주소** 774 Kamehameha Ave, Hilo(근처 주유소 주소) | **운영** 특별히 명시되진 않았지만 이른 오전과 늦은 저녁은 피하는 것이 좋다. | **입장료** 무료 | **주차** 무료 | **가는 방법** 힐로 국제공항에서 Airport Rd를 타고 직진, 오른쪽 11번 Mamalahoa Hwy를 타고 우회전. 큰 교차로에서 19번 Kamehameha Hwy 방향으로 좌회전 후 운전하는 방향의 도로 건너편에 위치.

카우마나 동굴 Kaumana Cave

화산활동으로 인해 생긴 동굴. 동굴 입구까지 계단이 나 있다. 호기심이 많은 사람이라면 동굴 내부를 탐험해보는 것도 좋을 듯. 따로 조명이 없어 손전등이 반드시 필요하며, 모기에 물리기 쉬우니 뿌리는 모기약을 준비하는 것이 좋다. 관광객이 많지는 않으나 짝을 지어 동굴 내부를 살펴보는 커플이나 친구끼리 온 여행자들을 심심치 않게 발견할 수 있다.

Map P.213-D2 | **주소** 1492 Kaumana Dr, Hilo(근처 주소) | **운영** 08:00~14:00 | **입장료** 무료 | **주차** 무료 | **가는 방법** 힐로 국제공항에서 Airport Rd를 타고 직진, 오른쪽 11번 Mamalahoa Hwy를 타고 우회전. 큰 교차로에서 19번 Kamehameha Ave 방향으로 좌회전 후 200번 Waianuenue Ave 방향으로 좌회전한다, 200번 Kaumana Dr로 진입 후 직진. 오른쪽에 위치.

★★★★★
퀸 릴리우오칼라니 공원 Queen Liliuokalani Gardens

하와이의 마지막 여왕인 릴리우오칼라니의 이름을 따서 지은 곳이다. 1900년대 초반 인근의 사탕수수 플랜테이션에서 일하던 일본계 이민 1세대들이 만든 공원이다. 공원 안에는 무지개 다리와 일본식 석등, 탑, 찻집이 꾸며져 있어 아침에는 조깅 코스로, 주말에는 가족 단위의 피크닉 장소로 좋다. 공원 내에서 낚시를 하거나 아이들이 연못에서 노는 장면을 심심치 않게 볼 수 있다.

Map P.283-C1 | 주소 189 Lihiwai St #151, Hilo | 전화 808-522-7060 | 운영 05:45~19:30 | 입장료 무료 | 주차 무료 | 가는 방법 힐로 국제공항에서 Airport Rd를 타고 직진, 오른쪽 11번 Mamalahoa Hwy를 타고 우회전. 큰 교차로에서 19번 Kamehameha Ave 방향으로 좌회전 후 두 번째 큰 사거리에서 오른쪽의 Lihiwai St로 우회전 후 직진.

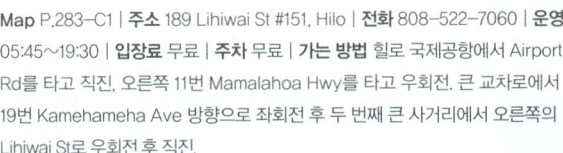

코코넛 아일랜드 Coconut island

하와이어로 모쿠올라 Mokuola라고 불리는 이곳은 '힐링 아일랜드'로 통한다. 아일랜드 중심은 고대 신전이었으며 법을 어긴 사람들의 피난처이기도 했다. 현재 사람들의 피크닉 장소 혹은 바비큐를 즐기는 이벤트 장소로 사용되고 있으며, 이곳에서 수영과 점핑도 즐긴다. 섬은 넓은 다리와 연결되어 있는데, 이 다리 위에서 대부분의 사람들이 힐로 다운타운을 감상하며 사진을 찍거나 가끔 나타나는 거북이를 지켜보기도 한다.

Map P.283-C1 | 주소 77 Kelipio Pl, Hilo | 운영 특별히 명시되진 않았지만 이른 오전과 늦은 저녁은 피하는 것이 좋다. | 입장료 무료 | 주차 무료 | 가는 방법 힐로 국제공항에서 Airport Rd를 타고 직진, 오른쪽 11번 Mamalahoa Hwy를 타고 우회전. 큰 교차로에서 19번 Kamehameha Ave 방향으로 좌회전 후 두 번째 큰 사거리에서 오른쪽의 Lihiwai St로 우회전 후 직진. 왼쪽의 Kelipio Pl 끝에 위치.

파나에바 레인포레스트 동물원 & 가든
Panaewa Rainforest Zoo & Gardens

1978년 9월 공식적으로 문을 열어 지금까지 많은 이들의 사랑을 받고 있는 동물원이다. 미국에서 유일하게 열대 우림에 위치한 동물원으로, 1년에 약 125인치의 강수량을 자랑한다. 현재 200여 마리의 동물을 수용하고 있다.

Map P.213-E2 | 주소 800 Stainback Hwy, Hilo | 전화 808-959-7224 | 홈페이지 www.hilozoo.org | 운영 10:00〜16:00 | 입장료 무료 | 주차 무료 | 가는 방법 힐로 국제공항에서 Airport Rd를 타고 직진, 왼쪽 11번 Mamalahoa Hwy를 타고 직진 후 오른쪽 Stainback Hwy를 끼고 우회전.

마우나 로아 팩토리 & 비지터 센터 Mauna Loa Factory & Visitor Center

마우나 로아는 마카다미아 너트 브랜드로 유명하다. 힐로 근처에 위치한 이곳은 공장인 동시에 방문자들을 위한 비지터 센터다. 이곳을 향하는 입구가 아름다운 것으로도 유명하며, 다양한 마카다미아 너트 샘플도 맛볼 수 있다.

Map P.213-E2 | 주소 16-701 Macadamia Rd, Keaau | 전화 808-982-6562 | 홈페이지 www.maunaloa.com | 운영 월〜토 09:00〜16:00(일요일 휴무) | 입장료 무료 | 주차 무료 | 가는 방법 힐로 국제공항에서 Airport Rd를 타고 직진, 왼쪽 11번 Mamalahoa Hwy로 좌회전, 직진 후 다시 왼쪽의 Macadamia Nut Rd 방향으로 좌회전.

라이먼 박물관 Lyman Museum

1893년 선교사 데이비드 라이먼에 의해 세워진 미션하우스. 빅 아일랜드에서 가장 오래된 목조 건물이다. 150년 전 하와이안들이 사용하던 가구와 일상용품 등을 전시해 당시의 생활상을 엿볼 수 있는 것이 특징. 갤러리는 자연의 신비를 알 수 있는 어쓰 헤리티지 Earth Heritage와, 하와이안 역사를 담고 있는 아일랜드 헤리티지 Island Heritage로 나뉘어 있다. 그 밖에도 사진 전시나 한국 조상들의 1930년대 가구와 생활 소품 등을 세팅해놓은 특별 전시도 볼 만하다.

Map P.283-A1 | 주소 276 Haili St, Hilo | 전화 808-935-5021 | 홈페이지 www.lymanmuseum.org | 운영 월〜금 10:00〜16:30(토〜일요일 휴무) | 입장료 성인 $8, 6〜17세 $5 | 주차 무료(박물관 앞 도로 혹은 Mission House 옆) | 가는 방법 힐로 국제공항에서 Airport Rd를 타고 직진, 오른쪽에 11번 Mamalahoa Hwy를 타고 우회전. 큰 교차로에서 19번 Kamehameha Ave 방향으로 좌회전 후 직진. 왼쪽 Haili St를 끼고 다시 좌회전. 오른쪽에 위치.

Restaurant

힐로의 먹거리

옛 모습의 건물들이 늘어서 있는 한적한 마을인 힐로. 특히 이곳에는 오랜 전통을 가지고 있는 레스토랑이 많은 것이 특징이다.

미요스 Miyo's
★★★★★

1987년에 오픈해 지금까지 지역 주민들의 사랑을 받는 곳. 전체적으로 화이트 배경에 우드 톤의 인테리어 소품들을 매치, 깔끔한 인테리어를 선보인다. 일본 가정식을 맛볼 수 있는 곳으로, 샤부샤부, 덮밥, 메밀국수 등의 메뉴가 인기 있으며 특히 도시락이 이곳의 시그니처 메뉴다.

Map P.283-C2 | **주소** 564 Hinano St, Hilo | **전화** 808-935-2273 | **홈페이지** www.miyosrestaurant.com | **영업** 월~토 11:00~14:00, 17:00~20:30(일요일 휴무) | **가격** $9.50~32.30(벤또 박스 $25.50) | **주차** 무료 | **예약** 필요 | **가는 방법** 힐로 국제공항에서 Airport Rd를 타고 직진, 큰 사거리를 지나 Kekuanaoa St로 진입. 오른쪽 Hinano St를 끼고 우회전. Manono Marketplace Shopping Center 내 위치.

켄스 하우스 오브 팬케이크
Ken's House Of Pancakes

1971년에 문을 열어 지금까지도 그 명맥을 이어오고 있다. 간판 메뉴인 두터운 팬케이크는 그 종류도 다양한데, 스트로베리 팬케이크, 블루베리 팬케이크 이외에도 로컬 스타일의 마카다미아 팬케이크, 프레시 바나나 팬케이크, 코코넛 팬케이크 등 다양한 메뉴가 있다. 그 외에도 오믈렛, 샌드위치, 햄버거, 스파게티, 스테이크, 사이민 등이 있으며 하와이가 뽑은 '베스트 패밀리 레스토랑'에 매년 선정되고 있다.

Map P.283-D1 | **주소** 1730 Kamehameha Ave, Hilo | **전화** 808-935-8711 | **홈페이지** www.kenshouseofpancakes.com | **영업** 06:00~21:00 | **가격** $10.95~27.95 | **주차** 무료 | **예약** 불가 | **가는 방법** 힐로 국제공항에서 Airport Rd를 타고 직진, 오른쪽 11번 Mamalahoa Hwy를 타고 우회전. 큰 교차로에서 19번 Kamehameha Ave 방향으로 좌회전 후 왼쪽에 위치.

카페 페스토 Cafe Pesto

힐로에서 멋쟁이들이 모인다는 레스토랑. 피자, 파스타, 칼조네 등 이탈리아 요리를 기본으로 하되, 퓨전 하와이안 푸드를 동시에 선보이고 있다. 피체리아로 처음 문을 연 만큼 수제 도우를 화덕에 구워 만든 피자가 제일 유명하며 같이 곁들이는 메뉴로는 오가닉 샐러드인 볼케이노 미스트가 유명하다. 1912년에 건축된 옛 모습의 건물을 그대로 유지하고 있으며 세계 여행 정보 평가 사이트 'Zagat' 리뷰에도 소개될 만큼 우수 레스토랑으로 입소문 나 있다.

Map P.283-B1 | **주소** 308 Kamehameha Ave #101, Hilo | **전화** 808-969-6760 | **홈페이지** cafepesto.com | **영업** 11:00~20:30 | **가격** $12~37(볼케이노 미스트 샐러드 $17), 디너 $8~39 | **주차** 무료(협소) | **예약** 필요 | **가는 방법** 힐로 국제공항에서 Airport Rd를 타고 직진, 오른쪽 11번 Mamalahoa Hwy를 타고 우회전. 큰 교차로에서 19번 Kamehameha Ave 방향으로 좌회전 후 직진. 오른쪽에 위치.

카페 100 Cafe 100

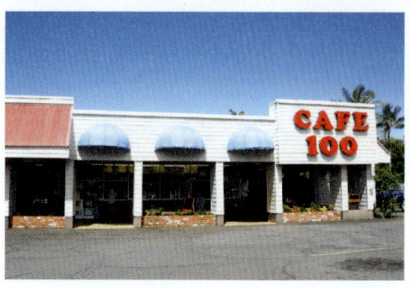

1946년 오키나와에서 이주해 온 일본인이 오너인 레스토랑. 이곳이 유명세를 탄 이유는 최초의 로코모코 가게였기 때문이다. 30가지 이상의 로코모코 메뉴가 있으며 가격 또한 저렴하다. 로코모코란 하와이 사람들이 즐겨 먹는 요리 중 하나로 흰쌀밥 위에 햄버거를 올리고 그 위에 그레이비 소스를 두른 메뉴인데, 이곳에서만 매달 9,000개 이상의 접시가 판매된다. 카운터에서 주문한 뒤 근처 테이블에서 먹거나 테이크아웃하는 방식으로 운영된다.

Map P.283-C2 | **주소** 969 Kilauea Ave, Hilo | **전화** 808-935-8683 | **홈페이지** cafe100.com | **영업** 월~금 11:00~18:00, 일 10:00~15:00(토요일 휴무) | **가격** $7.55~16.50(로코모코 $9.15) | **주차** 무료 | **예약** 불가 | **가는 방법** 힐로 국제공항에서 Airport Rd를 타고 직진, 사거리에서 Kekuanaoa St 방향으로 직진 후 오른쪽 Kilauea Ave 방향으로 우회전. 오른쪽에 위치.

수이산 피시 마켓 Suisan Fish Market

호텔과 레스토랑 등에 수산물을 납품하는 대형 회사이기도 하다. 참치와 크랩과 아쿠(가다랭이) 등 하와이 대표 해산물 이외에도 이른 아침에 이곳을 찾으면 보다 다양한 생선을 구입할 수 있다. 대부분 저렴한 가격대로 판매되며 한국인이 좋아할 만한 매운탕 재료들도 있다. 한쪽에는 간단한 테이블이 마련되어 있어 이곳에서 판매하는 양념된 스시를 덮밥으로 먹을 수도 있고, 포케도 판매한다.

Map P.283-C1 | 주소 93 Lihiwai St, Hilo | 전화 808-935-9349 | 홈페이지 www.suisan.com | 영업 월~화, 목~토 09:00~15:00(수·일요일 휴무) | 가격 그날 시세에 따라 다름 | 주차 무료 | 예약 불가 | 가는 방법 힐로 국제공항에서 Airport Rd를 타고 직진, 오른쪽 11번 Mamalahoa Hwy를 타고 우회전. 큰 교차로에서 19번 Kamehameha Ave 방향으로 좌회전 후 두 번째 큰 사거리에서 오른쪽의 Lihiwai St로 우회전. 왼쪽에 위치.

앤틱스 피자 Antics Pizza

힐로의 피자 맛집. 팬데믹 피자, 소닉 더 베그헤드, 마리오스 하우스 파티 등 재미있는 피자 이름이 가득하다. 빌드 유어 오운 Build Your Own 시스템이 있어 피자 토핑을 원하는 대로 넣을 수 있다. 매장 내에 게임기가 있어 어린이가 있는 가족 여행자들에게 좋다.

Map P.283-B2 | 주소 475 Kinoole St, Hilo | 전화 808-769-4202 | 홈페이지 www.anticspizza.com | 영업 11:30~21:00 | 가격 $10~27 | 주차 불가 | 가는 방법 힐로 국제공항에서 Airport Rd, kekuanaoa St를 차례로 지나 오른쪽 Hawaii belt Rd를 끼고 우회전 후 왼쪽 Mamalahoa Hwy를 끼고 다시 좌회전. 직진 후 왼쪽 Ponahawai St를 끼고 좌회전. 왼쪽에 위치. 링컨공원 건너편.

파인애플 아일랜드 프레시 퀴진
Pineapples Island Fresh Cuisine

힐로 다운타운에 위치한 이곳은 역사적으로 파인애플 빌딩이었던 곳에 터를 잡았다. 창문 없이 사방이 뚫려 있는 오픈 에어 레스토랑으로, 바비큐, 피시 앤 칩스, 베지 버거 등을 판매하고 있다. 파인애플 버거와 다이너마이트 포케 볼, 어니언 수프 등이 인기가 높다. 다양한 종류의 칵테일도 판매한다. 글루텐 프리, 비건 메뉴 등도 선보이고 있다.

Map P.283-B1 | 주소 332 Keawe St, Hilo | 전화 808-238-5124 | 홈페이지 pineappleshilo.com | 영업 화~목·일 11:00~21:00, 금~토 11:00~21:30 (월요일 휴무) | 가격 $16~43(다이너마이트 피시 볼 $20, 파인애플 버거 $18) | 주차 무료(협소) | 가는 방법 힐로 국제공항에서 Airport Rd를 타고 직진, 오른쪽 11번 Mamalahoa Hwy를 타고 우회전한다. 큰 교차로에서 19번 Kamehameha Ave 방향으로 좌회전 후 직진, 다시 Mamo St를 끼고 좌회전 후 다시 Keawe St를 끼고 우회전.

4000m 정상의 별천지
마우나 케아
Mauna Kea

하와이어로 '하얀 산'을 뜻하는 마우나 케아는 해발 4,205m로, 해저로부터는 1만m가 넘어 해저부터의 높이로는 세계에서 가장 높은 산인 셈이다. 날씨가 맑은 날이 많고 대기가 안정적이라 세계 각국의 천문대와 망원경이 산 정상 부근에 설치되어 있다. 한겨울에는 눈도 볼 수 있을 정도며 여름에 올라도 두꺼운 옷이 필요할 정도로 춥다. 산 정상까지는 사실 렌터카를 타고 오르기 힘들 만큼 도로 상황이 매우 나빠 4WD(사륜구동 차량)나 투어 프로그램을 이용하는데, 정상에 오르기 전 비지터 인포메이션(오니즈카 센터)에서 액티비티가 진행된다. 직접 운행해서 정상까지 오르더라도 고산병 예방을 위해 비지터 인포메이션(오니즈카 센터)에서 휴식을 취하는 것이 좋다. 수분도 자주 보충해줘야 하며 일몰에서 일출까지는 헤드라이트의 점등이 금지된다. 천체 관측에 방해가 되기 때문.

이곳을 즐기는 방법에는 두 가지가 있다. 우선 이른 새벽에 출발해 별자리를 본 뒤 일출을 감상하는 것과 늦은 오후에 출발해 일몰을 감상하는 것. 전자의 경우라면 달과 별, 해를 시간대별로 감상하는 것은 물론이고 1~3월에는 하얗게 쌓인 눈도 감상할 수 있다는 장점이 있다. 이른 시간의 기상이 힘들다면 후자를 택하자. 17:00~18:00 정도에 비지터 센터에 도착하면 일몰과 함께 별자리를 감상할 수 있다.

Activity

마우나 케아의 즐길 거리

세계 각국의 천문대가 설치되어 있는 마우나 케아. 투어 프로그램을 이용, 산 정상까지 오를 수 있으며, 그곳에서의 경치는 마치 하늘에서 내려다보는 것 같다.

마우나 케아 비지터 인포메이션 센터(오니즈카 센터)
Mauna Kea Visitor Information Center

해발 2,800m에 있는 방문객 센터로 마우나 케아의 자연에 관한 전시와 산 정상에 오를 때 주의할 점 등을 소개한다. 투어 프로그램을 예약하지 못했다면 이곳까지 올라 짧은 하이킹 코스를 즐기며 별자리를 감상할 수 있다. 한여름에도 이곳은 온도가 낮으니 꼭 외투를 챙기자.

Map P.213-D2 | 주소 Mauna Kea Access Rd | 전화 808-934-4550 | 홈페이지 www.ifa.hawaii.edu/info/vis/ | 운영 10:30~19:00 | 입장료 무료 | 주차 무료 | 가는 방법 힐로나 코나에서 각각 200번 Daniel K. Inouye Hwy(Saddle Rd)를 타고 직진하다 Mauna Kea Access Rd로 진입.

마우나 케아 비지터 인포메이션 센터에서 판매하는 별자리 관련 다양한 아이템과 우주인 사진

비지팅 더 서밋 Visiting the Summit

마우나 케아 정상에 오르고 싶다면 여행사별 선라이즈 투어, 데이 투어, 서밋 투어(스타케이징 투어 혹은 나이트 투어라고도 함) 등을 이용할 수 있다. 그중 가장 인기 있는 서밋 투어는 별들의 향연을 즐길 수 있는 투어로, 화려한 우주쇼를 전문가의 해설과 함께 관찰할 수 있는 프로그램이다. 왕복 7~8시간 걸리며 우주를 마치 가까이에서 보는 것처럼 생생하게 체험할 수 있다. 가격은 대략 $240~299 사이다. 마우나 케아 천문대 관측은 워낙 인기 있는 투어인 데다가 프로그램을 진행하는 업체가 많지 않기 때문에 적어도 2주 전에는 미리 예약을 완료하는 것이 좋다.
4WD로 직접 오르는 방법도 있으나, 비포장도로를 이용하기 때문에 다소 위험할 수 있으니 비지터 센터에서 만족하거나, 혹은 여행사의 프로그램을 예약하는 것을 추천한다. 고도가 높아 심장이나 호흡기 질환이 있거나 임산부, 노약자, 16세 이하 여행자는 정상에 오를 수 없으며 24시간 이내에 스쿠버다이빙을 한 사람 역시 오르지 않는 것이 좋다. 비지터 인포메이션 센터에서 마우나 케아 정상까지는 30분 정도 소요된다.

+ 알노츠 로지 & 하이킹 어드벤처스
Arnott's Lodge & Hiking Adventures

Map P.212-C2 | **주소** 98 Apapane Rd, Hilo | **전화** 808-339-0921 | **홈페이지** www.arnottslodge.com | **운영** 07:30~22:00 | **요금** $240 | **주차** 무료 | **가는 방법** 힐로 국제공항에서 Airport Rd를 타고 직진, 오른쪽 11번 Hawaii Belt Rd를 타고 우회전, 큰 교차로에서 Kalanianaole Ave를 끼고 우회전. 직진하다 왼쪽에 Apapane Rd를 끼고 좌회전.

+ 하와이 포레스트 & 트레일
Hawaii Forest & Trail

Map P.212-C2 | **주소** 74-5035B Queen Kaahumanu Hwy, Kailua-Kona | **전화** 808-331-8505 | **홈페이지** www.hawaii-forest.com | **운영** 월~금 08:00~17:00, 토 08:00~16:00(일요일 휴무, 오피스 운영 시간, 투어는 화~일요일 진행) | **요금** $299(13세 미만 불가) | **주차** 무료 | **가는 방법** 코나 국제공항에서 19번 Queen Kaahumanu Hwy를 타고 남쪽으로 직진. 왼쪽에 Honokohau St를 끼고 좌회전하자마자 오른쪽에 위치.

Accommodation

빅 아일랜드의 숙박

빅 아일랜드의 숙소는 크게 코나 지역과 힐로 지역으로 나눌 수 있다. 그중에서도 서쪽인 코나 지역은 날씨가 좋아 대부분의 리조트가 몰려 있다(숙박 요금은 2025년 7월 기준, 1박 기준 요금이며 택스 & 조식 불포함이다. 참고로 하와이는 호텔에 따라 시즌별로 가격 차가 심하다).

알아두세요 | 호텔을 결정하기 전 알아두면 좋은 정보

❶ 빅 아일랜드 여행 스케줄을 짤 때 볼거리 위주로 스케줄을 정리한 뒤 가장 근처에 있는 리조트를 정하는 것이 좋아요. 빅 아일랜드는 워낙 넓기 때문에 이동하는 데 시간이 많이 걸리거든요. 최대한 이동 시간을 줄이고 싶다면 관심 있는 지역 근처에 위치한 리조트를 선택하는 것이 좋아요.

❷ 어린이를 동반한 가족이라면 힐튼 와이콜로아 베케이션 클럽 앳 와이콜로아 비치 리조트를 추천해요. 리조트 내 즐길 거리가 많아 마치 놀이동산을 연상케 할 정도거든요. 멀리 나가지 않아도 리조트 안에서 다양하게 시간을 보낼 수 있어요.

★★★★
코트야드 바이 메리어트 킹 카메하메하스 코나 비치 호텔
Courtyard by Marriott King Kamehameha's Kona Beach Hotel

아후에나 헤이아우 신전을 배경으로 역사적인 장소에 위치한 호텔. 2022년 메리어트가 코나 비치 호텔을 인수하면서 새롭게 단장했다. 452개의 새로운 객실과 함께 아름다운 오션뷰를 자랑한다. 카약을 빌려 카일루아 만의 바다를 탐험해도 좋고 맛집과 숍들로 분주한 카일루아 코나 거리를 산책하기에도 좋다. 신천 근처에서 진행되는 루아우 쇼 또한 유명하다.

Map P.245-A2 | **주소** 75-5660 Palani Rd, Kailua-Kona | **전화** 808-329-2911 | **홈페이지** www.marriott.com | **숙박 요금** $381~ | **리조트 요금** $22(1박) | **주차** 유료(발레파킹 $45) | **가는 방법** 코나 국제공항에서 19번 Queen Kahumanu Hwy를 타고 남쪽으로 직진, 오른쪽에 Palani Rd를 끼고 우회전.

포시즌스 리조트 후알랄라이
Four Seasons Resort Hualalai

빅 아일랜드 가운데 최고급 럭셔리 리조트. 공항에서부터 리조트 직원의 환대를 받을 수 있다. 뿐만 아니라 유나이티드 에어라인이나 US에어웨이스를 이용하는 승객은 공항에 포시즌스 리조트 전용 라운지도 이용할 수 있을 정도. 리조트 내 총 3개의 레스토랑과 2개의 라운지가 있으며 퍼블릭 비치를 끼고 있다. 피트니스 센터에는 사우나와 스팀 룸이 마련되어 있다. 투숙하는 내내 고급 맞춤 서비스를 보장하는 곳이다.

Map P.254-A1 | 주소 100 Kaupulehu Dr, Kailua-Kona | 전화 808-325-8000 | 홈페이지 www.fourseasons.com/Hualalai | 숙박 요금 $1735~ | 리조트 요금 무료 | 주차 무료(셀프) | 가는 방법 코나 국제공항에서 19번 Queen Kaahumanu Hwy를 타고 직진, 왼쪽에 Kaupulehu Dr 방향으로 좌회전.

카날로아 앳 코나 바이 아웃리거
Kanaloa at Kona by Outrigger

빌라 형태의 콘도미니엄으로 객실이 2층 혹은 3층으로 이루어져 있다. 총 3개의 수영장이 있으며, 야외에 바비큐 시설이 있다. 가족여행에 적합한 형태로 거실이 넓고, 천장에 팬이 달려 있어 추가요금을 내고 에어컨을 옵션으로 요청할 필요가 없다. 리조트 내 레스토랑이 따로 없으며, 숙소 근처에 퍼블릭 비치가 있다. 에어컨 사용 시 1박당 $20~30가 추가된다.

Map P.255-B4 | 주소 78-261 Manukai St, Kailua-Kona | 전화 808-322-9625 | 홈페이지 www.outrigger.com | 숙박 요금 $259~ | 리조트 요금 $35(1박) | 주차 유료(셀프 $30, 발레파킹 $40) | 가는 방법 코나 국제공항에서 19번 Queen Kaahumanu Hwy를 타고 남쪽으로 직진, 코나 코스트 쇼핑센터 Kona Coast Shopping Center가 있는 큰 사거리에서 11번 Mamalahoa Hwy를 타고 직진, 오른쪽에 Kamehameha Ⅲ Rd를 타고 우회전. 오른쪽에 Manukai St 방향으로 우회전.

힐튼 와이콜로아 빌리지
Hilton Waikoloa Village

리조트 밖으로 나갈 필요가 없을 정도로 리조트 안에 모든 것이 다 있다. 리조트 내 무료 이동수단인 트램(06:00~13:00 운영)은 물론이고 미니 골프장과 미술관을 끼고 있으며, 돌고래와 함께 수영할 수 있는 아이들을 위한 돌핀 퀘스트 액티비티가 인기다. 그 외에도 수공예 수업, 워터 스포츠, 테니스 등을 즐길 수 있으며 리조트에서 출발하는 스노클링, 선셋 크루즈, 고래 관찰 투어 프로그램 등이 있다. 레스토랑만 5곳이 있고, 메인 수영장과 라군 이외에도 각 타워마다 별도의 수영장이 갖춰져 있다.

Map P.233-A3 | **주소** 69-425 Waikoloa Beach Dr., Waikoloa Village | **전화** 808-886-1234 | **홈페이지** www.hilton.com | **숙박 요금** $424~ | **리조트 요금** $48(1박) | **주차** $48(1박, 셀프), $55(1박, 발레파킹) | **가는 방법** 코나 국제공항에서 19번 Queen Kaahumanu Hwy를 타고 직진, 왼쪽에 Waikoloa Beach Dr 방향으로 좌회전.

와이콜로아 비치 메리어트 리조트 &스파
Waikoloa Beach Marriott Resort & Spa

골프 마니아들이 즐겨 찾는 곳. 비치 나인, 레이크 나인, 킹스 나인으로 구성된 3개의 골프장을 보유하고 있으며, 용암 반도와 야자수 등 아름다운 자연 경관이 어우러져 최고의 골프 경험을 선사한다. 호텔 정면에는 커다란 두 개의 수영장이, 뒤쪽으로는 산책로인 킹스 트레일이 이어진다. 레스토랑 및 쇼핑센터가 모여 있는 킹스 숍스와 퀸스 마켓 플레이스가 가까워 이동이 편리하다. 스노클링 장비 대여가 가능하며, 요가와 피트니스 클래스, 다양한 하와이 문화 수업 등을 매일 진행한다.

Map P.233-A4 | **주소** 69-275 Waikoloa Beach Dr., Waikoloa Village | **전화** 808-886-6789 | **홈페이지** www.marriott.com | **숙박 요금** $426~ | **리조트 요금** $40(1박) | **주차 유료** (셀프 $18, 발레파킹 $28) | **가는 방법** 코나 국제공항에서 19번 Queen Kaahumanu Hwy를 타고 직진, 왼쪽에 Waikoloa Beach Dr 방향으로 좌회전.

★★★★★ 마우나 케아 비치 호텔 오토그래피 컬렉션
Mauna Kea Beach Hotel, Autograph Collection

ⓒmaunakeabeachhotel

카우나오아 비치를 끼고 있어 로맨틱한 일몰을 감상할 수 있는 곳. 이 호텔은 로렌스 S. 록펠러가 디자인해 세계 최고급 리조트로 손꼽혔을 정도였으나, 2006년 지진으로 인해 리노베이션을 거쳐야 했다. 하지만 현재 고급스러운 스파 프로그램과 골프 코스가 그 명성을 유지하고 있다. 특히 골프장의 경우 미국 내 50위 안에 들 정도로 골프장이 잘 관리되고 있다.

Map P.233-A3 | **주소** 62-100 Mauna Kea Beach Dr, Waimea | **전화** 808-882-7222 | **홈페이지** www.princeresortshawaii.com | **숙박 요금** $799~ | **리조트 요금** 없음 | **인터넷** $15(24시간) | **주차** $21(1박, 셀프) | **가는 방법** 코나 국제공항에서 19번 Queen Kaahumanu Hwy를 타고 직진, 왼쪽에 Mauna Kea Beach Dr를 끼고 좌회전.

★★★★ 페어몬트 오키드 하와이 The Fairmont Orchid Hawaii

커다란 수영장이 럭셔리한 분위기를 연출하는 곳. 리조트 앞의 해변은 인공적으로 지어진 것으로 파도가 적어 아이들이 놀기 좋으며, 간혹 거북이를 볼 수 있을 정도로 스노클링하기 좋다. 호텔에서 투숙객들을 위해 스노클링 장비도 대여하므로 이용해보자. 단, 산호가 있으니 아쿠아 슈즈를 반드시 신을 것. 투숙객에게 텀블러가 제공되며 호텔 곳곳에 정수기가 비치되어 있어 편리하다.

Map P.233-A3 | **주소** 1 N Kaniku Dr, Kamuela | **전화** 808-885-2000 | **홈페이지** www.fairmont.com/orchid-hawaii | **숙박 요금** $602~ | **리조트 요금** $48(1박, 숙박요금에 포함됨) | **주차** $38(1박, 셀프), $45(1박, 발레파킹) | **가는 방법** 코나 국제공항에서 19번 Queen Kaahumanu Hwy를 타고 직진, 왼쪽에 Mauna Lani Dr를 끼고 좌회전 후 교차로에서 N Kaniku Dr를 끼고 우회전.

★★★ 애스턴 코나 바이 더 시
Aston Kona by the Sea

전 객실 오션뷰로 투숙객의 만족도가 높은 곳. 주방에서 요리가 가능한 콘도미니움 스타일로 근처에 바비큐 시설을 갖추고 있다. 세탁 시설 및 전자레인지가 비치되어 있으며 플레이스테이션3가 설치되어 있어 저녁 시간에도 무료하지 않게 보낼 수 있다. 수영장 한편에는 자쿠지가 마련되어 있어 하루의 피곤을 말끔히 해결할 수 있는 것 또한 이곳만의 장점. 각종 DVD, 영화 프로그램, 하와이 시내 전화가 무료다.

Map P.255-A2 | 주소 75-6106 Alii Dr, Kailua-Kona | 전화 808-327-2300 | 홈페이지 astonkonabythesearesort.com | 숙박 요금 $414~ | 리조트 요금 $23(1박) | 주차 무료(셀프) | 가는 방법 코나 국제공항에서 19번 Queen Kaahumanu Hwy를 타고 직진, 오른쪽에 Palani Rd를 끼고 우회전, Alii Dr를 타고 남쪽으로 직진.

★★ 볼케이노 하우스 호텔 & 캐빈 Volcano House Hotel &Cabin

화산 국립공원 내 유일한 숙소. 호텔에는 총 33개의 객실 룸을 가지고 있어 이곳에서 1박을 하며 화산 국립공원을 둘러보기 좋다. 단, 예약을 서두를 것. 통나무집이라고 표현하면 좋을 캐빈은 보다 저렴한 가격으로 숙박할 수 있으며 피크닉 공간을 갖추고 있다. 호텔 내 레스토랑은 통유리로 되어 있어 화산 공원 뷰를 즐길 수 있다.

Map P.275 | 주소 1 Carter Rim Dr, Hawaii National Park | 전화 808-756-9625 | 홈페이지 www.hawaiivolcanohouse.com | 숙박 요금 $285~, 캐빈 $80 | 리조트 요금 없음 | 주차 무료(셀프) | 가는 방법 카일루아-코나에서 11번 Mamalahoa Hwy(Hawaii Belt Rd)를 타고 직진. 화산 국립공원 비지터 센터 맞은편에 위치.

한 단계 레벨 업 여행지, 마우이

2023년 라하이나 화재 사고로 인해 마우이 관광객이 다소 줄긴 했으나 일출이 장관인 할레아칼라, 드라이브 코스로 마우이의 자연을 온몸으로 느낄 수 있는 하나, 다양한 맛집과 로컬 숍이 즐비한 파이아, 라벤더 천국인 쿨라, 스노클링 명소 몰로키니 등 여전히 마우이는 여행객들의 사랑을 받고 있다. 무엇보다 마우이는 여행하다 중간에 멈춰서 아름다운 비치를 즐기기에 최고의 조건을 갖추고 있다. 바다를 사랑하는 이들이라면 무조건 향해야 하는 곳이 바로 마우이다.

무조건 들러야 하는
마우이 필수 코스

짧은 일정으로 마우이를 돌아봐야 하는 여행지만을 모았다. 마우이의 평화롭고 아름다운 해변과 자연경관을 놓치지 말자.

할레아칼라 국립공원 Haleakala National Park

고대 하와이안들의 성지로 해발 3,055m의 정상에서 바라보는 일출과 일몰은 웅장하다는 형용사만으로는 부족하다. 다만 일출은 02:00~03:00에 운전을 시작해야 하며 이틀 전 사전 예약(www.recreation.gov/ticket/facility/25373)이 필요하다. 간혹 졸음 운전이 사고로 이어지므로 조심하자. 전체 1억 2,000㎡에 달하는 광대한 지역에 멸종 위기의 동식물이 서식하고 있으며 운이 좋다면 네니(하와이 거위)나 해발 2,000m 이상에서 자라고 20~40년을 살면서 죽기 직전에 단 한 번의 꽃을 피운다는 실버스워드(은검초)를 볼 수 있다.

은검초

주소 30,000 Haleakala Hwy, Kula | **입장료** 성인 $15 혹은 자가용 1대당 $30

알리 쿨라 라벤더 Alii Kula Lavender

해발 약 1,200m의 할레아칼라산 경사면에 위치한 곳으로 들어서는 순간 상쾌한 라벤더 향이 코끝을 스칠 정도로 광활한 라벤더 가든이 펼쳐져 있다. 라벤더는 릴랙스와 피로 회복에 좋은 허브로 이곳에서 전 세계 다양한 종류의 라벤더를 만날 수 있다. 기프트숍에서는 라벤더 부케뿐 아니라 라벤더를 이용한 커피, 오일, 쿠키, 크림 등 다양한 상품을 판매하고 있다. 꼭 구입하지 않아도 둘러보는 즐거움이 있다.

라벤더를 이용해 제작한 천연 오일

주소 1100 Waipoli Rd, Kula | **홈페이지** www.aliikulalavender.com |
운영 금~월 10:00~16:00 | **입장료** $5

마우이 트로피컬 플랜테이션 Maui Tropical Plantation

마우이에서 재배되는 온갖 종류의 꽃과 과일을 견학할 수 있는 농장. 전통 트램을 타고 즐기는 농장 견학은 물론이고 하와이 커피 무료 시음과 집라인 액티비티 등이 있다. 무료로 입장할 수 있으나 트램과 집라인 액티비티는 유료로, 홈페이지에서 예약하는 것이 좋다. 카페 오레이 앳 더 플랜테이션에 들어서면 마치 친한 친구의 농장에 초대 받은 듯한 기분마저 든다. 이곳에서 훌륭한 한 끼 식사를 즐겨 보자.

주소 1670 Honoapiilani Hwy, Wailuku / **홈페이지** mauitropicalplantation.com / **운영** 화~일 09:00~15:00, 08:00~17:00(마우이 집라인), 06:00~18:00(플라잉 하와이안 집라인), 화~금 11:00~20:00, 토~일 09:00~20:00(카페 올레이 앳 더 플랜테이션)

블랙 록 Black Rock

마우이의 마지막 족장인 카헤킬리는 푸케카아(블랙 록)의 신성한 곳에서 뛰어내려 영적인 힘을 보여주고 전사들을 하나로 모았다. 그를 기리기 위한 의식이 매일 일몰 무렵 이곳에서 이뤄진다. 1963년 쉐라톤 마우이 리조트&스파가 개장한 이래 계속 진행한 것으로, 블랙 록에 횃불을 켜고 다이빙 세리머니를 한다. 보기만 해도 가슴 떨리는 장면이 실시간으로 펼쳐지는 곳. 스노클링을 하기 좋은 장소이긴 하나 때에 따라 조류가 심하거나 파도가 센 편이라 전문가도 조심하는 것이 좋다.

주소 2606 Kaanapali Pkway, Lahaina

카아나팔리 비치 Ka'anapali Beach

마우이 서쪽에서 가장 아름다운 비치로 유명한 곳. 특히 리조트 단지와 쇼핑몰 웨일러스 빌리지 Whalers Village가 모여있어 접근이 용이하고, 4.8km의 황금빛 모래사장과 다양한 해양 생물들을 만날 수 있는 곳으로도 유명하다. 스노클링, 일광욕을 즐기기 좋은 곳. 1년 365일 사람들로 북적이며 특히 겨울에는 파도가 높아 서핑하기 좋다. 이곳에서 카터마란 Catamaran(두 개의 선체를 연결한 요트)을 타고 고래를 보거나 스노클링, 혹은 선셋을 즐기는 세일링 액티비티 프로그램(sailtrilogy.com)에도 참여해 보자.

주소 2435 Kaanapali Pkwy, Lahaina (웨일러스 빌리지)

카팔루아 비치 Kapalua Beach

카팔루아는 하와이어로 '바다를 껴안다'라는 의미를 지니고 있다. 마우이에서도 고급 리조트 단지 내에 위치해 있으며 물이 깨끗해 다양한 열대어를 심심치 않게 볼 수 있다. 조용하고 프라이빗하게 해변을 즐기고 싶다면 단연코 이곳으로 향하자! 카팔루아 단지에 투숙하고 있다면 렌터카 대신 호텔 컨시어지 Concierge에 문의해 셔틀버스를 이용하면 편리하다.

주소 99 Coconut Grove Ln, Lahaina (유료 주차장이며, 화장실 옆 터널을 통과하면 카팔루아 비치로 통함)

나필리 베이 Napili Bay

초승달 모양의 작고 예쁜 만. 카아나팔리에서 카팔루아로 향하는 길목에 위치해 있다. 파도가 세지 않아 아이를 둔 가족 여행자들에게 적합한 곳. 운이 좋으면 거북이도 발견할 수 있다. 근처에 시 하우스 Sea House라는 유명 레스토랑도 있다.

주소 53 Hui Dr, Lahaina

자유 여행자, 이곳으로 향하라! 업그레이드 마우이

남들과 다른, 특별한 여행을 원하는 이들을 위한 추가 여행 코스. 훨씬 개성 강한 마우이의 모습을 만날 수 있다.

하나 Hana

공원 내 흑사해변

미국인들 사이에서 '천국과 같은 곳'으로 불릴 만큼 자연 경관이 훌륭한 곳. 하와이 청정 미개척지인 하나 지역은 여행자들의 도전 정신을 불러 일으키는 곳이다. 가는 길이 험하고 손쉽게 도착할 수 없기 때문이다. 620개의 급커브 길과 59개의 1차선 다리 One Lane Bridge가 속도를 더디게 하며 곳곳에 폭포와 공원, 해변 등 볼거리가 있어 왕복 4~8시간가량 소요 된다. 한 번 이 길에 진입하면, 다른 길 없이 다시 같은 길로 돌아와야 하며 중간에 간식을 구입할 수 있는 곳이 거의 없으니 일정 도중 해가 질 것 같으면 무리하지 말고 숙소로 돌아오자. 시간이 있다면 하나 지역을 지나 카파훌루에 있는 할레아칼라 국립공원 외곽 지역까지 16km 정도 더 남쪽으로 진입해보자. 폭포수가 층계 모양으로 이뤄져 천연 수영장이 있는 오헤오 협곡을 만날 수 있다.

하나 드라이브 순서

- 가든 오브 에덴 / Garden of Eden
- 와이카모이 리지 트레일 / Waikamoi Ridge Trail
- 쌍둥이 폭포 / Twin Falls
- 푸오호카모아 폭포 / Puohokamoa Falls
- 카우마히나 주립공원 / Kaumahina State Park
- 케아내 반도 / Keanae Peninsula
- 나히쿠 트로피컬스 플라워스 / Nahiku Tropicals Flowers
- 어퍼 하나위 폭포 / Upper Hanawi Falls
- 하프웨이 투 하나 / Halfway to Hana
- 와이아나파나파 주립공원 / Waianapanapa State Park
- 하나 비치 파크 / Hana Beach Park
- 하모아 비치 / Hamoa Beach
- 와일루아 폭포 / Wailua Falls
- 할레아칼라 국립공원&오헤오 협곡 / Haleakala National Park&Oheo Gluch

키헤이 Kihei

예산이 정해져 있는 마우이 여행이라면 키헤이 지역을 추천한다. 카마올레 비치 파크는 총 3개의 해변을 합친 것으로 각각 카마올레 I, 카마올레 II, 카마올레 III 라는 이름을 가지고 있다. 해변 앞에 잔디와 야자수가 많아 피크닉을 즐기기 좋으며, 이코노미 호텔과 콘도미니엄, 방갈로 등 저렴한 숙박이 해변 도로를 따라 즐비해 장기 투숙객들을 흔히 볼 수 있다. 팬시한 카페인 아카마이 커피 Akamai Coffee, 속이 꽉 찬 샌드위치 전문점인 808델리 808 deli, 전통 멕시칸 요리가 넘치는 프레드스 멕시칸 카페 Fred's Mexican Café 등 가성비 높은 맛집, 숙소가 모두 모인 곳.

마카와오 Makawao

주변 목장에서 일하는 파니올로(하와이안 카우보이)들로 번성했던 곳이다. 19세기 말부터 말을 탄 파니올로가 마우이의 넓은 고원 지대에서 소 떼를 방목하곤 했다. 이 때문에 매년 7월 초 마카와오 파니올로 퍼레이드와 함께 송아지 옭아매기, 야생마 타기, 배럴 경주 등 하와이 최대 파니올로 대회가 열리는 동네. 지금은 예술가의 마을로 유명해져 100m 남짓한 파니올로 거리의 오래된 목조 건물을 그대로 사용한 갤러리에서 유리 직공이나 목조 조각가, 화가 등의 작품을 감상 할 수 있다. '아메리칸 스타일 매거진'에서 25대 예술 여행지로 선정되었을 만큼 개성이 넘치는 마을이다. 시간이 허락한다면 하와이 관광청에서 추천한 코모다 스토어&베이커리에서 크림 퍼프도 맛보고, 일요일이라면 카사노바 이탈리안 레스토랑에서 브런치도 즐겨 보자. 푸드 트럭이 모여 있는 마카와오 마켓 플레이스 역시 둘러보기 좋은 곳.

코모다 스토어 & 베이커리

카사노바 이탈리안 레스토랑

파이아 Paia

한때 사탕수수 산업이 절정이었던 시기에 가장 번성했던 마을로 1960~1970년대에는 히피들의 정착지이기도 했다. 현재는 서퍼들의 거리로 변신, 마우이에서 가장 스타일리시한 곳으로 통한다. 호오키파 비치는 세계 윈드서핑의 수도로 불릴 만큼 전 세계 서퍼들이 모이는 곳으로, 파이아 피시 마켓, 마마스 피시 하우스 등 전통 있는 레스토랑뿐 아니라 곳곳에 발길을 붙잡는 패션 숍들이 줄지어 있다.

몰로키니 Molokini

마우이에서 서쪽으로 약 2마일 떨어져 있는 곳. 하늘에서 바라보면 화산이 폭발한 분화구가 초승달 모양으로 바다 위에 올라온 모습을 가지고 있다. 몰로카니는 사람의 손때가 묻지 않은 순수한 자연의 모습을 고스란히 간직하고 있는데, 열대어들이 좋아하는 산호초가 많고 물이 맑다. 거북이와 버터플라이 피시 등 다양한 종류의 수중 생물을 볼 수 있다. 마알라에아에서 크루즈가 오전에 출발해 왕복 스노클링 시간을 포함, 총 5~6시간가량 소요되는데 되도록이면 오전에 출발하는 것이 좋다.

ⓒ하와이 관광청

ⓒ하와이 관광청

[프라이드 오브 마우이 Pride of Maui]
전화 808-242-0955 | 홈페이지 www.prideofmaui.com | 요금 $78~143

이아오 밸리 주립공원 Iao Valley State Park

푸우쿠쿠이 Pu'u Kukui 산에 위치한 이아오 밸리는 150만 년 동안 물의 침식과 화산 활동으로 인해 독특한 경관을 만들어 내는 곳이다. 이아오 Iao는 하와이어로 '최상의 구름'이라는 뜻으로, 과거에는 왕족들만 드나드는 성지이기도 했다. 특히 675m로 뾰족하게 솟은 이아오 니들 Iao Needle(봉우리 모양이 바늘처럼 뾰족하다고 해서 니들이라는 별명이 붙음)이 압권이다. 하와이를 통일한 카메하메하 대왕이 1790년 마우이를 정복하기 위해 치열한 전투를 벌인 곳이기도 하다. 이아오 니들이 보이는 전망대, 계곡을 따라 걷는 산책로, 다리 아래 작은 정원의 순서대로 둘러보면 30~45분 정도 소요된다.

전망대에서 바라본 이아오 니들

오감 만족, 가성비 좋은 마우이 맛집

분위기가 좋으면서 부담스럽지 않은 가격대로 오랫동안 여행자들뿐 아니라 마우이 로컬들에게도 인기가 많은 맛집만을 모았다.

슬래피 케이크스 Slappy Cake

테이블마다 놓인 팬을 이용해 직접 팬케이크를 만들어 먹는 곳으로 유명하다. 버터 밀크, 초콜릿, 시즈널, 글루텐 프리&비건 등 원하는 반죽을 선택한 뒤 초콜릿 소스를 이용해 팬 케이크 위에 그림을 그릴 수 있다. 바나나, 체다 치즈, 피넛 버터, 망고 등 다양한 토핑을 선택할 수 있다. 운이 좋으면 귀여운 캐릭터 팬케이크를 굽는 전문가의 시연을 볼 수 있다. 팬케이크 이외에도 머시룸 스크램블, 바나나 브레드 프렌치토스트, 컨트리 프라이드 스테이크 등이 추천 메뉴다.

주소 3350 Lower Honoapiilani Rd #701, Lahaina | **전화** 808-419-6600 | **홈페이지** www.slappycakes.com | **운영** 07:00~12:00

레오다스 키친 앤 파이 숍
Leoda's Kitchen and Pie Shop

직접 만든 베이커리와 샐러드, 샌드위치 등의 메뉴가 있는 곳. 마우이에서 손꼽히는 맛집으로 통한다. 매일 신선한 홈메이드 파이를 선보이는데 그중에서도 바나나 크림이 가장 인기가 많다. 늘 가게 앞에 주문을 기다리는 이들로 북적인다. 맛뿐 아니라 인테리어도 감각적이라 카페를 좋아하는 이들에게는 후한 점수를 받는 곳.

주소 820 Olowalu Village Rd, Lahaina | **전화** 808-662-3600 | **홈페이지** www.leodas.com | **운영** 10:00~18:00

미소 팟 스시
Miso Phat Sushi

카아나팔리에서 손꼽히는 일식 레스토랑. 규모는 작지만 신선한 스시에 맛 좋은 사케를 곁들이기 더 없이 좋은 곳이다. 직접 술을 구입해서 가져와야 하는 BYOB(Bring Your Own Beer) 스타일로 다른 곳에 비해 가격대가 저렴한 것도 인기 비결. 이곳에서 식사를 한다면 기본 1시간 전에 도착해서 미리 예약 리스트에 이름을 올려 놓아야 한다. 전화 주문 후 호텔에서 맛보는 것도 방법이다. 전화 주문을 해도 기본 1시간 이상 걸릴 정도로 인기가 높다. 키헤이 Kihei 지역에도 분점을 오픈했다.

주소 4310 Lower Honoapiilani Rd #111, Lahaina | 전화 808-669-9010 | 홈페이지 misophatlahaina.com | 운영 11:30~21:00

파이아 피시 마켓 레스토랑 Paia Fish Market Restaurant

1989년 파이아의 가장 중심인 사거리에 오픈. 신선한 해산물 요리로 사람들을 유인하는 파이아의 랜드 마크다. 시푸드, 치킨 요리와 함께 마우이 캐틀 컴퍼니 Maui Cattle Company 맥주 등을 서빙하는 곳. 피시 타코, 새우, 가리비, 신선한 생선이 곁들여진 시푸드 파스타와 방문하는 이들이 1인 1접시를 주문할 만큼 인기인 오징어 튀김이 유명하다. 저녁에는 항상 사람들로 북적거리며 신나는 분위기가 연출된다. 오아후 지역에는 와이키키와 카일루아에 분점이 있다.

주소 100 Hana Hwy, Paia | 전화 808-579-8030 | 홈페이지 paiafishmarket.com | 운영 11:00~21:00

마마스 피시 하우스 Mama's Fish House

마우이에서 가장 유명한 레스토랑 중 하나. 젊은 가족이 1950년대에 남태평양을 건너 항해를 하다 하와이안의 알로하 정신, 낚시로 생계를 이어나가는 전통적인 라이프스타일에 감동을 받아 오픈한 레스토랑. 당시 주변에 스테이크 레스토랑만 있는 것에 착안, 요리사의 적극적인 권유로 '마마스 피시 하우스'라는 이름으로 1973년 문을 열었다. 마우이를 방문하는 할리우드 스타들이나 전 세계 유명 스포츠 스타들이 한 번씩은 거쳐가는 곳이다. 모래사장이 있는 해변을 끼고 식사할 수 있다. 매일 잡은 신선한 해산물을 이용한 메뉴가 많으며, 늘 사람이 많아 예약하는 것이 좋다.

주소 799 Poho Pl, Paia | **전화** 808-579-8488 | **홈페이지** mamasfishhouse.com | **운영** 11:00~20:30

카아나 키친 Ka'ana Kitchen

오픈 주방 형태로 요리하는 모습을 라이브로 감상할 수 있으며 전체적으로 럭셔리한 인테리어로 특별한 분위기를 내기 좋다. 신선한 재료를 사용하기 때문에 매일 주어진 재료에 따라 메뉴가 바뀌는 경우가 간혹 있다. 그중에서도 전복을 넣은 아발론 리소토와 그릴드 옥토퍼스, 수박 샐러드 등이 이곳의 대표 메뉴다. 안다즈 마우이 앳 와일레아 리조트 내 위치.

주소 3550 Wailea Alanui Dr, Wailea | **전화** 808-573-1234 | **운영** 06:30~11:00, 17:00~21:00

더 가제보 The Gazebo

1975년에 오픈한 브런치 카페로 명실상부한 라하이나 맛집이다. 이른 아침부터 길게 늘어선 줄이 인상적인 곳으로 맛은 물론이고 푸짐한 양과 저렴한 가격으로 유명한 곳이다. 치즈와 버섯, 새우가 풍성하게 들어간 빅 카후나 오믈렛과 볶음밥, 에그 베네딕트 등이 인기! 특히 볶음밥은 케첩과 타바스코 소스를 섞어 먹으면 한국인 입맛에 안성맞춤이다. 다만 예약이 불가능하고, 대기 시간이 대략 30분~1시간인데 레스토랑 후문에서 포장 주문을 한 뒤 레스토랑 앞 야외 테이블에서 먹으면 시간을 절약할 수 있다. 나필리 베이를 끼고 있어 아름다운 오션뷰를 감상할 수 있다.

주소 5315 Lower Honoapiilani Rd, Lahaina (나필리 쇼어 마우이 바이 아웃리거 리조트 내 위치) **전화** 808-669-5621 **홈페이지** the-gazebo.com-fnb.com **운영** 07:30~20:00

코코넛 피시 카페 Coconut's Fish Café

저렴한 가격에 피시 타코, 피시 버거, 피시 & 칩스 등의 메뉴를 판매하는 곳이다. 그중에서도 가장 인기 있는 메뉴는 피시 타코. 타코 외에도 버거와 튀김, 아이들을 위한 미니 핫도그와 치킨, 케사디야 등의 메뉴를 갖추고 있다. 해변과 가깝게 위치해 있어 물놀이 중 간단하게 끼니를 때우기 좋다.

주소 1279 S Kihei Rd, Kihei | **전화** 808-875-9979 | **운영** 11:00~21:00

유명 쇼핑몰 VS 로컬 숍, 취향대로 쇼핑하기

쇼핑을 좋아하는 이들이라면 결코 빼놓을 수 없는 유명 쇼핑몰 두 곳과 작은 규모의 아기자기한 로컬 숍들이 모여 있는 동네를 소개한다.

쇼핑몰의 최강자, 웨일러스 빌리지 VS 숍스 앳 와일레아

웨일러스 빌리지 Whalers village

카아나팔리 비치를 끼고 있는 쇼핑센터. 알로하 컬렉션, 마히나 등 로컬 브랜드뿐 아니라 소하 리빙, 토미 바하마, 룰루 레몬, 루이비통 등 매장들이 모여 있다. 카아나팔리 리조트 단지를 순환하는 무료 셔틀버스까지 운행하고 있어 인기가 좋다. 무비 나이트, 훌라 클래스, 우쿨렐레 클래스뿐 아니라 하와이 야생 동물 디스커버리 센터에서 자연학자들과 함께 혹등고래, 거북이, 몽크물범 등 마우이의 다양한 야생 동물에 대해 알아보는 이벤트까지, 다채로운 프로그램이 있다.

주소 2435 Kaanapali Pkwy, Lahaina | **전화** 808-681-4567 | **운영** 09:00~21:00

숍스 앳 와일레아 Shops at Wailea

와일레아 중심에 위치한 대형 쇼핑센터. 티파니와 루이비통, 보테가 베네타, 구찌, 룰루 레몬, 프라다, 생 로랑 등 다양한 브랜드가 모여 있다. 파인트 앤 코르크와 와이키키 브루잉 컴퍼니, 울프강 스테이크 하우스 등 레스토랑도 함께 있어 편리하다. 레이 만들기나 코코넛 껍질 벗기기, 우쿨렐레 레슨과 폴리네시안쇼 등 다채로운 행사가 많다.

주소 375 Wailea Alanui Dr, Wailea | **전화** 808-891-6770 | **운영** 10:00~21:00

파인트 앤 코르크

로컬 로드 숍 A to Z

파이아 Paia

세련된 인테리어로 눈길을 끄는 패션 숍과 배낭 여행자들에게 사랑받는 빈티지 숍들이 모여 있어 파이아만의 독특한 분위기를 즐길 수 있다. 이탈리아, 그리스, 발리 등에서 공수한 의상들을 모아놓은 편집 숍인 르르 Lele, 로컬 스타일의 핸드메이드 주얼리와 전 세계를 돌며 수집한 원단에 인체에 무해한 염색으로 재활용한 의상을 만날 수 있는 윙스 하와이 Wings Hawaii, 휴양지에서 편하게 입을 수 있는 의상들을 모아놓은 임리에 Imrie와 누아지 블루 Nuage Blue, 비키니, 래시가드, 원피스 수영복 전문 숍으로 엄마와 딸이 함께 입을 수 있는 커플 수영복도 있는 아카시아 Acacia까지 반나절 이상이 소요될 정도로 아기자기한 숍이 모여 있다.

윙스 하와이

임리에

[임리에 Imrie]
주소 93 Hana Hwy, Paia | 전화 808-579-8303 | 운영 10:30~17:30

[윙스 하와이 Wings Hawaii]
주소 100 Hana Hwy, Paia | 전화 808-579-3110 | 운영 10:00~18:00

마카와오 Makawao

소박한 마을 이미지와는 달리 최근 오픈한 숍들은 감각적인 인테리어와 디스플레이를 선보인다. 리조트 룩과 에스닉 스타일의 드레스, 향초와 아기자기한 기념품들이 모여 있는 드리프트우드 Driftwood, 하와이의 해변을 연상시키는 인테리어 소품과 의상, 가구로 매장을 가득 채운 디자이닝 와히네 Designing Wahine 등이 있으며 여유 있다면 마카와오 마켓 플레이스 Makawao Market Place까지 둘러보면 좋을 듯.

드리프트우드

디자이닝 와히네

[드리프트우드 Driftwood]
주소 1152 Makawao Ave, Makawao | 전화 808-573-1152 | 운영 월~토 10:00~17:30, 일 10:00~16:00

[디자이닝 와히네 Designing Wahine]
주소 3640 Baldwin Ave, Makawao | 전화 808-573-0990 | 운영 월~토 10:00~17:00, 일 11:00~16:00

취향 따라, 예산 따라 선택하는 마우이 호텔

마우이는 가격에 따라 선택의 폭이 넓은 편. 카아나팔리 와일레아에 고급 리조트가 모여 있고, 공항 근처에는 다소 부담이 작은 저가 호텔이 모여 있다.

쉐라톤 마우이 리조트 & 스파 Sheraton Maui Resort & Spa

카아나팔리 비치 근처에 위치해 있으며, 전 객실이 오션뷰인 것이 특징. 블랙 록을 끼고 있어 매일 선셋 타임에 리조트에서 진행하는 역사 깊은 다이빙을 관람할 수 있다. 쇼핑몰 웨일러스 빌리지와도 가까워 해양 스포츠와 휴양뿐 아니라 쇼핑까지 논스톱으로 즐길 수 있다.

주소 2605 Kaanapali Pkwy, Lahaina | **전화** 808-661-0031 | **숙박 요금** $517~(2025년 7월 기준)

그랜드 와일레아 아 월도프 아스토리아 리조트
Grand Wailea A Waldorf Astoria Resort

1991년에 지어졌으나 최고급 시설과 서비스로 유명한 곳. 40에이커에 달하는 열대 정원은 꽃, 물, 나무, 소리, 빛, 예술이라는 6가지 테마로 나뉘어 있으며 호텔 내 복도와 로비에 피카소, 볼테르, 워홀의 작품을 만날 수 있다. 수영장에 미끄럼틀뿐 아니라 타잔 스윙도 설치되어 있으며, 스파가 유명하다.

주소 3850 Wailea Alanui Dr, Wailea | 전화 808-875-1234 | 숙박 요금 $849~(2025년 7월 기준)

볼케이노 하우스
Volcano House

할레아칼라에서 일출을 보기 위해선 적어도 02:00~03:00에는 출발해야 한다. 아침 일찍 일어날 자신이 없다면 전날 일찍 출발해 이곳에서 1박 후 일출을 보는 것도 좋다. 화산 국립공원에서 자연의 정취를 감상하며 특별한 숙박을 체험하는 것도 여행에 잊지 못할 추억이 될 것이다. 요일에 따라 가격이 천차 만별이다.

주소 1 Crater Rim Drive, Pahoa | 전화 808-756-9625 | 숙박 요금 $94~454 (2025년 7월 기준)

마우이 시사이드 호텔
Mau Seaside Hotel

카훌루이 공항 근처에 위치한 가성비 높은 호텔. 코스트코와 월마트, 홀푸드와도 가깝고, 비치를 끼고 있어 전체적으로 조용하고 편하게 휴식을 할 수 있는 곳이다. 룸이 넓은 것도 이곳만의 장점이다.

주소 100 W Kaahumanu Ave, Kahului | 전화 808-877-3311 | 숙박 요금 $269~(2025년 7월 기준)

백패커들의 천국, 카우아이

kauai

영화 '디센던트 The Descendents'에서 조지 클루니는 하날레이 베이를 그 누구보다 섹시하게 달린다. 소설가 무라카미 하루키는 산문집 <달리기를 말할 때 내가 하고 싶은 이야기>에서 카우아이에서의 러닝이 얼마나 행복한 것인지를 묘사하기도 했다. 가든 아일랜드 Garden Island 라는 닉네임을 가진 카우아이를 여행할 때 필요한 것은 단 하나. 있는 그대로의 카우아이를 받아들일 마음의 준비다. 카페와 레스토랑 영업 시간이 제멋대로일지라도, 표지판이 제대로 설치되어 있지 않아 한참을 헤맬지라도 그 모든 것을 즐길 준비가 되어 있다면 당신은 진정 카우아이에 맞춰진 여행자다.

1박 2일 일정으로 즐기는
카우아이 로드 맵

카우아이에서 꼭 봐야 하는 명소들만 추렸다. 다른 이웃 섬에 비해 작은 편이라 1박 2일로도 카우아이의 매력을 느끼는 데 부족함이 없다.

1 DAY

와이메아 캐니언 Waimea Canyon

'태평양의 그랜드 캐니언'이라 불릴 정도로 경치가 아름다운 곳. 1,100m의 골짜기가 10km이상 이어진 계곡은 웅장한 느낌을 자아낸다. 특히 강물이 침식해 붉은색과 녹색, 푸른색과 회색 등을 띠는 협곡이 아름다운 용암층을 만든다. 칼랄라우 전망대 Kalalau Lookout까지 둘러본 뒤 돌아오는 길. Waimea Canyon Dr를 끼고 있는 레드 더트 폭포 Red Dirt Waterfall까지 들르면 완벽! 카우아이 특유의 빨간 흙으로 뒤덮여 있어 독특하다.

주소 Waimea Canyon Dr, Waimea

하나페페 Hanapepe

예술가들이 사랑한 마을. 1936~1981년까지 매일 밤 영화를 상영하던 알로하 씨어터 Aloha Theater, 카우아이에서 가장 큰 중고서점인 토크 스토리 북스토어 & 카페 Talk Story Bookstore & Café, 세라믹, 포터리, 파인아트 등 도자기와 타일에 직접 그려넣어 작품을 만든 바나나 패치 스튜디오 Banana Patch Studio, 요리에 필요한 각종 향신료가 있는 알로하 스파이스 컴퍼니 Aloha Spice Company, 목조로 지어진 흔들 다리 Swinging Bridge가 모여 있는 작고 아기자기한 동네다. 동네 산책 후 하나페페 안 재패니즈 그랜드마스 카페 Japanese Grandma's Café에서 스시 또는 롤 메뉴로 간단히 점심을 해결하자.

[재패니즈 그랜드마스 카페 Japanese Grandma's Café]
주소 3871 Hanapepe Rd, Hanapepe | 문의 808-855-5016 | 영업 목~월 15:00~20:00(화~수요일 휴무)

올드 콜로아 타운
Old Koloa Town

하나페페의 50번 Hwy에서 520번 Hwy로 진입, 2km가량 펼쳐진 유칼립투스 가로수 길 트리 터널 Tree Tunnel을 드라이브하다 보면 어느새 올드 콜로아 타운에 도착한다. 1830년 하와이에서 첫 번째로 사탕수수 공장이 성공적으로 운영된 곳이 바로 콜로아. 하와이 전체의 사탕수수 산업을 번성시킨 곳이라고 해도 과언이 아니다. 올드 콜로아 타운은 과거 '더 콜로아 호텔'이 있던 곳으로 콜로아의 사탕수수 산업이 번성하던 때의 생활상을 엿볼 수 있다. 근처 콜로아 피시 마켓 Koloa Fish Market은 여행자들이 줄을 서서 먹는 곳.

[콜로아 피시 마켓 Koloa Fish Market]
주소 3390 Poipu Rd, Koloa | 문의 808-742-6199 | 영업 월~수·금~토 10:00~15:00(목·일요일 휴무)

더 숍스 앳 쿠쿠이울라
The Shops at Kukuiula

카우아이에서 꼭 먹어봐야 하는 유명 레스토랑인 부바스 버거뿐 아니라 카우아이에서 가장 핫한 파인 다이닝인 테이블 앳 포이푸 Table at Poipu, 이팅 하우스 1849 바이 로이 야마구치 Eating House 1849 by Roy Yamaguchi 등이 모여 있는 곳. 디저트로는 카우아이에서 만들어 전 세계적으로 알려진 100% 천연 재료 아이스크림인 라퍼츠 Lappert's까지 맛본다면 완벽하다. 숙소에 들어가기 전, 간단히 먹거리를 구입해야 한다면 리빙 푸드 마켓 Living Food Market에 들러 오가닉 식재료를 구입해도 좋다. 매장 내에서 타코나 버거 등 주문도 가능하다. 그 외에도 하와이 럭셔리 스파 브랜드인 Malie, 감각적인 리빙 브랜드인 소하 리빙 So Ha Living 이 눈에 띄고 하와이안 스타일의 의류나 비치 웨어 숍 등이 많다.

주소 2829 Ala Kalanikaumaka St, Poipu | 문의 808-742-9545 | 영업 09:00~21:00

2 DAY

고사리 동굴
Fern Grotto

옛날에 왕족의 집회와 결혼식을 거행하던 동굴로 지금도 신비한 분위기가 감돈다. 동굴 내부를 모두 고사리가 덮을 만큼 풍부해 '고사리 동굴'로 이름 지어졌으나 1992년 이니키 태풍으로 인해 그 양이 줄어들었다. 육로는 없으며 하구에서 보트를 타고 방문할 수 있다. 와일루아 강 하구 마리나에서 출발하는 보트 투어는 와일루아 강을 지나면서 라이브 뮤직과 함께 훌라춤도 배울 수 있고 와일루아 강의 역사도 들을 수 있다. 옛날에는

고사리 동굴을 탐험하기 위한 보트 투어

왕족만 들어갈 수 있었던 와일루아 강에서 아름다운 자연을 감상하며 유유자적 시간을 즐겨 보자. 고사리 동굴에서 키스를 하면 영원한 사랑이 이뤄진다는 전설이 있기 때문에 운이 좋다면 이곳에서 결혼식을 진행하는 커플을 만날 수도 있다.

[고사리 동굴 투어]
홈페이지 www.ferngrottokauai.com | 요금 $32.36

와일루아 폭포
Wailua Falls

도로에서 조금만 걸으면 가까운 거리에서 폭포를 감상할 수 있다. 1977~1984년까지 유명 TV쇼 '판타지 아일랜드'의 오프닝 장면으로 등장한 뒤 유명세를 탔다. 눈앞에서 드라마틱하게 떨어지는 폭포의 웅장함을 느낄수 있는 곳으로 '환상의 폭포'라는 닉네임을 가지고 있다. 고대에는 전사들이 이 폭포에서 떨어져내림으로써 자신의 용감함을 증명해보이기도 했다.

주소 5550 Kuamoo Rd, Kapaa

카파아 Kapaa

카우아이 동쪽에 위치한 곳으로 처음 하와이로 온 이주민들이 형성한 하와이 최초의 마을이다. 주요 관광지로 가기 좋은 지리적 조건 때문에 늘 교통 체증이 예상되는 곳이기도 하다. 장기 배낭여행자들이 즐겨 찾는 것으로 유명한데, 때문에 여러 날 지내기에도 부담 없는 숙박 요금과 가성비 좋은 음식점들이 모여 있다. 이곳에서는 1936년부터 지금까지 꾸준히 사랑받는 카우아이 대표 수제 버거인 부바스 버거 Bubba's Burger를 맛봐야 한다. 카우아이산 소고기로 만든 패티는 지방이 적고 촉촉해 오리지널 햄버거의 맛을 느낄 수 있다. 살짝 구운 빵에 양파와 머스터드 소스, 토마토케첩만 넣은 옛날식 햄버거

는 오픈 이래 지금까지 판매되고 있는 메뉴다. 그 밖에도 치킨 인 어 배럴 Chicken In a Barrel에서 드럼통 안에 연기를 피우는 스모크드 바비큐로 요리된 치킨을 맛보는 것도 잊지 말자.

[부바스 버거 Bubba's Burger]
주소 4-1421 Kuhio Hwy, Kapaa | 문의 808-823-0069 | 영업 10:30~20:00

[치킨 인 어 배럴 Chicken In a Barrel]
주소 4-1586 Kuhio Hwy, Kapaa | 문의 808-823-0780 | 영업 월~토 11:00~19:30, 일 11:00~19:00

시간이 여유롭다면 한 곳 더!

웨어하우스 3540 Warehouse 3540

콜로아 지역에서 조금 떨어진 곳에 위치한 크리에이티브 커뮤니티 마켓 플레이스. 카우아이에서 소규모로 운영되고 있는 브랜드들이 모여 창고형 마켓을 멋진 공간으로 꾸몄다. 의류, 홈 데코& 주얼리 브랜드, 갤러리, 베이커리, 커피 트럭 등이 모여 있는 곳. 상점마다 조금씩 운영시간이 다르기 때문에 방문 전 홈페이지를 통해 확인하는 것이 좋다.

홈페이지 www.warehouse-3540.com

나만 아는 하와이, 라나이
Lanai

라나이는 여행이 가능한 하와이의 6개 섬 가운데 가장 작은 섬이다. 프라이빗하면서 고급스러운 휴가를 원하는 셀러브리티들의 여행지로 잘 알려져있다. 1922년 돌 컴퍼니 Dole Company에서 섬을 사들여 파인애플을 경작하면서 '파인애플 섬'이라고도 불렸는데 지금은 섬의 98%를 오라클사의 CEO 래리 앨리슨이 소유하고 있다. 라나이의 호텔이라곤 포시즌스 리조트 라나이, 센세이 라나이 포시즌스 리조트, 호텔스 온 라나이 세 곳이 전부다. 이 섬을 여행하는 방법은 간단하다. 440번과 430번 도로 외에는 비포장도로여서 4륜구동을 렌트해 둘러보거나, 골프나 승마 등을 즐기는 것으로 다른 이웃 섬과는 차원이 다른 자유를 만끽할 수 있다.

라나이에서
꼭 경험해야 할 6가지

숲속에 매우 프라이빗하게 즐길 수 있는 온센 스파. 규모는 작아도 힐링하기에 부족함이 없다.

포시즌스 리조트 라나이 Four Seasons Resort Lanai

마넬레 베이에 위치한 최고급 리조트로 라나이를 찾는 대부분의 관광객이 이곳에 머무른다. 수영장에서 자외선 차단제를 직접 뿌려주기도 하고 수영하는 동안 선글라스 세척은 물론, 음료 등을 무료로 제공한다. 특히 아이를 동반한 경우 객실에 아이를 위한 어메너티가 따로 준비돼 있어 감동 서비스를 경험할 수 있다. 곳곳의 정원은 아름답다는 수식어로는 부족할 정도. 고급 레스토랑인 센세이 바이 노부 Sensei by Nobu, 신선한 현지 채소 및 오가닉 재료를 이용한 말리부 팜 Malibu Farm뿐 아니라 업그레이드된 스파와 럭셔리 부티크, 골퍼들을 위한 프로 숍 등이 있다.

주소 1 Manele Bay Rd, Lanai City | **숙박 요금** $1,423~

센세이 라나이
포시즌스 리조트
Sensei Lanai, a Four Seasons Resort

특별한 경험을 누리고 싶은 신혼부부나 혹은 힐링이 필요한 성인들에게만 허락된 최고의 장소. 만 16세 이상만 투숙할 수 있는 이곳은 곳곳에 대형 예술 작품이 비치 되어 있어 마치 갤러리에 온 것 같은 착각이 든다. 시시각각 아름다운 광경을 만끽할 수 있는 산책길과 숲속에 고즈넉하게 자리한 노천 온천도 매력적이다. 그러나 이곳의 가장 큰 장점은 휴가 동안 1인 맞춤 웰니스 라이프를 체험할 수 있다는 것. 독립된 공간에서 스파 트리트먼트를 받을 수 있고, 전문

가의 조언으로 나에게 맞는 운동법도 제안받는다. 뿐만 아니라 골프, 테니스, 선셋 세일링, 클레이 사격, 활쏘기, 일렉트릭 산악 자전거 등 다양한 프로그램이 마련되어 있다.

주소 1 Keomoku Highway, Lanai City | 숙박 요금 $1,038~

마넬레 골프 코스
Manele Golf Course

잭 니클라우가 설계한 18홀 골프 코스로 용암 위에 설계되었으며, 협곡과 산골짜기 너머로 쳐야 하는 티샷 때문에 프로 골퍼에게는 긴장되는 티샷을, 초보 골퍼들에게는 아름다운 광경 속에서 스윙 연습을 하는 즐거움을 선사한다. 특히 해안 절벽에서 시작하는 시그니처 홀, 12번 홀은 세계에서 가장 아름다운 홀 중 하나로 꼽힌다. 빠른 시간 안에 칵테일과 함께 즐기는 9홀 오션 나인, 매주 목요일 연습장에서 전문가의 팁을 전수받을 수 있는 숏 게임 클리닉 등 프로그램이 있으며, 빌 게이츠의 결혼식이 이곳에서 이뤄진 것으로도 유명하다.

주소 1 Challenge Dr, Lanai City | 운영 화~일 07:00~16:00 | 요금 $275~

센세이 바이 노부 Sensei by Nobu

전 세계적으로 프랜차이즈가 있는 고급 일식 레스토랑. 영화배우 로버트 드 니로가 투자한 레스토랑으로 미국 내에서도 셀러브리티들이 즐겨 찾는 곳으로 알려져 있다. 센세이 라나이 포시즌스 리조트에 위치해 있으며 조용한 숲속에서 식사하는 것처럼 신비한 느낌을 받을 수 있다. 전통적인 도쿄 스시 요리뿐 아니라 아침에는 소박한 일본 가정식 백반이 유명하다. 라나이 현지에서 농부가 재배한 쌀과 현지 어민이 잡은 식재료, 또 센세이 농장에서 직접 재배한 채소를 이용해 모든 요리가 신선하다.

라나이 어드벤처 파크
Lanai Adventure Park

와일드한 액티비티를 즐길 수 있는 곳. 숲이 우거진 곳에서 고지대 및 저지대 로프와 집라인, 어드벤처 타워 등 스릴 만점의 도전을 느낄 수 있다. 뿐만 아니라 라나이 섬 전체를 전기 자전거를 타고 탐험할 수 있다. 직접 대여하거나 가이드 투어에 참여해 라나이를 보다 특별하게 즐겨보자.

주소 1 Keomuku Hwy, Lanai City | 홈페이지 www.lanaiadventurepark.com | 요금 110.71(어드벤처 타워), $166.07(전기 자전거 투어), $100(집라인)

돌 파크 Dole Park

제임스 돌 James Dole이 1922년 라나이 섬에 약 2,500평에 해당하는 농장을 만들어 전 세계 파인애플 생산의 75%를 담당했다. 그의 이름을 딴 공원으로 라나이 시티 중심에 위치, 라나이 사람들과 여행객들에게 상징적인 휴식처다. 공원 중심으로 주변에 카페와 오가닉 생필품을 판매하는 리처드 마켓 Richard's Market, 라나이 기념품을 구매할 수 있는 라나이 아트 센터 Lanai Art Center 등이 있다.

하와이 여행의 기술
Ready to go Hawaii

하와이 여행의 Q & A | 여행 전 준비해야 하는 서류
항공권 & 숙박 예약하기 | 환전 & 신용카드 사용의 달인 되기
여행자 보험에 대한 모든 것 | 면세점 쇼핑하기
출발 전 짐 꾸리기 | 인천국제공항 가이드
하와이 여행의 Key, 렌터카 정복하기 | S.O.S.! 사건·사고 대처 요령
위급 시 필요한 영어 한 마디 | 하와이어로 인사하기

―― 하와이 여행 준비편 ――
하와이 여행의 Q & A

하와이로 여행 장소를 결정했다면 본인의 여행 스타일을 고려해 스케줄과 예산을 결정하자. 여행을 떠나기 전 가장 기본적인 것들을 결정하는 데 있어 도움이 되는 팁들을 모았다.

Q 언제부터 여행을 준비하는 것이 좋을까요?
A 기본적으로 하와이 여행을 위해선 전자여권을 준비해야 하고, 여행 비자가 없을 경우 ESTA 등록을 해야 한다(P.335 참고). 그런 뒤 항공권과 호텔을 예약해야 하므로 적어도 3개월 전부터 여유를 두고 준비하는 것이 좋다.

Q 패키지여행과 자유여행 중 어느 것이 좋을까요?
A 해외여행의 스타일에는 두 종류가 있다. 바로 왕복 항공권과 숙박, 현지 식사나 가이드가 포함된 패키지여행과 여행에 필요한 모든 것을 스스로 예약하고 준비하는 자유여행. 여행이 처음이거나 언어가 자유롭지 못하다면 패키지여행이 좋고, 반대로 여행의 경험이 많거나 혹은 영어가 자유롭다면 자유여행이 더 편리하다. 여행사에 항공권과 숙박 예약, 간단한 스케줄이 포함된 반자유여행 상품과 항공권과 숙박만 예약한 에어텔 상품에 공항 픽업, 드롭만 포함된 상품도 있다.

Q 성수기와 비수기는 언제인가요?
A 하와이의 성수기는 6~9월, 12~1월이며 그 중에서도 연휴 전과 7~8월에 가격이 일제히 오른다. 단, 이 시기에도 출발일에 따라 차이가 있게 마련! 주말보다 주중의 항공권이 더 저렴하다. 가능하면 여행객이 몰리는 성수기를 피해 평일에 출·도착하는 스케줄을 짠다면 비용을 조금이나마 절약할 수 있다.

Q 오아후와 이웃 섬, 무엇이 다른가요?
A 오아후는 하와이의 주도(州都)가 있는 중심지이며, 오아후에서 비행기를 타고 이동하는 마우이, 빅 아일랜드, 카우아이 등을 이웃 섬이라 부른다. 대부분의 하와이를 방문하는 여행자에게 고민이 있다면, 오아후만 돌아볼 것이냐, 이웃 섬까지 둘러볼 것이냐일 것이다.
해외여행이 익숙하지 않은 사람들은 오아후만 둘러보는 것이 좋고, 렌터카를 이용한 자유여행이 가능하다면 이웃 섬도 추가하는 것이 좋다.

Mia's Advice
최근에는 패키지여행과 자유여행을 혼합한 반자유여행을 즐기는 사람들도 많아요. 반자유여행은 여행사에서 항공권과 숙박 예약을 도우며 하루나 이틀 정도만 가이드가 함께하는 여행 스타일이에요. 해외여행이 처음이라면 반자유여행을 추천해요.

Q 여행 예산은 얼마나 준비해야 할까?

A 여행 예산에 가장 큰 비중을 차지하는 왕복 항공권은 직항의 경우 유류할증료 포함 1인당 160만~200만 원 정도다. 오아후에서 이웃 섬으로 이동하는 항공권은 왕복 20만~30만 원 선으로 예상하면 된다.

숙박은 리조트가 와이키키 내에 위치해 있어도 가격이 천차만별인데 중저가의 경우 1박에 $300 정도, 고급 리조트는 $600 이상이다.

렌터카 역시 하와이 여행에 빼놓을 수 없는 예산. 차종에 따라 비용 차이가 있고, 사용일 기준으로 책정된다. 소형급 차종은 1일 $100 정도다. 보험과 내비게이션, 주차비, 주유비와 함께 투숙할 호텔의 1일 주차비도 함께 고려하자.

식비의 경우 저렴한 곳은 $20 내외이며, 캐주얼 레스토랑의 경우 $30~40 내외, 고급 레스토랑은 $50~100 정도로 예산을 잡는 것이 좋다. 물론 이 금액에 18~25% 추가되는 팁도 고려하자. 유명 레스토랑마다 특정 시간에 저렴한 가격으로 식사를 제공하는 '해피 아워 Happy Hour'가 있으니, 알뜰 여행자라면 시간을 맞춰 활용해보자. 만약의 경우를 대비한 예비비로 총 예산의 10%를 더 가지고 출발하는 것이 좋다.

하와이 여행 총 예산(1인, 4박 6일 기준)

국제선 왕복 항공권	100만~150만 원
이웃 섬 왕복 항공권	$300
숙박(4박, 2인 1일 기준)	$1200~2400
렌터카(4일)	$400
식비(5일)	$550
쇼핑	$500~1500
투어 및 액티비티	$300~600
합계	583만 2,977~1,005만 652원 (2025년 7월 기준)

1일 예산 내역(1인 기준, 팁 별도)

아침식사	$25
점심식사	$25
저녁식사	$60
렌터카	$100
액티비티	$150
쇼핑	$150
합계	75만 8,405원(2025년 7월 기준)

Q 현금과 신용카드, 어떻게 준비하면 될까요?

A 대부분 신용카드로 결제할 수 있다. 다만 택시는 현금으로 결제해야 하는 경우가 많고, 그 밖에도 리조트와 액티비티 이용 후 팁을 지불해야 하는 경우를 생각한다면 총 여행 경비에서 현금과 신용카드 비율을 3:7로 준비하는 것이 안정적이다. 또한 한국에서 발급받은 신용카드는 만약의 경우를 대비해 2~3개 정도 준비해 두는 것이 좋다.

Q 액티비티는 출발 전 미리 예약하는 것이 좋을까요?

A 종류에 따라 다르지만 다이아몬드 헤드나 진주만의 USS 애리조나 보트 탑승 등은 여행 스케줄이 결정되면 미리 티켓을 구입하는 것이 좋다. 쿠알로아 랜치의 승마와 UTV, 집라인 등도 인기가 많은 액티비티이기 때문에 미리 예약하자. 또한 폴리네시안 문화센터는 티켓을 미리 구매할 경우 공식 홈페이지에서 할인이 되기도 하니 스케줄이 결정되면 가장 먼저 해당 사이트를 체크하자. 뿐만 아니라 마우이의 할레아칼라 국립공원, 빅 아일랜드 마우나케아의 별자리 관찰 투어나 화산 국립공원의 헬기 투어 등은 스케줄이 결정되면 바로 예약을 알아보는 것을 추천한다.

하와이 여행 준비편

여행 전 준비해야 하는 서류

여행 계획을 세우는 것과 동시에 필요한 서류도 준비하는 것이 좋다. 전자여권은 토·일요일과 공휴일을 포함하면 발급까지 최소 일주일 정도 걸리기 때문에 늦지 않게 미리 준비하자.

1 여행의 시작, 여권 만들기

해외에서 신분증명서가 되는 여권. 출발 날짜에 늦지 않도록 여권 발급 기관을 방문해 신청하자. 여권을 보유하고 있더라도 유효기간이 6개월 미만이라면 반드시 여권을 연장해야 한다. 여권은 장애인과 18세 이하 미성년자를 제외하고는 본인이 직접 신청해야 한다.

여권 발급 절차
신청서 작성 → 발급 기관 접수 → 신원 조회 → 각 지방 경찰청 조회 결과 회보 → 여권 서류 심사 → 여권 제작 → 여권 교부

필요 서류
- 여권 발급 신청서(외교통상부 홈페이지에서 다운받거나 각 구청 여권과에 비치)
- 여권용 사진 1장(6개월 이내에 촬영한 사진)
- 신분증(사진이 부착된 주민등록증이나 면허증. 분실 시 주민등록 발급 신청 확인서로 대체됨)
- 병역 관련 서류(미필자만 해당)

서류의 기타사항
미성년자는 여권 발급 신청서, 여권용 사진 1장과 함께 법정 대리인 동의서, 미성년자의 기본 증명서, 가족관계 증명서 등 가족관계 또는 친족관계 확인 가능 서류가 필요하다. 또 여권용 사진의 경

여권 발급 수수료

여권 종류	구분	기간	수수료
전자여권	복수여권 (성인)	10년	26면 4만 7,000원 58면 5만 원
	복수여권 (8~18세)	5년	26면 3만 9,000원 58면 4만 2,000원
	복수여권 (8세 미만)	5년	26면 3만 원 58면 3만 3,000원
	복수여권	5년 미만	26면 1만 5,000원
	단수여권	1년	1만 5,000원
비전자여권	긴급여권	1년	1만 5,000~4만 8,000원

Mia's Advice

25세 이상의 병역의무자는 여권 발급을 위해 병무청에서 발급하는 국외여행허가서가 필요해요. 병무청 홈페이지 www.mma.go.kr→병무민원포털→국외여행/체제민원에서 '인터넷 국외여행허가신청'을 클릭하세요. 직접 병무청에 방문하지 않아도 온라인으로 신청·출력이 가능하답니다.

우 가로 3.5cm, 세로 4.5cm인 6개월 이내 촬영한 상반신 정면 탈모 사진이어야 하고, 머리의 길이(정수리부터 턱까지)가 3.2~3.6cm이어야 하고 바탕색은 흰색이어야 한다. 흑백이나 보정 사진, 저품질 인화지는 사용할 수 없다.

여권 발급 장소

여권 발급과 신청은 발급 기관을 방문해 신청서를 제출해야 한다. 서울시 25개 구청과 각 광역시청, 그리고 각 도청에서 발급 가능하다. 발급 이후 직접 수령 또는 우편 배송이 가능하다.

외교부 여권 예약 접수 서비스 문의
www.passport.go.kr

❷ 미국 여행의 필수, 전자여행허가 ESTA 만들기

6개월가량 미국을 여행할 수 있는 여행 비자를 가지고 있다면 상관없지만, 그렇지 않다면 따로 ESTA를 발급받아야 한다. ESTA는 여행 비자 없이 미국을 여행할 수 있는 일종의 허가증으로, ESTA 공식 사이트를 통해 발급받는다.

홈페이지 http://esta.cbp.dhs.gov

ESTA란?

Electronic System for Travel Authorization의 약자로, 전자 여행 허가 시스템이다. 예전에는 단기 여행일지라도 미국 비자를 위해서 많은 비용과 시간을 들여야 했는데, 2008년 11월 사전 전자 여행 허가제로 인해 비자 없이도 간소화된 인증으로 입국 자격을 가질 수 있게 되었다.

발급 조건

대한민국의 국민이거나 국민의 자격이 있는 동포, 사업상 혹은 관광 목적으로 여행 기간이 90일 이하인 자, 현재 방문 비자를 가지고 있는 자여야 한다.

알아두세요 | 공항에서 알아두면 도움 되는 깨알 정보!

❶ 하와이에서 렌터카를 이용할 계획이라면 국제운전면허증이 필요해요. 인천공항에서도 운전면허증 또는 여권, 여권용 사진, 신용카드를 지참하면 국제운전면허증 발급이 가능하답니다(09:00~18:00).
위치 1터미널 3층 경찰치안센터, 2터미널 2층 정부종합행정센터 내 경찰치안센터(032-740-0112)

❷ 공항에서 응급 상황 발생 시 공항 의료센터를 이용할 수 있어요. 인하대학교병원에서 운영하는 곳으로 간단한 진료 외에도 예방 접종 혹은 비자 신청을 위한 검진, 영문 진단서, 산모 탑승 소견서 등 서류 발급도 가능해요.
위치 1터미널 지하 1층 동편, 2터미널 지하 1층 서편

❸ 그 밖에도 인천공항에는 유료 샤워실, 수면이 가능한 냅존, 캡슐 호텔, 장애인 안심 여행센터 등이 있어 시간만 여유롭다면 여행 전 충분한 휴식이 가능하답니다.

발급받는 법

ESTA 공식 홈페이지를 클릭, 상단의 한국어 서비스를 선택한다. 서식에 따라 조건에 맞게 기입한다. 여권 정보와 여행 정보도 입력해야 하므로 반드시 여권을 발급받은 이후에 신청해야 한다. 여행 정보는 신청번호를 저장해두었다가 추후 변경할 수 있으며 유효 기간은 2년이다. 신용카드로 결제해야 하고, 수수료는 1인당 $14.

홈페이지 이용 방법

❶ 홈페이지 첫 화면 상단에 있는 한국어를 선택, 화면 오른쪽 '신규 신청서'를 클릭. 신청 요건을 확인하고 '개인 신청서'를 선택한다. 보안 통지가 뜨면 확인 후 '확인 & 계속'을 클릭한다.

❷ 권리포기각서를 읽고 하단의 '예, 정보를 읽고 이해했으며 이 조건에 동의합니다'에 표시한 뒤 '다음' 버튼을 클릭. 동일하게 'Travel Promotion Act of 2009' 공지글도 확인한 뒤 '예, 본인은 위 정보를 읽고 이해하였으며 이러한 조건에 동의합니다'를 표시하고 '다음'을 클릭한다.

❸ 신청서는 영어로 작성하며, 붉은색 별표가 표시된 항목은 필수로 입력해야 한다. 순서대로 작성하고 화면 아래 '다음' 버튼을 클릭한다. 미국 내 연락처는 머물 숙소 주소와 연락처를 기입한다.

❹ 신청한 내역을 다시 한번 확인한다.

❺ 신용카드로 결제해 신청 완료하기

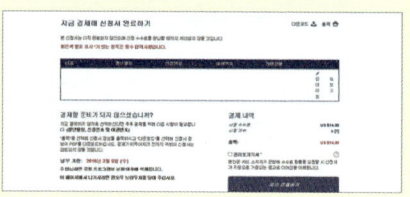

❻ 신용카드 결제 완료 후, 허가 승인을 확인하고 결제 영수증을 출력 혹은 다운로드한다.

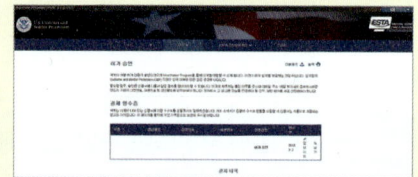

알아두세요 ESTA 발급 시 유의할 점

❶ 신청서에 거짓 정보나, 부정확한 정보를 입력하면 ESTA 신청이 거부될 수 있으며, 승인이 되었다 하더라도 추후 여권 정보 변경, 범죄 기록, 거짓 정보 기재 등의 이유로 ESTA가 취소될 수 있다. 또한 승인이 되어도 현지 입국 심사관의 판단에 따라 입국이 거부될 수 있다.

❷ ESTA 승인 후 여권이 만료되거나 여권 번호, 성명, 성별, 국적이 변경된 경우에는 새로운 ESTA를 신청해야 한다.

❸ 대행 업체를 이용할 경우 수수료가 비싸고 공식 웹사이트보다 시간이 더 오래 걸릴 수 있다.

하와이 여행 준비편

항공권 & 숙박 예약하기

패키지여행이라면 여행사 직원과 상담 후 결정할 수 있지만, 처음부터 끝까지 스스로 여행 스케줄을 짜는 자유여행자라면 항공권과 숙박을 예약하는 것이 하와이 여행의 첫 관문일 수 있다.

❶ 항공권 구입하기

알뜰 여행은 모든 자유여행자의 소망. 저렴하게 항공권을 구입하고 싶다면 항공권 비교 사이트를 활용하자. 사이트마다 제시하는 항공사가 조금씩 다를 수 있다. 원하는 날짜와 시간, 항공사 등 조건을 충족하는 곳에서 예약하도록 한다.

이웃 섬까지 여행한다면 주내선 항공편도 미리 예약해두는 것이 좋다. 오후에 도착한 후 이웃 섬으로 바로 이동할 예정이라면 갈아탈 시간을 고려해 2시간 정도 여유를 두는 것이 좋고, 이동 거리가 짧으며 비교적 연착이 없는 하와이안 항공을 추천한다. 주내선 예약은 하와이안 항공(www.hawaiianairlines.co.kr)이나 익스피디아(www.expedia.com)를 이용하자.

항공권 비교 사이트

스카이 스캐너 www.skyscanner.co.kr
구글 플라이트 www.google.com/travel/flights
카약 www.kayak.co.kr
플레이윙즈 www.playwings.co.kr

항공권 구매 절차

홈페이지 접속 → 원하는 날짜와 목적지 지정 → 항공권 검색(인천국제공항 ICN, 호놀룰루 국제공항 HNL) → 금액과 노선, 유류할증료와 택스 포함 금액 확인 → 가장 적합한 항공권 선택 → 탑승자 정보 입력 → 결제 시한 확인 → 결제 시한 내 결제 → 결제 확인 → 이메일로 전자항공권 E-Ticket 수령 → E-Ticket 출력

하와이 취항 항공사

대한항공 1588-2001, kr.koreanair.com
아시아나항공 1588-8000, www.flyasiana.com
하와이안 항공 02-775-5552, www.hawaiianairlines.co.kr
에어 프레미아 1800-2626, www.airpremia.com

Mia's Advice

인천국제공항의 항공사 카운터에 도착해 항공권을 받을 때 E-Ticket이 없어도 여권만 보여주면 되지만 하와이에서 입국 심사 시 간혹 하와이에서 한국으로 돌아가는 E-Ticket과 호텔 예약 바우처를 보여 달라고 요청하는 경우가 있답니다. 따라서 E-Ticket은 하와이의 입국 심사를 위해 따로 챙겨두는 것이 좋아요.

Mia's Advice

하와이는 워낙 인기가 높은 지역이라 특별히 항공권이 저렴할 때가 없어요. 다만 주말보다 주중이 저렴해요. 평일 출발편의 경우 때때로 대형 여행사에서 가까운 시일에 떠나는 땡처리 항공권이 나오기도 하니 전화로 문의해보는 것이 좋아요.

❷ 숙박 예약하기

하와이에서 만족스러운 여행을 하기 위해서는 숙박 시설의 종류를 미리 알고, 내 취향에 맞게 선택하는 것이 중요하다.

호텔 Hotel

와이키키에는 수영장·스파·피트니스 클럽 등을 갖춘 호텔이 대부분이다. 1박에 $200의 저렴한 호텔부터 $1,000을 웃도는 최고급 호텔까지 가격은 천차만별.

하와이 호텔은 대부분의 객실이 트윈룸 Twin Room으로, 퀸 사이즈 침대 2개가 놓여 있다. 2인이 함께 사용할 수 있는 퀸 사이즈 침대 2개가 있어 의아할 수도 있다. 그래도 원베드룸 One Bedroom보다는 트윈룸의 객실 면적이 넓다는 게 장점이다. 저가형 호텔로는 아쿠아 계열 회사의 인지도가 높으며(호텔명에 아쿠아가 들어감), 중저가형 호텔의 경우 홀리데이 인 비치코머, 파크 쇼어, 애스턴(호텔명에 애스턴이 들어감) 등의 계열이 만족도가 높은 편이다.

콘도미니엄 Condominium

객실이 넓고 부엌·거실·식당 등 공간이 나누어 구성되어 있고, 세탁기와 건조기 등도 갖춰져 있어 가족 단위 여행에 적합하다. 장기 투숙 시 할인 혜택을 받을 수 있어 1주일 이상 머무를 경우 경제적이다. 와이키키의 콘도미니엄 숙소로는 아웃리거 Outrigger, 애스턴 Aston 계열이 인기가 높다. 호텔스닷컴(kr.hotels.com) 등의 사이트에서 예약할 수 있으며, 간혹 다음 카페 '하와이사랑'에 단기 렌트가 가능한 콘도들의 정보가 올라오기도 한다.

베케이션 하우스 Vacation House

단독주택을 빌리는 형태를 말한다. 가구와 식기 등 필요한 생활용품을 갖추고 있으며, 콘도미니엄보다 프라이빗하게 휴가를 즐길 수 있다는 장점이 있다. 숙박 공유 플랫폼인 에어비앤비(www.airbnb.co.kr) 등을 통해 단기간 임대가 가능하다.

게스트 하우스 Guest House

하와이 민박은 전 세계의 민박 정보가 모여 있는 민다(www.theminda.com)에서 예약이 가능하다.

캡슐 호텔 Capsule Hotel

캡슐 호텔은 일반 호텔보다 규모가 작고 수영장이나 운동 시설, 투숙객을 위한 다양한 무료 프로그램이 없는 대신 가격대가 훨씬 저렴한 실속형 숙박 시설이다. 룸에 침대와 TV만 비치되어 있는 작은 공간이라 수면 외에 휴식을 취하려면 공용 거실을 이용해야 하고 세면 역시 공용 샤워실을 이용해야 한다. 캐리어도 따로 라커룸에 보관한다. 하와이에 장기 투숙을 원하는 배낭 여행자나 저가 여행을 원하는 이들에게는 새로운 대안이 될 수 있는 숙박 형태다. 퍼스트 캐빈 인터내셔널 하와이(first-cabin.us)에서 예약 가능하며 캡슐의 사이즈에 따라 가격이 조금씩 다르다. 대략 $100~177 사이.

> **알아두세요** **리조트 요금 Resort Fee**
>
> 하와이의 호텔에는 호텔 비용 외에도 리조트 요금이 따로 있어요. 리조트 요금이란 리조트급 호텔들이 리조트 부대시설 이용 요금을 별도로 받은 것에서 시작되었는데요. 한국인들에게는 다소 낯선 요금 체계이지만, 숙박하려면 무조건 지불해야 하기 때문에 호텔 예약 시 리조트 요금도 꼭 체크해서 예산을 짜야 합니다. 리조트 요금은 대략 1박당 $30~50 정도랍니다.

+++ TRAVEL PLUS +++

하와이 호텔 예약 노하우 완전 정복

하와이 여행 예산에서 가장 큰 부분을 차지하는 것 중 하나가 숙박이다. 호텔 예약을 어떻게 하느냐에 따라 여행의 만족도가 달라진다고 해도 과언이 아니다. 가성비 높은 호텔을 예약할 수 있는 노하우와 예약 전 알아두면 좋을 정보들을 모아 소개한다.

가장 저렴한 때를 노려라

안타깝게도 하와이 호텔은 늘 성수기다. 그중에서도 미국에서 가장 대표적인 휴일인 독립기념일, 추수감사절, 크리스마스 시즌과 여름방학 기간인 6~7월은 가격대가 더 높을 수 있다. 묵고 싶은 호텔이 있다면 호텔 예약 애플리케이션을 통해 상시 가격대를 살피거나 공식 홈페이지의 프로모션을 체크하는 것도 방법이다. 하와이 호텔은 가격이 정해져 있지 않고 변동이 심하다는 것을 알아두자.

칼라카우아 애비뉴(Kalakaua Ave) VS 쿠히오 애비뉴(Kuhio Ave)

칼라카우아 애비뉴는 와이키키의 메인 거리이고, 여기서 한 블록 뒤에 위치한 거리가 쿠히오 애비뉴다. 거리상 별 차이는 없지만 호텔 가격 차이는 천차만별. 특히 칼라카우아 애비뉴에서도 와이키키 비치를 끼고 있는 호텔일 경우엔 가격이 훨씬 높아질 수 있다. 조금 더 저렴한 가격대의 호텔을 찾는다면 쿠히오 애비뉴에 위치한 호텔 중심으로 알아보는 것을 추천한다.

결제 전 꼭 체크해야 하는 것들

예약을 확정짓기 전, 취소와 환불 규정을 꼼꼼하게 확인해야 한다. 날짜 변경 가능 여부 및 취소 시 수수료, 숙박비 외에 별도로 지불해야 하는 리조트 요금과 주차비 등은 얼마인지 미리 알아두는 것이 좋다. 또한 체크인, 체크아웃 시간도 잘 알아두어야 한다. 대부분의 하와이 호텔 체크인 시간은 15:00, 체크아웃 시간은 11:00다. 항공편 도착 시간과 호텔 체크인/체크아웃 시간을 정확하게 알아보고 여행 계획을 세우는 것이 좋다. 간혹 여행 예약 애플리케이션에서 VIP 등급이거나 힐튼 또는 메리어트 계열 호텔의 멤버십 등급이 VIP인 경우 이른 체크인과 체크아웃 시간 연장을 요청해 보는 것도 방법이다. 간혹 방 청소가 일찍 끝난 방이 있는 경우 이른 체크인이 가능하기도 하니, 하와이에 도착하면 가장 먼저 호텔 체크인 가능 여부부터 알아보자.

호텔비 외에도 비교해야 할 금액이 있다

렌터카를 사용할 계획이라면 주차비 체크를 잊지 말자. 렌터카를 하루만 사용할 계획이라면 상관없지만 2~5일가량 사용할 예정이라면, 호텔에 지불하는 주차비가 큰 부담이 될 수 있다. 호텔에 따라 렌터카 비용이 1박당 $40~70나 되기 때문이다. 또한 결제 시 숙박료에 리조트 요금이 포함돼 있는지 혹은 체크인할 때 따로 지불해야 하는지도 미리 살펴보자. 당장 지불하는 금액이 적은 것 같아도 추후 체크아웃 시 결제해야 하는 추가 요금을 생각하면 호텔 선택이 달라질 수 있다.

객실 카테고리를 파악하자

객실 넓이와 종류가 같더라도 보이는 경치에 따라 가격 차이가 크다. 산 쪽이 보이는 마운틴뷰 Mountain View나 도로 쪽을 바라보고 있는 시티뷰 City View의 가격대가 저렴한 반면, 바다가 보이는 오션뷰 Ocean View는 바다가 얼마큼 보이느냐에 따라 가격대가 달라진다. 파셜 오션뷰 Partial Ocean View(바다가 살짝 보이는 정도), 오션뷰 Ocean View, 오션 프런트 Ocean Front 순서로 가격대가 높아진다. 또한 일부 호텔에서는 객실의 라나이 Lanai(발코니)의 유무에 따라 가격이 달라지기도 한다.

대가족인 경우 호텔 커넥팅 룸 혹은 콘도미니엄의 투 베드를 알아보자

대가족인 경우 객실을 연결해서 사용할 수 있는 커넥팅 룸을 예약하면 효율적이다. 다만 커넥팅 룸을 예약하고 싶다면 호텔에 직접 문의하는 것을 추천한다. 콘도미니엄인 경우 원 베드룸은 4명 사용이 최대이지만, 투 베드룸의 경우 6명까지 투숙이 가능하며 더 트윈 핀 호텔의 경우 트리플 룸도 있다. 따라서 가족 구성원이나 인원수에 따라 알맞은 숙소를 찾는 것도 비용을 줄일 수 있는 노하우다.

체크인 시 결제해야 하는 디파짓! deposit이란?

디파짓이란 투숙객이 객실의 전화, 미니바 혹은 룸 서비스 등 유료 서비스 이용 후 결제 없이 체크아웃하는 경우를 대비해 체크인 시 무조건 결제해야 하는 금액이다. 주로 신용카드로 디파짓을 내며, 달러로도 가능하다. 1박당 $30~60 가량 디파짓이 책정되며 체크아웃할 때 정산된다. 사용 내역이 없는 경우 현금으로 돌려받거나 신용카드 승인이 취소된다(대략 2주 소요). 만약의 경우를 대비해 꼭 디파짓 취소 확인 영수증을 요청하는 것이 좋다.

투숙 전 특별한 기념일을 호텔에 알릴 것

호텔에 따라 다르긴 하지만 예약 시 결혼 기념일이나 생일 등 메모를 남겨놓으면 작은 선물을 받게 될 수도 있다. 이는 고급 레스토랑을 예약할 때도 마찬가지. 미리 생일이나 결혼 기념일이라고 말하면 자그마한 조각 케이크를 서비스로 받을 수 있다.

호텔 내 무료 서비스를 충분히 이용하자

호텔에 따라 파라솔이나 부기 보드, 혹은 돗자리 등 비치 용품을 대여해주거나 요일에 따라 레이(꽃목걸이) 만들기나 훌라나 우쿨렐레 레슨 등 하와이 문화를 배울 수 있는 프로그램이 다양하게 마련되어 있다. 체크인 시 직원이 함께 설명해주니 꼼꼼히 챙겨 듣자.

호텔 조식은 불포함으로!

한국의 호텔 조식 규모에 비해 하와이의 호텔 조식은 다소 실망스러울 수 있다. 메뉴의 가짓수도 적고, 가격대도 높은 편. 따라서 예약 시 비싼 돈을 얹어 조식을 포함시키기보다 호텔 근처 저렴한 조식 레스토랑을 알아보는 것이 좋다. 때에 따라 이야스메 무스비에서 무스비나 삼각김밥, 도시락을 구입하거나 맥도날드에서 밥이 곁들여진 아침 식사를 구입하는 것도 방법.

라나이 유무 체크

라나이는 우리나라로 치면 베란다 혹은 발코니로 생각하면 이해가 쉽다. 호텔에 따라 전체적으로 라나이가 없는 경우도 있고 룸에 따라 라나이가 있는 경우도 있다. 라나이가 없으면 투숙하는 내내 답답하게 느껴질 수 있기 때문에 예약 시 라나이 유무를 체크하는 것도 잊지 말자.

호텔에 요청할 수 있는 아이템들

객실에서 간단하게 냉동밥이나 라면으로 끼니를 때울 경우 커피 포트(electric kettle)나 전자레인지(microwave)가 반드시 필요하다. 호텔에 따라 다르지만 요청 시 룸으로 배달되는 경우가 있다. 또한 추가 이불(extra blanket)이나 칫솔(toothbrush)과 치약(toothpaste), 슬리퍼(indoor slipper) 등 룸에서 필요한 물건들이 있다면 프런트 데스크에 문의해보자.

하와이 여행 준비편

환전 & 신용카드 사용의 달인 되기

여행지에서 가장 중요한 것은 무엇보다 돈, 현금이다. 환전한 달러를 남기지 않으려면 달러와 신용카드를 적절히 사용하는 것이 좋다.

① 효과적인 환전이란!

정신없이 여행을 준비하다 보면 공항에서 비행기 타기 직전에 환전하기 마련이다. 하지만 조금만 부지런을 떨면 환전 수수료를 최대한 할인받을 수 있다.

은행 애플리케이션

가장 높은 환율 우대를 받을 수 있는 방법. 리브(국민은행), 위비 뱅크(우리은행), 쏠 SOL(신한은행) 등 은행의 환전 전용 애플리케이션을 통해 최대 90%까지 환율 우대를 받을 수 있으며, 해당 은행의 이용자가 아니라도 환전이 가능하다. 모바일로 환전 신청을 한 뒤 가상 계좌로 바로 입금하면 완료! 인천국제공항이나 기타 원하는 지점에서 수령할 수 있다. 다만 1일 최대 환전 한도가 $1만이며, 월간 수령 한도는 $3만로 제한이 있다. 은행에 따라 신청 당일은 수령이 불가할 수 있으니 2~3일 전에 하는 것이 좋고, 수령 시에는 본인 신분증을 필히 지참할 것.

인터넷 환전

인터넷 뱅킹으로 편리하게 환전을 신청한 뒤 공항에서 직접 수령하는 방법이다. 은행사에 따라 환전 시 여행자 보험에 가입하거나, 환율을 기존에 공지된 금액보다 좋게 받거나, 면세점 할인 등 다양한 혜택을 받을 수 있다.

환전 수수료 할인받기

큰돈은 아니지만 조금이라도 수수료를 아끼고 싶다면 은행 앱에서 쿠폰을 다운받아 사용하거나, 제휴 카드 특별 우대 쿠폰이나 공항 프로모션으로 현장에서 제공하는 쿠폰을 활용하는 방법도 있다.

환전 시 달러는 어떻게 바꿀까

$20와 $10 지폐는 각각 10~20장 사이, $1는 20~30장 정도로 바꾸고 나머지 금액은 대부분은 $100와 $50 위주로 바꾸는 것이 좋다.

카카오뱅크 달러박스

카카오뱅크 어플 내 외환 서비스로 환전 수수료 없이 달러를 모으고, 원할 때 자유롭게 달러 출

Mia's Advice

은행별 환전 수수료, 기본 우대율, 최대 우대율 등을 비교하고 싶다면 은행연합회 외환길잡이(exchange.kfb.or.kr) 홈페이지를 이용하세요. 은행별로 비교 분석 할 수 있어서 훨씬 편해요.

금이 가능하다. 또한 달러박스와 제휴된 ATM 기계에서의 출금 및 트래블월렛 카드 충전, 결제를 통해 여행 시 사용할 수 있다는 것이 장점. 하루 $5,000까지 저금할 수 있으며 달러 출금은 $1만까지 가능하다. 단 ATM 출금 시 일 $600, 월 $2,000까지 가능하다.

❷ 체크카드 & 신용카드 사용하기

해외에서는 체크카드 수수료율이 신용카드보다 높다고 생각하기 쉽다. 그러나 신한 SOL트래블 체크카드나 하나 트래블로그 체크카드, 우리 위비트래블, 국민 트래블러스 등은 수수료가 없는 체크카드다. 여러 카드사와 연계된 체크카드인 트래블월렛이나 트래블페이 등도 인기가 높다. 이런 체크카드와 신용카드를 적절히 이용하자. 해외에서 신용카드 결제 후 4~5일 후에 국내 카드사로 거래 내역이 청구되며, 청구된 날짜의 환율을 기준으로 결제 대금이 부과된다.

해외 사용을 위해 출국 전 확인할 것

❶ 신용카드 앞면 국제 브랜드 로고를 꼭 확인하자. 해외에서는 VISA, Master Card, JCB, Amex 등 업무 제휴가 된 카드만 사용이 가능하다.

> **알아두세요**
> **신용카드 결제 시에는 현지 통화로!**
>
> 현지에서 신용카드로 결제할 경우 달러를 기준으로 결제하는 것이 유리해요. 원화로 결제하면 달러가 원화로 바뀌면서 3~8%가량의 수수료를 추가 부담하게 되기 때문이죠. 또한 상점에서 신용카드로 결제할 때 점원이 카드를 다른 곳으로 가져간다면 반드시 동행해 결제하는 걸 직접 눈으로 확인하세요. 카드 위조나 변조를 방지할 수 있어요.

❷ 1일 사용 한도와 유효 기간을 미리 확인하자. 한도 초과 시 거래가 정지되며, 해외 체류 중에는 카드 유효 기간이 경과하더라도 분실·도난 위험 때문에 새로 발급된 카드 발송이 불가능하다.

❸ 출국 전 신용카드 결제일 및 결제 대금을 확인해 연체로 인한 불이익을 방지하자.

❹ 출입국 정보 활용 동의 서비스(카드 이용자가 귀국한 후 해외에서 승인 요청이 들어올 경우 카드사가 거래 승인을 거부해주는 서비스)와 SMS 문자 서비스를 활용하자. 만약 해외에서 신용카드 정보가 유출되더라도 부정 사용 피해를 예방할 수 있다.

❺ 여권상 영문 이름과 신용카드상 영문 이름이 일치하는지 확인하고 카드 뒷면에 반드시 서명하자. 영문 이름이 다르거나, 본인 서명과 카드 서명이 일치하지 않으면 결제가 거부될 수 있다.

국내 신용카드사 분실 신고 번호 및 홈페이지

KB국민카드
82-2-1588-1688, www.kbcard.com

롯데카드
82-2-2280-2400, www.lottecard.co.kr

비씨카드
82-2-950-8510, www.bccard.com

삼성카드
82-2-2000-8100, www.samsungcard.com

신한카드
82-2-1544-7000, www.shinhancard.com

하나카드
82-2-1800-1111, www.hanaskcard.com

현대카드
82-2-3015-9200, www.hyundaicard.com

우리카드
82-2-2006-5000, www.wooricard.com

하와이 여행 준비편

여행자 보험에 대한 모든 것

여행 중 생길 수 있는 만일의 불상사를 대비해 여행자 보험은 필수다. 특히 미국은 병원비가 비싸고, 렌터카 도난 사고도 종종 발생하기 때문에 일정 부분이라도 보상받을 수 있는 여행자 보험을 가입하는 것이 좋다. 단기 체류(3개월 이내), 장기 체류(3개월~1년 미만, 1년 이상) 등 여행 기간에 맞춰 가입할 수 있다.

❶ 보험 가입 방법

보험 설계사를 통하거나 보험사 홈페이지, 인천국제공항 출국장 등에서 가입할 수 있다. 여행친구Tip(www.trippartners.co.kr)이나 여행자클럽(www.touristclub.co.kr), 마이뱅크(www.mibank.me), 토글보험(toggle.ly)과 같은 애플리케이션으로 공인인증서 없이 간단하게 가입하는 상품도 생겼다.

가격은 여행 국가, 가입 기간에 따라 다르지만 대략 1주일 기준 1만~3만 원 사이다. 그 밖에도 인슈플러스(www.insuplus.co.kr)에 가입하면 해외 병원을 대신 예약해주고, 간호사가 한국말로 의료 통역은 물론, 병원비를 대신 지불함과 함께 간단하게 의사와 원격 화상 진료까지 받을 수 있다. 24시간 의료 지원 상담이 가능한 것도 장점이다.

보험사	콜센터	우리말 도움 서비스
메리츠	1566-7711	82-2-360-2407
한화	1566-8000	82-2-360-2526
롯데	1588-3344	-
흥국	1688-1688	82-2-6260-7995
삼성	1577-3339	82-2-3140-1777
현대	1588-5656	-
KB	1544-0114	82-2-3140-1717
동부	1588-0100	82-2-3140-1722
AIG	2260-6800	82-2-3140-1788
농협	1644-9000	82-2-6943-1601
에이스	1566-5075	82-2-3449-3500

Mia's Advice

❶ 우리말 도움 서비스란 해외에서 사고 발생 시 현지 병원 안내, 진료 예약 등 의료 지원 및 기타 보상 서비스를 한국어로 제공하는 것을 의미해요.

❷ 외교부에서는 해외 사건·사고 접수 및 조력 지원을 위해 해외 긴급 상황 시 7개 국어 통역 서비스를 제공하고 있어요. 여행 중 아파서 현지 병원에 갔는데 의사 소통이 안 된다거나 입국 심사 중 문제가 생겼을 때 등 해외여행 중 언제든 도움이 필요할 땐 외교부로 연락하거나(+82-2-3210-0404) 영사 콜센터 무료 전화 앱을 통해 연락할 수 있어요. 또한 카카오톡이나 라인 등의 상담 서비스도 운영 중이에요.

❷ 보험 적용 내역

주요 보장 내역은 사고 중 사망하거나 후유장애, 상해나 질병, 우연한 사고로 타인에게 손해를 미치거나 비행기 납치, 테러 등에 따른 피해 등이 있다. 다만 전쟁, 가입자의 고의로 자해하거나 형법상의 범죄, 가입자가 직업이나 동호회 활동 목적으로 전문 등반, 스쿠버다이빙 등 위험한 활동을 하는 도중 발생한 손해 등은 보상받지 못한다. 그 외 다음과 같은 부분은 약관에 포함되어 있으면 훨씬 광범위하게 손해를 보장받을 수 있으니 가입 전 반드시 확인하자.

비행기 지연
최근 비행기 지연으로 인해 여행에 차질이 생길 경우 '지연 보상'을 해주는 보험 약관을 체크하는 여행객이 늘어나고 있는 추세. 따라서 지연 및 보상(수화물 포함), 분실물, 결항, 물품파손 보상 등에 관한 약관을 살펴보자.
항공편이 4시간 이상 지연 및 취소되거나 또는 피보험자가 과적에 의해 탑승이 거부되어 예정 시간으로부터 4시간 내에 대체적인 수단이 제공되지 못하는 경우, 피보험자의 수화물이 항공편의 예정된 도착시간으로부터 6시간 이내에 도착하지 못하는 경우 등 약관에 구체적으로 명시되어 있다. 이 경우 호텔비와 식비 등의 영수증을 챙겨 한국 입국 후 제출하면 보상받을 수 있다. 대표적으로 삼성화재, 에이스, 여행자클럽 등이 비행기 지연에 관련된 약관이 있다.

렌터카 이용 관련
렌터카를 이용할 경우 렌터카 업체가 가입한 보험 이외에도 여행자 보험 자체에 렌터카 부분이 포함되어 있는 경우도 있다. 동부화재의 경우 여행지에서 렌터카를 이용하다 사고 발생 시 보상 지원이 가능하다.

❸ 해외여행보험 가입 시 유의사항

보험 가입 시 작성하는 청약서에 여행지(전쟁 지역 등) 및 여행 목적(스킨스쿠버, 암벽등반 여부 등), 과거의 질병 여부 등 건강 상태 및 다른 보험 가입 여부 등을 사실대로 기재해야 한다. 사실대로 알리지 않을 경우 보험금 지급이 거부될 수 있다. 또한 보험회사가 보상하지 않는 손해 등 세부사항은 보험 계약 체결 전에 해외여행보험 약관을 통해 미리 확인해 두어야 한다.

❹ 사고 유형별 필요 조치

상해사고 또는 질병 발생 시
❶ 보험사 우리말 도움 서비스로 연락해 사고 접수.
❷ 의료기관 진료시 향후 보험금 청구를 위해서 진단서 및 영수증 등을 발급.
❸ 약국에서 약을 구입해 복용한 경우 영수증 구비.

휴대품 도난사고 발생 시
❶ 도난 사실을 현지 경찰서에 신고하고 사고증명서 수령. 경찰서에 신고할 수 없는 상황에는 목격자, 여행 가이드 등으로부터 진술서 확보.
❷ 공항 수하물 도난 시에는 공항안내소에, 호텔에서 도난 시에는 프런트 데스크에 신고하여 확인증 수령.

그 밖의 사고 발생 시
보험금 청구 시 현지에서 구비해야 할 서류를 준비하여 보험사에 청구한다. 사고 유형별로 필요한 서류는 각 보험사 홈페이지를 통해서 확인하자.

하와이 여행 준비편

면세점 쇼핑하기

❶ 면세점 쇼핑 가이드

면세점 쇼핑 시 자신의 정확한 출국 정보(출국 일시, 출국 공항, 항공 & 편명)와 여권이 필요하다. 출국일 기준으로 1달 전부터 구매가 가능하다.

시내 면세점
구매 금액별로 상품권 혹은 할인 등의 혜택을 받을 수 있다. 시내 면세점 쇼핑 시에는 여권을 지참해야 하고, 항공의 출·도착 정보를 정확하게 알아야 한다. 구입 물건은 출발 당일 공항 내 면세품 인도장을 이용하며, 구입 영수증을 지참해야 한다.

- 롯데 면세점 본점 서울시 중구 남대문로 81 롯데백화점본점 9~12층, 1688-3000
- 롯데 면세점 월드타워점 서울시 송파구 올림픽로 300 롯데월드몰 에비뉴엘동 8~9층, 1688-3000
- 동화 면세점 서울시 종로구 세종대로 149, 1688-6680
- 신라 면세점 서울시 중구 동호로 249, 1688-1110
- 현대백화점 면세점 무역센터점 서울시 강남구 테헤란로 517 현대백화점 무역센터점 8~10층, 552-2233
- 신세계 면세점 명동점 서울시 중구 퇴계로 77 신세계백화점 본점 신관 8~12층, 1661-8778
- 신라아이파크 면세점 서울시 용산구 한강대로23길 55 아이파크몰 3~7층, 1688-8800

인터넷 면세점
인터넷 면세점은 각종 할인 쿠폰과 적립금 이벤트 등을 통해 오프라인보다 저렴하게 구입할 수 있다. 인터넷 면세점에서 구입한 물건은 출발 당일 공항 내 면세품 인도장에서 수령한다. 이때 구입 영수증을 반드시 지참해야 한다(대부분 출국 6시간 전까지 구매 가능. 롯데 면세점은 인천국제공항에서 출국 3시간 전, 김포국제공항에서 출국 5시간 전까지 당일 구매 가능).

- 롯데 면세점 www.lottedfs.com
- 동화 면세점 www.dwdfs.com
- 신라 면세점 www.dfsshilla.com
- 신세계 면세점 www.ssgdfs.com

❷ 세관 관련 팁

내국인이 구입할 수 있는 면세품의 총 한도액은 $3,000까지. 국내에 입국하는 내·외국인(시민권자 포함)의 면세 범위는 $600까지이며, 출국 시 구입한 면세품과 해외 구입 물품을 포함하여 $600을 초과할 경우 세관 신고 후 세금을 납부해야 한다.

인천국제공항에서 내는 세금이 궁금하다면 관세청 홈페이지(https://www.customs.go.kr)에 구매한 아이템과 금액을 입력하면 납부해야 하는 세금을 알 수 있다.

Mia's Advice
시내 면세점이나 인터넷 면세점에서 구매한 제품을 공항에서 수령하지 못한 경우에는 환불 조치가 된답니다(면세품은 24시간 픽업 가능).

하와이 여행 준비편

출발 전 짐 꾸리기

개인적으로 챙겨야 하는 필수품은 꼼꼼히 체크해서 챙기고 현지에서 구입하기엔 비싸거나 구하기 어려운 물건은 출발 전에 준비하는 것이 좋다. 하와이 여행 시에는 필요한 것 위주로 최소한의 짐을 꾸리는 것이 좋다. 대부분의 생필품은 와이키키 내에서 구매가 가능하다.

필수품
여권, 현금, 항공권, 신용카드, 여행자 보험증, 호텔이나 렌터카 바우처, 운전면허증(국내, 국제 모두), 110V용 멀티 어댑터.

추천 용품
각종 서류 복사본(여권과 항공권, ESTA), 증명사진, 선글라스, 모자, 벌레 퇴치 스프레이, 수영복, 비치 샌들 혹은 아쿠아 슈즈, 선크림, 가벼운 카디건 등의 겉옷.

있으면 편리한 것들
비상약(종합감기약, 해열진통제, 소염제, 항생제가 포함된 피부 연고, 소화제, 일회용 밴드, 벌레 물린 데 바르는 약 등), 속옷, 세면도구, 화장품, 여행가이드북, 카메라, 비닐봉지, 세탁용품 세트, 우비, 방수 수납 팩, 미니 승압기, 여행용 공유기(인터넷을 많이 사용하는 경우).

화물칸에 넣을 것과 기내에 들고 탈 것들
비행기 화물칸에 무료로 맡길 수 있는 짐은 좌석 클래스에 따라 다르다. 대한항공과 아시아나항공, 하와이안 항공 이코노미 클래스의 경우 2개(각 중량이 23kg 이내, 최대 3변의 합이 158cm 이내)다. 기내에 들고 탈 짐은 핸드백이나 카메라, 노트북 등의 소지품을 제외하고 1인당 1개까지(중량이 10kg 이내, 최대 3변의 합이 115cm 이내) 가능하다.
기내에 들고 탈 가방에는 지갑, 여권, 현금 등의 귀중품과 가이드북, 겉옷, 비상약 등을 넣어두자. 현지에서 구입한 각종 물품으로 귀국 시 짐이 늘어날 수 있으므로 출발 시에는 가방에 약간의 여유를 두는 것이 좋다.

제한적으로 기내 반입 가능한 품목
소량의 개인용 화장품인 경우 용기당 100ml 이하, 1인당 총 1L 용량의 비닐 지퍼백 1개, 여행 중 필요한 개인 의약품(의사의 처방전 등 관련 증명서 제시), 항공사의 승인을 받은 의료용품, 1인당 2.5kg 이내의 드라이아이스.
※ 보조 배터리와 전자담배는 수하물 위탁이 불가하며 기내 선반에도 보관할 수 없다. 승객이 몸에 소지하거나 좌석 주머니에 보관해야 하며 보조 배터리를 직접 충전하는 행위는 금지된다.

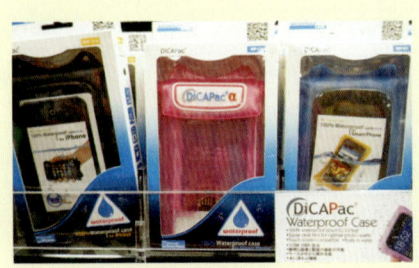
ABC 스토어에서 판매하는 방수 팩

하와이 여행 출발편

인천국제공항 가이드

공항에 들어섰다면 바로 여행이 시작된 것. 인천국제공항에 가는 법부터 비행기를 타기까지의 모든 과정을 잘 알아두어 시작부터 헤매지 않도록 하자.

인천국제공항 1577-2600, www.airport.kr

① 인천국제공항 가는 법

공항 리무진
서울 시내나 경기도 주요 도시에서 인천국제공항으로 가는 가장 편리한 방법은 공항 리무진을 이용하는 것이다. 물론 전국 각지에서도 리무진 노선이 운행되고 있다.
집과 가까운 리무진 버스 노선은 홈페이지에서 미리 확인하고, 첫차 시간과 막차 시간을 알아두자. 요금은 노선마다 조금씩 다르며, 현금과 교통카드로 선불 탑승이 가능하다. 종점인 인천국제공항에서 하차하면 된다.

홈페이지 www.airport.kr
공항행 리무진 운행 시간 심야에도 운행하는 리무진이 있어 홈페이지에서 구간별로 확인
리무진 요금 8,000~4만 5,600원(노선별 운행 요금은 홈페이지 참고)

공항철도
공항철도는 서울 도심과 공항을 바로 연결해주는 교통편으로 서울역에서 출발한다. 지하철 1·2·4·5·6·9호선, KTX와도 연결되어 있기 때문에 편리하다. 공항철도는 직통열차와 일반열차로 나뉜다. 직통열차는 서울역에서 인천국제공항까지 43분 걸리며 일반열차는 1시간가량 걸린다. 현재 인천공항 1터미널역과 인천공항 2터미널역이 나누어져 있으므로 탑승 전 하차 지점을 반드시 확인하자.

문의 코레일 공항철도 032-745-7320
요금 일반열차 4,450~5,050원, 직통열차 1만 1,000원(서울역 기준)

> **알아두세요 출발 전 터미널 확인**
> 인천국제공항에는 2개의 터미널이 있습니다. 제2여객터미널을 사용하게 되는 항공사는 대한항공, 델타항공, 에어프랑스, KLM 네덜란드 항공, 가루다인도네시아, 아에로멕시코, 아에로플로트 러시아항공, 샤먼항공, 중화항공, 진에어예요. 공항 리무진이나 공항철도를 이용할 경우 제2여객터미널 정류장에서 하차하세요. 두 여객터미널을 오가는 셔틀버스로 이동 시 소요시간은 약 20여 분이에요. 참고로 대한항공 공동 운항편을 이용할 경우, 실제 운항 항공사가 위의 10개 항공사인 경우에만 제2여객터미널에서 수속 및 출국 심사를 진행하니 여행 전 미리 확인하세요.

② 출국 수속하기

인천국제공항에 도착하면 3층 출발층에서 수속이 시작된다. 여러 사람들로 뒤엉킨 데다가 각종 매장과 카운터로 복잡해서 초보 여행자들은 길 잃고 헤매기 쉽다. 하지만 생각보다 수속 절차는 간단하니 미리 잘 숙지해서 당황하지 않도록 하자.

❶ 인천국제공항 3층 출국장 진입
내국인은 출국할 때 출국 카드를 별도로 작성하지 않아도 된다. 패키지여행자라면 해당 여행사의 미팅 장소가 어디인지 확인하고, 자유여행자라면 본인이 탑승하는 항공편의 체크인 카운터가 어디인지 중간중간 놓인 대형 화면을 통해 확인하자.

❷ 항공사 카운터 체크인 & 수화물 부치기
항공사 카운터에 가서 여권과 E-Ticket을 제출한다. 일행이 있으면 함께 수속하자. 창가석 Window seat이나 통로석 Aisle seat 중에 선호하는 자리가 있다면 요청하자. 기내에는 귀중품과 소지품 등을 넣은 휴대용 가방이나 기내용 트렁크만 남기고 큰 트렁크는 위탁 수하물로 부친다(기내 휴대 가능한 짐은 P.346 참고). 탑승권 Boarding Pass을 받고 이동해야 할 탑승 게이트 안내를 받는다.

❸ 클레임 태그 보관하기
탑승권과 함께 받은 화물보관 증서 Baggage Claim Tag는 잃어버리지 않게 잘 챙긴다. 수하물이 분실되어서 착륙 후 찾을 수 없을 때 이 클레임 태그가 있어야 짐을 찾을 수 있다. 수하물을 부치고 탑승 수속을 마쳤다면 잠시 항공사 카운터에 머물며 수하물에 문제가 없는지 확인한다. 별도의 호출이 없다면 문제가 없는 것.

❹ 출국장 입장
수하물을 부친 뒤 출국장 입구에서 여권 및 탑승권 Boarding Pass을 제시해 본인 여부 확인 후 출국장 안으로 들어간다.

❺ 세관검사
보안검사와 휴대품 검사를 받는다. 고가품(45만 원 이상)은 사전 신고를 해야 귀국 시 과세 대상에서 제외되고 도난 시 보험 처리의 자료가 된다. 뿐만 아니라 여행 시 소지하고 있는 모든 화폐(원화, 미화 등)를 합친 금액이 미화 $1만 상당 금액일 경우 세관에 신고해야 불이익이 없다.

❻ 출국심사
출국심사(법무부 출입국 관리 사무소) 창구로 이동해 탑승권과 여권을 제출하면 심사 후 여권에 출국 스탬프 날인 후 되돌려준다.

❸ 공항에서 라운지 이용하기

출국 심사대를 통과한 뒤 면세점에서 쇼핑하고 싶진 않은데 이륙 시간까지 여유가 있다면, 라운지에서 여행 전 휴식을 취하는 것도 좋다. 이코노미 좌석을 이용해도 라운지 엘, 마티나 라운지, 스카이 허브 라운지, 원 월드 라운지 등 각종 신용카드나

알아두세요 │ 동절기에 활용하면 좋은 외투 보관 서비스

한국의 한겨울에 하와이 여행이 성수기인 가장 큰 이유는 아마도 놀기 좋은 날씨의 유혹 때문이죠. 겨울에 여행을 떠날 때 가장 짐이 되는 것은 바로 두꺼운 외투. 출발할 때 입었던 외투를 버릴 수도 없고, 그렇다고 한여름인 하와이까지 챙겨가기도 불편해요. 그럴 땐 항공사의 코트 룸 서비스를 이용하세요. 인천국제공항 제1여객터미널 3층 B, L 체크인 카운터 근처 한진택배, 제1여객터미널 지하 1층(3층 L 체크인 카운터에서 지하 1층으로 내려가야 함) 크린업에어에서 신청할 수 있어요. 한진택배는 07:00~22:00(B 체크인 카운터), 24시간(L 체크인 카운터) 운영되며, 외투 보관 서비스는 1일 2,500원이에요. 클린업의 경우 24시간 운영되며, 3박 4일에 1만 원이 기본 요금이고 이후 1일 2,500원씩 추가된답니다.

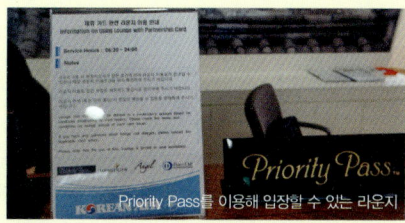

프라이어리티 패스 등의 멤버십 카드 소지자라면 라운지를 무료로 이용할 수 있다. 카드와 항공권을 가지고 해당 라운지 데스크에 제출하면 된다.

④ 인천국제공항 100배 즐기기

인천국제공항 제1여객터미널 1층 밀레니엄 홀과 면세구역 3층 중앙에서는 매일 클래식 연주나 오페라 공연 등이 펼쳐진다. 공연 스케줄은 인천국제공항 홈페이지(www.airport.kr)에서 미리 확인할 수 있다. 뿐만 아니라 탑승동 3층 중앙 121번 게이트 부근에는 한국전통문화센터가 운영되고 있다. 탑승 시간 30분 이상 잔여 여객에 한해 전통 공예 체험이나 AR 태권도 체험 등이 가능하다.
운영 08:00~17:00(12:00~13:00에는 체험 불가)

⑤ 알아두면 도움 되는 인천공항 서비스

주차 대행

인천공항에 자가용을 타고 갔을 때 수속 시간이 촉박해 주차할 여유가 없다면 주차 대행 서비스를 이용해보자. 공항에 들어서면 우선 단기주차장(지하 1층)의 주차 대행 표지판을 따라 입차 후 접수장으로 이동, 대행 업체에 차량을 인계한 뒤 카카오톡 접수증(출국일)을 받는다. 귀국일에 미리 카카오톡으로 안내받은 정산소로 향한다. 주차 대행 요금(2만 원)을 정산한 뒤 영수증을 카운터에 제출 후 키를 받으면 된다. 삼성 더원, 신한 RPM, 현대 레드카드 등으로 결제하면 주차 대행이 무료(주차 요금은 별도)다. 이후 주차 요금을 정산하면 완료. 출국 시 유료(대략 2만 원)로 세차 서비스를 요청할 수도 있다.

스마트패스

스마트패스란 여권, 안면 정보, 탑승권을 사전에 등록해 출국장과 탑승 게이트 등을 얼굴 인증만으로 빠르게 통과할 수 있는 서비스다. 스마트폰에 인천공항 스마트패스 앱을 다운받아 여권 스캔 후 얼굴과 탑승권을 등록하면 출국장을 보다 빠르게 통과할 수 있다. 안면 정보는 한 번 등록으로 5년간 이용이 가능하며, 여권 재발급 시 재등록해야 한다. 7세 이상 사용 가능하며, 14세 미만인 경우 법정대리인의 동의가 필요하다. 스마트패스는 법무부 자동출입국심사와는 별개로 진행되는 서비스다.

다자녀 가구 대상 우선 출국 서비스

다자녀 가구는 자녀 전원이 만 19세 미만인 3자녀 이상 가구로 부모 1인 이상과 자녀 1인 이상이 함께 출국 시 가구당 동반 3인까지 함께 이용할 수 있다. 인천국제공항은 현재 교통 약자(고령자, 유아&소아, 장애인, 임산부 등)와 사회적 기여자 등의 출국 편의를 위해 우대 출국을 운영 중이며 2025년 6월 다자녀 가구를 이용 대상에 추가했다. 따라서 우선 출국 서비스 이용 시 가족관계증명서 또는 주민등록등본(실물 또는 전자증명서로 3개월 이내 발급)을 지참해 인천공항 교통 약자 우대 출구에서 여권 및 증빙서류를 제시하면 된다. 인천공항 교통 약자 우대 출구는 제1여객터미널 2~5번 출국장 측문, 제2여객터미널 1~2번 출국장 좌측에 위치해 있다.

― 하와이 여행 출발편 ―

하와이 여행의 Key, 렌터카 정복하기

하와이 여행에서 빼놓을 수 없는 것 중 하나가 바로 렌터카다. 오아후를 가이드 없이 둘러볼 계획이라거나 이웃 섬을 1박 이상 둘러볼 계획이 있다면 렌터카에 대한 정보를 꼼꼼히 챙기는 것이 좋다.

❶ 렌터카를 이용하려면?

가장 저렴한 방법은 한국에서 렌터카의 가격을 비교해서 결제한 후 호놀룰루 공항에서 픽업하는 것이다. 공항에서 직접 렌터카를 계약할 경우 하와이 세금이 추가되며, 와이키키 내 호텔에서 렌터카를 이용할 경우 픽업&드롭이 편리한 반면 공항보다 $30~50 가량 금액이 높다.

한국에서 예약하기

현지에서 예약해도 되지만 성수기에는 원하는 차종을 선택할 수 없을지도 모른다. 한국에서 미리 예약하면 사전 할인이나 여행자 할인 등의 혜택을 주는 업체도 있어 경제적이다. 운전에 자신 있더라도 보험 처리는 풀 커버리지 Full Coverage(종합보험으로, 사고 시 대인·대물·자기 차량·자기 신체에 대한 보상이 다 포함됨) 보험을 옵션으로 선택하도록 한다. 하와이가 초행길이라면 내비게이션 역시 추가 선택하자. 예약을 하고 입금이 확인되면 바우처 Voucher를 발송해준다. 현지에서 제출해야 하는 것이니 꼭 프린트해서 챙길 것. 국내에서 예약할 경우 풀 커버리지 보험과 내비게이션 비용까지 포함해서 대략 $100~200 사이다(선결제 기준, 차종에 따라 차이가 있음).

주요 렌터카 업체의 한국 연락

버젯 Budget 02-753-9114, www.budget.co.kr
알라모 Alamo 02-739-3110, www.alamo.co.kr
허츠 Hertz 02-6465-0315, www.hertz.co.kr

하와이에서 예약하기

주차비가 비싼 오아후의 와이키키에서는 렌터카를 1~2일 정도만 이용하는 사람이 많다. 차 없이 와이키키 주변을 관광한 뒤 렌터카를 이용해 북쪽 노스 쇼어나 쿠알로아 랜치, 폴리네시안 문화 센터 등을 둘러보는 일정이 많기 때문. 쇼핑을 좋아한다면 하루 정도 더 추가해 와이켈레 프리미엄 아웃렛을 둘러보는 것도 좋다. 다만 1일 이상 대여할 경우에는 호텔 내 주차비도 추가되니 꼭 확인할 것. 와이키키 내에는 하얏트 리젠시, 힐튼 하와이안 빌리지, 쉐라톤 와이키키에 렌터카 사무실이 있다.

오아후 주요 렌터카 업체

달러 렌터카
위치 300 Rodgers Blvd, Honolulu(호놀룰루 국제공항)
영업 05:30~24:00 문의 866-434-2226

알라모 렌터카
위치 300 Rodgers Blvd, Honolulu(호놀룰루 국제공항)
영업 05:00~23:00 문의 844-913-0736

허츠 렌터카
위치 2424 Kalakaua Ave, Honolulu(하얏트 리젠시 와이키키) 영업 08:00~15:30 문의 808-837-7100

버짓 렌터카
위치 2330 Kalakaua Ave, Honolulu (인터내셔널 마켓 플레이스) 영업 08:00~15:30 문의 808-836-1700

❷ 꼭 알아둬야 할 하와이 교통 법규

거리와 속도를 마일로 표시
미국에서는 자동차의 속도를 표시할 때 시속 ㎞/h 대신 마일 mile로 표시한다. 1마일은 약 1.6㎞/h. 차량에 표시된 속도가 '50'이라면 80㎞/h 정도의 속도라는 것을 알아두자.

하와이 도로는 우측 통행
하와이는 우리나라와 마찬가지로 운전석이 왼쪽에 있으며 도로는 우측 통행이다.

빨간불일 때도 우회전이 가능
신호가 빨간불이더라도 일시 정지한 후 안전상 문제가 없다면 우회전을 해도 된다. 다만 'NO TURN ON RED'라는 표지판이 있는 경우에는 우회전을 할 수 없다. 우회전할 때는 왼쪽 방향에서 오는 차를 주의하자.

안전벨트 착용은 필수
하와이에서 안전벨트는 법률에 의해 의무적으로 착용하도록 되어 있으며 위반할 경우 $102의 벌금이 부과된다. 물론 동승자도 의무적으로 착용해야 한다. 동승자 벨트 미착용 시 같은 금액의 벌금이 부과된다.

정차 중인 스쿨버스는 추월 금지
앞에 스쿨버스가 정차하고 있을 때는 빨간 정지 사인이 꺼지고 차가 출발할 때까지 뒤에서 계속 정차한 채 기다려야 한다. 반대 방향 차도 마찬가지로 정차한다.

> **알아두세요** **렌터카 예약 시 유의할 점**
>
> ❶ 하와이에서 렌터카를 이용할 때 한국 운전면허증으로 대여가 가능해요. 다만 현지 경찰이나 렌터카 업체에서 국제운전면허증을 요청할 수도 있어 되도록이면 국제운전면허증도 지참하는 것을 추천해요.
>
> ❷ 반납 시 차량의 가스(미국에서는 휘발유를 가스 gas라고 칭한다)를 채우지 않고 반납하는 옵션이 있어요. 경제적으로 따져봤을 때 효율적이지 못하니 반납 전에 직접 가스를 채우겠다고 말하는 것이 좋아요. 보통의 차량은 가스를 가득 채우는 데 $70~80 정도예요.
>
> ❸ 공항에서 렌터카를 픽업해 내내 이용하는 이웃 섬과 달리 오아후에서는 전체 일정 가운데 1~2일 정도만 렌터카를 이용해요. 물론 공항에서 픽업해 와이키키의 업체에 반납할 수도 있지만 그런 경우 추가 요금이 든답니다. 제일 저렴하게 렌터카를 이용하려면 1~2일 정도만 이용하고, 같은 장소에서 픽업·반납하는 것이 좋아요.
>
> ❹ 신용카드는 필수! 신용카드가 없으면 렌터카를 대여할 수 없는 업체도 있어요. 또한 대여하더라도 보증금을 직접 현금으로 지불해야 하는 경우도 있으니 예약 단계에서 미리 알아보고 준비하세요.
>
> ❺ 공항에서 렌터카 업체 사무실까지 수시로 셔틀버스가 오가며, 공항 근처에 위치한 대부분의 렌터카 업체 사무실은 05:00~07:00에 오픈해서, 21:00~23:30 정도까지 영업한답니다.
>
> ❻ 보다 쉽게 렌터카를 예약하고 싶다면 트래블직소(www.traveljigsaw.co.kr)를 방문해 보세요. 트래블직소는 하와이뿐 아니라 전 세계 6,000여 개 이상 지역의 저렴한 렌터카를 찾을 수 있도록 도와주는 사이트예요. 한국어 서비스도 제공하고 있습니다. 단 최종 금액을 확인하자마자 바로 결제하지 말고 외국 렌터카 사이트와 가격을 비교하는 것을 잊지 마세요.

제한속도 엄수
과속 단속을 자주 하고 있으니 표지판에 명시된 제한속도를 반드시 지키자.

보행자를 최우선으로
횡단보도 앞에서는 보행자를 우선하도록 법률로 정하고 있다. 보행자가 시야에 들어오면 일단 정지하자.

정지 표지판
운전 중 빨간 STOP(정지) 표지판이 있다면 무조건 3초 이상 정지한 후 출발해야 한다. 브레이크를 살짝 놓으며 앞으로 천천히 움직이는 것도 금지.

히치하이킹 금지
무전 배낭여행에서 종종 써먹을 듯한 히치하이킹 Hitchhiking. 도로에서 다른 사람의 차를 얻어타고 이동하는 것이다. 하와이에서는 히치하이킹이 법률로 금지되어 있다. 차에 탄 사람과 태운 사람 모두에게 벌금이 부과된다.

양보
만약 도로 위에 YIELD(양보)라는 표지판이 보이면 표지판이 있는 도로 쪽의 차량이 진입할 때 양보해야 한다.

주차 위반
오아후의 와이키키, 다운타운 등 관광객들이 많이 몰리는 지역에서는 주차 위반 단속을 철저히 한다. 주차 위반 티켓을 받는 경우도 있지만, 견인을 당할 수도 있으니 반드시 지정된 주차장에 주차하도록 한다.

경찰의 단속을 받을 경우
교통법을 위반하거나 과속할 경우 경찰차가 뒤에서 파란 불빛을 쏘며 쫓아오며 단속 받았음을 알린다. 한국처럼 사이렌을 울리지 않는 것이 다르다. 경찰차가 다가오면 차를 도로 옆 공간에 세운 뒤, 차에서 내리지 말고 창문을 내려 손을 핸들 위에 보이게 놓는다. 탑승자가 차에서 내릴 경우 공격으로 간주해 일이 심각해진다. 경찰관에게 여권과 한국 운전면허증을 제시하면 벌금 용지인 티켓 Ticket을 받게 된다. 벌금은 신용카드나 현금으로 납부할 수 있다. 과속의 정도가 심할 경우에는 법원에 출두해야 할 수도 있으니 조심하자.

❸ 주차하기

전 세계 사람들이 '최고의 휴양지'로 손꼽는 하와이. 수많은 사람이 몰리는 만큼 특히 호놀룰루에

Mia's Advice

하와이에서는 아이와 동승 시 안전벨트를 의무적으로 착용하도록 법률로 정해져 있어요. 아이들을 뒷좌석에 태우더라도 반드시 안전벨트를 착용해야 해요. 3세까지는 카시트를, 7세(신장 약 145㎝, 체중 18㎏ 이하)까지는 부스터 시트가 필요해요. 렌터카 업체에서 추가 옵션으로 빌릴 수 있답니다(1일 약 $12~20). 한국에서 사용하고 있는 것을 가져와도 되지만, 하와이 주의 규정에 맞는지 사전에 확인하도록 하세요. 또한 12세 이하의 아이를 보호자 없이 차 안에 혼자 두는 것도 법률로 금지하고 있어요. 잠깐이라도 아이를 차에 혼자 두지 마세요.

서는 주차할 장소를 찾기 어렵다. 길거리마다 동전을 넣고 이용하는 코인 파킹 Coin Parking은 늘 자동차들로 가득하고, 퍼블릭 파킹 Public Parking은 찾기 쉽지 않다. 또 운이 나쁘면 불법 주차라며 견인해가기 일쑤. 하지만 방법만 잘 알면 호놀룰루에서의 주차도 쉽게 정복할 수 있다.

코인 파킹 Coin Parking

❶ 장소 찾기

길거리에 허리보다 조금 높은 높이의 기계가 설치되어 있다. 코인 파킹 주차장이다. 기계가 세워진 곳 옆으로 빈 주차 공간이 있다면 테두리에 맞게 주차하자.

❷ 주차 가능 시간 체크하기

코인 파킹 기계가 있는 곳을 살짝 올려다 보면 맥시멈(최대 주차 가능한) Maximum 시간이 적혀 있다. 대부분 1~2시간이 많으며, 주차 가능한 시간이  '7AM~6PM'이라고 적혀 있다면 그 사이에만 동전을 넣으면 된다. 그 외 시간은 무료. 단, 표지판 아래 빨간 글씨로 토우(견인) Tow 시간이 적혀 있다면 주차가 가능한 시간 외에는 꼭 차를 다른 곳으로 이동해야 한다. 시간을 어길 경우 견인된다.

❸ 기계에 동전 넣기

주차할 때 한 가지 더 알아둬야 하는 것은 동전 가운데에도 ¢25, 즉 쿼터

동전을 넣으면 주차 가능 시간이 표시된다.

(25센트) Quarter가 필요하다는 것. 대부분 쿼터 하나에 10분이다. 기계에 쿼터를 넣으면 주차가 가능한 시간이 기계에 표시되며, 대부분 기계는 최대 1~2시간까지 주차를 허용한다. 간혹 신용카드로 계산이 가능한 기계도 있다.

퍼블릭 파킹 Public Parking

❶ 장소 찾기

'PARKING' 표지판이 보이면 그곳에 들어가서 먼저 주차 공간을 찾는다.

❷ 주차 위치 확인하기

퍼블릭 파킹은 무인주차장이 대부분. 빈 공간에 주차한 뒤에는 내 차가 주차된 장소의 번호가 바닥에 적혀 있으니 꼭 기억해두자. 혹 번호가 없

주차 장소의 번호

는 곳이라면 차가 주차된 곳의 위치를 잘 확인해 두는 것이 좋다.

❸ 기계에 돈 지불하기

주차하고 나면 주차장 근처에 'Pay Here' 표지판이 보인다. 그곳에 설치된 기계에서 선불로 주차비를 지급한다. 먼저 주차된 곳의 번호를 누른다 (기계에 따라 차량 번호를 입력하기도 한다). 주차장마다 다르지만 기계 근처에 적혀 있는 주차 요금을 확인한다. 주차 시간을 누르고 그에 맞는 금액을 지불한다. 영수증이 나오면 이 영수증을 운전자석 앞의 유리창(대시보드 위)에 잘 보이게 두면 된다. 최근에는 바코드를 이용해 인터넷으로 지불할 수 있도록 하는 곳도 생겼다.

Mia's Advice

저렴하게 주차하는 법

와이키키 해변 끝에 위치한 호놀룰루 동물원 Honolulu Zoo은 시간당 $1.50이며, 최대 4시간까지 주차가 가능하다. 와이키키 중심에 위치한 로열 하와이안 센터는 1시간 무료, 센터 내 레스토랑이나 상점에서 주차 도장을 받으면 이후 2시간은 시간당 $3를 지불하면 됩니다. 주차 도장을 받고 3시간이 지났다면 그 이후로는 시간당 $8가 부과됩니다. 알라 와이 블러바드 Ala Wai Blvd와 몬사랏 애비뉴 Monsarrat Ave는 밤에만 무료 주차가 가능하니 기억해 두세요. 단, 도로마다 이른 아침에 견인해가는 시간이 표시되어 있으니 꼭 체크하세요. 그 밖에도 와이키키의 로스 Ross 매장에서 상품 구매 시, 2시간까지 무료로 주차할 수 있으며 이후에는 30분당 $3를 내야 해요. 알라 모아나 센터, 워드센터, 월마트 등은 무료 주차가 가능하니 쇼핑센터에 주차하는 것도 방법일 수 있어요. 힐튼 하와이안 빌리지에 투숙하는 경우 리조트 내 주차기보다 근처 알라와이 보트 하버(주소 1651 Ala Moana Blvd, Parking)에 주차하는 편이 훨씬 저렴해요. 시간당 $1.50 정도 한답니다.

❹ 주유하기

렌터카를 반납하기 전 필수 코스. 주유 역시 방법만 알면 아주 쉬운데 한국에서 셀프 주유를 해본 적이 있다면 도움이 될 것이다.

현금으로 주유하기

차를 세운 곳의 번호 숙지

주유소 내 상점에서 주유를 주문한다.

돈을 지불하고 화면의 지시대로 버튼을 누른다.

Regular 버튼을 누른다.

주유구에 주유한다.

주유소 주유 기계 앞에 차를 주차한 뒤 시동을 끈다. 그런 다음 내 차가 서 있는 주유구의 번호를 확인하고, 사무실 또는 상점 안에 들어가 카운터 앞에서 원하는 금액을 말한다. 주유를 많이 해야 하는 경우(눈금 하나 정도 남았다고 치면) $50~60 정도면 충분하다. 자신의 차가 세워진 기계 번호와 함께 다음과 같이 말한다. 예를 들어 2번 주유구에서 $40를 주유하고 싶다면, "넘버 투, 포티 달러스, 플리즈 Number two(2), forty(40) dollars, please"라고 말하면 된다. 차에 따라 약간씩 차이가 있지만, 차에 주유구 오픈 버튼이 없을 땐 주유구를 살짝 누르면 뚜껑이 열린다. 그 안에 노란 버튼을 화살표 방향으로 돌려 연 다음 주유기를 갖다 대고 손잡이의 튀어나온 버튼을 누르면 주유가 된다.

신용카드로 주유하기

기계를 통해 카드로도 결제할 수 있다. 국내 신용카드를 카드 지급기에 넣었다가 빼면 바로 상세 내용이 찍힌다. 이때 화면에서 "Is this a debit card(체크카드입니까)?"라고 물으면 'No' 버튼을 누른다. 그런 다음 ZIP CODE(우편번호)를 묻는다면 미국 내 거주하는 주소가 없으니 그냥

Mia's Advice

❶ 만약 $40를 지불했는데 $30 정도만 주유되고 꽉 찬 'FULL' 상태가 되어서 나머지 $10를 돌려받아야 한다면, 결제했던 카운터에 가서 "체인지, 플리즈 Change, please"라고 말하면 된답니다.

❷ 휴대폰 사용 시 나오는 전자파가 급유기 등 주유소 장비를 교란시켜 스파크를 일으키며 그 불똥으로 인해 폭발 위험이 있어요. 주유소에서는 전화기 사용이 금지되어 있답니다.

❸ 주유 시 주유 버튼이 가격대별로 가장 저렴한 레귤러부터 고급 휘발유인 프리미엄으로 나누어져 있답니다. 버튼에 가격이 표시되어 있으며 가장 낮은 금액의 버튼(레귤러 버튼)을 누르면 된답니다.

'ENTER' 버튼을 누른다. 그래도 다음 창으로 넘어가지 않는다면 와이키키의 ZIP 코드인 '96814'를 누른다. 그 후, 기타 질문에는 맞는 대답을 하면 된다. 기계의 간단한 질문이 끝나면 원하는 가솔린의 버튼을 누르라는 멘트 'Push Grade Button'가 나온다. 이때부터는 현금으로 주유하는 것과 방법이 같다. 그런 뒤 'Regular' 버튼을 눌러 주유하면 된다. 카드로 주유할 때는 화면을 보면서 원하는 금액이 되었을 때 스톱 Stop 할 것. 가득 채우는 'FULL' 주유를 원하면 주유 기계가 멈출 때까지 주유하면 된다.

❺ 견인을 당한 경우

혹시라도 길가에 주차를 했다 견인을 당했다면 경찰에 전화(911)해 Police department와 통화를 요청한다고 말하고 차량 번호를 말하면 차가 견인된 장소의 위치를 건네받을 수 있다. 만약 차량 번호를 모른다면 렌터카 회사에 전화해 물어야 하는 번거로움이 있다. 그런 뒤 견인된 장소로 찾아가 견인료 약 $150(요금은 견인 지역에 따라 다를 수 있으며 현금 지불만 가능할 수 있음)와 차 보관료, 벌금 등을 지불하고 차량을 돌려받는다. 시간당 차량을 보관한 보관비가 추가되기 때문에 최대한 빨리 찾는 것이 좋다.

❻ 렌터카를 운전하다 사고를 당했다면

여행하다 사고를 당했다면 차를 도로 우측에 세워 안전을 확보한 뒤 911에 전화해 경찰에게 사고 사실을 알린다. 그런 다음 현장에 경찰이 출동하길 기다린 후 경찰에게 사고 증명서 Accident Report를 받아 렌터카 반납 시 함께 제출하자. 견인해야 할 정도의 사고가 났다면 렌터카 사무실로 전화해 내용을 설명하고 견인을 부탁해야 한다. 그 밖에 과속이나 신호 위반 등으로 교통 위반 티켓을 받게 되면 교통즉결재판소에 벌금을 지불하거나 우편환으로 송금해야 한다.

❼ 하와이 운전의 만능 열쇠, 샤카 Shaka!

한국에서는 차선 변경이나 끼어들기를 시도할 때 비상등을 켜 뒤차 운전자에게 고마움을 표시한다. 한국식 운전 문화에서는 비상등을 켜서 '고맙다, 미안하다'는 뜻을 전한다면, 하와이에서는 창문 밖으로 손을 빼고 엄지와 새끼손가락만 편 채 나머지 손가락을 모두 접는 '샤카' 사인으로 '고맙다'는 인사를 한다. 끼어들기 전 뒤차에 양해를 구하고 싶을 때도 마찬가지. 하와이 운전에서 샤카 사인만 있다면 어떤 상황이든 문제없다.

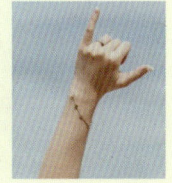

하와이 여행 출발편

S.O.S.! 사건·사고 대처 요령

여행지에서 불미스러운 일이 생긴다면 그것만큼 당황스러운 일도 없다. 여행의 추억이 최악이 되지 않도록 최대한 침착하게 사고에 대처하자.

❶ 여권을 도난이나 분실했을 때

호놀룰루에 위치한 총영사관에 신고한 뒤 단수여권을 재발급받아야 한다. 영사관 옆 민원실에 비치된 여권 재발급 신청서 1장과 증명사진 1장(2x2, 얼굴 길이 2.5~3.5cm, 흰색 배경, 양쪽 귀가 다 보이고 치아가 보이지 않아야 하며, 흰색 옷 착용 불가), 현지 경찰이 발행해준 여권 분실 신고서 Police Reporter, 영사관에 비치된 여권 분실 경위서, 신분증(주민등록증)을 구비한 뒤 수수료 $48(현금) 정도와 함께 신청해야 한다. 소요기간은 약 1박 2일 정도.

주 호놀룰루 대한민국 총영사관
위치 2756 Pali Hwy, Honolulu
문의 808-595-6109(내선 번호 118)
홈페이지 http://usa-honolulu.mofa.go.kr/
운영 월~금 08:30~16:00(점심시간 12:00~13:00)

이웃 섬에서 여권을 분실했다면!
영사관은 오아후에 있기 때문에 만약 이웃 섬에서 여권을 분실했다면 우선 근처 경찰서에서 현지 경찰이 발행해준 여권 분실 신고서 Police Reporter를 받는 것이 좋다. 중요한 것은 경찰이 여권 분실 신고서에 작성된 내용을 경찰서에 직접 등록하지 않으면 소용이 없다는 것. 오아후로 넘어온 후 경찰이 등록한 사실을 확인할 수 있도록 여권 분실 신고서를 작성해준 경찰의 이름과 연락처를 받아두는 것이 좋다. 그 여권 분실 신고서와 본인 이름이 영문으로 적혀 있는 신용카드만 있으면 이웃 섬에서 오아후로 이동할 수 있다. 오아후 도착 후 바로 영사관에 가서 여권 분실 신고 및 재발급을 신청하는 것이 좋다.

와이키키 내 경찰서
와이키키 호텔 바로 건너편, 모아나 서프라이더 웨스틴 리조트 & 스파 Moana Surfrider Westin Resort & Spa 옆에 위치. 와이키키 중심에 있는 경찰서다. 주간에는 경우에 따라 한국어 지원도 받을 수 있으며 신고 절차를 밟는 데 어렵지 않을 만큼 친절한 편이다.
Map P.090-C3 **위치** 2425 Kalakaua Ave, Honolulu
문의 808-529-3801

대한민국 영사관

❷ 신용카드를 도난이나 분실했을 때

곧바로 신용카드사의 도난 및 분실센터에 신고하고 정지해야 추가 피해를 막을 수 있다. 도난 및 분실센터는 24시간 운영되고 있으므로 시차와 상관없이 연락 가능하다. 게다가 2020년 신용카드 분실 일괄 신고 서비스가 생기면서 분실한 카드 회사 중 한 곳과 통화하면서 다른 카드 분실 신고도 동시에 요청할 수 있게 되었다.

외환카드	011+82+2+1588+3200
신한카드	011+92+2+1544+7200
BC카드	011+82+2+1588+4515
현대카드	011+82+2+1577+6200
롯데카드	011+82+2+1588+8300
국민카드	011+82+2+1588+9999
하나카드	011+82+2+1599+1155
삼성카드	011+82+2+1588+8900
씨티카드	011+82+2+1566+1000

현금을 몽땅 분실했다면!

한국에서 KB국민은행, 혹은 IBK기업은행 등의 외환사업부를 통해 미국 웨스턴 유니온 Western Union으로 금액을 송금한다. 이때 받는 사람의 여권상 영문 이름을 알고 있어야 한다. 송금하고 3시간 정도 후에 가까운 웨스턴 유니온에 가서 여권을 보여주면 한국에서 송금 Remittance 해온 돈을 달러로 받을 수 있다.

위치 2370 Kuhio Ave, Honolulu 또는 2150 Kalakaua Ave, Honolulu **운영** 월~일 08:00~20:00

보유하고 있는 카드를 모른다면!

지갑을 통째로 잃어버려 분실된 카드가 무엇인지 정확히 모른다면 금감원에서 운영하는 계좌정보통합관리 서비스(www.payinfo.or.kr)를 이용하자. '내 카드 한눈에'라는 서비스를 통해 현재 내가 소지하고 있는 신용카드 내용을 알 수 있다.

❸ 갑자기 몸이 아파 병원에 가야 할 때

여행을 하다 보면 음식을 급하게 먹어 체하기도 하고, 혹은 물이 바뀌어서 배탈이나 설사로 고생하기도 한다. 미국은 약국에서 약을 마음대로 살 수 없다. 의사 처방전이 없으면 약 구입이 불가능하다. 감기약이나 소화제 등 간단한 의약품은 와이키키 내 ABC 스토어에서 구입할 수 있다. 상황이 위급한 경우에는 힐튼 하와이안 빌리지 와이키키 비치 리조트 Hilton Hawaiian Village Waikiki Beach Resort와 쉐라톤 와이키키 Sheraton Waikik에 있는 STRAUB 병원을 방문하자. 병원 운영 시간은 월~금요일, 08:00~18:00이다. 병원비가 비싼 편이라 진찰을 받는 데 기본 $100~200의 비용이 든다.

문의 808-971-6000(쉐라톤 와이키키), 808-973-5250(힐튼 하와이안 빌리지 와이키키 비치 리조트)

> **알아두세요**
> ### 하와이에서 사고 시 필요한 서류
>
> 하와이에서 불미스러운 일로 사고가 발생해 보험회사에서 보상받기 위해서는 서류가 필요해요. 상해나 질병의 경우 의사 소견서나 진단서, 치료비 명세서 Detailed Account와 영수증, 처방전 Medical Certificate 및 약 구입 영수증을 챙겨야 합니다. 사고의 경우라면 목격자 확인서와 본인 사고 진술서 등의 사고 증명서 Accident Report가 필요해요. 도난의 경우는 경찰이 작성해준 도난 신고서 Police Report, 파손된 물건의 사진, 분실 품목 구입 영수증을 챙겨두는 것이 좋습니다.

하와이 여행 회화편

위급 시 필요한 영어 한 마디

여행의 매력은 숨겨진 보물 같은 명소를 발견하거나 우연히 만난 사람과 친구가 된다거나 의외의 사건을 경험하는 것에 있다고도 할 수 있다. 하지만 원치 않는 사고를 겪게 되기도 하는 것이 여행이다. 낯선 곳에서 당황하지 않고 여행을 잘 마무리하려면 유용한 한 마디 정도는 알아두는 것이 좋다.

❶ 렌터카 사고 시 필요한 영어 회화

견인차를 불러야겠어요.
We need to call a tow truck.

견인된 제 차를 찾으려고 합니다.
My car was towed, I'd like to reclaim it.

충돌사고를 당했어요.
I've had a car accident.

교통사고를 당했어요.
I was hit by a car.

경찰을 불러 주세요.
Please call the police.

사고 증명서를 주세요.
Please give me the accident report.

구급차를 불러주세요.
Please call an ambulance.

제 과실이 아닙니다.
It's not my fault.

신호를 위반하셨네요.
You disobeyed a traffic signal.

❷ 아플 때 병원에서 필요한 영어회화

목이 아파요.
I have a sore throat.

삼키기가 힘들어요.
I have difficult swallowing.

머리가 아파요.
I have a headache.

감기에 걸렸어요.
I have a cold.

고열이 있어요.
I have had a high fever.

코가 막히고 숨쉬기 힘들어요.
I have a stuffy nose so it's hard to breathe.

머리가 쪼개질 듯 아파요.
I have a splitting headache.

어지러워요.
I feel dizzy.

변비가 있어요.
I have a constipation.

설사를 해요.
I have diarrhea.

식은땀이 나요.
I have cold sweats.

❸ 약국에서 필요한 영어 단어

소화제 Digestant

변비약 Constipation

감기약 Cold medicine

지사제 antidiarrhotica

하와이 여행 회화편

하와이어로 인사하기

하와이에서는 영어보다도 하와이어로 인사하면 훨씬 친밀감이 높아진다. 공항이나 호텔에서 체크인을 할 때, 혹은 레스토랑에서 주문할 때도 하와이어로 인사해보자. 반갑게 웃는 하와이 사람들을 더 자주 보게 될 것이다.

하와이어란?

하와이어는 사모아어, 타히티어와 함께 말레이폴리네시아어족 폴리네시아어파에 속하는 언어다. 음절이 모두 모음으로 끝나며 자음의 연속이 없는 폴리네시아어의 특징을 나타내고 있다. 모음은 a, i, o, u가 사용되며, 자음은 h, k, l, m, n, p, w만 사용된다.

하와이식 인사

안녕하세요, 사랑해요. ◀ Aloha 알로하

고맙습니다. ◀ Mahalo 마할로

괜찮습니다. 천만에요.
◀ A'ole Pilikia 아올레 필리키아

환영합니다. ◀ E komo mai 에 코모 마이

행운을 빕니다. ◀ Pomaika'i 포마이카이

굉장히 맛있습니다. ◀ Ono loa 오노 로아

아름답습니다. ◀ Nani 나니

부끄럽습니다. ◀ Hilahila 힐라힐라

걱정마세요. ◀ Mai ho'okaumaha 마이 호오카우마하

알아두면 편리한 하와이 단어

남자 ◀ Kane 카네

여자 ◀ Wahine 와히네

어린이 ◀ Keiki 케이키

하와이 현지 주민 ◀ Kamaaina 카마아이나

친구들 ◀ Alkane 알카네

가족 ◀ Ohana 오하나

백인 ◀ Haole 하올레

생선회 ◀ Poke 포키

참치 ◀ Ahi 아히

상어 ◀ Mano 마노

하와이식 정찬 ◀ Luau 루아우

하와이 전통 타로죽 ◀ Poi 포이

베란다 ◀ Lanai 라나이

태양 ◀ La 라

바다 ◀ Kai 카이

절벽 ◀ Pali 팔리

바다, 태양 ◀ Monana 모나나

비 ◀ Ua 우아

무지개 ◀ Anuenue 아누에누에

산 ◀ Mauna 마우나

바다쪽 ◀ Makai 마카이

산쪽 ◀ Ewa 에바

폭포 ◀ Wailele 와일렐레

신전 ◀ Heiau 헤이아우

꽃 ◀ Pua 푸아

천국 ◀ Lani 라니

Index
인덱스

ㄱ

거북이 스노클링	102
고사리 동굴	322
그린웰 팜스	271

ㄴ

나필리 베이	305
누우아누 팔리 전망대	176

ㄷ

다이아몬드 헤드	97
더 숍스 앳 쿠쿠이울라	321
도토루 마우카 메도스 커피 팜	271
돌 파크	329
돌 플랜테이션	186
돌핀 퀘스트	159
듀크 카하나모쿠 동상	98
듀크 카하나모쿠 라군	100
디스커버 하와이 투어	278

ㄹ

라나이 룩아웃	169
라나이 어드벤처 파크	329
라나이 전망대	20
라니아 케아 비치-터틀 비치	186
라니카이 비치	177
라니카이 필박스	178
라바 트리 스테이트 모뉴먼트 공원	280
라알로아 베이 비치 파크	257
라이먼 박물관	288
라이온 수목원	165
로열 코나 박물관 & 커피 밀	263
로열 하와이안 골프 클럽	179
루아우 쇼	247

ㅁ

마넬레 골프 코스	327
마노아 폭포 트레일	165
마우나 로아 팩토리 & 비지터 센터	288
마우나 케아 비지터 인포메이션 센터(오니즈카 센터)	293
마우나 케아 비치 호텔	238

마우이 트로피컬 플랜테이션	303
마이타이 카타마란	101
마카와오	308
마카푸우 등대 트레일	170
마키키 밸리 트레일	165
만타 레이 스노클링	241
모오헤아우 파크	285
모쿠아이카우아 교회	245
몰로키니	309

ㅂ

볼케이노 아트 센터	276
뵤도 인 사원	176
블랙 록	304
블루 하와이안 헬리콥터	240
비숍 박물관	150
비지팅 더 서밋	294

ㅅ

사파리 헬리콥터스	278
샌디 비치	172
선셋 비치 파크	184
선셋 크루즈	152
세인트 베네딕트 성당	263
세인트 피터스 성당	256
숍스 앳 와일레아	314
스팸 잼 페스티벌	32
시 라이프 파크	170
써스턴 라바 튜브	277
쓰리 테이블스 비치	185

ㅇ

아나에호오말루 베이	239
아우아나	26
아이에아 루프 트레일헤드	18
아이작 할레 비치 파크	281
아카카 폭포 주립공원	225
아후에나 헤이아우	244
알노츠 로지 & 하이킹 어드벤처스	294
알라 모아나 비치 파크	132
알라 모아나 센터	140
알로하 페스티벌	33
알리 쿨라 라벤더	302
엠마 여왕의 여름 별장	164
오리지널 카메하메하 대왕 동상	235
올드 콜로아 타운	321
와이 알라에 비치 파크	159
와이마날로 비치 파크	172
와이메아 베이 비치 파크	185
와이메아 캐니언	320
와이키키 비치	99
와이키키 아쿠아리움	96
와이피오 계곡	224
와이피오 밸리 셔틀	224
와일루아 폭포	322
와일루쿠 리버 레인보 폭포 주립공원	285
와일루쿠 리버 보일링 파츠 주립공원	286
워드빌리지	126
워싱턴 플레이스	148
웨어하우스 3540	323
웨일러스 빌리지	314
윗 앤 와일드 하와이	191
이아오 밸리 주립공원	309
이올라니 궁전	149

ㅈ

잭 니클라우스 시그니처 후알랄라이 골프 코스	248
전함 미주리 기념관	194
제임스 쿡 선장 동상	266
지피스	155
진주만 유적지	193

ㅊ

차이나맨스 햇	182
체인 오브 크레이터스 로드	277

ㅋ

카메하메하 대왕 동상(오아후 섬)	149
카메하메하 대왕 동상(빅 아일랜드)	286
카아나팔리 비치	304
카와이아하오 교회	150
카우나오아 비치	238
카우마나 동굴	286
카일루아 비치 파크	177
카일루아 항구	246
카일루아 항구 크루즈	247
카파아	323
카팔루아 비치	305
카폴레이 골프 코스	191
카피올라니 공원	97
카할라 비치	30
카할루우 비치 파크	258
카후아 목장	228
칼로코-호노코하우 국립역사공원	256

케 올라 마우 로아 교회	226
케알라케쿠아 베이 주립 역사공원	264
코 올리나 골프 클럽	191
코 올리나 비치 파크	190
코나 글라스보텀 보트	247
코나 조 커피	270
코나 히스토리컬 소사이어티	262
코코 마리나 센터	172
코코 크레이터 보태니컬 가든	19
코코 헤드 리저널 파크 & 트레일	169
코코넛 아일랜드	287
콜레콜레 글루치 파크	227
쿠알로아 리저널 파크	182
쿠알로아 목장	179
퀸 릴리우오칼라니 공원	287
크레이터 림 드라이브	276
키헤이	307
키홀로 베이	236
킬라우에아 비지터 센터	275
킹스 트레일	240

ㅌ

타깃	26
탄탈루스 언덕	164
투 스텝 비치	265
투로	58

ㅍ

파나에바 레인포레스트 동물원 & 가든	288
파니올로 어드벤처	228

파라다이스 헬리콥터스	278
파이아	308
파커 목장	228
파파콜레아 그린 샌드 비치	273
파호에호에 비치 파크	257
퍼시픽 스카이다이빙 호놀룰루	102
폴롤루 계곡 전망대	235
폴리네시안 문화 센터	178
푸날루우 블랙 샌드 비치	273
푸우코홀라 헤이아우 국립 역사 지구	234
푸우호누아 오 호나우나우 국립 역사공원	262
푸푸케아 비치 파크—샥스 코브	184
프라이드 페스티벌	32
프린스 랏 훌라 페스티벌	33

할레이바	187
할레이바 비치 파크	187
할로나 블로우 홀	170
할로윈	33
호노카아	231
호노카아 피플스 씨어터	231
호노코하우 마리나	258
호놀룰루 동물원	96
호놀룰루 미술관	151
호놀룰루 소링(무동력 글라이더)	102
호오말루히아 보태니컬 가든	19
홀로홀로카이 비치 파크	239
화산 투어	278
훌리헤에 궁전	244
히키아우 헤이아우	265
힐로 파머스 마켓	284

ㅎ

하나	306
하나우마 베이	171
하나페페	320
하마쿠아 코스트	225
하와이 미션 하우스	151
하와이 주립대 마노아 캠퍼스	165
하와이 주정부 청사	148
하와이 집라인 투어	225
하와이 투어	278
하와이 트로피컬 보태니컬 가든	226
하와이 포레스트 & 트레일	294
하푸나 골프 코스	241
하푸나 비치 주립공원	236
한스 히드만 서프 스쿨	101
할레마우마우 분화구	276
할레아칼라 국립공원	302

알파벳

DFS 와이키키	119
U.S. 하와이 육군 박물관	98
UCC 하와이	270
USS 보우핀 잠수함 박물관	194

하와이 슈팅스타 스냅 사진
Hawaii Shooting Star Snap Photo
SAVE $30!

본 쿠폰을 가지고 스냅 사진 예약 시, 프로그램에 따라 한 커플당 $30씩 할인 받을 수 있습니다.
하와이 슈팅스타의 다른 할인 및 프로모션과 중복 사용이 불가합니다.

• 유효 기간 ~2026년 12월 31일까지

Friends Hawaii

루스 크리스 스테이크 하우스
Ruth's Chris Steak House
$23 상당 애피타이저 무료 제공!

본 쿠폰을 가지고 메인 메뉴 2개 주문 시 $23 상당의 애피타이저를 무료로 제공합니다.
테이블당 1개 제공, 다른 할인 및 프로모션과 중복 사용이 불가합니다(하와이 전 지점 사용 가능).

• 유효기간 ~2026년 12월 31일까지

Friends Hawaii

선셋 스모크하우스 바비큐
Sunset Smokehouse BBQ
음료 1병 또는 사이드 메뉴 제공

본 쿠폰을 가지고 Brisket 1파운드 주문 시, 음료 1병 또는 사이드 메뉴 1개를 무료로 제공합니다.
주문 시 본 쿠폰을 담당 서버에게 제시하시기 바랍니다. 다른 할인 및 프로모션과 중복 사용이 불가합니다.

• 유효 기간 ~2026년 12월 31일까지

Friends Hawaii

에그리나 하와이
Yegrina Hawaii
웨딩드레스 대여 시 $100 할인

본 쿠폰을 가지고 웨딩 드레스 대여 시 $100를 할인해 드립니다. 대여 전 쿠폰을 제시해주시기 바랍니다.
다른 할인 및 프로모션과 중복 사용이 불가합니다. 웨딩드레스 대여 $500~1000.

• 유효 기간 ~2026년 12월 31일까지

Friends Hawaii

Friends Hawaii

하와이 슈팅스타 스냅 사진
Hawaii Shooting Star Snap Photo

- 홈페이지 www.hawaiishootingstar.co.kr
- 카카오톡 오픈 채팅 하와이 슈팅 스타
- 인스타그램 @hawaii_shooting_star

Friends Hawaii

루스 크리스 스테이크 하우스
Ruth's Chris Steak House

Complimentary appetizer (up to $23) with the purchase of two entrees.
One per table. Not valid with other promotions or discounts (RCSH All Islands)
Expiration : December 31, 2026.

Friends Hawaii

선셋 스모크하우스 바비큐
Sunset Smokehouse BBQ

Present the coupon to receive to receive one bottle drink or
1 side with purchase of 1 pound of brisket.
Not valid with other promotions or discounts. (Expiration: December 31, 2026)

- 주소 443 Cooke St. Honolulu

Friends Hawaii

에그리나 하와이
Yegrina Hawaii

- 주소 2222 kalakaua Ave unit 708, honolulu
- 전화 808-892-0720
- 홈페이지 www.yegrinahawaiiwedding.com

로비 예상 이미지

MOANA SURFRIDER
A WESTIN RESORT & SPA
WAIKIKI BEACH

하와이에서 가장 상징적인 호텔 125주년 맞아 화려한 리뉴얼

모아나 서프라이더, 웨스틴 리조트 & 스파는 와이키키의 퍼스트 레이디로서 구축한 화려한 유산을 기리고자 대대적인 리노베이션 공사를 시작했습니다. 시간이 흘러도 변치 않는 여행의 낭만을 담아 진행한 이번 리노베이션은 모아나 서프라이더의 125주년을 기념하여 2025년부터 2026년에 걸쳐 단계적으로 완성될 예정입니다. 세 개 윙에 걸쳐 자리한 791개 객실과 스위트를 비롯해 유서 깊은 우아한 로비가 새로운 모습으로 고객 여러분을 맞이하고, 오션프런트 이벤트 공간을 새롭게 선보일 예정입니다.
MoanaSurfrider.kr 에서 변화된 모습을 미리 만나보세요.

모아나 타워 윙
모던한 해변 럭셔리의 등장
2025년 가을 공개
킹베드 1개 또는 퀸베드 2개 타입
원베드룸 스위트 38개 및 펜트하우스 층

반얀 윙
클래식의 부활
2025년 초겨울 공개
킹베드 1개 또는 더블베드 2개 타입
원베드룸 스위트 3개 및 주니어 스위트 49개

다이아몬드 윙
해변을 벗 삼은 현대적인 로프트 생활
2025년 겨울 공개
킹베드 1개 또는 퀸베드 2개 타입
새롭게 선보이는 오션프런트 주니어 스위트 2개

프렌즈 시리즈 13
프렌즈 **하와이**

발행일 | 초판 1쇄 2015년 1월 12일
　　　　개정 7판 1쇄 2025년 8월 11일

지은이 | 이미정

발행인 | 박장희
대표이사·제작총괄 | 신용호
본부장 | 이정아
편집장 | 문주미
책임편집 | 허진
기획위원 | 박정호
마케팅 | 김주희, 이현지, 한륜아
디자인 | 김영주, 변바희, 김미연, 양재연
지도 디자인 | 양재연

발행처 | 중앙일보에스(주)
주소 | (03909) 서울시 마포구 상암산로 48-6
등록 | 2008년 1월 25일 제2014-000178호
문의 | jbooks@joongang.co.kr
홈페이지 | jbooks.joins.com
인스타그램 | @friends_travelmate

© 이미정, 2025

ISBN 978-89-278-1341-5 14980
ISBN 978-89-278-8063-9(세트)

- 이 책은 저작권법에 따라 보호받는 저작물이므로 무단 전재와 무단 복제를 금하며 책 내용의 전부 또는
  일부를 이용하려면 반드시 저작권자와 중앙일보에스(주)의 서면 동의를 받아야 합니다.
- 책값은 뒤표지에 있습니다.
- 잘못된 책은 구입처에서 바꿔 드립니다.

중앙books는 중앙일보에스(주)의 단행본 출판 브랜드입니다.